杭州电子科技大学邱均平颜金莲教育发展基金资助出版

现代信息资源管理丛书

邱均平 沙勇忠 总主编

信息检索原理与技术

Theory and Technology of Information Retrieval

夏立新 叶光辉 翟姗姗 编著

（第二版）

科学出版社

北京

内 容 简 介

《信息检索原理与技术（第二版）》是"现代信息资源管理丛书"之一。《信息检索原理与技术（第二版）》对信息检索领域的相关问题进行了全面系统的研究，既有对其基本理论、方法、技术的论述，也有对其最新发展的系统阐述。具体内容包括：信息检索概论、信息检索模型、自动索引和文档组织、词汇控制、自动文摘技术、用户接口、信息检索可视化、信息检索系统的评价、网络信息检索、数字图书馆的信息检索，以及大数据时代信息检索新进展等。

《信息检索原理与技术（第二版）》可以作为计算机科学与技术、信息管理与信息系统、情报学、图书馆学、档案学等专业的教材或教学参考书，也可供信息中心、情报研究所、图书馆等机构工作人员及广大信息用户学习参考。

图书在版编目（CIP）数据

信息检索原理与技术 / 夏立新，叶光辉，翟姗姗编著. -- 2 版. -- 北京：科学出版社，2025. 8. --（现代信息资源管理丛书）. -- ISBN 978-7-03-082621-3

Ⅰ. G254.97

中国国家版本馆 CIP 数据核字第 2025JE5894 号

责任编辑：王京苏／责任校对：贾娜娜
责任印制：赵　博／封面设计：有道设计

科 学 出 版 社 出版
北京东黄城根北街 16 号
邮政编码：100717
http://www.sciencep.com

涿州市殷润文化传播有限公司印刷
科学出版社发行　各地新华书店经销
*

2009 年 7 月第　一　版　　开本：787×1092　1/16
2025 年 8 月第　二　版　　印张：23 1/4
2026 年 1 月第八次印刷　　字数：551 000
定价：78.00 元
（如有印装质量问题，我社负责调换）

"现代信息资源管理丛书"编委会

顾问委员会

吴慰慈　孟广均　冯惠玲　靖继鹏　马费成　陈传夫
赖茂生　倪晓建　孙建军　李　纲　叶继元　王世伟
张　斌　初景利　曹树金

编辑委员会

总主编　邱均平　沙勇忠

编　委（按姓氏音序排列）

毕达天　朝乐门　董　克　刘　永　马海群　舒　非
王伟军　王新才　王曰芬　文庭孝　吴国华　夏立新
张　洋

秘书长　丁敬达　王　琳

秘　书　余　波　李　阳

总　序

2022年9月，国务院学位委员会和教育部印发的《研究生教育学科专业目录（2022年）》将原来的一级学科"图书情报与档案管理"更名为"信息资源管理"，使十余年前关于图书情报档案高等教育改革的集体共识在建制化学科认定上变成现实[①]。信息资源管理一级学科下设图书馆学、情报学、档案学、数据管理与数据科学、信息分析、数字人文、公共文化管理、出版管理、古籍保护与文献学、健康信息学、保密管理共11个二级学科，除图书情报档案学科群之外，还拓展到数据管理相关学科群和公共文化相关学科群。毫无疑问，这是中国图书情报档案学科及其教育在新时代进行的一次方向性变革和结构性调整，不仅意味着学科范畴、概念体系、理论形态、知识体系的重塑，也意味着职业群体、行业业态、实践模式的变革，以及在更广泛的能指领域与相关学科的交叉融合和核心能力竞争。

信息资源管理是一个国际化的概念，20世纪70年代末兴起于美国，发轫于政府信息资源管理领域，成势于企业信息资源管理领域，欧洲除政府部门和企业界之外，图书情报界也是推动信息资源管理学科发展的主导者之一。信息资源管理在中国最先由图书情报界引入，历经三十余年的发展已经成为一个中国化的学科术语和概念，蕴含了图书情报档案特色，同时又超出了图书情报档案领域，并随着信息和数字信息技术发展不断拓展深化。采用"信息资源管理"作为一级学科名称体现了建设中国特色学科体系、学术体系和话语体系的重要举措[②]。

站在新的时间节点，信息资源管理学科建设需要学术共同体以更加开放的学术姿态在守正中强化创新，以创新性的知识生产和知识体系建构予以推进，其要者有以下三端。其一，追求信息资源管理学科内外部发展逻辑的统一，实现两者的同构共生。一般来说，从学科发展内在逻辑来看，学科是知识的客观发展和人类需求的主动建构相结合的产物，既有客观性，也有人为建构性；从学科发展的外在逻辑来看，学科发展中既有知识增长和深化的本体价值，也有推动社会发展的功用价值。信息资源管理一级学科的设立有可能在原有的图书情报与档案管理基础上围绕"四个面向"[③]发展出新的学科领域和新的学科方向，秉持以开放性为核心特征的新的知识生产模式，通过组织和参与者的多样性、跨学科性、知识生产的应用情境性等，为信息资源管理学科内外部逻辑的协调统一带来

---

① 数字时代中国图书情报与档案学类教育发展方向及行动纲要[J]. 图书情报知识，2007，（1）：112-113.
② 马费成. 凝聚共识，推动信息资源管理一级学科建设[J]. 信息资源管理学报，2023，13（1）：4-8.
③ 四个面向是指面向世界科技前沿、面向经济主战场、面向国家重大需求、面向人民生命健康。

新的可能性。其二，围绕信息、资源、管理三个核心概念范畴及其相互关联拓展深化学科内涵，发展信息资源管理理论、方法和应用。①信息概念范畴向信息链两端拓展，向前拓展到数据这一更加具有物理性质的层面，向后拓展到知识和智慧这一更加具有精神性质的层面，在"云大物移智"等新一代数字信息技术的加持下，这些领域的知识正在呈现显著的增长趋势。②资源概念范畴揭示了与侧重公益性质的图书情报与档案管理不同的学科认知和价值取向，需要建立数据信息的资源、资产、资本、生产要素等概念谱系，以及围绕所有权、使用权、收益权信息管理实践的重要问题解答。③管理概念范畴的集成化发展和向治理拓展，集成化发展包括对信息资源管理的管理对象、管理手段、管理流程、管理职能、管理模式等的集成；向治理拓展既包括信息资源管理本身的价值重塑和多元主体协同等治理方式的引入，也包括对循证治理、证据支持的决策等治理实践的关注。其三，在知识生产方法论上可借鉴拉卡托斯提出的"科学研究纲领"，在理论硬核、实践假设及方法与案例启示三个层面努力。理论硬核需要围绕信息、资源、管理三个核心概念范畴及其关联回答基础性、本质性的理论问题；实践假设形成辅助性假说组成的保护带，通过类型化的经验介入实现向理论硬核的转变；方法与案例启示总结中国实践场域的鲜活经验及其启发力，同时与世界范围的最佳实践形成有效对话和互鉴，促进中国信息资源管理自主知识体系和话语体系的建构。

从 2005 年 11 月起，根据高等学校信息资源管理类学科发展与专业教育改革的需要和图书市场的需求，为了建立结构合理、系统科学的学科体系和专业课程体系，创建符合信息资源管理的学科发展和教学改革要求的著作体系，进一步推动本学科领域的教学和科研工作的全面、健康和可持续发展，武汉大学二级教授和珞珈杰出学者邱均平老师率先发起、全程策划，联合兰州大学、中山大学、吉林大学、华中师范大学等 10 多所重点高校的专家、学者共同编著 17 本分册组成的"现代信息资源管理丛书"（以下简称"丛书"），由科学出版社正式出版。

"丛书"的显著特点是：①定位高，创新性强；②范围广，综合性强；③水平高，学术性强；④发行量大，学术影响广泛。"丛书"大多数分册都多次重印，最多的先后印刷 8 次，被不少高校采用作为教材；同时，按照理论、方法、应用三结合的思路构建各著作的内容体系，体现内容上的前瞻性、科学性、系统性和实用性。特别值得一提的是，邱均平、沙勇忠编著出版的《信息资源管理学》分册是国内外正式出版的第一部带"学"字的"信息资源管理学"专著，开创了从专业领域向一级学科迈进的新阶段，具有学科奠基性作用和开创性的重要意义。

"丛书"的第二次整体改版是回应一级学科更名后知识发展与学科建设的需要，是在 2008 年至 2011 年出版"丛书"的基础上学界同仁所做的共同探索和努力。"丛书"的第二次整体改版的目的有四个：一是开展有组织的科学研究，力争产出一批具有奠基性、创新性和标志性的成果；二是争取构建一个比较全面、完整、系统的信息资源管理学科体系，为学科建设和发展奠定基础，充实内涵；三是锻炼和造就人才队伍，推出新秀，培养一大批信息资源管理专家、学者乃至"信息资源管理学家"，落实教育、科技、人才一体化发展战略，为把信息资源管理学科及相关行业做大做强提供人才保障；四是分册以"著"或"编著"形式出版，可作教材使用，满足当前本学科教学和科研工作的需要，为提高人才培养质量提供支撑条件，为构建信息资源管理的自主知识体系做出应有的贡献。

"丛书"的第二次整体改版由邱均平、沙勇忠担任总主编，包括15本分册，其与邱均平、沙勇忠同时担任总主编的中国社会科学出版社出版的"数智时代信息资源管理丛书"的12本分册互补形成相对完整的信息资源管理著作体系。"丛书"的第二次整体改版后的15本分册的名称和作者分别是：《信息资源管理学（第二版）》（邱均平、沙勇忠、丁敬达、王琳）；《政府信息资源管理（第二版）》（王新才、谭必勇、吕元智等）；《数字资源建设与管理（第二版）》（毕达天、薛春香、毕强）；《信息检索原理与技术（第二版）》（夏立新、叶光辉、翟姗姗）；《网络信息资源开发与利用（第二版）》（张洋、侯剑华、余厚强）；《信息分析（第三版）》（沙勇忠、牛春华）；《电子商务信息管理（第二版）》（王伟军、池毛毛、刘蕊等）；《竞争情报学（第二版）》（董克、赵蓉英）；《信息资源管理政策与法规（第二版）》（马海群、周丽霞、汪传雷）；《信息咨询与智能决策（第二版）》（文庭孝、张蕊、罗贤春）；《信息资源管理技术与信息系统》（刘永、窦永香、付永华）；《网络信息安全与保密管理》（吴国华、唐晓波、张蕊）；《国外信息资源管理》（舒非、余波）；《知识获取与用户研究》（王曰芬、邓胜利、岑咏华）；《数据科学与大数据分析》（朝乐门、步一、余云龙）。各分册除阐述各自领域相对成熟的知识积累和知识体系之外，还力图反映国内外的前沿理论和技术方法；既有编著者的独到见解和新的研究成果，又突出面向实践场域的应用，兼具专著与教材的双重风格。

"丛书"的出版得到了科学出版社的大力支持，同时还得到了各分册负责人、各位著者和参编院校的鼎力帮助。在编写过程中我们还参阅和引用了一些国内外文献，在此一并对相关作者表示衷心感谢！

信息资源管理学科发展归根到底有赖于学术共同体面向国家科技创新战略、文化强国战略、数字中国战略、国家安全战略等重大战略需求的知识生产和自主知识体系的构建，这既是历史性任务和时代性课题，也是推进中国式现代化过程中学术共同体的崇高使命。我们所做的工作是一种集智广思的探索和努力，不足之处在所难免，诚望同行专家及读者批评指正。

杭州电子科技大学资深教授、院长、博士生导师

邱均平

兰州大学副校长、二级教授、博士生导师

沙勇忠

2025年7月1日

第二版前言

信息检索是信息资源管理学科发展非常迅速的重要领域之一。随着网络信息技术的发展及其应用的普及，信息检索理论不断拓展、延伸和丰富；检索手段已经全面更新换代，手工检索方式基本淘汰，取而代之的是基于大数据时代的计算机信息检索；检索技术也得到飞速发展，不再是布尔检索一统天下，而是一个集布尔检索、全文检索、超文本检索、智能检索等多种检索技术综合运用的新时代。党的二十大报告指出"深入实施科教兴国战略、人才强国战略、创新驱动发展战略"[1]，在此引领下，信息检索原理与技术研究不断深入，国内外学术界涌现了不少优秀的学术成果。本书凝聚了我们多年来开展信息检索相关问题的研究成果，也是多年来从事信息检索课程教学的经验总结。

本书对信息检索领域的相关问题进行了全面系统的研究，既有对其基本理论、方法、技术的论述，也有对其最新发展的系统阐述，具有重要的学术价值。

信息检索的研究注重理论与实践的结合。理论方面侧重于论述信息检索的原理、方法及其支撑技术，实践部分侧重于阐述信息资源及其检索工具和方法。现有的针对本科层次的信息检索类教材，大多数偏重信息检索的实务方面，缺乏对信息检索系统的原理、方法和技术的系统全面的论述。与此相比，本书的特点及独到之处如下。

（1）本书系统地介绍了信息检索的原理与技术，具体包括：信息检索概论、信息检索模型、自动索引和文档组织、词汇控制、自动文摘技术、用户接口、信息检索可视化、信息检索系统的评价、网络信息检索、数字图书馆的信息检索，以及大数据时代信息检索新进展等信息检索的方法问题。

（2）本书具有较强的针对性，主要针对信息资源管理类一级学科相关专业的课程教学需要，包括信息管理与信息系统专业、图书馆学专业、档案学专业，以及计算机应用等专业相关课程教学的需要。

（3）本书力求突出教学内容的层次性。在内容的编排结构上，借鉴国内外优秀教材的做法，努力做到条理清楚、举例精当、详略得当，老师可以根据各个学校的实际情况灵活选用教学内容。

本书在撰写的过程中，广泛吸取了国内外有关信息检索原理与技术的研究成果，参考和引用了大量的相关文献及网上在线资料。特借此书出版之际，我们谨向这些文献作者及所有关心和支持本书撰写与编辑出版的同志表示由衷的感谢！同时还要感谢负责第

---

[1] 引自 2022 年 10 月 26 日《人民日报》第 1 版的文章：《高举中国特色社会主义伟大旗帜 为全面建设社会主义现代化国家而团结奋斗》。

7章的李佳蓉、负责第2章的梁博、负责第6章的吴兰琦、负责第9章的刘述岩、负责第3章的林佳燊、负责第10章的王豫洁、负责第4章的谢晟和负责第11章的任庆玲等同学参与教材部分资料收集、撰写、书稿校对等工作。

　　信息检索的理论研究在不断深入，信息检索实践应用也如火如荼，本书需要补充和完善的内容还很多，加之作者的水平有限，时间仓促，书中难免出现不足及疏漏之处，恳请同行专家和读者批评指正。我们期待着能有机会就信息检索原理与技术的有关问题与有志于信息检索领域研究的同仁们进行交流与合作。

目 录

第 1 章　信息检索概论　　1
1.1　信息检索基础简述　　1
1.2　信息检索概念与原理　　4
1.3　检索系统与检索工具　　8
1.4　信息检索研究的核心问题　　12

第 2 章　信息检索模型　　15
2.1　信息检索模型概述　　15
2.2　标准布尔检索模型　　17
2.3　模糊集合检索模型　　24
2.4　向量空间检索模型　　30
2.5　扩展布尔检索模型　　38
2.6　基于二值独立的概率检索模型　　43
2.7　基于语言模型的信息检索模型　　47
2.8　其他信息检索模型　　53

第 3 章　自动索引和文档组织　　56
3.1　索引概述　　56
3.2　索引的功能与类型　　58
3.3　索引构建过程　　61
3.4　信息标引　　64
3.5　聚类与自动分类　　79
3.6　索引文档组织　　91

第 4 章　词汇控制　　94
4.1　词汇控制的原则　　94

4.2 词汇控制的内容 95
4.3 词汇控制工具 101
4.4 词表评价体系 117
4.5 受控词表的使用 121

第 5 章 自动文摘技术 125

5.1 自动文摘概况 125
5.2 自动文摘基本方法 131
5.3 自动文摘的评价 141
5.4 自动文摘技术的研究进展 146

第 6 章 用户接口 152

6.1 用户接口概述 152
6.2 用户接口的设计 163
6.3 用户接口实例分析 175
6.4 用户接口的发展 179

第 7 章 信息检索可视化 182

7.1 信息检索可视化概述 182
7.2 信息检索可视化原理 187
7.3 信息检索可视化模型 194
7.4 信息检索可视化显示技术 204
7.5 信息检索可视化评价 206
7.6 信息检索可视化系统 215

第 8 章 信息检索系统的评价 228

8.1 信息检索系统评价概述 228
8.2 信息检索系统的评价指标 238
8.3 信息检索系统评价实验 246

第 9 章 网络信息检索 262

9.1 网络信息资源 262
9.2 网络信息检索工具 268
9.3 网络信息检索工具展望 280

第 10 章　数字图书馆的信息检索　286

10.1　数字图书馆的跨库检索　286
10.2　跨语言信息检索技术　296
10.3　基于内容的检索技术　304
10.4　数字图书馆的知识检索　309

第 11 章　大数据时代信息检索新进展　318

11.1　大数据时代信息检索模式进展　318
11.2　大数据时代信息检索技术进展　340

第 1 章 信息检索概论

信息检索（information retrieval，IR）的实践活动在人类社会的发展历程中由来已久。不同时期以来，信息检索工作者都在不断改进检索的工具与方法，来满足用户的信息需求。随着计算机技术和通信技术的不断发展，信息检索在原理和技术两方面都得到了极大的突破。当前，我们正处于知识经济的时代，大量数据充斥于工作和学习环境中，迫切需要有效地从海量数据集中检索出信息的方法和工具，这是我们学习信息检索，了解信息检索相关原理和技术的目的。

1.1 信息检索基础简述

1.1.1 信息、知识与文献

信息是物质存在的一种方式，一般指数据、消息中所包含的意义。从作用角度来看，信息可以使所描述的事物的不确定性减少；从本体论和认识论角度来看，则认为信息是物质的属性、规律、运动状态、存在标志等。我们认为，信息是事物发出的信号所包含的内容。按照不同的区分标准，信息可划分为不同的类型。例如，按信息的表现形式可划分为文字信息、图像信息、数值数据信息、语音信息；按信息的出版类型可划分为图书、期刊、政府出版物、科技报告、专利文献、会议文献、学位论文、技术标准和规范标准文献、产品样本说明书、技术档案等。信息检索实际上是对信息进行加工的过程，那么文献信息按照加工程度可划分为以下几类。

1. 一次文献信息

一次文献信息是指作者以自己的研究成果为基础创作或撰写的、未经过加工的原始文献，不论其在撰写时是否参考或引用了他人的资料，也不论其物质形式和出版类型如何，如期刊论文、研究报告、专利说明书、会议论文、学位论文等。

2. 二次文献信息

二次文献信息是指对一次信息加工整理而成的文献，如目录、文摘、索引等各种书目信息。它具有汇集性（将一次文献进行正序汇编，比较全面系统地反映某一学科、专业或专题的文献线索，或反映某一国家、地区或世界范围的文献线索，或反映某一时期、阶段的文献线索）、工具性（累积、报道和查询文献线索的一种工具）、综合性、系统性。

3. 三次文献信息

三次文献信息是对一次信息、二次信息进行综合、分析等深加工的产物，如评论、进展报告、述评、百科全书、年鉴、指南、期刊书目等。

知识是人类的主观世界对客观世界的概括和反映，是大量有组织的信息，是关于事实和思想的有组织的陈述，提供某种经过思考的判断和某种实验的结果。根据经济合作与发展组织（Organisation for Economic Co-operation and Development，OECD）发布的《以知识为基础的经济》报告，知识可以分为以下四类。

（1）"知事"（know-what），指关于事实方面的知识，也可理解为 know-when、know-where，即在什么样的时间（know-when）、什么样的地点或条件下（know-where）能解决什么样的问题。

（2）"知因"（know-why），指自然原理和规律方面的科学理论，知识的生产是在专门研究机构（如实验室和大学）完成的。

（3）"知道怎样做的知识"（know-how），指做某些事情的技艺和能力，被称为技术情报和商业秘密，其典型是企业开发和保存于其内部的技术诀窍或专有技术。

（4）"谁在创造以及是如何创造知识的"（know-who），侧重对创造思想、方法、手段、过程及特点等的了解。

文献是记录有知识的一切载体，即知识信息必须通过文献载体进行存储和传递。构成文献的三个最基本要素是：构成文献内核的知识信息、负载知识信息的物质载体、记录知识信息的符号和技术。知识性是文献的本质，离开知识信息，文献便不复存在。文献具有传递性，能帮助人们克服时间与空间上的障碍，在时空中传递人类已有的知识，使人类的知识得以流传和发展。文献具有动态性，文献并非处于静止状态，其蕴含的知识信息随着人类社会和科技的发展在不断地有规律地运动着。

由文献的定义可知，知识、记录方式、物质载体组成了文献，这是文献的内涵。而不同的知识、不同的记录方式和不同的物质载体，可形成不同类型的文献，这是文献的外延。根据不同的划分标准，文献可以划分为不同的类型。一般是按文献的记录方式和载体材料的划分标准，将文献分为书写型、印刷型、缩微型、声像型、机读型五大类。

信息、知识和文献的区别在于：信息是物质的一种普遍属性，是生物及具有自动控制系统的机器通过感觉器官和相应的设备与外界进行交换的一切内容，是有形的、独立于行动和决策、经过处理改变形态、物质产品、与环境无关、可以复制的；知识是信息的一部分，是一种特定的人类信息，也是人类社会实践经验的总结，是人的主观世界对于客观世界的概括和如实反映，是无形的、与行动和决策相关、经过处理改变思维、精神产品、环境改变含义、经过学习才能转让、无法复制的；文献是知识的一部分，是进入人类社会交流系统的运动着的知识。具体来说，信息、知识、文献三者之间的逻辑关系可以表示为：信息>知识>文献。

信息、知识和文献的联系在于：知识是有组织的大量的信息，获得知识有赖于获得信息；信息是知识得以形成和传播的中介，而不是知识本身；知识是经过精心研究、领会后的有用信息，是人类对信息加工处理后的产物。并非所有信息都可成为知识，在信息时代，源于众多复杂客体的大量信息，只有借助于现代化的信息手段，并经过掌握现代信息科学技术的认知主体处理，才能真正转化为知识。最后，将知识记录在载体上，就形成了文献，如图1-1所示。

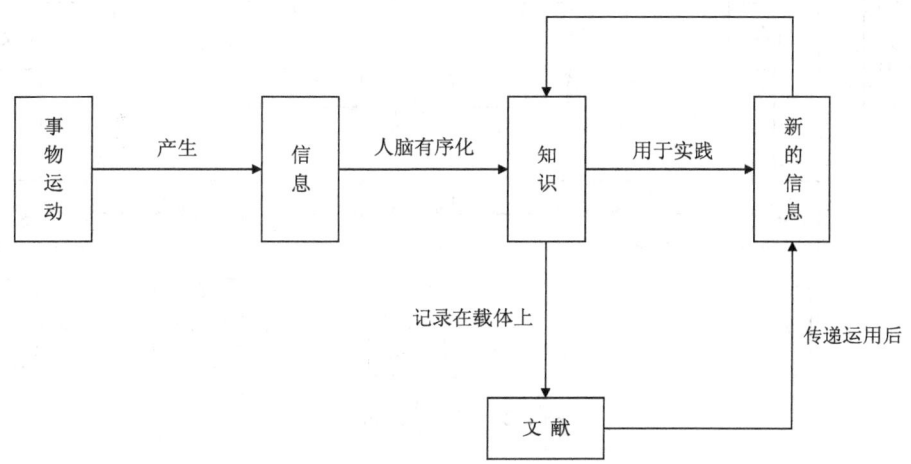

图1-1　信息、知识和文献三者关系图

1.1.2　文献信息类型演化及其结构形态

文献作为人类文化信息的承载物，从其产生、替代、反复被利用、再创造，直至产生新知识，是一个不断演进的运动过程。有人把这一过程称为文化信息从低级到高级不断螺旋上升的信息链。

如图1-2所示，美国《图书馆与情报科学百科丛书》第26卷把知识的产生及其有序化的进程描述为动态的文献链。

从人类整个知识体系的形成来看，现存文献中的知识来自研究组织通过观察、实验而获得的发现与数据，它们被记录在实验室笔记或日记里，是具有第一手意义的文献信息。这就是文献信息流的起点。当研究组织或个人将研究成果以期刊论文、会议文献、发明专利、科技报告等公开出版物形式发表时，即构成文献信息链的重要组成部分，这就是一次文献信息流。一次文献信息流发展壮大后，难以对其掌握和利用，于是文献信息服务机构对其进行书目控制和重新组织，这样，文献信息流开始进入有序化阶段。这一阶段由"替代""改组""综合"三个环节组成。

（1）替代：描述文献特征，对一次文献信息进行不同程度的提炼或压缩，形成目录、文摘、索引等二次文献信息。从文献信息流的运动角度看，替代使文献信息流的流量、流向得到测度并合理调节。

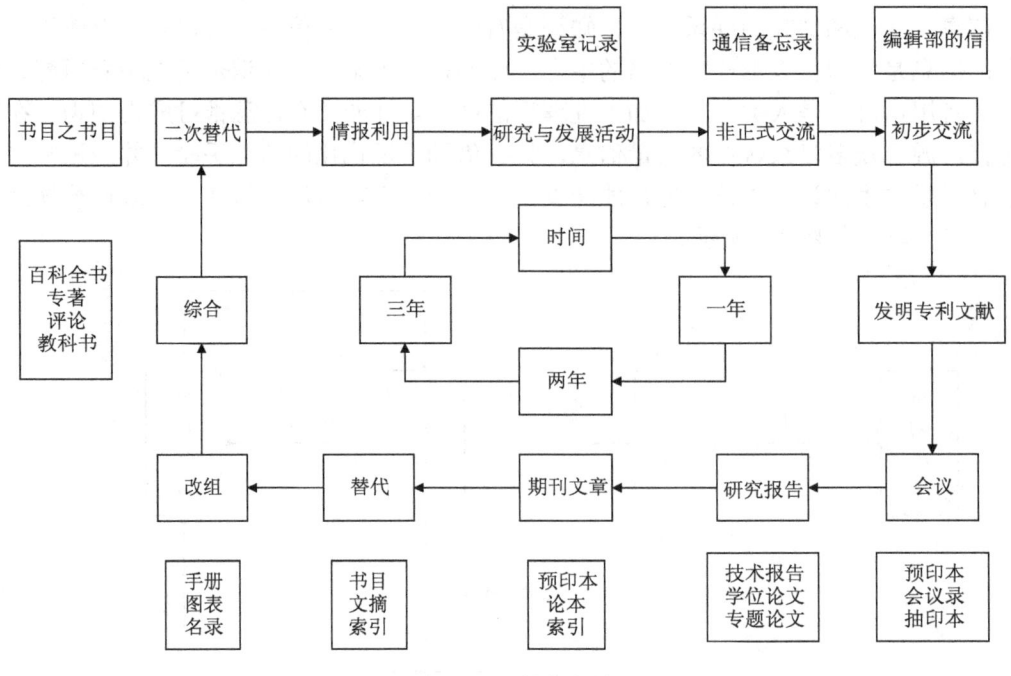

图 1-2　文献信息链

（2）改组：从一次文献信息中提取数据、事实和有关结论，按照易于查阅的提醒重新组合。改组的成果是产生了手册、名录、辞典、目录等类型的文献信息。其目的是使一次文献信息更容易被理解和使用。

（3）综合：利用二次文献对一次文献所包含的知识加以综合并融入现有知识体系中去，成为整个知识体系的有机组成部分，产生的主要成果是不断再版的百科全书、专著、教科书及综述、评论性文章。

文献信息流的继续演变，是对二次文献信息流的书目控制或改组，即进入"二次替代"过程，其成果是"书目之书目""文献指南"之类的工具。这类文献在利用文献信息的过程中起到导航作用。由此可见，文献信息流是一个以研究与发展活动为起点，按顺时针的线性顺序移动，是一次文献、二次文献、三次文献信息的演变过程。对于"文献信息链"的研究，有利于从整体的角度了解文献信息的有序化、动态性特征，从而探索文献信息的产生、演变规律及其结构形态。

1.2　信息检索概念与原理

1.2.1　信息检索的基本概念

1. 信息检索

信息检索是一个发展迅速的交叉学科领域，它涉及计算机科学、概率论、信息论、统计论、图论、数理逻辑、现代语言学等方面的相关学科知识，需要将情报学专业知识与上述相关学科知识有机地融为一体。也正因为如此，不同学科领域的研究者对"信息检索"这一概念有不同的认识与理解，迄今尚未形成公认一致的定义。基于情报学的研究视角，我们认为，信息检索是从信息集合中识别和获取信息的过程。信息检索最初是信息工作者的一个基本术语，广泛存在于图书情报界，但在因特网不断普及和应用不断深入的今天，信息检索已成为现代人适应社会、提升信息处理能力的重要组成部分，并广泛存在于社会的各个领域，如今"信息检索""信息搜索"已成为人们耳熟能详的词汇。但从严格的意义上讲，信息检索和信息搜索是有区别的。

信息检索这一概念的理解通常有广义和狭义之分，信息检索的广义理解包括两部分，即信息的存储与检索。信息的存储主要是基于对某一专业或领域范围内信息进行选择，对信息的内外特征进行描述、加工并使其有序化，形成信息集合。信息的检索是指借助一定的设备与工具，采用一系列方法与策略从信息集合中查询所需的信息。狭义的信息检索仅指该过程的后一部分。存储是检索的基础，检索是存储的反过程。对于信息用户而言，狭义的信息检索更为重要，因为，用户需要的是方便、快捷、高效地获取所需的信息内容，而不必了解和掌握信息的搜集、加工、存储等事项。

信息检索的本质是用户的信息需求和一定的信息集合的匹配（match）。

2. 信息检索方式

信息总是以一定的载体形式存在，载体形式不同，其检索方式也存在重大差异。信息的载体形式经过了长期的发展、演进过程，目前，信息的载体存在形式主要有以下几种：一是印刷型，它以传统的纸张为存储介质，通过印刷术将文字或图表原稿制成印刷品，如图书、期刊等；二是缩微型，以感光材料为存储介质，以缩微照相为记录手段而产生的一种文献形式，如缩微胶片、缩微平片等；三是声像型，它是以磁性材料或感光材料为存储介质，借助特殊的机械装置，将语言、声音和文字、图像记录下来，通过视听设备存储与播放信息的一种动态文献形式，如录像磁带、录音带、电影胶片等；四是机读型，利用计算机进行存储、管理和使用的现代信息产品，如电子期刊、电子图书、电子名录，以及各种联机数据库和光盘数据库等。

根据信息的存储手段和载体形式，信息检索可分为手工检索和计算机检索两种形式。手工检索方式简称"手检"，主要使用印刷型信息检索工具，其检索过程就是大脑分析、思考和手工操作的配合过程。计算机检索方式简称"机检"，主要依赖计算机信息检索系统（information retrieval system，IRS）（包括各种数据库、应用软件、通信设施等），检索过程是人的设计操作和计算机自动化处理相结合的过程。

3. 信息检索系统

为了方便实现用户的信息需求和一定的信息集合的匹配过程，必须建立一个旨在满足用户信息需求的信息检索系统。如同一般意义上的系统一样，这个系统是目标、信息资源、设备、方法和功能的有机统一体。具体而言，信息检索系统是指为了满足用户的信息需求而建立的一种相对独立的实体，它存储了经过加工的信息集合，并配备了一定的输入、匹配、输出的技术装备,提供特定的检索服务功能。与手工信息检索系统相比,以计算机为主要设备的机检系统的信息资源是数据库,因而检索是针对数据库进行的,数据库是计算机可读数据的集合。检索过程是在人和计算机的协同作用下完成的,从计算机存储的大量数据中自动分检出用户所需要的信息,即与用户提问相关的信息,匹配是由计算机执行的,而人则是整个检索方案的设计者和操作者。

4. 信息检索入口

信息检索入口又称检索点或检索标识,是指用以标识信息的外部特征和内部特征的属性值的集合。检索标识是用户进行检索的出发点和依据,用户和信息检索系统之间的交流必须有一定的检索标识,否则会导致检索失败。检索标识包括主题词、分类号、著者、标题、机构、代码等,它们通常由人工赋予,或由计算机自动生成。

1.2.2 信息检索的一般原理

信息检索包括信息的存储与检索两个过程,人们试图用流程图的形式概括信息检索的一般原理。在这种情形下,信息的存储与检索是建立在系统词表(如分类表、主题词表等)的基础上。一般而言,数据库中所收录的信息,需要依靠系统词表中的标识来加以表征和组织,用户的检索提问也需要借助系统词表中的标识来加以表达。这样才能使存储与检索得到有效的沟通和控制,保证检索系统达到令人满意的查全率和查准率,减少漏检和误检。但随着计算机技术、通信技术等现代信息技术的迅猛发展及其在信息检索领域应用的不断深入,关键词、单元词、自由词等一些无词表系统控制的检索语言已得到广泛应用,图形、图像、音频、视频等多媒体检索技术也取得了长足进展。但多媒体检索技术距离实用化,特别是在广大用户中的普及还有一段距离。目前的信息检索大多数是针对文本信息。为此,作者也试图借助流程图来表示现代文本信息检索的一般原理,如图 1-3 所示。

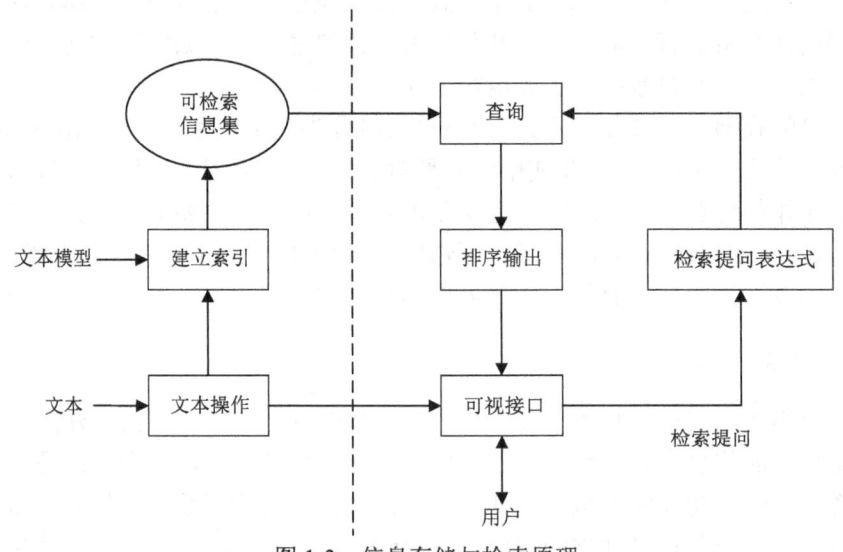

图 1-3 信息存储与检索原理

首先，需要建立文本数据库，并使其成为可检索的信息集合。这是信息检索的基础，将从底层决定信息检索系统的检索利用方式。建立文本数据库前，数据库管理者需要明确文本的搜集范围、对文本的操作方式，以及文本模型（如文本结构和可检单元等）。文本操作是要实现原始文本的转换，以产生文本的逻辑视图。逻辑视图一旦形成，数据库管理者将利用数据库管理模块建立文本索引。其次，对于大规模的信息集合而言，索引是必不可少的。索引结构可能各不相同，但常用的还是倒排档。倒排档是指建立在文本数据库基础之上的倒排索引的文件形式。如图 1-3 所示，数据库管理者所确定的文本模型中有许多能反映其外表特征和内容特征的属性值，如文本记录的标识号、篇名、文摘、关键词、叙词、自由词、作者、期刊名、出版年、语种、产品代码、机构名称等。从检索的角度讲，这些属性值可能有检索意义，并有可能成为检索入口。倒排档一旦建立，我们可以认为，文本数据库已成为可检索的信息集合。

在此基础上，现代意义上的信息检索才能开始。用户首先要明确自己的信息需求，然后运用用于文本信息的文本操作方法对信息需求做语法分析和转换，以产生检索提问；其次，运用系统所要求的用户信息需求的表达方式，构造检索提问表达式；最后，提交检索提问表达式，利用已建立的索引（主要是倒排档）以实现快速查询，并产生检索结果。

在将检索结果提交用户之前，检索系统将运用系统所确定的对相关性评判的算法对检索结果进行排序，试图将与用户信息需求密切相关的排在前面。用户浏览"排序"输出的检索结果，以找出自己感兴趣或需要的信息。如果用户对检索结果不满意，可以修改检索提问表达式，以产生新的"排序"输出的检索结果。此过程可以循环反复（具体过程见图 1-4），直到检索提问表达式更好地表达用户真实的信息需求，产生令用户满意的检索结果。

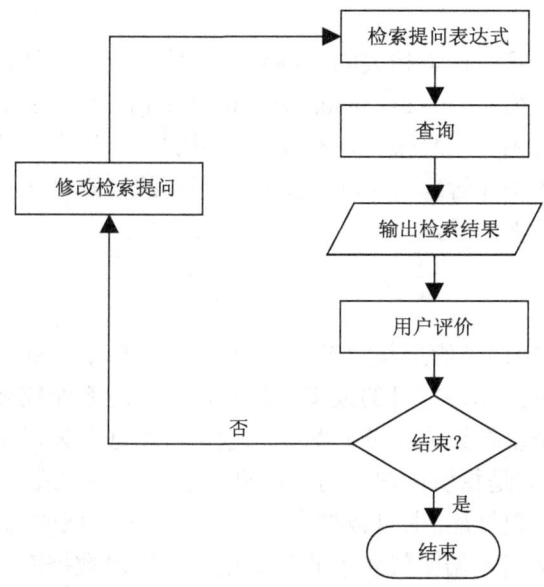

图 1-4　检索提问表达式调整、修改流程图

1.3 检索系统与检索工具

检索系统与检索工具是人们用来查找信息的辅助设备，本质上讲并无多大区别。检索工具多对应于早期对印刷版文献的查找，而检索系统则是以计算机为基础设备，用于电子信息的查找与利用。

1.3.1 检索系统的构成

检索系统的构成包括物理构成和逻辑构成，下面就从两个方面来介绍检索系统的构成。从物理构成的角度来考察，检索系统一般包括硬件、软件和数据库三个组成部分。

1. 硬件部分

硬件部分是计算机检索系统采用的各种硬件设备的总称。这部分主要包括具有一定性能的主计算机或服务器、检索系统的外围设备和在数据处理与传送中有关的其他设备。

主计算机或服务器要满足信息检索的要求，内存要能处理海量数据，计算机或服务器要具有较强的逻辑运算能力，为了满足用户的需要还需要有较快的响应速度。对于联机检索系统，其主机还需具有多道处理和分时处理等更强的功能。

检索系统的外围设备包括外部存储器、输入输出（input/output，I/O）设备等。外部存储器应具有相当大的容量以及多级存储系统。输入输出设备包括各种必要的数据录入装置与输出装置，如键盘、打印机、鼠标等。

2. 软件部分

软件部分包括与计算机检索相关的各种系统软件及应用软件。例如，操作系统、编译程序、数据库管理系统（database management system，DBMS）、数据输入输出程序、自动标引程序等，主要包含信息采集、存储、标引加工、词表管理、用户检索界面、提问处理、网络发布、数据库管理等模块。此外，不同的检索系统在系统软件和应用软件的具体构成上也存在显著差异。

3. 数据库部分

根据 ISO 5127：2017（信息与文献 基础和术语）标准，数据库的定义为至少由一种文档组成，并能满足某一特定目的或某一特定数据处理系统需要的一种数据集合。数据库是检索系统的一个重要组成部分，数据库通常可以划分为以下类型。

（1）参考型数据库，是指引用户到另一信息源以获得原文或其他细节的一类数据库，包括书目数据库和指南数据库。书目数据库是指存储某个领域的二次文献的一类数据库。例如，中国机械工程文摘数据库就属于此类数据库。指南数据库是指存储某些对象的简要描述，旨在指引用户从其他信息源获取更详细信息的一类数据库。例如，产品数据库、软件数据库等就属于此类数据库。

（2）源数据库，是指提供原始资料或具体数据的自足性数据库，它包含数值数据库、文本-数值数据库、全文数据库、术语数据库、图像数据库、音视频数据库。

（3）混合型数据库，是指能存储多种不同类型数据的数据库。例如，光盘数据库，它泛指以光盘为载体的数据库，属于混合型数据库。

不管检索系统的物理构成如何，它们的逻辑构成都是相同的或基本相同的，一般由以下六个子系统构成。

1）文献与数据的选择和抽取子系统

该子系统的功能是从外部信息源向系统输入信息，输入时要按照系统既定方针和用户需求进行选择。选择标准包括专业覆盖面、文献信息类型（全文信息、数值或事实信息、书目信息）、摘储率、文种、时间跨度等，其中，专业覆盖面、摘储率是评估选择子系统的重要指标。

（1）专业覆盖面。如果从检索系统的数据库对文献和知识的学科专业覆盖面来看，有综合性检索系统（如图书馆编目与检索系统）、多学科检索系统（如 Dialog 系统）、专业检索系统（如 MEDLINE 系统）。

（2）摘储率。对于某一专业领域，抽取的信息占该领域所有信息的比率。

2）词表子系统

一般来说，数据库中所收录的知识与文献，需要依靠使用一定的检索语言来加以表征和组织。另外，检索者的检索提问也需借助检索语言来加以表达。这样才能使存储与检索得到有效的沟通和控制，保证检索系统达到令人满意的查准率与查全率，减少漏检与误检。采用词表控制的检索系统称为控制词汇的检索系统。随着以计算机为主体的现代信息技术在信息处理领域的广泛应用，关键词、自由词等一些无词表控制的检索语言的应用逐步推广，因此出现了非控制词汇的情报检索系统。它又可分为完全的自然语言检索系统和后控制的自然语言检索系统。

后控制的自然语言检索系统，在系统内设有只供检索用的后控制词表，这种词表没有预先编定的形式，而是通过检索者的使用，将检索式中用"或"逻辑相连接的检索词，由机器提取并逐步累积起来的一组一组的词表。在检索时，由系统自动纳入检索式，进行扩检。在后控制的自然语言检索系统中，检索者使用的是自然语言。"后控制"的过程对检索用户而言是透明的。

后控词表实例：检索华中师范大学信息管理系师生所发表的期刊论文，需要通过后控词表来扩大检索范围到图书馆学系、情报学系、图书情报系、信息管理系等内容。

3）标引子系统

按照一定的词表，对文献赋予标引词，以表征文献的特征，形成文献的标识，这一过程就是标引。通过标引，能将分散的资料彼此联系起来，预测文献同检索提问的潜在相关性。标引有人工标引和机器标引两种。人工标引依靠标引员对文献进行概念分析来实现，机器标引是通过机器对词出现频率、出现位置、提问频率等进行统计与加权来实现。因此，依据该子系统，情报检索系统可分为人工标引的检索系统和机器标引的检索系统。对于完全自然语言的检索系统来说，可能根本就不进行标引，这种情况称为无标引或全标引。

4）查寻子系统

查寻，就是把用户的需求，经过概念分析，转换成系统语言的词汇，并指出其逻辑关系的过程。具体来说，就是构造检索策略的过程。按照系统对提问式的理解与展开运算的方法，检索系统可分为布尔检索系统和非布尔检索系统。

利用布尔逻辑来表达检索词之间复杂的组配关系，一直是计算机情报检索系统采用的主要查寻功能。它的优点是简洁、明了、符合人们思维习惯。但它是建立在二值逻辑基础上的，对文献的相关性判断过于绝对化，因而导致漏检与误检的可能性较大。为此，检索系统采用了新的方法，如加权、位置逻辑，即限定检索词在文献中的逻辑间隔。例如，两个词是否出现在同一记录中，或同一段落中，或两个词之间相隔的词的个数等，以此来尽量满足用户的查寻需求。

5）用户与系统交互子系统

该子系统即检索系统向用户提供的实现其检索过程的手段。

6）匹配子系统

该子系统的功能是将文献的标引记录和提问的检索策略进行对比，并据此决定取舍。

1.3.2 检索工具的体系结构和功能

一部体系完整的检索工具通常由以下五个部分构成。

1. 编辑说明与凡例

编辑说明与凡例通常放在检索工具的开头部分。编辑说明一般向用户揭示该检索工具的编辑目的、收录范围、选材原则、适用对象、出版沿革、总体结构、各部分的用途及用法等。编辑说明的作用是向用户介绍该检索工具的概貌，以便用户确认该工具是否适合自己。凡例对用户检索起具体的指导作用，通常以简洁的文字和示例详细介绍检索工具的编排体例、著录格式、著录项目和查找方法等，使用户对该检索工具有进一步的认识，了解其各方面的特征，掌握其使用方法。

2. 分类表与主题表

分类表与主题表是编制和使用检索工具必不可少的辅助工具。分类表主要用于文献款目的编排和浏览。分类表的详表单独出版，分类编排文献款目的检索工具有分类表的简表，该表放在每期的前面，并与目次页结合在一起。主题表有两个作用：一是像分类表那样，用于文献款目的编排和浏览，但这仅指按主题编排的文献款目的检索；二是用于主题标引和检索，为检索工具和用户提供允许使用的主题词及其参照系统，保证标引的一致性以及标引与检索的一致性。

3. 正文

正文是检索工具的主体，它由大量的文献款目按一定顺序编排而成。文献款目是正文的基本构成单元（文摘型检索工具还附有摘要）。文献款目由书目数据组成，揭示文献的外部特征和内容特征。因此，从正文内部讲，其主要作用有两个：一是为用户提供判断检中文献是否符合自己的要求的依据，以便决定取舍；二是为用户提供获取所需原始文献的线索。

4. 辅助索引

正文一旦编制完毕，其顺序也就固定下来了，表现为线性顺序。此后，只能从一个角度、按一种顺序去浏览（一般为分类）正文，速度较慢，加上分类较粗，检索功能较弱。因此，直接通过正文来检索效率很低。设置辅助索引的目的就在于给用户提供更多的检索途径，提高检索效率。

辅助索引是从正文中抽取检索标识以及有检索意义的外部特征和内容特征，如主题词、作者、各种号码等，将其编制成各种索引。每个索引款目都需注明一个或多个正文地址，从而指回正文的对应位置。辅助索引是相对于正文而言的，但其作用却不可低估。从检索的意义上讲，检索工具的作用主要是通过其各种索引实现的。

5. 资料来源目录与附录

资料来源目录是检索工具所摘录文献出处的目录，一般是指来源期刊，也叫引用期刊目录或来源出版物目录。文献款目中所著录的来源出处比较简略，而且刊名常常使用缩略语。来源期刊目录详细列出了来源期刊的名称、全称、代码、编辑出版机构、出版沿革、出版周期等，供用户全面了解来源期刊的全貌，并把刊名简称还原成全称。附录主要包括专业术语缩略语表、字母音译对照表、期刊代码表（如 CODEN）等，便于用户正确识别检索工具正文中的缩略语、代码、音译名等。

构成检索工具的上述五个部分是有机联系、不可分割的整体。

尽管检索工具多种多样，但它们的功能基本是相同的。严格地讲，检索工具主要有报道、存储和检索三大功能。

1）报道功能

检索工具应具有报道功能。我们在介绍文献信息链时曾介绍过，科技文献的数量急剧增长，载体形式增多，文献类型复杂，语言种类多样，内容广泛、交叉、出版分散、重复，文献寿命缩短。在这种情况下，如何能让用户及时、全面、准确地了解自己所感兴趣的领域最近又出版或发表了哪些文献呢？从目前看，能够满足用户这一需求的主要手段之一就是利用检索工具或检索系统。检索工具以最新文献为基本报道对象，从检索工具本身讲，报道功能主要通过正文实现。

2）存储功能

检索工具问世后，经过一段时间，所报道的当时认为是最新的文献逐渐过时，相对而言，新文献逐渐变成了旧文献，原有的报道功能开始逐渐减弱，甚至消失。但与这一过程几乎同时发生的是，就检索工具已经报道过的文献而言，数量越积越多，逐渐形成了一定规模。在这种情况下，检索工具的报道功能开始逐渐转变，即由报道功能转向存储功能。存储可以长期积累，其目的是在任何需要的时候，都能够把所需文献从已经出版或发表的全部文献（理论上的）中检索出来，因此存储具有历史意义。当然，这种情况仅限于已经报道过的文献，正在和即将持续不断报道的新文献不在此列。与报道功能一样，存储功能也是通过正文实现的。

报道和存储有不同的作用，前者通过检索工具报道当前文献，后者则通过检索工具的积累存储当前的和过去的文献，两者是检索工具的不同表现形式，但它们属于同一项工作，即检索工具的编制。报道和存储这两个过程统一于编制过程中，即编制过程既体现出报道功能，又体现出存储功能。

3）检索功能

检索功能是检索工具存在价值的最终体现。检索工具的报道功能和存储功能都是通过正文实现的。但是，仅就检索而言，它的作用仍然是十分有限的。对于被报道和被存储的特定文献来说，为了能够在需要它们的任何时候都能快速、准确地将其检索出来，还必须为所收录的全部文献编制各种索引。各种索引的有机结合构成了检索工具的索引体系，索引体系的基本要素是检索标识和检索手段，索引体系充分体现了检索工具的检索功能。

检索工具的报道功能、存储功能和检索功能关系十分密切，既对立又统一，这种矛盾现象表现在许多方面。比如，最新文献的报道速度与检索手段的完备性之间就是一对对立统一的矛盾。也就是说，片面追求报道速度快，就很难使索引体系完善。当然，如果报道量不大，即使索引的完备性差一些，也不会对检索产生较大影响；但是，如果报道量很大，必然要求索引完备，否则，就会给检索造成很大的困难。反之，单纯追求检索手段完备，就会影响最新文献的报道速度，但对于存储多年的文献来说，检索手段的完备性则是非常必要的。

1.4 信息检索研究的核心问题

传统的信息检索以"提问-检索"模式为主轴，围绕这根主轴产生了规范化的检索语言、线性的书目数据库结构、既定的检索策略。然而随着信息技术的发展和信息资源的多样化，尤其是因特网的迅速普及，传统的相对集中和规范的文献数据库发生了变更，促使传统的信息检索方式也随之变化。"提问-检索"模式开始向"浏览-查询"模式转变，与此相关的理论与技术成为信息检索研究的核心领域。

1.4.1 信息检索理论

信息检索理论研究对改进检索算法、提高检索效率有着很大的指导作用。对检索理论的探讨，能够促进信息标引、检索策略、信息展示等与信息检索相关的技术得到改进和提升。信息检索理论主要包括标引理论、检索模型以及检索结果的可视化三大部分。

1. 标引理论

信息标引的主要任务是确定信息内容的概念主题和类别等，以便用户从不同的角度使用符合提问要求的词汇去检索。人工标引的工作量大，需要大量的智力投入，因此只有利用计算机的自动处理能力，才能适应现代信息社会的需要。

计算机自动标引的理论来源于统计学方法。最初的简单词频（term frequency，TF）统计仅对文献中的词汇进行统计，并根据概率论思想计算高中低词汇的概率分布，去除低频词和高频虚词，余下词便作为标引词。加权统计标引的理念，弥补了简单词频统计的不足，提出了根据词汇出现的位置修改词频的方法。另一种相对词频统计的方法——逆文献频率加权标引（即要求某篇文献中的标引词在整个文献集合中出现次数尽可能少）也是统计学理论在自动标引中的具体应用。

2. 检索模型

信息检索模型的理论基础来源于数学，数学中的集合论与布尔代数是构成布尔检索模型的基础。集合论为信息检索提供了集合运算的思想，布尔代数为信息检索引入了逻辑运算的方法，布尔模型具有简单、容易理解、表达检索提问能力强等优点，长期以来一直是信息检索中使用最多的检索模型。

3. 检索结果的可视化

检索结果的可视化是指利用图形、图像、动画等视觉形式来表示检索结果，以充分体现信息的视觉效果。检索结果的一维可视化可以体现为文字形式，将检索结果按相关性大小输出，本身就具有一定的可视效果；用图形来表示检索结果，这种可视化形式使检索结果更加清晰且内容丰富。例如，统计结果可用饼图表示，增长数据可用坐标曲线图表示等。

1.4.2　信息检索技术与方法

随着信息技术的飞速发展，信息检索的传统模式也发生了巨大的变革。检索中介代理服务的功能正逐步减弱，信息检索服务的对象也由具有较高信息素养的专业用户扩大到背景知识差异万千的客户。传统的检索方式、检索界面已不能满足不同层次信息用户的需求。以全文检索、多媒体检索、超文本及超媒体检索、联机检索、网络信息检索、智能检索、跨语言检索、跨平台检索为代表的现代信息检索技术与方法正在蓬勃发展起来。

全文检索主要是用检索词对"原文"进行匹配的检索技术，为人们获取文献原文而非文献线索信息提供了一条有效途径。由于检索的对象是原文而非线索，因此除了需要对完整的信息源进行数据集合的转化，还需要对全文数据库进行深层次的编辑加工。此外，由于全文检索系统采用自然语言标引与检索，所以检准率不高。

多媒体检索主要是指对多媒体信息（图形、图像、声音、视频等信息）的检索。多媒体信息检索的应用主要体现在两个方面：特征表述（文字描述）的检索和多媒体对象的直接匹配检索。特征表述检索要求用文字对多媒体对象进行标引，检索过程与文本检索过程相同，但最终结果信息为多媒体信息；多媒体对象检索指的是直接用图形、图像、语音、语调等对多媒体数据进行匹配，对于时基类媒体需要标引出关键帧（视频）和关键语音片段，以保证检索效率。

超文本与超媒体检索一改传统的线性文本组织方式，采用非线性的网状结构，模拟现实世界中用户的跳跃式思考模式。所以说超文本与超媒体检索不是一种检索技术，而是信息的组织方法与手段。早期的超文本以文字为主，后来逐步容纳包括图形、图像、声音、视频等多媒体信息，所以称之为超媒体系统。

联机检索是用户在检索终端上使用特定的指令和检索语词，以人机对话方式从检索系统的数据库中查找所需的特定信息的过程。联机系统允许用户实时操作，随时得到结果并不断修改，无论是查全率还是查准率均保持在较高的水平。但由于联机费用较高，且需要信息用户具有检索专业技能，因此并未在普通用户中普及。

网络信息检索的目的是帮助用户充分利用网络上的海量的信息资源，为了实现这一目的，现已开发出多种网络信息检索工具，包括 FTP（file transfer protocol，文件传输协议）类检索工具、基于菜单式的检索工具、基于关键词的检索工具和基于超文本的检索工具。其中，WWW 是一种基于超文本方式的信息查询工具，不仅可以搜索 WWW 上的信息，也可以搜索因特网上的其他信息资源，大有成为因特网标准检索工具的趋势。

智能检索是信息检索和人工智能研究的一个交叠领域，表现在用户检索接口的友好、检索过程具有学习性这两个方面。这意味着检索系统能够把自然语言的检索提问自动翻译成检索系统能够理解的检索式，能够根据用户的检索行为进行学习，建立高效率、高品质的检索模板库，以帮助用户改善检索策略。智能检索的另一个方面（也是目前较为热门的研究课题）是检索智能代理和智能搜索引擎。

跨语言检索的主要目标是解决对不同语种的信息资源进行检索的问题。它采用的技术一般为建立多语言的机器词典或语料库。在检索过程中，用户输入一种语言的检索词，计算机通过词典或语料库把它翻译成多种语言进行检索。

跨平台检索，也称为分布式检索，其检索是对不同的数据库资源进行的。因此，跨平台检索所面对的资源可能分散在不同的机器、不同的地点（不同的房间、不同的地区）和不同的软件平台上，信息资源也可能是异构的。在网络环境下，解决跨平台检索已成为信息检索的热点课题。

第 2 章 信息检索模型

现实生活中信息检索用户的信息需求千差万别，但是信息检索这一行为的本质却是固定不变的，即将用户的信息需求与信息资源进行匹配。借助数学工具，可以使复杂的检索行为本质化、抽象化。因此，必须建立信息检索的数学模型，才能使检索系统更好地满足用户的信息检索需求。

2.1 信息检索模型概述

20 世纪中期，数学工具被引入到信息检索活动中，研究人员先后提出了各种不同类型的信息检索数学模型，这些检索模型在应用实践中不断地发展和完善。

2.1.1 信息检索模型的发展历史

信息检索研究和设计需要解决的核心问题之一是明确用户信息需求的形成机制以及如何最大限度地满足用户的信息需求。由于信息的快速增长和复杂的变化，人们在进行信息检索过程中就不得不采用一些比较科学的方法。这样，信息检索模型的应用就势在必行。事实也是如此，早在 20 世纪中期，人们已经开始将数学等学科知识应用于信息检索活动。

最初的信息检索模型是基于数学知识的模型，之所以使用以数学知识为基础的信息检索模型，是有一定原因的。一方面，数学这个学科已有几千年的历史，被大家所熟知，并且通俗易懂；另一方面，人们的信息需求有很大的模糊性，甚至用文字不能表达，而数学知识具有高度的抽象性和概括性，这样就很容易表达出人们的信息检索需求，能够很方便快捷地组建信息检索模型，并且容易执行查询。这种基于数学的信息检索模型的起源可以追溯到 20 世纪 50 年代，它是通过用户检索需求的表达式和检索项目的"距离"来衡量信息检索结果的相关度，这种"距离"包括相似度、匹配度等方面。检索项目与查询需求"距离"越近，说明两者之间相关度越高，被检索出来作为结果的排序越靠前；反之，被检索出来作为结果的排序越靠后。如果没有任何相似性，匹配度为零，则该项目将不会出现在结果中反馈给用户。这种最简单的信息检索模型功能比较少，检索比较硬化，只是单项信息检索模型。它是由单个的主题词构成检索式，然后将此检索式和系统与文献集合中的主题词标引进行比较，如果提问式中的主题词属于某个文献标引词集合，那么就是匹配，这个文献就会被检索出来作为结果反馈给用户；反之，就是不匹配，不被检中。这在一定意义上也算是信息检索模型，但是这种信息检索模型比较原始，而且检索效果往往不能令人满意。特别是当检索对象文献集合比较大的时候，查准率往往很低。

由于简单的信息检索模型并不能满足人们检索的需要，1957年，Bar-Hillel（巴尔•希勒尔）提出了将布尔逻辑思想应用到计算机信息检索当中的可能性。到20世纪60年代后期，布尔检索模型开始被一些大型的信息检索系统所采用，并且不断地被越来越多的大型联机检索系统以及网络搜索引擎所使用，成为一种标准检索模式。但布尔检索有诸多不足，为了弥补布尔检索模型的不足，相继出现了向量空间模型、概率模型等检索模型。今天我们使用的信息检索系统集成应用了各种不同类型的基于数学的信息检索模型，这种信息检索模型被称为"经典信息检索模型"。

随着科技的进步，信息量的进一步增长，人们对信息需求的精确性和效率要求不断提高，一种新的信息检索模型诞生了。这种信息检索模型是以逻辑学专门技术和关系学的信息科学技术相结合而形成的，最早使用于20世纪80年代。这种类型的信息检索模型是通过对用户信息需求和被检索对象的逻辑关系的推论来完成信息检索任务的。这种信息检索模型更加适用于对信息检索有特殊要求的用户，它能够更加清晰地表示信息之间的微妙关联。这种信息检索模型虽然具备某些方面的特殊优势，但是普通用户很多时候是不需要用到这些功能的，而且这些功能在一般的信息检索系统中并未得到应用，所以它是另外一类信息检索模型，这类信息检索模型被称为"非经典信息检索模型"。

无论是"经典信息检索模型"还是"非经典信息检索模型"，都在不断地发展与完善，并且衍生出更多新的信息检索模型，用以满足人们检索活动的需要。

2.1.2 信息检索模型的类型

信息检索的主要环节就是信息检索对象和信息用户需求之间的相关性判断。为此，人们提出了一系列理论模型，试图正确地解释检索过程并给出合理的衡量。从宏观层面上来看，按照用户查询信息的目的不同，数学模型可分为检索型和浏览型两类。检索型数学模型又可以分为基于内容的检索模型和基于结构的数学模型（即结构化检索模型）。其中，基于内容的检索（content based retrieval，CBR）模型可以细分为集合论模型、代数论模型、概率论模型。基于结构的数学模型包括非重叠列表、临近节点。目前，使用比较广泛以及理论探讨比较多的检索模型有布尔模型、概率模型、向量模型、模糊模型、逻辑模型、概念模型以及定位模型等。

我们可以通过表2-1来表示信息检索模型的分类。

除此之外，信息检索模型从传统应用上来分，又可以分为经典模型（称之为经典模型主要是因为其是第一个信息模型，而且实质上现在的信息检索模型都是以它为基础的）和非经典模型，如图2-1所示。

表 2-1　信息检索模型的分类

基于内容的检索模型	基于结构的数学模型	
	非重叠列表	临近节点
集合论模型	布尔模型 模糊集合模型 扩展布尔模型	
代数论模型	向量空间模型	语义模型 神经网络
概率论模型		概率模型 推理网络 信念模型

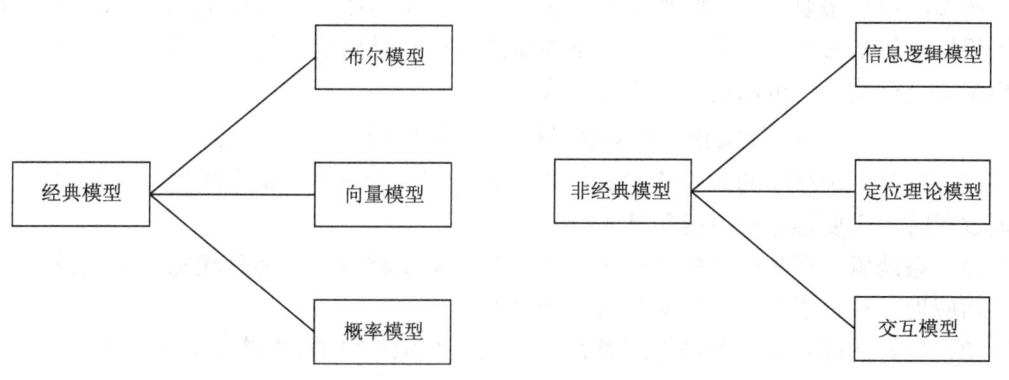

图 2-1　经典模型和非经典模型

由于现代信息检索的多重需要，一个信息检索系统中不仅使用一种信息检索模型，通常是将几种信息检索模型集成起来，有的则是将不同的信息检索模型糅合起来共同执行。不管怎样，信息检索模型的最终目的是为人们的信息检索活动服务的。

2.2　标准布尔检索模型

布尔模型是经典信息检索模型，同时也是第一个且使用最广的信息检索模型。它是建立在经典集合论和布尔代数知识基础上的一种简单的检索模型。由于集合论的"集合"具有很好的直观性，布尔表达式又很简单明朗而且语义准确，所以布尔检索模型很容易为用户所接受。如今在面向用户的信息检索系统、网络搜索引擎以及商业化检索系统中，布尔检索模型得到了很广泛的关注和应用。

2.2.1　标准布尔检索模型的概念

布尔检索模型采用布尔代数和集合论的方法，用布尔表达式表示用户提问，通过对文献标识与提问式的逻辑运算来检索文献。在实际检索中，检索提问涉及的概念往往不止一个，同一个概念可能涉及多个同义词或相关词。这样用一个词来表达检索提问就不一定能够准确表达检索用户的检索意愿，为了正确地表达检索提问，系统中采用布尔逻辑运算将不同的检索词组配起来，使一些具有简单概念的检索单元通过组配成为一个具有复杂概念的检索式，用以表达信息用户的信息检索需求。

2.2.2 标准布尔检索模型的工作原理及示例展示

布尔检索模型作为应用最广泛的信息检索模型，工作流程简单是其一大特点，准确的表达能力是其另一大特点。

常用的布尔检索逻辑运算符有三种，它们分别是逻辑与运算符 AND、逻辑或运算符 OR、逻辑非运算符 NOT。仅仅看到这些，我们似乎不容易理解这些运算符，下面我们举例来解释这个问题。

例如，我们想要检索一款相机的相关信息，要求这款相机可以是传统相机也可以是数码相机，但是必须是长焦的，而且不能是进口的。针对这个信息需求，我们用布尔检索模型来进行检索，可以构建以下运算式：

（（传统相机 OR 数码相机）AND 长焦）NOT 进口

以上就是一个简单的布尔检索式，从中我们可以看出布尔检索模型在解释信息检索处理过程时，主要遵循以下两条基本规则。

（1）系统索引词集合中的每一个索引词在一篇文档中只有两种状态：出现或者不出现。相应地，每个索引词的权值只有两个（0 和 1）。

（2）检索提问式由三种逻辑运算符"AND""OR""NOT"连接索引词构成。

1. 布尔逻辑运算符

1）逻辑与运算符 AND

逻辑与运算符 AND 也可以写成"*"。检索词 A 与检索词 B 若用"AND"组配的话，则提问式可以写成

A AND B 或者 A*B

检索的时候，只有同时含有检索词 A 和检索词 B 才算是命中文献。其示意图如图 2-2 所示。

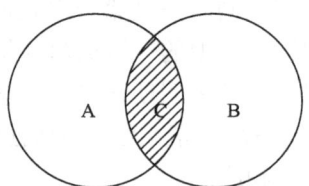

图 2-2　逻辑与"AND"

例如，我们想要查找中国银行的张三，我们可以用逻辑与运算符 AND 组建以下检索式：

张三 AND 中国银行

对于提问式 A AND B，如果 A 的命中项为 X 篇，B 的命中项为 Y 篇，所有的命中项为 T 篇，则有：①若 A 和 B 没有相关性则没有命中项，T 为 0；②若 A 和 B 有一定相关性，则 $X>T>0$，或者 $Y>T>0$；③若 A 与 B 的相关性密切，则 $T=\min(X,Y)$。总之，$\min(X,Y) \geqslant T \geqslant 0$，这说明了用逻辑与增强了检索的专指性，使检索范围变窄了。

2）逻辑或运算符 OR

逻辑或运算符 OR 也可以写成"+"。检索词 A 和检索词 B 如果用"OR"组配可以写成

$$A\ OR\ B\ 或者\ A+B$$

这个检索式代表的意思是文献中含有检索词 A 或者检索词 B 或者同时含有检索词 A 和检索词 B 的项目，均为命中文献。其示意图如图 2-3 所示。

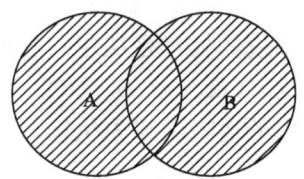

图 2-3 逻辑或"OR"

例如，我们对电脑、手机、数码相机都很感兴趣，想要查询下相关的信息，用 OR 构造以下的提问式即可：

$$电脑\ OR\ 手机\ OR\ 数码相机$$

对于提问式 A OR B，如果 A 的命中项为 X 篇，B 的命中项为 Y 篇，所有的命中项为 T 篇，则有：①当 A 和 B 有相关性的时候，$T<X+Y$；②当 A 和 B 没有相关性的时候，$T=X+Y$；③当 A 和 B 有非常密切相关性的时候，$T=\max(X,Y)$。

这样我们可以看出 $X+Y \geqslant T \geqslant \max(X,Y)$。不难理解，逻辑或可以放宽检索范围。

3）逻辑非运算符 NOT

逻辑非运算符 NOT 也可以写成"-"。检索词 A 和检索词 B 用逻辑非进行逻辑组配，则可以表示为

$$A\ NOT\ B\ 或者\ A-B$$

对于此检索式，只有是包含检索词 A 而不包含检索词 B 的文献，才算是命中项。其示意图如图 2-4 所示。

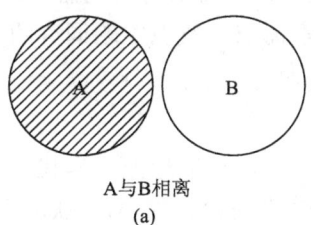 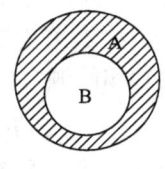

图 2-4 逻辑非"NOT"

例如，我们想要查询联想牌电脑的信息，但是笔记本电脑除外，就可以构建以下检索式：

联想牌电脑 NOT 笔记本电脑

对于提问式 A NOT B，如果 A 的命中项为 X 篇，B 的命中项为 Y 篇，所有的命中项为 T 篇，则有：①如果检索词 A 和检索词 B 无关，则 $T=X$；②如果检索词 A 和检索词 B 有一定的关系，则 $T<X$；③如果检索词 A 和检索词 B 密切相关，而且 $X>Y$ 时，$T=X-Y$；④当 $X<Y$ 时，$T=0$。逻辑非是排除不希望出现的检索词，它也能缩小命中文献的范围，增大信息检索的查准率。

2. 布尔运算的运算次序

1）运算次序

对一个布尔检索逻辑，检索系统的处理是从左向右进行的，现行的所有信息检索系统在对这一点上都是一致的。但是，OR、AND、NOT 运算次序，不同的系统有不同的规定，在有括号的情况下，括号内的逻辑运算先执行，而在无括号的情况下，则有下述几种处理顺序。

（1）NOT 最先执行，AND 其次执行，OR 最后执行。Dialog 的 RECON 软件采用的是这种顺序。

（2）AND 与 NOT 依其自然顺序同级最先执行，OR 依其自然顺序其次执行，STAIRS 软件和 Orbit 软件采用这种顺序。

（3）AND 最先执行，NOT 其次执行，OR 最后执行。美国 UNIDAS 软件采用这种顺序（UNIDAS 是美国 UNIVAC 计算机上运行的文献检索系统）。

从使用的角度讲，上述任何一种顺序都是可以接受的。作为检索者，只要熟悉检索系统的规定就不会出现检索逻辑表达错误的问题。但需要注意的是，对同一个布尔逻辑提问式来说，不同的运算次序有不同的检索结果。

2）注意事项

用布尔逻辑表达检索要求，除要掌握检索课题的相关因素外，还应在布尔运算符对检索结果的影响方面多加注意。布尔运算符使用正确但不能达到应有检索效果的例子很多，下面就讨论一些常见的问题。

（1）OR 逻辑。有些检索词表达了概念，存在整体与部分的关系。在检索中，这类关系如果处理不好，就不能得到满意的检索效果。对此，一般原则是，如果检索词涉及表达整体的概念，需要针对具体情况分别列出每一个部分概念的检索词，否则将出现漏检。

请看下面的例子，检索关于欧洲能源问题的文献。分析检索需求，发现主题词有两个：欧洲（EUROPE）和能源（ENERGY），检索逻辑式可表达为

EUROPE AND ENERGY

如果用这个提问式检索，显然会出现相关文献大量漏检。因为，在地理上，当我们提到欧洲时，它包括英国、法国、意大利、西班牙等具体国家，然而在检索式中，"欧洲"作为检索词，只代表它本身，无法代表英国、法国、意大利、西班牙……。因此，如果

要查全该课题的相关文献，检索式应用 OR 逻辑修改为

（EUROPE OR BRITAIN OR FRANCE OR ITALY OR SPAIN OR …）AND

（ENERGY OR COAL OR PETROLEUM OR …）

同样地，检索关于中东粮食生产问题的文件，也应作上述处理。

（2）NOT 逻辑。在检索逻辑中使用 NOT，能排除含有由 NOT 指定的检索词的文献，协助检索出更准确的文献。但是，使用 NOT 必须慎重。因为，如果两个关系紧密的检索词同在一个检索逻辑中，对其中一个使用 NOT 逻辑会导致含另一个词的文献也被排除。例如，检索 (COMPUTER AND SOFTWARE) NOT HARDWARE，在这个例子中，检索计算机软件方面的文献是检索的主要目的，但由于使用了 NOT 逻辑，将同时包含软件、硬件的相关文献排除了。类似的例子很多，这里不再列举。

3. 布尔模型的析取范式

前面我们了解了布尔逻辑的运算符，根据布尔运算规则，我们可以把检索提问式 Q 表示成各相关检索词组成的主析取范式（disjunctive normal form，DNF）形式。

例如，检索提问式

$$Q = k_a \text{ AND} (k_b \text{ OR NOT} k_c)$$

检索提问式中的检索提问词，k_a、k_b、k_c 称为原子；逻辑运算符 "AND" "OR" "NOT" 分别可以用操作符 "$\wedge$" "$\vee$" "$\neg$" 表示。一个或多个原子（或它们的否定）通过 "$\wedge$" 操作符连接起来，便构成了合取子项（CC），如 $k_a \wedge \neg k_b \wedge k_c$、$k_a \wedge \neg k_b$；当某一合取子项包含所有原子（或它们的否定），且在检索提问式 Q 中输出为真值时，称为极小项，如 $k_a \wedge k_b \wedge \neg k_c$；一个或多个极小项通过 "$\vee$" 操作符连接起来，便构成了该检索提问式 Q 的主析取范式。

我们可以通过真值表法来将检索提问式转换为其等价主析取范式。真值表是一种表格，用于列出布尔函数的所有可能的输入组合及其相应的输出。对于 $Q = k_a \wedge (k_b \vee \neg k_c)$，真值表会展示当 k_a、k_b 和 k_c 取不同的真假值组合时，Q 的输出是真还是假，如表 2-2 所示。

表 2-2 真值表

k_a	k_b	k_c	$\neg k_c$	$k_b \vee \neg k_c$	Q
0	0	0	1	1	0
1	0	0	1	1	1
0	1	0	1	1	0
0	0	1	0	0	0
1	1	0	1	1	1
1	0	1	0	0	0
0	1	1	0	1	0
1	1	1	0	1	1

主析取范式的每个极小项都对应于真值表中 Q 输出为 1 的一个行。因此，检索提问式 Q 可以写成以下等价析取范式形式：

$$Q_{\text{dnf}} = (k_a \text{ AND } k_b \text{ AND } k_c) \text{ OR } (k_a \text{ AND } k_b \text{ AND NOT } k_c) \text{ OR } (k_a \text{ AND NOT } k_b \text{ AND NOT } k_c)$$

可以将提问式 Q 的主析范式 Q_{dnf} 进一步写成简化的形式：

$$Q_{\text{dnf}} = (1,1,1) \vee (1,1,0) \vee (1,0,0)$$

其中，(1,1,1)、(1,1,0)、(1,0,0) 表示 Q_{dnf} 的三个相关布尔算符运算式（我们可以用符号 q_{cc} 来表示），它是一组向量，根据向量对应的三元组 (k_a,k_b,k_c) 的每一个分量取 0 或者 1 而得到。它们可以由图 2-5 来表示。

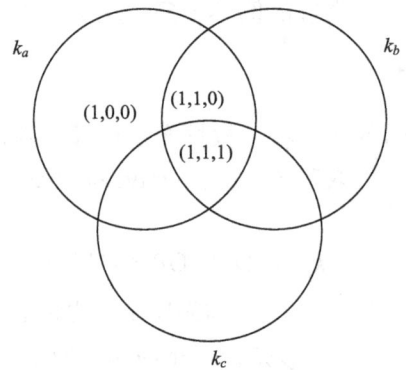

图 2-5　Q_{dnf} 逻辑关系

基于以上说明和假设，布尔模型对于任何一篇属于 D 的文档 d_j，定义 d_j 与用户提问 q 的匹配函数为

$$\text{sim}(d_j,q) = \begin{cases} 1, & \text{如果存在} q_{\text{cc}}(q_{\text{cc}} \in Q_{\text{dnf}}) \text{且对于任何} k_i, \text{有} g_i(d_j) = g_i(q_{\text{cc}}) \\ 0, & \text{其他} \end{cases} \quad (2\text{-}1)$$

其中，函数 g_i 定义为 $g_i(d_j) = W_{jj}$，即 g_i 函数返回文档 d_j 在检索词空间中检索词 k_i 的权重向量 W_{jj}。现在，假设文档集合 D 中存在两篇文档 d_1 和 d_2，其中，d_1 含有索引词 k_1 和 k_2，d_2 含有索引词 k_1 和 k_3，则它们的文档向量分别为 $d_1 = (1,1,0)$，$d_2 = (1,0,1)$。

根据匹配函数 $\text{sim}(d_j,q)$ 的定义，我们不难看出，文档与提问式 $Q = k_1 \text{ AND } (k_2 \text{ OR NOT } k_3)$ 的匹配函数值为 1，即文档 d_1 与提问 q 是相关的；而文档 d_2 与提问 q 的匹配函数值为 0，表明文档 d_2 与提问 q 是不相关的。

4. 布尔检索模型的示例展示

以下是一个实际的示例，展示了在布尔检索模型中，从检索提问到文档匹配的完整流程。

1）文档集合定义

假设检索集合中有以下三篇文档。文档 1："Apple and banana are fruits."；文档 2：

"Apple is red or green."；文档 3："Banana is yellow."。

2）检索词空间定义

基于这三篇文档，我们定义了以下检索词空间：k_a 代表 "apple"，k_b 代表 "banana"，k_c 代表 "red"。

3）文档的向量表示

每篇文档都可以表示为一个向量，如下所示。

$D_1 = (1,1,0)$，表示文档 1 包含 apple 和 banana，但不包含 red。

$D_2 = (1,0,1)$，表示文档 2 包含 apple 和 red，但不包含 banana。

$D_3 = (0,1,0)$，表示文档 3 包含 banana，但不包含 apple 和 red。

4）检索提问定义

考虑以下检索提问：$Q = k_a \text{ AND} (k_b \text{ OR NOT } k_c)$。

5）主析取范式的确定

使用真值表法，我们可以得到以下主析取范式：

$$Q_{\text{dnf}} = (k_a \wedge \neg k_b \wedge \neg k_c) \vee (k_a \wedge k_b \wedge \neg k_c) \vee (k_a \wedge k_b \wedge k_c)$$

或者进一步简化为

$$Q_{\text{dnf}} = (1,0,0) \vee (1,1,0) \vee (1,1,1)$$

6）文档匹配

文档 1 与提问 q 是相关的，因为它匹配了 Q_{dnf} 中的 $(1,1,0)$。而文档 2 和文档 3 与提问 q 都是不相关的。

7）返回的匹配文档

对于给定的检索提问 q，系统将返回文档 1（"Apple and banana are fruits."）作为相关文档集合。

2.2.3　标准布尔检索模型的优缺点

布尔检索模型作为最被关注和使用度最高的一款经典信息检索模型，它有着很多其他模型无法相比的优点，但是由于这是最早的一种信息检索模型，而且是最为简单的检索模型，所以它也不可避免地存在着天生的一些缺点。

1. 标准布尔检索模型的优点

（1）逻辑运算符较少，便于用户学习。由于布尔检索中使用的是关键字查询，用户可以按照自己的思维习惯，提出自己能够想到的与问题相关的一个词语，直接构造检索式，也可以是多个词语，通过简单的逻辑运算符 "∨""∧""¬" 将用户的提问 "翻译" 成系统可以接受的形式。

（2）模式较易构造，可以通过简单的关系来体现检索项的联系。由于这个特点，布尔检索模型系统的构建对机器硬件的要求不高，耗费的资源较少，造价低，不但适用于图书馆等正式的图书情报机构，也适用于互联网检索系统。

（3）布尔检索模型可以将复杂的检索过程以简单的检索式表达出来，通过逻辑运算符将概念间的逻辑关系体现出来，变成计算机可执行的运算，从而实现自动匹配。

（4）检索提问式较灵活，方便修改。用户可以通过增加或减少一些检索关键词，也可以增加一些通过逻辑运算符实现的限制条件来扩大或缩小检索范围，从而更好地满足用户检索需求。

正是由于布尔检索的种种优点，使得布尔检索模型被广泛使用。一些主流的图书馆检索系统和互联网搜索引擎都是引用了布尔检索模型来构建检索系统。

2. 标准布尔检索模型的缺点

（1）布尔检索中关键词没有权重区别。标准布尔检索中，无论是提问式中的关键词还是文献的标引词都没有采用加权的方式，因此，在布尔检索中不能体现检索项的重要性。用户更加倾向于检索项中的哪个关键词，对检索词需求的程度有多大，这些都无法通过简单的布尔组配来实现。如果一个检索式中同时出现了 A 和 B 两个关键词，那么用户更希望得到和哪个关键词相关的结果，以及希望结果和 A 和 B 关联程度的大小各是多少都无法通过布尔检索来解决。

（2）检索结果的输出没有重要性排序，用户检索的结果输出不是按照用户检索相关性排序的。换句话说，系统输出的检索结果中排在第一位的并不代表比排在最后一位的结果更加符合用户的需求，用户必须通读所有结果，并自己来选择哪个结果更加适合自己的需求。

（3）查全率很难控制。布尔检索是一种非是即否的检索机制，只有文献标引词中出现和检索式中关键词完全相同的项时才会被检出，否则被排除。这种检索方式很容易漏检很多内容，有时甚至会出现检索结果为零的现象，查全率很难控制。

（4）布尔检索要求用户具备很高的素质和语义提取能力。由于布尔检索是一种非是即否的匹配方式，就要求检索词要包含需要查询内容的全部语义，这些都需要用户自己来总结提取，因此，布尔检索对用户的素质要求较高，一般用户的查准率不会很理想。

2.3 模糊集合检索模型

标准布尔模型主要基于经典集合论，但经典集合论容不得模糊的概念，这对于信息检索过程中所存在的模糊性的解释造成一定的困难，用户对检索结果的满意程度也具有不确定性。为了解决这种模糊性引起的不确定问题，人们引入模糊集合理论来构建模糊集合检索模型。

2.3.1 模糊集合检索模型的概念

1. 模糊集合理论

模糊集合检索模型基于美国自动控制专家扎德（Zadeh）在 1965 年创立的一种描述

模糊现象的方法——模糊集合理论。模糊集合理论的创立为自然界及人类社会中大量存在的模糊现象提供了定量化描述的方法，因而在信息检索领域获得了广泛应用。

其核心思想是把集合中的元素和隶属度结合在一起，隶属度用来定量化描述元素多大程度上隶属于某一集合，取值范围为$[0,1]$，0 表示元素不隶属于集合，1 表示元素完全隶属于集合，值在 0 和 1 之间表示元素为集合的边际元素。因此，模糊集合理论是对经典集合论的推广，如果用$\mu_A(x)$表示论域U上元素x对集合A的隶属度，则可用式（2-2）和式（2-3）表示二者的区别。

经典集合论：

$$\mu_A(x) = \begin{cases} 1, & x \in \mu_A(x) \\ 0, & x \notin \mu_A(x) \end{cases} \tag{2-2}$$

模糊集合理论：

$$x \to \mu_A(x), x \in U, \mu_A(x) \in [0,1] \tag{2-3}$$

正如经典集合论是传统精确数学的基础一样，模糊子集论是模糊理论的基础，同样也可以定义模糊子集上的运算。常见的三种运算分别是模糊集合的补运算、两个或多个集合的并运算、两个或多个集合的交运算。假设论域U上存在两个模糊集合A和B，A^c为论域上相对于A的补集，若x为U上任一元素，则模糊集合的并交补运算规则如下：

$$\mu_{A \cup B}(x) = \max(\mu_A(x), \mu_B(x)) \tag{2-4}$$

$$\mu_{A \cap B}(x) = \min(\mu_A(x), \mu_B(x)) \tag{2-5}$$

$$\mu_{A^c}(x) = 1 - \mu_A(x) \tag{2-6}$$

2. 模糊集合检索模型的特点

模糊集合理论对于表示和解决现实社会中存在的许多模糊和不精确问题非常有效，并已在许多领域取得广泛应用，其中就包括在信息检索领域中的成功应用。

模糊集合检索模型，是模糊集合论与标准布尔信息检索模型相结合的产物，是对标准布尔检索模型质的改进。

标准布尔检索模型中，文档与查询之间的关系通常是明确的匹配或不匹配。但在实际搜索环境中，由于用户查询的模糊性和多义性，布尔模型可能会遗漏某些与查询相关但不完全匹配的文档。为了解决这些问题，模糊集合检索模型应运而生。

模糊集合检索模型的主要特点如下。

（1）模糊匹配：不同于布尔检索模型的严格匹配，模糊集合检索模型中，文档与查询之间可以存在某种程度的匹配关系，此匹配程度通常由隶属度来定义。

（2）灵活的查询解释：用户的查询可以使用布尔逻辑，但背后的处理机制基于模糊逻辑，允许用户得到更广泛的、与查询相关的文档。

（3）自适应性：该模型能根据用户的实时反馈和查询历史自动调整，以更好地适应用户的实际需求。

2.3.2 模糊集合检索模型的工作原理及示例展示

1. 模糊集合检索模型的工作原理

在信息检索中，模糊集合检索模型利用模糊集合来表示和处理模糊的信息内容和用户查询。它识别并利用索引词、文档和查询之间的模糊关系，以增强检索的准确性和相关性。以下选择 Y. Ogawa（小川洋子）等提出的模糊检索模型，并对其基本原理进行介绍。

1）构造索引词关联矩阵

索引词关联矩阵是指以索引词集合 K 中的元素作为行、列，索引词之间的语义关系作为元素值的一个词-词矩阵。假设关联矩阵用 $C_{t\times t}$ 表示，矩阵元素 c_{il} 表示索引词 k_i、k_l 之间的关联因子，其值用式（2-7）计算：

$$C_{il} = \frac{n_{il}}{n_i + n_l - n_{il}} \tag{2-7}$$

其中，n_i、n_l 分别表示文档集合 D 中含有索引词 k_i 和 k_l 的文档数；n_{il} 表示文档集合 D 中同时含有索引词 k_i、k_l 的文档数。

2）计算文档的隶属度

在信息检索处理中，对于每一个索引词来说，都存在一个模糊的文档集合与之相关。定义与索引词 k_i 相关的模糊文档集合为 D_i，对于任一文档 d_j，其隶属于集合 D_i 的隶属度值 μ_{ij} 可以通过式（2-8）计算：

$$\mu_{ij} = 1 - \prod(1 - C_{il}) \tag{2-8}$$

如果文档 d_j 的词与 k_i 有联系，那么该文档属于与 k_i 相关联的模糊集。无论何时，文档 d_j 中只要存在一个索引词 k_l 与索引词 k_i 有强联系（如 $c_{il}=1$），那么 $\mu_{ij}=1$，并且我们说索引 k_i 对于文档 d_j 来说是一个好的模糊索引。反之，如果文档 d_j 中的所有索引词与 K_i 的联系强度都低于某个阈值（如 $c_{il}<0.2$），则 μ_{ij} 的值会很低，表明对于文档 d_j 不是一个好的索引。对于介于两者之间的情况，隶属度值 μ_{ij} 将反映出索引词 k_i 与文档 d_j 的中等程度相关性。

3）确定索引词模糊集合

考虑查询 $Q = K_a \wedge (K_b \vee \neg K_c)$，设 D_a 为关联于索引 K_a 的文档模糊集。作为示例，我们不妨设该集合由所有隶属度值大于某一阈值 K 的文档组成。进而，设 $\overline{D_a}$ 是 D_a 的补集。模糊集 $\overline{D_a}$ 与 $\overline{K_a}$（非 K_a）相关联。相似地，我们可以定义与 K_b、K_c 相关联的模糊集 D_b、D_c。由于所有的集合都是模糊集，因此可能出现如下情形：一个文档 d_j 属于集合 D_a，即使其文本中根本没有提到 K_a。

4）用户提问及表示

在模糊检索模型中，用户的检索提问仍像布尔模型一样，用布尔逻辑式表达。进一步地，布尔表达式还要转换为等价的主析取范式形式。

举例来说，查询 $Q = K_a$ AND K_b OR NOT K_c，写成 $Q_{\text{dnf}} = (1,0,0) \vee (1,1,0) \vee (1,1,1)$ 这

样的离散的标准形式，其中每一组都是关联于三元组 (K_a, K_b, K_c) 的一个二值（0 和 1）权重向量。这些二值权重向量都是 Q_{dnf} 的连续组件。

5）确定查询模糊集合与计算隶属度

查询模糊集合 D_q 是所有与查询组件相关联的模糊集的并集。文档 d_j 关于模糊查询集 D_q 的隶属度 $\mu_{q,j}$ 计算如下。

$$\begin{aligned}\mu_{q,j} &= \mu_{cc_1+cc_2+cc_3,j} \\ &= 1 - \prod_{i=1}^{3}\left(1 - \mu_{cc_i,j}\right) \\ &= 1 - \left(1 - \mu_{a,j}\mu_{b,j}\mu_{c,j}\right) \times \left(1 - \mu_{a,j}\left(1 - \mu_{b,j}\right)\left(1 - \mu_{c,j}\right)\right) \\ &\quad \times \left(1 - \mu_{a,j}\left(1 - \mu_{b,j}\right)\left(1 - \mu_{c,j}\right)\right)\end{aligned} \quad (2\text{-}9)$$

6）输出检索结果

根据隶属度 $\mu_{q,j}$ 的大小，便可对输出结果进行排序。

2. 模糊集合检索模型的示例展示

假设有三个索引词 K_a、K_b 和 K_c。文档集合 D 有四篇文档。构造的数据如表 2-3 所示。

表 2-3　索引词与文档的关联矩阵

文档	K_a	K_b	K_c
d_1	1	1	0
d_2	1	0	1
d_3	0	1	1
d_4	0	0	1

其中，1 表示该文档含有对应的索引词，0 表示不含有。

1）构造索引词关联矩阵

使用式（2-10）：

$$C_{il} = \frac{n_{il}}{n_i + n_l - n_{il}} \quad (2\text{-}10)$$

我们要计算以下关联因子：C_{ab}、C_{ac} 和 C_{bc}。以 C_{ab} 为例，由表 2-3 可知：

（1）$n_a = 2$（文档 1、文档 2 含有 K_a）；

（2）$n_b = 2$（文档 1、文档 3 含有 K_b）；

（3）$n_{ab} = 1$（文档 1 同时含有 K_a 和 K_b）；

因此，$C_{ab} = \dfrac{1}{2+2-1} = \dfrac{1}{3}$。同理，可计算：$C_{ac} = \dfrac{1}{2+3-1} = \dfrac{1}{4}$，$C_{bc} = \dfrac{1}{2+3-1} = \dfrac{1}{4}$。

所以，词-词关联矩阵如表 2-4 所示。

表 2-4 索引词关联矩阵

索引词	K_a	K_b	K_c
K_a	1	$\frac{1}{3}$	$\frac{1}{4}$
K_b	$\frac{1}{3}$	1	$\frac{1}{4}$
K_c	$\frac{1}{4}$	$\frac{1}{4}$	1

2）计算文档的隶属度

我们为每一个索引词 K_i 定义一个文档模糊集 D_i，例如，对于索引词 K_a，我们可以定义与它关联的文档模糊集 D_a，对于其他的索引词同理。对于任一文档 d_j，其隶属于集合 D_i 的隶属度为 μ_{ij}，隶属度 μ_{ij} 的计算公式为

$$\mu_{ij} = 1 - \prod(1 - c_{il}) \tag{2-11}$$

其中，l 表示文档 d_j 中的索引词。

对于 d_1（包含索引词 K_a、K_b），参照表 2-4 索引词关联矩阵，隶属于集合 D_a 的隶属度为

$$\mu_{a1} = 1 - (1-1) \times \left(1 - \frac{1}{3}\right) = 1 - 0 = 1$$

隶属于索引词 K_b 的隶属度为

$$\mu_{b1} = 1 - \left(1 - \frac{1}{2}\right) \times (1-1) = 1$$

隶属于索引词 K_c 的隶属度为

$$\mu_{c1} = 1 - \left(1 - \frac{1}{4}\right) \times \left(1 - \frac{1}{4}\right) = 1 - \frac{9}{16} = \frac{7}{16}$$

同理，对于其他文档，我们也可以按照同样的方法计算隶属度。得到的隶属度矩阵如表 2-5 所示。

表 2-5 索引词与文档隶属度矩阵

文档	K_a	K_b	K_c
d_1	1	1	$\frac{7}{16}$
d_2	1	$\frac{1}{2}$	1
d_3	$\frac{1}{2}$	1	1
d_4	$\frac{1}{4}$	$\frac{1}{4}$	1

3）确定索引词模糊集合

索引词的文档模糊集包含所有隶属度值大于某一阈值的文档，这个阈值应根据检索场景的实际情况设定，以控制最终输出结果的大小。作为示例，我们可以选择一个阈值，如 0.5。那些对索引词的隶属度大于 0.5 的文档将会被包括在这个模糊集中。

因此，根据表 2-5，各个索引词的模糊集合分别为

D_a：$d_1(\mu_{a1}=1)$；$d_2(\mu_{a2}=1)$；$d_3(\mu_{a3}=0.5)$。

D_b：$d_1(\mu_{b1}=1)$；$d_2(\mu_{b2}=0.5)$；$d_3(\mu_{b3}=1)$。

D_c：$d_1(\mu_{c1}=1)$；$d_2(\mu_{c2}=1)$；$d_3(\mu_{c3}=1)$。

4）用户提问及表示

假设用户提问为 $Q = K_a \wedge (K_b \vee \neg K_c)$，这个查询的可以表示为 $Q_{\text{dnf}} = (1,0,0) \vee (1,1,0) \vee (1,1,1)$。

5）确定查询模糊集合与计算隶属度

对于查询 $Q = K_a \wedge (K_b \vee \neg K_c)$，我们可以使用式（2-9）来计算每个文档 d_j 对于查询模糊集合 D_q 的隶属度 $\mu_{q,j}$。

例如，对于文档 1：

$$\begin{aligned}\mu_{q,1} &= 1-(1-\mu_{a1}\mu_{b1}\mu_{c1})\times(1-\mu_{a1}\mu_{b1}(1-\mu_{c1})) \\ &\quad \times(1-\mu_{a1}(1-\mu_{b1})(1-\mu_{c1})) \\ &= 1-\left(1-1\times1\times\frac{7}{16}\right)\times\left(1-1\times1\times\left(1-\frac{7}{16}\right)\right)\times\left(1-1\times(1-1)\times\left(1-\frac{7}{16}\right)\right) \\ &\approx 0.75\end{aligned}$$

同理，对于其他文档：$\mu_{q,2} \approx 0.5$；$\mu_{q,3} \approx 0.5$；$\mu_{q,4} = 0.0625$。

计算上述表达式后，我们得到了每个文档 d_j 对于查询模糊集合 D_q 的隶属度 $\mu_{q,j}$。

6）输出检索结果

根据每个文档 d_j 对于查询模糊集合 D_q 的隶属度 $\mu_{q,j}$ 的大小，即可对文档进行倒序输出。

以下是基于隶属度值对文档进行排序的结果，返回的文档按照隶属度值从大到小的顺序是：文档 1、文档 2、文档 3、文档 4。

2.3.3 模糊集合检索模型的优缺点

1. 模糊集合检索模型的优点

（1）模糊集合检索模型与布尔检索模型关系密切，它基本保留了布尔检索功能，但却更为灵活，对于那些既想用到布尔检索长处，又想避免其二值相关性测度局限性的人们来说，能够较好地满足他们的需求。

（2）模糊检索支持命中文献按照隶属度大小排序输出。

2. 模糊集合检索模型的缺点

模糊检索对用户查询的检索结果是一个建立在文献集上，且其隶属函数就是文献信息对用户查询的相关程度的模糊子集。就目前的水平来说，隶属函数在很大程度上并没能完全反映出文献与用户查询相关度的真实情况。其主要原因如下。

（1）在对文献信息进行加权标引时，设定文献信息是标引词集上的模糊子集，它假定了标引词集中各个标引词之间是相互独立的，这符合模糊理论的要求，但由于概念相关的模糊性，两个标引词在不同程度上总存在着语义上的关联。

（2）模糊子集的隶属函数虽然反映了文献信息对标引词的论述深度，但还没有十分有效的方法精确地确定这个隶属函数。目前可以知道，确定这个隶属函数的依据是文献对标引词 t 的论述程度与标引词 t 在文献信息中的出现频数存在着某种一致性。

（3）提问匹配中引入的模糊算子是 max 和 min 算子，它们虽然计算简易，却不能很好地反映真实的匹配过程。目前人们也定义了一些所谓的"广义模糊算子"，但由于它们也只能在一定程度上反映匹配过程，且计算复杂，因而还没有被广泛应用。

另外，词频依赖于文献集，而文献集往往是动态变化的，数据规模越大，词-词关联矩阵计算依赖的资源越大，系统效率越低。因此模糊集合检索模型对系统效率占用规模大，只适用于小规模检索数据源。

2.4 向量空间检索模型

传统的信息检索可以根据相对硬性的检索提问式检索出信息，但是这样的信息检索提问式不易构建，而且匹配标准存在着不合理的地方，检出的信息往往不是很全面，而且检出信息的重要程度缺乏一种合理的排序，为检索工作平添了不少麻烦。随着互联网的出现，信息量的进一步增大，科技文化水平的不断提高，使用以前那种简单的传统的信息检索模型进行信息检索不再能满足人们的需求。人们需要一种检索更加便捷，检出结果更加使人满意的新的检索方法。这时出现了一种比以前的传统检索模型更加科学的检索模型，那就是向量空间检索模型。

2.4.1 向量空间检索模型的概念

向量空间检索模型是一种基于统计学方法的数学模型。Gerard Salton（杰拉德·萨尔顿）在 20 世纪 60 年代提出的向量空间检索模型进行特征表达，分词器首先将文档进行分词，并利用停用词表（stop list）将文档中出现频率较高且无实际意义的词（如"的""着""之"等）去除；其次将每个词出现的次数统计出来，作为该词在文档中的初始权重。最后，用 TF-IDF（term frequency-inverse document frequency，词频-逆文档频率）将文档转化为向量形式，再通过相关度的计算，倒排文档进行索引，从而使用户得到一个清晰的检索结果。向量空间检索模型以向量的方式确定检索内容，它对文档的量化处理思想充分发挥了计算机的计算特长。

向量空间检索模型是一个很有开发潜力的模型，这是因为向量空间检索模型理论开始的时候并没有给索引词权值评价、文档向量和提问向量的相似度计算等问题做出统一的规定，并且向量空间检索模型理论与文本的语种并没有什么关系。这些条件都奠定了向量空间检索理论在文本信息处理中具有广泛适应性的应用基础。为此人们从许多方面对此技术进行了优化和改进，以期获得更高的查询精确率和效率。

2.4.2 向量空间检索模型的工作原理及示例展示

1. 向量空间检索模型的工作原理

向量空间检索模型把检索文档和检索提问式（关键词）都看成一组数值向量，这些数值形成一个空间向量图。系统的每一篇文献和每个提问均用等长的向量表示。

（1）给出一组文档元素集合 D

$$D = (D_1, \cdots, D_i, \cdots, D_n)$$

（2）给出一组索引元素集合 T

$$T = (t_1, t_2, \cdots, t_n)$$

其中，n 表示索引项的个数。

（3）特征项权重（term weight）W_k，指特征项 t_n 能够代表文档 D 能力的大小，体现了特征项在文档中的重要程度。这样文档 D 的向量可以表示为 $D(w_{n1}, w_{n2}, \cdots, w_{nm})$，其中 $w_1, w_2, \cdots, w_m$ 分别代表文档 D 特征项 $t_1, t_2, \cdots, t_n$ 的特征项权重。在文档索引文件中，每一个向量对应一个文档，当用户检索查询一个文档内容时，如果匹配，则向量 D 对应的特征项 t 值为 1，否则值为 0，如表 2-6 所示。

表 2-6 文档-索引项二值分布表

文档	索引项 1	索引项 2	⋯	索引项 n
文档 1	1	0	0	0
文档 2	0	1	0	0
⋮	⋮	⋮	⋮	⋮
文档 n	0	0	0	1

查询向量：

$$q_j = \begin{cases} 1, & \text{若} t_j \in \text{查询结果集} QS \\ 0, & \text{若} t_j \notin \text{查询结果集} QS \end{cases}$$

然而，大家都知道，一篇文档会有很多的标引，有不同的索引词，而这些索引词对表达该文档的力度往往是不同的。比如，如果索引词在文章的开始概述部分或者主题当中，那么它表达该文档的能力就强，表达该文档的准确程度就高；反之，如果索引词所在的位置并不是那么重要，那么它表达该文档的能力就差，表达的准确程度就低。这种表达能力的强弱可以用权值来表示，每个索引词应该具有不同的权值。如何计算每个索引词的权值,不仅关系到文档向量的形成,也关系到检索匹配的结果以及排序问题。

对于被检索对象权值的计算,一般会引入利用词频统计的方法。词频即关键词在文献中出现的次数,分为局部权值和全局权值两方面。其中局部权值是指某一个索引词在某一篇文档中的权值,而全局权值则指的是这个索引词在整个文档集合中的权值。例如,我们这里介绍一下词频-逆文档频率加权模式计算权值的方法,有一个总数为 A 的文档系统,其中有 A_i 篇含有索引词 k_i 的文档,我们把索引词 k_i 在某一个文档 D_l 中出现的次数记作 $freq_{il}$,把 k_i 的逆文档频率记作 idf_i,用 $maxtf_l$ 表示文档 D_l 中所有索引词出现次数的最大值,则索引词 k_i 的局部权值和全局权值就由以下公式计算:

$$f_{il} = \frac{freq_{il}}{max\ tf_l} \quad (局部权值) \tag{2-12}$$

$$idf_i = \log\left(\frac{A}{A_i}\right) \quad (全局权值) \tag{2-13}$$

$$w_{il} = f_{il} \times idf_i \quad (索引词权值) \tag{2-14}$$

向量空间检索模型是将文档集合中的各个文档在一个空间中以向量来表示,由于向量都是从原点出发,向某个方向延伸的射线,所以同一空间中的各个向量射线间存在着一个夹角,这个夹角就是衡量两个文档间相似度的标准。我们一般使用这个夹角的余弦值来计算向量之间的关系,两夹角余弦值越小相似度越高。在向量空间中,检索提问也以一条射线来表示,这条射线离那个文档的向量线越近,夹角余弦值越小,说明那个文档与检索提问越相关,被检中的可能性就越大,反之就越不相关。然而检索结果不能将所有文档集合中的文档都以检索结果的方式呈现给用户,因此需要设定一个阈值,根据文档集合中文档与检索项比较的相关度排序(relevance ranking),然后与阈值比较,相关度大于阈值的文档就作为检索结果并以相关度大小的顺序排序。向量空间检索模型可以以一种向量图形形象地表示出来,如图 2-6 所示。

从这里我们可以看出索引词的权值都处于 0 和 1 之间,这样,就可以构成一个向量空间,把信息检索中文献与提问匹配处理过程转化为向量空间中文献向量与提问向量的相似度计算问题。某一文献与某一提问的相关程度通过计算该向量对之间的相似度来测定。这种方法自然引入了检索的柔性和模糊性,从理论上使检索更为合理,一出现就备受关注。由于向量空间检索模型体现的是一种柔性的信息检索,它并不是单纯地确定一个文档被命中,或者未被命中,大多数情况是介于命中和未命中两者之间的。这样就产生了一个问题,到底相关度为多少才能被检出反馈给用户呢?所以,为了更加有效地得到一个合理的检索结果,需要进一步指定一个相关度的阈值(threshold),凡与提问向量的相关度值大于这个阈值的文档,都作为检索结果反馈给用户。这样,向量空间检索模型的检索匹配就在一种"部分匹配"策略的指导思想下完成了。当全部文献向量与某个提问向量的相似度计算完毕后,系统就把相似度超过某一规定的阈值的文献按相似度大小降序排列输出。

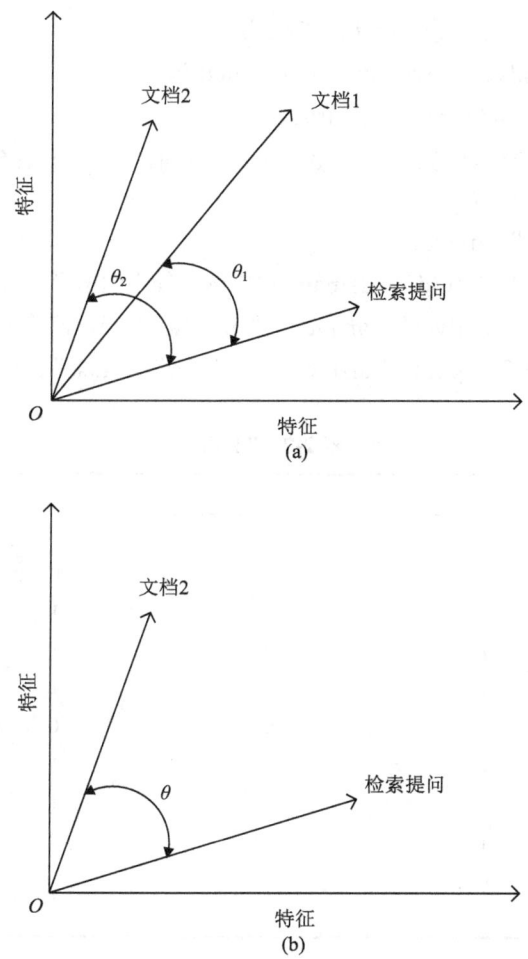

图 2-6 文档向量空间检索模型及相似度 $\text{sim}(D_1, D_2)$

$\text{sim}D_1 = \cos\theta_1$，其中 θ_1 是文档 1 与检索提问间的夹角度数；$\text{sim}D_2 = \cos\theta_2$，其中 θ_2 是文档 2 与检索提问间的夹角度数

向量空间检索模型自从诞生以来，在文本信息检索处理领域中一直占据着非常重要的地位。很多信息检索系统都已经采用了这种信息检索模型。它既有布尔检索模型的简洁形式化特点，又有有效的匹配算法设计以及合理的结果排序处理方式，几乎已经成为文本信息检索的经典方法。信息的不断增长也使得向量空间检索模型的优点进一步发挥出来，它为信息检索处理作出越来越大的贡献，并且有很大的发展潜力。当前，经典的向量空间检索理论的文本信息处理主要包括以下几个分支领域：文本检索、文本分类、文本过滤、文本聚类、文本浏览和可视化等。

2. 向量空间检索模型的示例展示

1）文档与查询的表示

下面我们考虑一个固定的查询和文档集，包含一个查询 Q 和三篇文档组成的文档集。

Q："gold silver truck"。

D_1："Shipment of gold damaged in a fire."。
D_2："Delivery of silver arrived in a silver truck."。
D_3："Shipment of gold arrived in a truck."。

我们要将文档和查询转化为标准形式，进行分词，并统计每个词在文档中的出现次数，得到的结果如表 2-7 所示。

Q："gold" "silver" "truck"。
d_1："shipment" "of" "gold" "damaged" "in" "a" "fire"。
d_2："delivery" "of" "silver" "arrived" "in" "a" "silver" "truck"。
d_3："shipment" "of" "gold" "arrived" "in" "a" "truck"。

表 2-7 TF 表

词项	d_1	d_2	d_3	Q
gold	1	0	1	1
silver	0	2	0	1
truck	0	1	1	1
shipment	1	0	1	0
of	1	1	1	0
damaged	1	0	0	0
in	1	1	1	0
a	1	1	1	0
fire	1	0	0	0
delivery	0	1	0	0
arrived	0	1	1	0

2）计算局部权值

对 TF 表中的词项权重进行归一化。

根据式（2-12）：

$$f_{il} = \frac{\text{freq}_{il}}{\max \text{tf}_l}$$

其中，f_{il} 表示每个词项的频率除以文档中出现次数最多的词的频率。首先，对于每个文档中出现次数最多的词的频率 $\max \text{tf}_l$：d_1 中每个词只出现了一次，因此 $\max \text{tf}_1 = 1$；d_2 中"silver"出现了两次，因此 $\max \text{tf}_2 = 2$；d_3 中同样每个词都只出现了一次，因此 $\max \text{tf}_3 = 1$。

其次，计算每一个词项与文档的局部权值，以词项"truck"为例：

$$f_{\text{truck},1} = \frac{\text{freq}_{\text{truck},1}}{\max \text{tf}_1} = \frac{0}{1} = 0$$

$$f_{\text{truck},2} = \frac{\text{freq}_{\text{truck},2}}{\max \text{tf}_2} = \frac{1}{2} = 0.5$$

$$f_{\text{truck},3} = \frac{\text{freq}_{\text{truck},3}}{\max \text{tf}_3} = \frac{1}{1} = 1$$

以此类推，为每个文档和查询计算每个词项的局部权值。最后，得到归一化后的 TF 表如表 2-8 所示。

表 2-8　TF 表（归一化）

词项	d_1	d_2	d_3	Q
gold	1	0	1	1
silver	0	1	0	1
truck	0	0.5	1	1
shipment	1	0	1	0
of	1	0.5	1	0
damaged	1	0	0	0
in	1	0.5	1	0
a	1	0.5	1	0
fire	1	0	0	0
delivery	0	0.5	0	0
arrived	0	0.5	1	0

3）计算全局权值

计算词项的全局权值，即它们的逆文档频率。

根据式（2-13）：

$$\text{idf}_i = \log\left(\frac{A}{A_i}\right)$$

其中，A 表示文档的总数，含有索引词 k_i 的文档有 A_i 篇。在本例中，$A=3$。对于词项 "truck"：

$$\text{idf}(\text{truck}) = \log(3/2) = 0.176$$

以此类推，计算所有词项的 idf 值后，可以得到表 2-9。

表 2-9　idf 表

词项	A_i	idf_i
gold	2	0.176
silver	1	0.477
truck	2	0.176
shipment	2	0.176
of	3	0
damaged	1	0.477
in	2	0.176
a	3	0

续表

词项	A_i	idf_i
fire	1	0.477
delivery	1	0.477
arrived	2	0.176

4）计算索引词权值

根据式（2-14）：

$$w_{il} = f_{il} \times \text{idf}_i$$

计算向量空间中的索引词权值。同样以"truck"为例：

$$w_{\text{truck},1} = f_{\text{truck},1} \times \text{idf}_{\text{truck}} = 0 \times 0.176 = 0$$

$$w_{\text{truck},2} = f_{\text{truck},2} \times \text{idf}_{\text{truck}} = 0.5 \times 0.176 = 0.088$$

$$w_{\text{truck},3} = f_{\text{truck},3} \times \text{idf}_{\text{truck}} = 1 \times 0.176 = 0.176$$

根据公式，可以计算得到 TF-IDF 表（表 2-10）。

表 2-10　TF-IDF 表

词项	d_1	d_2	d_3	Q
gold	0.176	0	0.176	0.176
silver	0	0.477	0	0.477
truck	0	0.088	0.176	0.176
shipment	0.176	0	0.176	0
of	0	0	0	0
damaged	0.477	0	0	0
in	0.176	0.088	0.176	0
a	0	0	0	0
fire	0.477	0	0	0
delivery	0	0.238	0	0
arrived	0	0.088	0.176	0

5）计算文档和查询之间的余弦相似度

根据 TF-IDF 表，文档集中出现了 11 个词项，所以我们构造一个 11 维的文档向量。表 2-10 中的每一列的值，即对应文档或查询的 11 维向量。可以将文档和查询向量表示为

$$v_{d_1} = [0.176, 0, 0, 0.176, 0, 0.477, 0.176, 0, 0.477, 0, 0]$$

$$v_{d_2} = [0, 0.477, 0.088, 0, 0, 0, 0.088, 0, 0, 0.238, 0.088]$$

$$v_{d_3} = [0.176, 0, 0.176, 0.176, 0, 0, 0.176, 0, 0, 0, 0.176]$$

$$v_Q = [0.176, 0.477, 0.176, 0, 0, 0, 0, 0, 0, 0, 0]$$

根据式（2-15），计算文档与查询之间的余弦相似度。

$$\operatorname{sim}(d_i, Q) = \frac{v_{d_i} \cdot v_Q}{\|v_{d_i}\| \cdot \|v_Q\|} \tag{2-15}$$

以 d_1 与 Q 的相似度计算为例：

$$\begin{aligned}\operatorname{sim}(d_1, Q) &= \frac{v_{d_1} \cdot v_Q}{\|v_{d_1}\| \cdot \|v_Q\|} \\ &= \frac{\begin{array}{c}(0.176 \times 0.176 + 0.477 \times 0 + 0.176 \times 0 + 0 \times 0.176 + 0 \times 0) \\ + (0 \times 0.477 + 0 \times 0.176 + 0 \times 0 + 0 \times 0.477 + 0 \times 0 + 0 \times 0)\end{array}}{\sqrt{0.176^2 + 0.477^2 + 0.176^2} \\ \times \sqrt{0.176^2 + 0.176^2 + 0.477^2 + 0.176^2 + 0.477^2}} \\ &= \frac{0.030\,976}{0.5380 \times 0.7403} \\ &= 0.0778\end{aligned}$$

计算所有文档与查询的相似度后，我们得到表 2-11。

表 2-11 文档相似度

文档	余弦相似度
d_1	0.0778
d_2	0.8147
d_3	0.2926

按照相似度降序排序，检索结果为：d_2、d_3、d_1。

2.4.3 向量空间检索模型的优缺点

向量空间检索模型的出现使得信息检索技术向前发展了一大步，与之前的检索方法有了很大程度上的不同。向量空间检索模型有很多优点，但是也不可避免地存在不足。

1. 向量空间检索模型的优点

（1）采用自动标引技术为文献提供标引词。

（2）采用部分匹配策略，使得在算法层面上的基于多值相关性的判断处理得以实现。

（3）改变了布尔检索只有 0 和 1 两种情况的简单判断，标引词和文献的相关程度可在 0 和 1 之间取值，使标引者和检索者都可以比较灵活地定义标引词与文献的关系深度，改变了布尔检索模型僵化的缺点。

（4）由于将其相似的程度作为检索的标准，可从量的角度判断命中与否，从而使检索更趋合理。

（5）检索结果可以按照与提问的相关度排序输出，便于用户通过相关反馈（relevance feedback）技术修正提问，控制检索量。

（6）布尔模型的逻辑关系依然可以使用，保留了直观性和方便性。

（7）向量空间检索模型的灵活性使它有很好的可扩展性和可改进性，为以后的更加完善奠定了基础。

2. 向量空间检索模型的缺点

向量空间检索模型为揭示信息检索的基本原理作出了重要的贡献，但是任何事物都不可能是完美的，作为一款经典信息检索模型它也有自己的缺陷。

（1）检索过程转化为向量的计算方法，不能反映出文献之间的复杂关系。

（2）由于对于任何一个提问都需要计算全部文献库中的每一篇文献，因此，计算量大、算法复杂性较高。

（3）由于标引加权和检索加权是分离的，因此，随意性较大，难以保证质量。

（4）有很多情况是假定的，在实际工作中有时会不能解决。

2.5 扩展布尔检索模型

之前我们已经了解了布尔检索模型，布尔检索模型有简单优美、构造简单、查询方便等诸多优点，是一款应用最多的经典信息检索模型。它在信息检索中起到很大的作用，但是由于其存在局限性，使得它并不能很好地满足人们日益增长的对高质量信息检索的需要。为了让布尔模型继续发挥它的优点，又不至于过于简单而不能适应人们信息检索的需求，人们对它进行了一系列的改进和扩展，结合了其他的检索模型特别是向量空间检索模型的长处，产生出一种更加科学的布尔检索模型——扩展布尔检索模型。

2.5.1 扩展布尔检索模型的概念

从 20 世纪 60 年代起，人们对标准的布尔检索理论进行了大量推广和研究，并应用于实验系统。进入 20 世纪 90 年代以来，随着因特网技术的快速发展，网络信息检索获得了广泛的应用，各种搜索引擎为人们获取信息提供了有效的手段。而这些搜索引擎普遍存在于 20 世纪 90 年代前，标准布尔检索系统存在三个主要缺陷：①检索输出不能排序；②不能控制输出量的大小；③不能准确表达用户需求。

以布尔检索模型为例，假设需要进行一个连续的布尔逻辑与检索，可以组建一个检索式（k_1 AND k_2 AND k_3 … AND k_8），布尔检索会把含有一个、两个甚至七个元素的文档全部看作不相关的并排除掉，这样会使得查全率大大下降。我们再看看逻辑或检索，假设我们构建一个这样的检索式（k_1 OR k_2 OR k_3 … OR k_8），这样检出的结果较多，但是系统对待每一个检索结果都一视同仁，不会因为某一结果同时含有八个检索词而排在前面，也不会因为某一结果只含有一个检索词而排在后面，这样就使查准率在一定意义上降低了很多。

如何克服布尔检索的诸多缺点，成为许多学者的研究主题。结构化的查询使得标准布尔过于严格、严密，而缺乏结构特性的矢量处理方法又显得过于松散，所以很多研究致力于介于这两种检索策略之间的探索，既保留标准布尔方法对查询的精确表述，又不失矢量处理中的权重设置和有序性结果输出等特点。20 世纪 80 年代起，Waller（沃勒）、Bookstein（布克斯坦）、Buell（比尔）和 Kraft（克拉夫特）等针对标准布尔检索系统在表达用户需求等方面所存在的缺陷，建立了各种加权布尔检索模型；1983 年，Salton 将向量检索和布尔检索相结合，提出了扩展布尔检索模型，该模型中巧妙地引入了一个参数，通过适当调节这个参数，Salton 模型可以分别表现为布尔模型、向量模型和模糊模型，这使得人们非常期待这种信息检索模型的出现。

布尔检索模型理论简单、使用方便而被广泛使用，但是其存在的种种缺点，导致布尔检索不能满足用户更高的需求。为了提高布尔检索的检索质量和效率，信息检索研究者将矢量处理引进了布尔检索。这种矢量处理是借鉴向量空间检索模型的，通过计算查询向量与文档向量的夹角余弦值的大小来判断文档与查询之间的相关程度，以便对相似度做一个科学的排序。

将矢量处理的思想引进布尔检索，就诞生了一种新的检索模型——扩展布尔检索模型。这种检索方法不但具备矢量处理的权重检索的优势，而且保留了布尔表达式中的连接符加权，使得检索具备严谨性。总的来说，这是一种对严格的标准布尔检索和缺乏内在结构的松散的矢量处理系统的有机结合。

Salton 于 1983 年提出一种扩展布尔检索模型，它将向量检索模型与布尔检索模型融为一体，并克服了标准布尔模型的一些缺陷，本节我们会用矢量的方法来讨论扩展布尔检索。设文本集中每篇文本仅由两个标引词 t_1 和 t_2 标引，并且 t_1、t_2 允许赋以权值，其权值范围为 $[0,1]$，权值越接近 1，说明该词越能反映文本的内容，反之越不能反映文本的内容。

2.5.2 扩展布尔检索模型的工作原理及示例展示

1. 扩展布尔检索模型的工作原理

我们先假设有两个索引词 t_1 和 t_2，并且需要构建两个检索式，对于由 t_1 和 t_2 构成的检索式 $q = t_1 \vee t_2$，假设只有 A、B、C 三点所代表的各文本才是最理想的文本，对于某一文本 D 来说，当 D 点离 A、B、C 三点越接近时说明相似度越大，或者说，当 D 点离 O 点越远时，相似度越大。因而 D 与 O 的距离可以表示为式（2-16），亦如图 2-7 所示。

$$|DO| = \sqrt{(d_1-0)^2 + (d_2-0)^2} = \sqrt{d_1^2 + d_2^2} \tag{2-16}$$

式（2-16）可以作为我们衡量一文本与查询 q 的相关程度的一个尺度，显然 $0 \leq DO \leq \sqrt{2}$，为了使相似度控制在 0 与 1 之间，将相似度定义为

$$\text{sim}(D, Q(t_1 \vee t_2)) = \sqrt{\frac{d_1^2 + d_2^2}{2}} \tag{2-17}$$

对于由 t_1 和 t_2 构成的查询 $q = t_1 \wedge t_2$，只有 C 点才是最理想的文本，用 D 与 C 的距离

$$|DC| = \sqrt{(1-d_1)^2 + (1-d_2)^2} \tag{2-18}$$

作为我们衡量一文本与查询 q 的相关程度的一个尺度，于是把相似度定义为

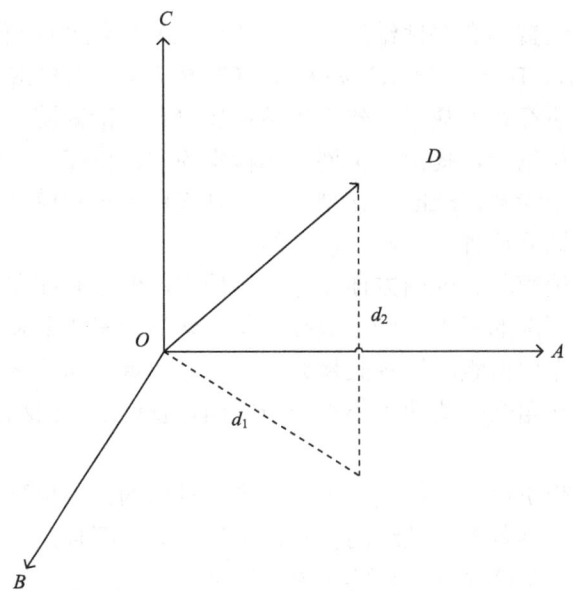

图 2-7 D 与 O 的距离

$$\text{sim}(D, Q(t_1 \wedge t_2)) = 1 - \sqrt{\frac{(1-d_1)^2 + (1-d_2)^2}{2}} \qquad (2\text{-}19)$$

前面两个数学算式还可推广到对检索标引词进行加权的情形,设检索标引词 t_1、t_2 的权值分别为 a、b($0 \leqslant a$,$b \leqslant 1$),则两式可进一步推广为

$$\text{sim}(d, Q(t_1,a) \vee (t_2,b)) = \sqrt{\frac{a^2 d_1^2 + b^2 d_2^2}{a^2 + b^2}} \qquad (2\text{-}20)$$

$$\text{sim}(d, Q(t_1,a) \wedge (t_2,b)) = 1 - \sqrt{\frac{a^2(1-d_1)^2 + b^2(1-d_2)^2}{a^2 + b^2}} \qquad (2\text{-}21)$$

扩展布尔模型还给出了把标引词推广到 n 个时的相似度计算公式。设 $d = (d_1, d_2, \cdots, d_n)$,其中 d_i 表示第 i 个标引词 t_i 的权值,$0 \leqslant d_i \leqslant 1$。由布尔运算符"$\vee$"及"$\wedge$"所确定的检索式分别为

$$Q_{\vee(p)} = (t_1, a_1) \vee (t_2, a_2) \vee \cdots \vee (t_n, a_n)$$
$$Q_{\wedge(p)} = (t_1, a_1) \wedge (t_2, a_2) \wedge \cdots \wedge (t_n, a_n)$$

其中,a_i 表示第 i 个检索标引词 t_i 的权值,$0 \leqslant a_i \leqslant 1$;$p$ 是一个可变的量,$1 \leqslant p \leqslant \infty$。在扩展模型中,以式(2-20)、式(2-21)作为基本的出发点,在 n 个标引词生成的 n 维欧氏空间中应用 Lp 矢量模公式进行欧氏模的计算,将文本和查询的相似度定义为

$$\text{sim}(d, Q_{\vee(p)}) = \left[\frac{a_1^p d_1^p + a_2^p d_2^p + \cdots + a_n^p d_n^p}{a_1^p + a_2^p + \cdots + a_n^p}\right]^{\frac{1}{p}} \qquad (2\text{-}22)$$

$$\text{sim}(d, Q_{\wedge(p)}) = 1 - \left[\frac{a_1^p(1-d_1)^p + a_2^p(1-d_2)^p + \cdots + a_n^p(1-d_n)^p}{a_1^p + a_2^p + \cdots + a_n^p} \right]^{\frac{1}{p}} \quad (2\text{-}23)$$

其实简单说来，扩展布尔模型根据关键词在文档中的布尔关系提交查询，搜索引擎根据事先建立的倒排索引表，确定查询结果。布尔模型的优点是简单、快速，查询表达式易于掌握，缺点是不够精确，容易漏掉符合检索意图的文档，不能反映文档与关键词相关程度的差异，结果不易排序。布尔模型中，标准的布尔模型是二元逻辑，布尔查询使用 AND、OR、NOT 运算，可简单定义为

$$\text{sim}(D, Q_{\text{AND}}) = \min\{f_i, 1\}$$

$$\text{sim}(D, Q_{\text{OR}}) = \max\{f_i\}$$

$$\text{sim}(D, Q_{\text{NOT}}) = 1 - \min\{f_i, 1\}$$

基于古典逻辑的布尔模型在信息检索初期很受重视，其理论基础为布尔代数和集合理论，集合观点简单、直观，模型形式规范、清晰，普通用户容易理解（简单查询），高效简捷，因而在实际中得到了广泛的应用，很多检索系统都是采用这种布尔模型。但这种布尔模型同时也存在缺点，如不能控制检索的输出量，不能对输出的结果按照用户的查询进行相关度排序等，因此，人们在不断地对布尔检索模型进行推广和拓宽，如加权布尔检索模型、扩展布尔检索模型等。

扩展布尔模型集成了向量空间模型和布尔模型的理论，能够正确地分析和理解更加复杂的检索需求，并且检索出更加符合用户意愿的结果。

2. 扩展布尔检索模型的示例展示

1）文档集合 D_j 与查询 Q

让我们假设以下文档集合：

D_1：" 咖啡 甜 热 "；

D_2：" 茶 咖啡 热 "；

D_3：" 茶 热 香 "；

D_4：" 咖啡 茶 甜 热 "。

假设用户查询为 Q："咖啡 AND 甜 AND 热"。

2）文档集合的向量表示

首先，将用户查询和文档都转换为向量表示形式：

D_1=(1,0,1,1,0)

D_2=(1,1,0,1,0)

D_3=(0,1,0,1,1)

D_4=(1,1,1,1,0)

Q=(1,0,1,1,0)

3）相似度计算

给定文档 D 和查询 Q 的向量表示，以及参数 p，扩展布尔检索模型的相似度度量可

以定义为

$$S(D,Q) = \left(\sum_{i=1}^{n} d_i \cdot q_i\right)^p \tag{2-24}$$

参数 p 的选择会影响模型的检索行为。

当 $p=\infty$ 时，模型近似布尔模型。这是因为只有当两个相应的分量都是 1 时，乘积才不为零；而当 $p=\infty$ 时，最大值对和的结果起主导作用。

当 $p=2$ 时，模型表现为向量模型。此时，相似度测度考虑了文档和查询向量之间的所有维度，并结合了每个维度的贡献，这反映了向量的欧几里得距离。

当 $0 < p < 2$ 时，模型为模糊模型。此时，模型对不完全匹配的文档和查询之间的相似度更为宽容。因为小于 1 的指数会放大小于 1 的值并减小大于 1 的值。

这样，通过适当地选择参数 p，我们可以使扩展布尔检索模型在布尔模型、向量模型和模糊模型之间进行切换。

此处选择 $p=1.5$ 进行计算。

对于 D_1： $S(D_1,Q) = \left((1\times 1)^{1.5} + (1\times 1)^{1.5} + (1\times 1)^{1.5}\right)^{\frac{2}{3}} \approx 2.08$。

对于 D_2： $S(D_2,Q) = \left((1\times 1)^{1.5} + (1\times 1)^{1.5}\right)^{\frac{2}{3}} \approx 1.59$。

对于 D_3： $S(D_3,Q) = \left((1\times 1)^{1.5}\right)^{\frac{2}{3}} \approx 1$。

对于 D_4： $S(D_4,Q) = \left((1\times 1)^{1.5} + (1\times 1)^{1.5} + (1\times 1)^{1.5}\right)^{\frac{2}{3}} \approx 2.08$。

4）输出查询结果

基于上述计算的相似度得分，倒序输出文档排序为：D_1、D_4、D_2、D_3。

2.5.3　扩展布尔检索模型的优缺点

扩展布尔检索模型是常规布尔模型和向量空间模型的结合产物，它既有布尔模型的精确匹配的严格性，又有向量空间模型处理模式提问的无结构性，用代数的方式解释并放松了布尔操作的要求。其能够以一种比标准布尔模型限制更小的形式来处理布尔检索式，特别是当某一个给定文献中出现较多提问词时，它的值就大于含提问词较少的文献。

1. 扩展布尔检索模型的优点

（1）拥有矢量处理的思想，体现了加权的特点。它将加权的思想引入检索当中，可以体现文献与查询之间关联程度的大小，对于不能完全与检索式中关键词匹配的文献不是简单地一概否定，而是计算出他们的关联程度加以排序，使结果更贴近用户的需求。

（2）继续保留布尔检索的直观的操作符，具有很强的描述能力。扩展布尔模型继续使用标准布尔模型的 AND、OR、NOT 等简单的运算符，对于提问式的构建依然像标准布尔模型一样简单，并且能够很好地处理多个检索词的关系。

（3）对于结果的输出可以很好地控制和排序。由于扩展布尔检索中规定了一个阈值，所以输出结果就可以控制在一定的数量之内，这样便可以省去用户对冗余结果的审阅时间。除此之外，扩展布尔检索还对结果进行一个相关度的排序，与查询关联最强的文献排在最前面，用户便可以第一时间看到最关联的结果，提高用户检索效率。

（4）通过调整权重参数的取值，可以灵活选择并得到不同的检索结果。

（5）便于区分强制性短语和严格的同义解释与试探性短语和较不严格的同义关系。

（6）与传统倒排文档一致，更易接受。布尔查询的方法是建立在用户需求的自然语言陈述或先前检索出的相关文献的基础上的，所以扩展布尔是和传统的倒排文档技术相一致的。

2. 扩展布尔检索模型的缺点

目前来说，由于扩展布尔检索模型是集成了两种经典模型的一种改进的"集成化模型"，所以它不可避免地存在臃肿、不够自然简洁等缺点，而且普及度较低，目前在信息检索领域使用较少。

2.6 基于二值独立的概率检索模型

概率检索模型是一种基于概率论原理、用以解决相对不确定性信息检索的检索模型。Maron（马龙）和 Kuhns（库恩斯）最早在 1960 年提出概率检索模型，后来被称为模型 1；1976 年 Stephen E. Robertson（史蒂芬·罗伯逊）和 Sparck Jones（斯帕克·琼斯）提出的概率检索模型，被称为模型 2；Turtle（图特尔）、Fuhr（傅尔）和 Robertson 又提出了统一化模型，被称为模型 3，它主要是提高文献的排序精确率。在这些模型的基础上出现了一些对这些模型进行组合或改进的模型，有的是对文献的标引方法的改进，有的是对文献的表示方法的改进，有的是对文献排序的方法的改进。

2.6.1 概率检索模型的概念

信息检索的概率模型是信息检索的经典模型，这种检索模型基于一个文件与提问式的相关度是高于还是低于非相关度的概率来进行文档检索。

概率模型的指导思想是：给定一个用户的提问，待检索的文档数据库中有一组相关的理想命中结果集合，这个集合我们用 R 表示。理想状态下，我们认为这个集合的主要特征和表述已知，从而能够很好地实现用户的检索要求。但是现实中，我们提出检索要求的同时并不知道结果集合的特征。在这种情况下要想构建检索需要就需要猜测。根据猜测，系统会检索到一个初步的结果集合。这个时候，用户再对初步结果进行相关性判断，或者系统自己判断，然后根据反馈的信息进行进一步的优化和改进，直到检索出接近理想的命中结果集合 R。

2.6.2 基于二值独立的概率检索模型的工作原理及示例展示

1. 基于二值独立的概率检索模型的工作原理

经典的概率模型有如下思想：根据用户的检索 q，可以将文档集合 D 中的所有文档分为两类，一类与检索需求 q 相关（集合 R），另一类与检索需求不相关（$\bar{R}$）。在同一类文档中，各个索引项具有相同或相近的分布；而不同类文档中，索引项应具有不同分布。因此，通过计算文档中所有索引项的分布，就可以判定该文档与检索的相关度。对于检索 q，任意文档与其相关和不相关的概率分别表示为 $P(R|d)$ 和 $P(\bar{R}|d)$。根据贝叶斯（Bayes）公式可得

$$P(R|d) = \frac{P(d|R) \cdot P(R)}{P(d)} \tag{2-25}$$

$$P(\bar{R}|d) = \frac{P(d|\bar{R}) \cdot P(\bar{R})}{P(d)} \tag{2-26}$$

其中，$P(R)/P(d)$、$P(\bar{R})/P(d)$ 只与检索需求 q 有关，而与每个文档 d 无关，可以不计算，此时可以将计算 $P(R|d)$ 转化为计算 $P(d|R)$。同理，对 $P(\bar{R}|d)$ 的计算，也将转化为对 $P(d|\bar{R})$ 的计算。由于索引项的数目很大，因此在经典概率检索模型中，常常会引入一些假设以简化计算。对应不同的假设形成了三种不同的经典概率模型，分别是：二值独立模型（binary independent model，BIM）、二元一阶依赖模型（binary first order dependent model）和双泊松独立模型（two Poisson independent model）。

二值独立检索（binary independence retrieval，BIR）模型的基本假设和原理如下。

（1）相关性独立原则。文献对一个检索式的相关性与文献集合中的其他文献是没有关系的。

（2）词的独立性。标引词和检索式中词与词之间相互独立，即
$D = \{d_1, d_2, \cdots\}$，$d_i = \{W_{i1}, W_{i2}, \cdots, W_{in}\}$，$W_{ij} \in \{0,1\}$，$q = \{W_{q1}, W_{q2}, \cdots, W_{qn}\}$，$W_{qj} \in \{0,1\}$

（3）文献相关性是二值的，即只有相关和不相关两种。

（4）概率排序原则。该原则认为，检索系统应将文档按照与查询的概率相关性的大小排序，那么排在最前面的是最有可能被获取的文档。

（5）符合贝叶斯定理，用公式表示为

$$P(R|D_j) = \frac{P(D_j|R) \cdot P(R)}{P(D_j)} \tag{2-27}$$

其中，条件概率 $P(R|D_j)$ 表示文档 D_j 与查询 q 相关的概率，条件概率 $P(\bar{R}|D_j)$ 表示文档 D_j 与查询 q 不相关的概率，利用它们的比值可以计算文档与查询的相似度：

$$\text{sim}(D_j, Q) = \frac{P(R|D_j)}{P(\bar{R}|D_j)} = \frac{P(D_j|R) \cdot P(R)}{P(D_j|\bar{R}) \cdot P(\bar{R})} \tag{2-28}$$

其中，若 $P(R|D_j) > P(\bar{R}|D_j)$，即比值大于 1，则文献相关程度大于不相关程度，认为文献 d 是相关的，否则认为文献 d 不相关。在两者相等时，则人为地认为它是不相关的。$P(D_j|R) \cdot P(R)$ 和 $P(D_j|\bar{R}) \cdot P(\bar{R})$ 分别表示从整个文档集合中随机选取一篇文档，该文档与查询相关、不相关的先验概率。对于一个确定的文档集来说，这两个先验概率仅与查询有关，而与具体的文档无关。由于我们只关心所有文档与查询 q 的相似度的相对大小，所以只需计算

$$\text{sim}(D_j, q) = \frac{P(D_j|R)}{P(D_j|\bar{R})} \tag{2-29}$$

因为经典的概率检索模型中假设标引词之间无相关关系，是独立的，设 $g_i(D_j) = W_{ij} \times W_{qj} \in \{0,1\}$，则 $\text{sim}(D_j, Q)$ 可以表示为

$$\text{sim}(D_j, Q) \approx \frac{\prod_{g_i(D_j)=1} P(K_i|R) \times \prod_{g_i(D_j)=0} P(\overline{K_i}|R)}{\prod_{g_i(D_j)=1} P(K_i|\bar{R}) \times \prod_{g_i(D_j)=0} P(\overline{K_i}|\bar{R})} \tag{2-30}$$

对式（2-30）取对数，在相同背景下，忽略对所有因子保持恒定不变的因子，则有

$$\text{sim}(D_j, Q) \approx \sum_{i=1}^{t} W_{iq} \times W_{ij} \times \left(\log \frac{P(K_i|R)}{1 - P(K_i|R)} + \log \frac{1 - P(K_i|\bar{R})}{P(K_i|\bar{R})} \right) \tag{2-31}$$

这是概率模型中排序计算的主要表达式。

前面提到，这种信息检索模型是通过反复猜测、反馈、再检索得到检索结果的。这里我们用 V 表示概率模型初步检出并经过排序的文档子集，V_i 表示 V 中包含索引词 k_i 的一个文档子集。为了改善概率排序，需要对初始化公式进行改进，改进 $P(k_i|R)$ 和 $P(k_i|\bar{R})$ 的过程如下。

（1）用已经检出的文档中索引词 k_i 的分布来估计 $P(k_i|R)$

$$P(k_i|R) = \frac{V_i}{V}$$

（2）假定所有未检出的文档都是不相关的来估计 $P(k_i|\bar{R})$

$$P(k_i|\bar{R}) = \frac{n_i - V_i}{N - V}$$

如此递归重复这一过程，得到理想结果集合。

如何计算上式中的 $P(k_i|R)$ 和 $P(k_i|\bar{R})$ 呢？简单假设作为最初的猜测。

（1）$P(k_i|R)$ 对所有的索引词 k_i 是恒定不变的，通常取为 0.5，即

$$P(k_i|R) = 0.5$$

（2）不相关文档中的索引词 k_i 的分布可以通过文档集中索引词的分布来估计，即

$$P(k_i|\bar{R}) = \frac{n_i}{N}$$

其中，n_i 表示出现索引词 k_i 的文档的数目；N 表示集合中总的文档的数目。

初始值确定后，根据与查询 q 相关的大小进行初步排序，取前若干个文档作为相关

查询集合。之后通过如下方法进行改进（即开始递归计算）。

对较小的 V 和 V_i 进行上述计算会出现问题，如 $V=1$ 和 $V_i=0$，因此可做一些改进：

$$P(k_i|R) = \frac{V_i + 0.5}{V + 1}$$

$$P(k_i|\overline{R}) = \frac{n_i - V_i + 0.5}{N - V + 1}$$

调整因子也可以为 $\frac{n_i}{N}$，即

$$P(k_i|R) = \frac{V_i + \frac{n_i}{N}}{V + 1}$$

$$P(k_i|\overline{R}) = \frac{n_i - V_i + \frac{n_i}{N}}{N - V + 1}$$

2. 基于二值独立的概率检索模型的示例展示

我们考虑一个固定的查询和文档集，包含一个查询 Q 和三篇文档组成的文档集。

Q："gold silver truck"。

D_1："Shipment of gold damaged in a fire."。

D_2："Delivery of silver arrived in a silver truck."。

D_3："Shipment of gold arrived in a truck."。

由于概率模型需要训练数据，所以我们假定这三篇文档就是训练数据，并且认为文档 D_2 和文档 D_3 与该查询相关。

为了计算相似度，首先计算出查询词项的权重，其次计算出匹配词项的权重的和。我们关注以下四个变量。

N：文档集中文档的数量。

n_i：一个指定词项索引的文档。

V：查询 Q 对应的相关文档的数量。

V_i：一个指定词项索引的相关文档的数量。

我们在表 2-12 中给出了每个查询词项对应的变量值。

表 2-12　每个查询词项对应的变量值

变量	gold	silver	truck
N	3	3	3
n_i	2	1	2
V	2	2	2
V_i	1	1	2

计算可得每个查询项与相关文档的概率（表 2-13）。

表 2-13　每个查询项与相关文档的概率

概率	gold	silver	truck
$P(k_i|R)$	0.50	0.50	0.83
$P(k_i|\overline{R})$	0.75	0.25	0.25

"gold""silver""truck"三个词依次在查询和文档中的状态为
$$Q=(1,1,1),\ D_1=(1,0,0),\ D_2=(0,1,0),\ D_3=(1,0,1)$$
由式（2-31）的相似度计算公式可得
$$\text{sim}(D_1,Q)=-0.477,\ \text{sim}(D_2,Q)=1.652,\ \text{sim}(D_3,Q)=0.698$$
检索结果按照相似度输出顺序为：D_2、D_3、D_1。

2.6.3　基于二值独立的概率检索模型的优缺点

1. 基于二值独立的概率检索模型的优点

基于二值独立的概率检索模型具有以下优点。
（1）其是基于贝叶斯定理的检索模型，有严格的数学理论基础。
（2）采用相关反馈原理，可以开发出理论上更为坚实的系统。可以通过反复地反馈结果和用户需求，使结果得到很好的调整，相对更合理。
（3）可以按照文档相关概率递减的顺序来排序。

2. 基于二值独立的概率检索模型的缺点

虽然这种基于贝叶斯决策的自适应模型，有坚实的理论基础，但是其自身还是有一定的局限性的。这些局限性表现在如下几个方面。
（1）索引词权值计算方法中，所有的权重都是二值的，没有考虑到词频加权因素。
（2）沿用了索引词之间相互独立的基本假设。
（3）开始时需要猜想把文档分为相关和不相关的两个集合，过程比较烦琐。
（4）在处理实际问题时也有一定的困难：①初始检索文件阈值比较大；②由检索式检索的相关文件数量相对于精确估计的概率而言太小。

2.7　基于语言模型的信息检索模型

统计语言模型（statistical language modeling，SLM），简称语言模型，是一种"生成"一段文本的概率机制。统计语言模型起源于20世纪初期，最早由Markov（马尔科夫）应用到俄国文献的字母序列建模中，但直到20世纪中期Shannon（香农）尝试运用字母序列和单词序列模型解释译码的含义和信息理论后，这一领域的研究工作才开始正式得到发展。此后许多年，统计语言模型统计发展成一种自然语言处理工具，主要运用在语音识别、机器翻译以及拼写改正等研究中。

近年来，应用于信息检索的统计语言模型成为信息管理情报科学的研究热点。

2.7.1 基于语言模型的信息检索模型的概念

统计语言模型应用于信息检索最早是由 Jay M. Ponte（杰·庞特）和 W. Bruce Croft（布鲁斯·克罗夫特）在 1998 年的国际计算机协会信息检索国际会议（Association for Computing Machinery Special Interest Group on Information Retrieval，ACM SIGIR）上提出，是一项全新的文档排序法，后来称其为查询似然评分方法（query likelihood scoring method），此方法是 SLM 应用在信息检索领域的起始。其基本实现思想是：首先使用统计学方法估计文档集合中所有文档的语言模型；其次以文档的语言模型作为依据，通过查询似然函数对文档进行相关性排序。前文提到的向量空间模型和经典概率模型都是将文档和查询进行匹配，统计语言模型则相反，它是将查询与文档进行匹配。

2.7.2 基于语言模型的信息检索模型的工作原理及示例展示

1. 基于语言模型的信息检索模型的工作原理

语言模型最早应用在语音识别和机器翻译等自然语言处理领域，其基本原理是根据语言文字的单词序列（word sequence）概率分布规律推算单词序列的最佳生成概率，即一个符合句法的完整句子。

根据同样的原理，信息检索模型将文档视为一份语言模型样本，根据该样本估计查询词项序列的生成概率，该生成概率越高，表明查询和文档的相关性越高。基于此思想而形成的文档排序方式就是前文所述的查询似然评分方法，在形式上，相似度可以简单地定义为

$$\text{sim}(Q, D_i) = P(Q | M_{D_i}) \tag{2-32}$$

其中，Q 表示查询；D_i 表示特定文档；M_{D_i} 表示文档 D_i 的语言模型。我们需要明确定义前文所讲的生成概率的准确含义。也就是说，下一步需要为查询构造一个概率模型。基本思路是对词表 V 的全部词项进行统计：首先，统计出现在文档里的词项同时又出现在查询里的概率的积；其次，统计不出现在文档里的词项同时又不出现在查询里的概率的积；最后，将两个概率乘积再次相乘就是评分结果。基于上述论断，查询似然评分方法的统计模型如下：

$$\text{sim}(Q, D_i) = \prod_{t_j \in Q} P(t_j | M_{D_i}) \prod_{t_j \notin Q} \left(1 - P(t_j | M_{D_i})\right) \tag{2-33}$$

其中，t_j 表示词表 V 中的第 i 个词项。这样查询似然评分函数的核心问题变成对 $P(t_j | M_{D_i})$ 的估计。一种直接的方法是

$$P(t_j | M_{D_i}) = P_{\text{ml}}(t_j | M_{D_i}) \tag{2-34}$$

其中，$P_{\text{ml}}(t_j | M_{D_i})$ 表示词项分布的最大似然估计（如相对词频）

$$P_{\mathrm{ml}}(t_j \mid M_{D_i}) = \frac{\mathrm{tf}(t_j, D_i)}{\mathrm{dl}_{D_i}} \tag{2-35}$$

其中，$\mathrm{tf}(t_j, D_i)$ 表示 t_j 在文档 D_i 中出现的次数；dl_{D_i} 表示文档 D_i 的长度。此模型存在一个缺陷，即当某词项在查询中存在，但是在文档 D_i 中不存在时，就会导致零概率的出现。因为该词项不出现在文档 D_i 中，意味着 $\mathrm{tf}(t_j, D_i)$ 等于零，那么 $P(t_j \mid M_{D_i})$ 等于零，则 $P(Q \mid M_{D_i})$ 整个等于零，这种情况显然是不合理的。

解决零概率的办法是采用平滑方法，一种方法是假设查询词项可能在这个模型中出现，但不会高于它在其他文档中出现的比率，可以描述为

$$P(t \mid M_{D_i}) = \frac{\mathrm{cf}_t}{\mathrm{cs}} \tag{2-36}$$

其中，cf_t 表示词项 t 在文档集中出现的次数；cs 表示词项所有词项在文档集中出现的次数。

另一种方法源于以下事实：这些文档模型仅仅基于单个独立的文档。这些数据量对于构建一个模型来说非常小，使用整个文档集来进行如下估计：

$$P_{\mathrm{avg}}(t) = \frac{\sum_{D(t \in D)} P_{\mathrm{ml}}(t \mid M_D)}{\mathrm{df}_t} \tag{2-37}$$

其中，df_t 表示词项 t 的文档频率，其倒数就是在向量空间模型中计算的逆文档频率 idf。

为了提高估计词项权重的效果，需要最小化估计风险。首先定义 $\overline{f_t}$ 为文档中词 t 的平均词频，它的计算公式为：$\overline{f_t} = P_{\mathrm{avg}}(t) \times \mathrm{dl}_D$。通过使用几何分布可以得到其风险率

$$R_{t,D} = \left(\frac{1.0}{1.0 + \overline{f_t}}\right) \times \left(\frac{\overline{f_t}}{1.0 + \overline{f_t}}\right)^{\mathrm{tf}_{t,D}} \tag{2-38}$$

第一种相似度计算公式的描述是，在信息检索中，我们对查询中没有出现的词项使用平滑因子 $\dfrac{\mathrm{cf}_t}{\mathrm{cs}}$，如果该词在查询中存在，则在小规模文档模型上估计词项权重的值，并引用风险函数作为混合参数。因此词项权重的计算公式如下所示：

$$P(t \mid M_{D_i}) = \begin{cases} P_{\mathrm{ml}}(t, D)^{(1-R(t,D))} \times P_{\mathrm{avg}(t)}^{R(t,D)}, & \mathrm{tf}(t, D) > 0 \\ \dfrac{\mathrm{cf}_t}{\mathrm{cs}}, & \text{其他} \end{cases} \tag{2-39}$$

2. 基于语言模型的信息检索模型的示例展示

我们使用前文的通用例子来计算相似度。

Q："gold silver truck"。

D_1："Shipment of gold damaged in a fire."。

D_2："Delivery of silver arrived in a silver truck."。

D_3："Shipment of gold arrived in a truck."。

我们的文档集共有三篇文档，所以 cs = 22。文档 D_1、D_2 和 D_3 的词数分别为 7、8 和 7，即各文档的长度为 $dl_{D_1} = 7$、$dl_{D_2} = 8$、$dl_{D_3} = 7$。

表 2-14 给出了 df_t 的值，即词 t 的文档频率。

表 2-14 文档频率

	a	arrived	damaged	delivery	fire	gold	in	of	shipment	silver	truck
df_t	3	2	1	1	1	2	3	3	2	1	2

表 2-15 给出了文档集中词项 t 的原始数量 cf_t。

表 2-15 每个词在整个文档集中的词频

	a	arrived	damaged	delivery	fire	gold	in	of	shipment	silver	truck
cf_t	3	2	1	1	1	2	3	3	2	2	2

表 2-16 给出了文档 D 中词 t 的原始词频 $tf_{t,D}$。

表 2-16 原始词频

文档	a	arrived	damaged	delivery	fire	gold	in	of	shipment	silver	truck
D_1	1	0	1	0	1	1	1	1	1	0	0
D_2	1	1	0	1	0	0	1	1	0	2	1
D_3	1	1	0	0	0	1	1	1	0	0	1

首先，我们需要计算 $P_{ml}(t|M_{D_i})$，也就是词 t 在文档 D 中词项分布下的概率的最大似然估计。对于每一个词项 t，$P_{ml}(t|M_{D_i}) = \dfrac{tf_{t,D}}{dl_D}$，计算结果如表 2-17 所示。

表 2-17 每个词的最大似然估计

$P_{ml}(t|M_{D_i}) = \dfrac{tf_{t,D}}{dl_D}$	D_1	D_2	D_3
a	0.143	0.125	0.143
arrived	0	0.125	0.143
damaged	0.143	0	0
delivery	0	0.125	0
fire	0.143	0	0
gold	0.143	0	0.143
in	0.143	0.125	0.143
of	0.143	0.125	0.143
shipment	0.143	0	0.143
silver	0	0.250	0
truck	0	0.125	0.143

其次，计算所有包含词 t 的文档的平均概率，对于词"arrived"，它仅在文档 D_2 和 D_3 中出现，因此，使用先前的最大似然估计值

$$P_{\text{avg}}(\text{arrived}) = \frac{P_{\text{ml}}(\text{arrived}|D_2) + P_{\text{ml}}(\text{arrived}|D_3)}{\text{df}_{\text{arrived}}} \tag{2-40}$$

可知 $P_{\text{ml}}(\text{arrived}|D_2) = 0.125$，$P_{\text{ml}}(\text{arrived}|D_3) = 0.143$，$\text{df}_{\text{arrived}} = 2$。因此

$$P_{\text{avg}}(\text{arrived}) = \frac{0.125 + 0.143}{2} = 0.134$$

按照同样的方法，计算所有词的平均概率。

再次，计算文档 D 中词 t 的风险率。先计算文档中词 t 的平均频率 $\overline{f_t} = P_{\text{avg}}(t) \times \text{dl}_D$，再根据式（2-38）得到各文档中每个词的风险率。对于文档 D_1 中的词"arrived"，有

$$\overline{f_{\text{arrived}}} = 0.134 \times 7 = 0.938$$

$$R_{\text{arrived},D_1} = \left(\frac{1.0}{1.0 + 0.938}\right) \times \left(\frac{0.938}{1.0 + 0.938}\right)^0 = 0.516$$

同理，计算每个文档中每个词的风险率，如表 2-18 所示。

表 2-18 每个词的风险率

$R_{t,D}$	D_1	D_2	D_3
a	0.250	0.249	0.250
arrived	0.516	0.250	0.250
damaged	0.250	0.467	0.500
delivery	0.533	0.250	0.533
fire	0.250	0.467	0.500
gold	0.250	0.467	0.250
in	0.250	0.249	0.250
of	0.250	0.249	0.250
shipment	0.250	0.467	0.250
silver	0.364	0.148	0.364
truck	0.516	0.249	0.250

根据式（2-39）计算 $P(Q|M_{D_i})$，即对于一个给定的文档模型产生查询的概率。对于查询中的词项，使用风险率作为混合参数来计算期望概率，即

$$P(Q|M_{D_i}) = P_{\text{ml}}(t|M_{D_i})^{(1-R(t,D))} \times P_{\text{avg}}(t)^{R_{t,D}}$$

对于查询中没有出现的词项，使用平滑估计进行计算，即

$$P(Q|M_{D_i}) = \frac{\text{cf}_t}{\text{cs}}$$

每个词项的期望概率如表 2-19 所示，其中，斜体加粗词表示匹配查询词。

表 2-19 每个词项平滑后的期望概率

$P(Q|M_{D_i})$	D_1	D_2	D_3
a	0.141	0.128	0.141
arrived	0.091	0.127	0.141
damaged	0.143	0.045	0.045
delivery	0.045	0.125	0.045
fire	0.143	0.045	0.045
gold	*0.143*	0.091	*0.143*
in	0.141	0.128	0.141
of	0.141	0.128	0.141
shipment	0.143	0.091	0.143
silver	0.091	*0.250*	0.091
truck	0.091	*0.127*	*0.141*

最后，使用式（2-33）计算文档的相似度，结果如表 2-20 所示。

表 2-20 各文档的相似度

	D_1	D_2	D_3
$P(Q|M_{D_i})$	0.000 409	0.001 211	0.000 743

检索结果按照相似度的最后输出顺序为：D_2、D_3、D_1。

2.7.3 基于语言模型的信息检索模型的优缺点

1. 基于语言模型的信息检索模型的优点

基于语言模型的信息检索模型有以下优点。

（1）基于语言模型的信息检索模型构建在统计学基础之上，相比较经典概率模型的启发式方法，基于语言模型的信息检索更能保证持续发展。

（2）除此之外，基于语言模型的信息检索模型还能更加充分地应用文本建模以及词频等方面技术。例如，多项式模型和泊松分布模型能够充分地估计词项分布的概率；词项依赖模型能够很方便准确地估计词项之间的依赖关系。

（3）语言模型还可以非常容易地对各种检索任务进行建模，从而胜任特定的检索任务，而且其检索效率都相对较高。

2. 基于语言模型的信息检索模型的缺点

基于语言模型的信息检索模型仍在不断向前发展，其未来发展趋势和挑战可以总结为如下几点。

（1）文档和信息需求表示之间的对象同类假设显然不符合实际情况。

（2）当前的语言模型采用了非常简单的一元模型，由于没有定义一个显式的相关性概念，相关反馈技术和用户偏好信息很难集成到模型中。

（3）没有足够的证据来证明语言模型方法效果能够大大超过一个经过精心调节参数后的向量空间模型，因此也无法证明改变现有实现系统是很有必要的。

2.8 其他信息检索模型

除了上面所提到的模型，本节对位置检索模型以及限制检索模型进行简单介绍。

2.8.1 位置检索模型

位置检索可要求检索词以用户所规定的相对位置出现。例如，使两个（或多个）检索词相连（可以此表示词组）或相邻，或同在一个字段或子字段中等，从而使检索出的文献更确切地符合用户要求，提高查准率。

不同的联机检索系统所使用的位置算符的种类和功能有时不完全相同。常用的位置算符有以下八种。

（1）（W）算符（with）表示两个检索词紧挨着，词序不能颠倒，中间不得插入其他词、字母或代码，但允许有空格或标点符号，也可用（）表示。

（2）（nW）算符（nword）表示两个检索词中间可插入 n 个词，但它们之间的顺序不可颠倒。

（3）（N）算符（near）表示两个检索词必须相连，不得插入其他词，但词序可以颠倒。

（4）（nN）算符（nnear）表示两个检索词中间可以插入 n 个词，且词序可以颠倒。

（5）（F）算符（field）表示两个检索词必须同时出现在同一个字段内，但两词的词序和中间插入的词数不限。

（6）（S）算符（subfield）表示两个检索词必须出现在同一个子字段中，但两词的词序和插入的词数不限。

（7）（C）算符（citation）表示两个检索词必须出现在同一记录中，但两词的词序和所在的字段不限。

（8）（L）算符（link）表示两个检索词之间存在从属关系或限制关系，如果其中一个为一级主题词，另一个就为二级主题词。

在 OCLC（Online Computer Library Center，联机计算机图书中心）FirstSearch 收录的 ERIC（Education Resources Information Center，教育资源信息中心）数据库中，就使用了位置检索技术，它所使用的位置检索符有 N（near）、W（with）等。

在两个检索词之间输入 W 或者 with，就会检索出包含这两个词的所有记录，这两个词以所输入的顺序出现，它们之间不再有任何词。

在两个检索词之间输入 N 或者 near，将检索出包含两个词的所有记录，这两个词的顺序是任意的，它们之间不再有其他任何词。

2.8.2 限制检索模型

限制检索（range）是通过限制检索范围，达到优化检索结果的方法。限制检索的方式有多种，如进行字段检索、使用限制符、使用范围符号、使用限制指令等。

1. 字段检索

字段检索是把检索词限定在某个或某些字段中，如果记录的相应字段中含有输入的检索词则为命中记录，否则检不中。

例如，查找微型机和个人计算机方面的文章，要求"微型机"一词出现在叙词字段、标题字段或文摘字段中，"个人计算机"一词出现在标题字段或文摘字段中，检索式可写为

$$microcomputer??/de,ti,ab\ OR\ personal\ computer/ti,ab$$

又如查找 wang wei 写的文章，可以输入检索式

$$au=wang\ wei$$

2. 使用限制符

限制符检索用表示语种、文献类型、出版国家、出版年代等字段标识符来限制检索范围。例如，要查找 1999 年出版的英文或法文的微型机或个人计算机方面的期刊，则检索式为

$$(microcomputer??/de,ti,ab\ OR\ personal\ computer/ti,ab)\ AND$$
$$PY=1999\ AND\ (LA=EN\ OR\ FR)\ AND\ DT=Serial$$

3. 使用范围符号

也可以使用范围符号对检索的范围进行限定，常用的范围符号词有 Less than、Greater than、From to 等。例如，查找 1989～1999 年的文献，可表示为

$$PY=1989：1999\ \ 或者\ \ PY=1989\ to\ PY=1999$$

又如查找 2000 年以来的计算机方面的文献，可表示为

$$computer??\ AND\ Greater\ than\ 1999$$

查找在指定的文摘号范围内有关地震方面的文献，可表示为

$$earthquake?/635000-800000$$

4. 使用限制指令

限制指令可以分为一般限制指令（Limit，它对事先生成的检索集合进行限制）、全限制指令（Limit all，它是在输入检索式之前向系统发出的指令，它把检索的全过程限制在某些指定的字段内）。

例如，Limit S5/328000-560000 表示把先前生成的第 5 个检索集合限定在指定的文摘号内。又如，Limit all/de,ti 表示将后续检索限定在叙词和题名字段。

上述几种限制检索方法既可独立使用，也可以混合使用。目前不少联机检索系统中都提供了图形界面的限制检索机制，让用户能够对关键词出现的字段进行限制，对文献信息出版的年份、语种、文献类型等做出相应的限制。

第 3 章 自动索引和文档组织

索引是一种传递、揭示和检索文献信息的工具，它是将文献中的具有检索意义的事物名称及特征经过记录、整理、编排，以供用户检索查阅。索引的基本功能是指示知识点在正文或文献款目中的位置。随着索引理论和编制技术的进步，从 20 世纪 50 年代开始，研究人员尝试以机器辅助取代人工索引，在网络信息大量增加的背景下，自动索引技术及其相关的研究，在质与量上都有逐渐成长的趋势。本章介绍索引概述、索引的功能与类型、索引构建过程、信息标引、聚类与自动分类，以及索引文档组织。

3.1 索引概述

3.1.1 索引的概念

什么是索引？索引是著录书刊中的题名、语词、主题、人名、地名、事件及其他事物名称，并把它们按照一定的方式编排起来，指明出处的一种检索工具。索引是为检索而存在的，方便用户查找。现代索引以信息为基础，用在执行数据查询操作的时候，加快了数据排序和搜索的速度。在传统索引中，当题名和著者既作为文献著录的项目，又作为文献检索标识时，必须重复著录；出版地、出版年等是不可以作为检索入口的。随着索引技术的发展，我们可以将出版年、出版地作为可检字段建立索引，即现代索引可以用多个同一种类的检索入口或不同种类的检索入口进行组配检索（多种逻辑组配），这是传统索引难以做到的。

"索引"一词英文为 index，来源于拉丁语 indicare。在西方，较早出现的索引是中世纪的《圣经》语词索引。我国古代索引的实践也很早，在三国魏建安年间刘劭等编纂的类书《皇览》就具有索引功能，被认为是中国古代索引的起源之一。第二次世界大战后，随着计算机技术在索引工作中的应用，索引的载体、形式和编制技术方法都发生了重大变革。除书本式和卡片式索引外，20 世纪 50 年代出现了穿孔卡片索引系统和缩微胶卷索引系统，60 年代以后又出现了计算机辅助编制的索引和自动索引。

3.1.2 索引的发展历程

索引的编制经历了从简单到复杂,从低级到高级的发展过程。19世纪中叶,克里斯塔多罗的《图书馆编目技术》一书中出现了对关键词索引法的最早论述。1950年,美国H. P. 卢恩(H. P. Luhn)提出用计算机编制 KWIC 获得成功。从此,索引由手工编制进入到计算机编制的新阶段。

1. 人工索引阶段

人工索引是指索引编制过程中全部依靠人工来完成。因为索引的整个编制过程由人工完成,因此人工索引具有操作简单、费用低廉、查准率高等优点。但对数量极其庞大并快速增长的网络信息资源,完全用人工标引建立索引是难以想象的;同时,人工抽词缺乏一致性,当前人工索引方式主要应用于数据规模较小并且相对稳定或者专业性较强的领域。

2. 机辅索引阶段

机辅索引指索引的半自动化,具体地说,就是在索引的编制过程中,既有计算机的参与,又有人工的干预。以计算机辅助编制索引,一般由索引员完成标目的选取及其他组成款目的数据的选取,计算机则按格式进行款目编辑排序、校验输入、生成参照、打印排版等事务性工作。机辅索引采取人机合作的方式,把索引员从繁重的手工劳动中解放出来,不仅具有质量高、速度快的优点,而且成本低于自动索引。机辅索引促进了信息检索的自动化,但只是采用单一的方法对固定的存储形式进行检索,而且过分依赖设备,很快被迅速发展的自动索引系统取代。

3. 自动索引阶段

自动索引的基本原理是借助一定的技术手段,如词典、词表、词频特征、句法或结构特征等,设计一种算法对数字化文本进行词法分析,识别出词与非词、内容词(实词)和功能词(虚词),并采集词的相关信息(如词的出处)。在此基础上,根据一定的规则进行规范处理得到标目用词,最后将标目用词、出处信息以及其他相关信息共同构成索引款目。目前,自动索引方式对于范围较小并且相对稳定的文本信息,特别是英文信息的处理较为成功。然而,对于数量宏大、增长迅速、高度分布、文种多样、结构复杂、变动无常的网上信息而言,服务器执行相关算法的计算量异常大,随时可能导致系统的崩溃。因此,这种索引方式在网络信息检索工具中的应用还有一定的缺陷。对于中文文本信息的自动标引,除了上述的困难外,还涉及词的切分问题。

3.2 索引的功能与类型

3.2.1 索引的功能

美国哈罗德·博科、查尔斯·L.贝尼埃合著的《索引的概念与方法》中有一段话，详细论述了索引的功能。"没有索引，我们就不便于打电话、餐馆订饭、筹划旅行、查阅图书馆资料、安排约会、检寻通信处、找街道，或者去做许许多多我们现在认为有保证的其他事情。索引是一种便利的指南，不仅把我们引向感兴趣的主题，还提供了某个主题领域的全貌——概况，其他任何书目工具都做不到这一点。"从这些我们可以看出，索引不仅是知识的向导、治学的利器，还是日常生活的助手。具体来说，索引具有以下的功能。

1. 检索功能

检索功能是索引的最基本的功能。索引诞生于文献检索困难的历史背景里，索引诞生，其检索功能随之而诞生；索引发展，检索功能也随之变化和发展。

随着信息技术和网络的发展，信息采集和传播的速度和规模达到了空前的水平，技术上实现了全球的信息共享。但与之而来的问题是汹涌而来的信息有时使人无所适从，从信息海洋中迅速而准确地获取自己需要的信息，变得非常困难。索引能够提供多种查检途径，方便查检，大大节约了查询信息所花费的时间，而且还可以增加查全信息的可能性，提高信息查全率和查准率。

2. 分解功能

索引揭示了一个完整的信息载体或集合中的某一部分、某一特征或事物名称、某一知识单元，信息实体中的一切信息点都可以成为索引的对象。索引把文献或信息中的知识单元（如题名、机构、语词、概念、主题、人名、地名、物名、书名、符号、事件等）分解，这就是索引的分解功能。它是索引工作的起跑线和索引编纂的基础，没有这种分解功能，就没有索引。

3. 梳理功能

信息中包含着许多性质不同的知识单元，它们基本上呈无序的状态。把这些无序的知识单元按照外部特征或内容性质进行整理，这就是索引的梳理功能。梳理功能是索引分解功能的继续。没有分解功能就没有梳理功能，如果只有分解功能而无梳理功能，那么分解功能也就没有意义。梳理是对资料单元的初分，如是字序，只要按笔画或音序归类即可；如是类序，只要按大类归纳即可。

4. 聚类功能

对某个领域的信息进行有计划的编纂索引，从各种不同的角度和层次对信息内容进行多维揭示和组合，使其形成一个检索这些信息的各种不同性质的知识单元的网络，这就是索引的聚类功能。索引的聚类功能可以让用户对文献中的资料单元产生族性检索，扩大检索途径。

5. 追踪功能

索引能够追踪各个主题发展的踪迹。一部旧时代报纸的索引，能够追踪那个时代的重大历史事件，并清晰地再现这些重大历史事件的脉络；一部类书的索引，能够追踪许多名人在各方面的成就和言行；一部专业期刊的刊后索引，能追踪当年该专业学科研究的动态；一部跨多年度的报刊回溯索引，就是一部多功能的追踪记录。

6. 导航功能

导航功能是指系统能够指引正确的航向，使用户沿着正确的航向行驶，即通过相关索引能够检寻所需要的资料。在哲学社会科学的领域中，索引能够提供某个时期、某个专业的理论动向和水平的第一手资料，许多科研工作者就是依靠索引的导航功能，找到研究的出发点和契合点。

7. 预测功能

索引的预测功能有很多表现，如根据引文索引中统计的被引作者的论文频率，基本上能够预测到这个专业的学术带头人；从题录索引中统计的课题内容，可预测到学术界未来研究的方向等。

3.2.2 索引的类型

索引是检索信息的工具，针对信息检索的不同需要，出现了各种各样的索引，种类繁多，可以从下列许多角度来划分索引的类型。

1. 按索引对象的性质分

1）信息内容特征的索引

信息主题内容的索引，包括主题索引和分类索引。

信息中出现的事物名称的索引，包括人名索引、地名索引、机构名索引、会议名索引、事件名索引、文件名索引、化合物索引、矿物名索引、生物名索引、产品名索引等。

信息特殊内容的索引，包括地理坐标索引、旋律索引、环系索引、化学结构代码索引等。

2）信息外部特征的索引

著者索引，包括个人著者索引、团体著者索引。

题名索引，包括书名索引、刊名索引、篇名索引。

信息编号索引，包括专利号索引、专利对照索引、标准号索引、报告号索引、合同号索引等。

2. 常见索引

1）主题索引

主题索引是指以文献内容主题为标目的索引。按照采用的索引语言的类型，可分为标题（词）索引、元词索引、叙词索引和关键词索引。按主题的索引对象可分为人名索引、地名索引、物品名索引、事件名索引、年号索引、文献题名索引等。

2）著者索引

著者索引是指以著者的名称为标目的索引，可分为个人著者索引和团体著者索引两种。由于著者名称简短、稳定和易记，其索引编制简单，应用相当广泛。但由于各国姓氏情况不一，不同语种的姓名书写方法不同，在编制和查找著者索引时须遵循严格的规定。

3）名称索引

名称索引是指提供根据文献信息中包含的名称来检索信息的途径，包括人名、机构名及其他有生命无生命的名称。

4）地名索引

地名索引是指提供通过地理方位的名称查找有关文献信息的途径。这种地理方位可以十分广泛，如大洲或国家，也可以非常的专指，如城市或乡镇，还可以是某一特定的建筑物。

5）题名索引

题名索引是指以文献题名（书名或篇名）为标目的索引，主要用于查找某一特定的文献。除了一般书名索引外，还有引用书索引和书评索引等。由于题名较长，难以记忆，而且只能从首字查起，没有其他检索入口，因此题名索引正逐步被关键词索引取代。

6）数字或代码索引

数字或代码索引是指提供按数码标识（专利号、ISBN 等）检索文献或信息的途径。

7）分类索引

分类索引是指以分类号为标目，按照某种分类表或分类体系编排的索引。分类索引按照学科体系排列，编制方式与图书馆的分类目录相似，提供对某一学科、专业或课题的检索。但分类索引因分类体系不易掌握，一般不易编制，也难于查检。

8）篇目索引

篇目索引是主要揭示期刊、报纸、论丛、会议录等所包含的论文，并把这些论文分析著录出来，按一定方式组织排列起来，以供查找各篇论文的工具书。它可以看作最简单的文摘报道形式，但只包括论文题目、作者、出处，一般无简介或摘要，常被称为"题录""论文索引""报刊资料索引"。

9）专名索引

专名索引以文献中的专有名称作为款目。

3.3 索引构建过程

索引构建过程实际上是为了方便查询而对信息指定索引款目的过程。无论是人工索引，还是自动索引，大体上都经历了从数据采集与预处理、数据特征揭示到索引设计、建立索引的过程。

3.3.1 数据采集与预处理

数据采集与预处理在索引过程中的地位和作用是非常重要的，是索引的起点，是索引的前提和基础。数据采集与预处理的质量是决定索引质量的关键，因为后面的标引信息都是以采集到的信息为材料而进行的。采集的信息是否全面、是否真实、是否可靠，以及信息的时效性和实用性都影响索引的质量。

1. 传统的文献信息采集

传统的文献信息采集主要是通过人工采集，如采购、索取、交换等手段来获得有关文献信息。采购是一种经常性的、稳定的、系统的采集信息的有效方式，包括现购、订购、邮购、网上采购等方式；索取主要指信息采集人员与尚未发表或未通过正式渠道流通的信息源拥有者直接联系取得信息的一种方式；交换是指个人或机构利用所拥有的信息源与其他个人或机构进行交换，互相补充，扩大信息来源的方法。另外，也有基于目录的信息服务网站采取人工收集信息，如 Yahoo!（雅虎）。它就是一种依赖于人工整理的网站分类目录，一方面，用户可以直接沿着目录导航，定位到所需要的信息；另一方面，用户也可以提交查询词，让系统直接导引到与查询词最匹配的网站。

2. 网络数据采集

网络环境下，信息难以计数，并且每隔一段时间就成倍增长。对于这些海量信息，如果进行高质量的手工采集分类已经不太现实，因此很多搜索引擎采用了自动网页搜索技术。这种技术的典型代表是网络机器人。网络机器人借助搜索软件完成网络数据的采集工作。其工作方式是从 URL（uniform resource locator，统一资源定位符）库（初始时包含用户指定的起始种子 URL 集合，可以是一个或多个）获得输入，解析 URL 中标明的 Web 服务器地址，建立链接，发送请求和接收数据，将获得的网页数据存储到原始网页库，并从中提取出链接数据放入网页结构库，同时将待抓取的 URL 放入 URL 库，保证整个过程递归进行，直到 URL 库为空。搜索软件的功能是在互联网中漫游，发现和搜集数据。它常常是一个计算机程序，日夜不停地运行。它要尽可能多、尽可能快地搜集各种类型的新数据，同时因为互联网上的数据更新很快，所以还要定期更新已经搜集过的旧数据，以避免死链接和无效链接。可以用图 3-1 来表示这个过程。

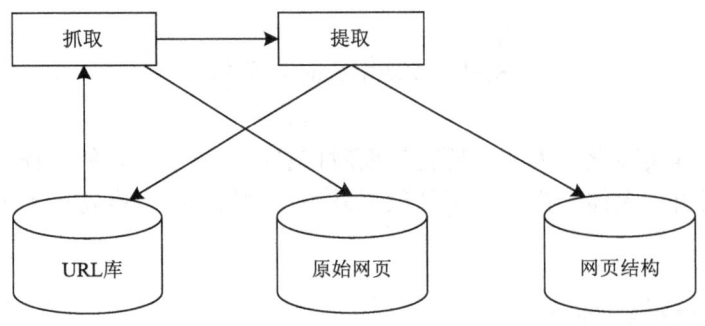

图 3-1 网络信息采集过程

一般说来，人工采集数据的准确性要优于搜索软件自动搜索的数据，但人工采集数据的效率及全面性低于搜索软件采集。

3．预处理的概念和常见方法

1）概念

通过数据预处理工作，可以使残缺的数据完整，并将错误的数据纠正、多余的数据去除，进而将所需的数据挑选出来，并且进行数据集成。

2）常见方法

（1）数据清洗。数据清洗可以视为一个过程，包括检查偏差和纠正偏差两个步骤。检查偏差是指使用已有的关于数据性质的知识发现需要考察的点。纠正偏差是指一旦发现偏差，需要定义并使用一系列的变换来纠正它们。

（2）数据变换。数据变换是将数据变换或统一成适合挖掘的形式，主要涉及以下内容：光滑、聚集、数据泛化、规范化、属性构造。

（3）数据压缩。数据压缩指在不丢失有用信息的前提下，缩减数据量以减少存储空间，提高其传输、存储和处理效率，或按照一定的算法对数据进行重新组织，减少数据的冗余和存储的空间的一种技术方法。

3.3.2 数据特征揭示

1．数据的基本特征

数据的基本特征包括容量（volume）、种类（variety）、速度（velocity）、可变性（variability）、复杂性（complexity）、价值（value）。

2．数据特征揭示的概念

从实体到特征的提出过程被称为揭示。特征的揭示是从原始数据中选择出最具有代表性的特征子集。例如，文献的特征分为外部特征和内部特征，与文献信息主体内容关系接近的是内部特征，反之则是外部特征。外部特征包括作者、出版年、专利号、作者单位等；内部特征包括关键词、分类号等。数据的特征数量众多，因此特征的揭示需要依托客观知识体系，按照不同学科的属性进行系统选择，利用客观知识体系科学性的脉络和不断更新的特性，来不断完善、规范特征揭示。例如，文献的分类标引以及主题标引就是典型的数据特征揭示行为。

3.3.3 索引设计

作为一种重要的信息组织方式，索引在文本、图书、期刊、数据库等方面都有着广泛的应用。因此索引的设计需要遵循一些基本的原则，以保证满足用户的需求。

1. 全面性原则

索引应该包含文本、图书、期刊或数据库中所有重要的主题和概念，并且反映出它们之间的联系。

2. 准确性原则

索引应该正确地反映出文本、图书、期刊或数据库中所包含的信息。索引词汇应该精确、科学、规范，并且能够准确地表达主旨，有效指导用户进行信息检索。

3. 简洁性原则

索引应该简洁明了，让读者能够很快地检索出所需信息。

4. 标准化原则

索引应该按照统一的标准进行设计，以确保索引的可比性和可检索性。

5. 一致性原则

索引应该在不同章节、不同篇幅中保持一致性。例如，在书籍索引中，一个索引词只能出现在一个位置，而不是在与之相关的章节和篇幅中重复出现。

6. 可读性原则

索引应该易于用户阅读。注意使用清晰易懂、统一规范的字体和格式。

3.3.4 建立索引

如果不建立索引，那么只能通过顺序查找信息的方法完成检索过程。在信息超载的环境下，将会耗时耗力，速度也会奇慢无比。从采集到的信息中抽出索引项，建立索引及索引系统，就能解决这一问题。索引系统的建立是整个检索系统的基础和核心，是服务的先导，因而索引系统的设计、建立和维护极其重要。

单个索引包括索引款目（包括标目及副标目、索引地址）、参照系统和索引款目导引标志。一部索引就是一个个索引款目的有序集合，索引款目是构成索引的基础。

索引款目由索引标目和索引地址（也称出处，简称地址）两部分组成。索引标目又可分为主标目和副标目。主标目揭示被索引概念（文献主题）或项目的核心部分，并决定索引款目的排列位置和检索入口。副标目从属于主标目，其作用是使索引标目含义更为具体、专指。子标题、说明语、限定词、注释以及显题结构索引中的文献题名等，都起着副标目的作用。

索引主标目可以是索引语言（情报检索语言）、自由标引词或文本中的关键词。索引地址指示被索引概念或项目在文献正文中的位置，是索引与文献正文之间、间接索引与直接索引之间的联结手段。可以作为直接索引的索引地址（出处）的有文献页码和栏码或版面地位符号、检索工具中文献款目的序号、检索工具正文中据以排列文献款目的标目、刊名编码（CODEN 码）、文献排架号（性质与文献款目序号基本相同）。可以作为间接索引的索引地址的是直接索引的标目。

索引的建立一般有以下步骤。①选题，建立主索引文件。②对主索引关键词进行抽词倒排，建立目标格式文件。③排序与归并。在上述步骤的基础上，对检索词进行排序，产生目标格式有序文件。为了提高排序速度，可对文件进行分段排序，然后进行归并。

索引系统是指一个检索工具中多种索引互相配合的有机集合。一个完整的索引系统，通常都是由多种索引构成的索引体系，能够提供多种需要的检索途径。索引体系可以全部由直接索引构成，也可以由直接索引和间接索引构成。直接索引直接引向文献正文中的某一位置，间接索引（如各种各样的对照索引）则通过直接索引的款目再引向文献正文的某一位置。

3.4 信息标引

客观知识体系构建是信息标引的基础和前提。依据所用标识的受控程度来看，信息标引可分为受控标引和自然语言标引。受控标引指采用受控语言中的标识表达主题概念的标引方式，主要有分类标引和主题标引；自然语言标引是指采用自然语言语词作为标识来表达主题概念的标引方式。

3.4.1 客观知识体系构建

客观知识体系是人类共识的序化知识体系，是一个以概念为节点和语义关系为边组成的大规模的语义网络，其中概念是搭建客观知识体系的积木，语义关系则是把概念连接成知识结构的接合剂，反映了概念间的一种逻辑结构。客观知识体系的构建包括输入、建立脉络、拓展运用、更新变革四个步骤。

1. 输入

建立客观知识体系需要前期大量输入，输入方式不仅限于书本，通过视频、专家等都可以传输知识。同时也要保证专业性和客观性，要想搭建一个领域的知识架构，要严格把控知识来源，同时客观地去看待这些输入内容，不要被作者的观念牵引。所谓："尽信书，不如无书。"

2. 建立脉络

知识点基础打牢后，就可以将各知识点联结组块。搭建知识体系，首先要清楚搭建哪个领域，为什么要搭建，要从中学习到什么知识。其次，要找出一些关键节点，将概念彼此联结，先搭建出大体框架，再往里填充细节知识。

3. 拓展运用

调用知识体系的内容，也是构建体系的一个重要步骤，想考验该知识体系是否构建完善，可以运用费曼学习法，通过与他人交流的方式，看能否将该知识叙述清楚。如果能有逻辑条理地诠释该知识，说明知识体系比较完善。

4. 更新变革

社会在变化，知识点也在实时更新，许多以前的研究案例，放在现在是错误的。那就需要掌握行业学术动态，通过权威的来源，来辅助知识架构更加完善。

3.4.2 分类标引

分类标引是指依据一定的分类语言，对信息资源的内容特征进行分析、判断和选择，赋予分类标识的过程。分类标引是按信息内容的学科属性来系统提示和组织信息的方法，是信息资源进行分类组织的基础和前提，对文献开发利用具有重要的意义。通过对信息资源赋予分类标识，信息机构就可以将各种信息资源纳入相应的知识门类，建立起相应的分类检索系统。这样，用户只要根据一定的信息资源特性，就可以按照系统提供的途径进行查找，从资源集合中检索出需要的文献。

分类标引的工具是分类法。分类标引的过程，就是根据既经选定的分类法，全面分析标引对象的特征，确定所属类目，并将标引对象的学科特征及有关信息用分类法中规定的符号代码揭示出来。经过分类标引，原先杂乱无章的信息就可以按照分类法规定的序列组织排列成一定的学科体系。

1. 分类标引要求

1）标引的准确性

标引的准确性是指将信息资源纳入相对应的学科和专业，以及分类体系中最专指、最切题的类目。其包括两个方面：一方面，归类要正确，将信息资源归入对应的学科和专业；另一方面，归类要确切，要将信息资源归入分类体系中最专指的类目。一般要求标引者不仅对信息资源内容有一定的分析和判断能力，而且还要求对类目体系有比较充分的了解。

2）标引的充分性

标引的充分性是指根据使用需要，充分揭示有检索价值的信息资源的主题。对只涉及一个主题对象的资源，只归入一个对应的类目；对同时涉及多个主题的资源，采用适当的标引深度,进行分类标引。

3)标引的一致性

标引的一致性是指同一主题内容的信息资源标引结果的一致性。其包括不同标引员对同一类型主题资源赋予的分类标识应一致,同一标引员在不同时间对同一类型主题资源赋予的标识应一致。要保持较高的一致性,不仅应提高标引人员的素养,而且应通过规范标引程序和建立明确的规则等作为保证。

4)标引的适用性

标引的适用性是指标引应考虑系统的特点和用户的检索需要,使标引结果适合使用。

2. 分类标引规则

要使分类标引准确、一致、充分地揭示信息资源的主题,除了按照分类标引的要求弄清文献的内容特征,掌握分类表的使用方法外,还必须按照分类标引的特点和要求,制定详细的分类标引规则。分类标引的规则是分类标引必须遵守的共同规范,一般是根据检索系统的需要,根据分类表的特点并结合信息资源的特点确定的。按照分类标引规则的特点和涉及的内容对象范围,分类标引规则一般可以分为基本分类标引规则、一般分类标引规则、特殊分类标引规则三类。其中,特殊分类标引规则是指只适用于各个知识门类的规则,是基本分类标引规则和一般分类标引规则在各基本大类的延伸,与各类的类目体系联系密切。本书主要讨论前两类规则。为便于说明,本章的分类标引实例以《中国图书馆分类法》为工具。

1)基本分类标引规则

分类标引的基本规则是整个分类过程中始终必须遵循的规则,它具有指导性作用,主要包括以下内容。

A. 信息资源的分类标引必须以信息内容的学科或专业属性为主要标准

只有以内容的学科属性为分类标引的主要标准,才能把众多的文献信息纳入既定的科学知识分类体系中,按学科或专业属性聚类,形成分类法特有的族性检索功能。只有按文献信息的学科内容分类不适用时,才能按其他特征分类。

例如,《当代人口迁移与城镇化》是从人口地理学的角度研究中国人口的迁移,属于人口学的范畴,应归入人口地理学,分类号为 C922。

B. 信息资源的分类标引必须能体现分类法的逻辑性、等级性、系统性

分类法上、下位类的从属属性,同位类的并列属性,类目含义受类目体系限定的逻辑关系,总论与专论的处理原则等,都应体现在分类标引中。

例如,G647 学校管理、G657 学校管理、G717 学校管理、G47 学校管理,这四个类都需要根据上位类的限定来理解类目含义,它们分别位于"G64 高等教育""G65 师范教育""G71 职业技术教育""G4 教育"类目下。如果将高等学校管理归入 G717,就违背了上、下位类是从属关系,凡是能归入下位类的文献信息就一定能归入其上位类的逻辑性。

C. 文献信息分类标引的专指性原则

其专指性原则要求信息资源必须归入最切合其内容的类。依据信息资源的内容,将

其分入分类体系中内涵、外延最切合其内容的类目。这是分类法准确、专指地揭示信息资源主题内容的需要。要做到这一点，分类时不仅应准确确定信息资源的学科归属，而且还应按照学科展开的层次，区分总论和专论、理论和具体应用，将其归入最确切的类目。这就要求在了解类目体系展开的引用次序及排列次序的基础上，掌握复合主题集中和分散的规律。

例如，在标引《大白菜贮藏》这一文献时，应了解关于农产品收获、贮藏的文献，并按照其论述对象的范围，归入相应层次的类目。因此，此文献不应归入"S379 农产品贮藏"，而应归入"大白菜贮藏"的相应专指类目，标引为 S634.109。

D. 信息资源分类标引的实用性原则

其实用性原则要求信息资源必须归入用途最大的类。信息资源分类是为实际使用服务的，必须以使用的需要为出发点。对于涉及多个类目的文献信息，在分类标引时，应利用互见分类、分析分类等方法尽可能作全面反映。

E. 信息资源分类标引的一致性原则

其一致性原则要求把内容相同的信息归入相同的类。要求相同主题的信息前后归类一致，同类型或同性质的文献，其主题分析水平、分类标引方式等方面也保持一致。

2）一般分类标引规则

分类标引的一般规则是从著作方式的角度提出来的，适用于各个知识门类的分类规则。信息资源分类的方法是与各种主题类型、写作出版方式等特点相联系的。不同主题类型、写作方式、编辑出版形式等的资源，具有不同的标引要求和规律。本节根据国内目前分类标引的一般做法，对各种基本主题、资源类型的标引方法作概要讨论。

A. 单主题信息的分类标引

单主题信息资源是指只论述或研究一个对象，即一个主题内容。根据构成主题概念因素的数量，可划分为单元主题和复合主题。单元主题指信息只含有一个主题概念因素；复合主题指由两个或两个以上概念因素结合组成的单主题。

a）单元主题信息的分类标引

（1）对某一事物或问题的综合研究，或同时从多个学科角度研究该事物或问题的信息，应按照该事物或问题的学科属性归类。例如，《植物学》应归入"Q94 植物学"；《传播学概论》应归入"G206 传播理论"。

（2）分别从不同学科角度论述某主题的信息，应根据研究角度归入各有关学科。例如，从水产养殖技术角度研究鱼，应归入"S96 水产养殖技术"；从动物分类学角度研究鱼，应归入"Q959 动物分类学（系统动物学）"。

b）复合主题信息的分类标引

复合主题包括两个或两个以上的概念因素，主题的概念因素有主体因素、通用因素、位置因素、时间因素、民族因素、文献类型因素。

（1）复合主题信息首先依据主体因素的研究角度归入某学科或专业，其次根据其他因素归入该学科的有关类目。例如，"小麦—种植"，先依据研究的角度，归入农业—农作物—小麦，再依据事物的方面归入"种植"。

（2）当主体因素所在的类目不再细分时，有关该事物各主题概念因素的文献信息就归入该事物类下。例如,"铜合金—电分析",先依据研究的角度,归入金属学—金属材料,再归入重金属及其合金,该类包括铜及铜合金各主题概念因素。

(3) 研究一个主题的两个方面的信息,根据论述重点或目的归类,不能辨别重点的,归入可以概括的上位类,没有共同上位类的,则按在前的主题概念因素归入,并在另一个类作互见分类。例如,"胡萝卜良种与栽培",重点在"栽培",归入 S631.204。

(4) 对同时涉及三个或三个以上并列主题的信息资源,一般可根据其涉及的范围,将其归入共同的上位类或概括性类目。例如,《小麦水稻高粱施肥技术》可归入共同的上位类"禾谷类作物",标引为 S51。

B. 多主题信息的分类标引

多主题是指文献信息论述或研究两个或两个以上的对象,即多个主题内容。根据主题之间的关系,可划分为并列关系主题、从属关系主题、应用关系主题、影响关系主题、因果关系主题、比较关系主题等。

a) 并列关系主题的分类标引

并列关系的主题是指文献信息同时论述两个或两个以上的各自独立的主题。有以下两种情况。

(1) 具有两个并列主题的文献信息,归入能概括它们的上位类;无共同上位类的,根据论述的重点归类;若不能辨别重点,则按前一个主题的学科属性归类,并为另一个主题作互见分类。例如,《诊断学与内科学精要》入前一个主题 R44,在 R5 下作互见。

(2) 具有多个并列主题,归入能概括它们的上位类,必要时为其中有关的主题作互见。例如,《板栗 核桃 枣 柿 山楂主要病虫害及其防治》入共同上位类 S66 果树园艺,在另一个共同上位类 S43 病虫害及其防治类作互见。

b) 从属关系主题的分类标引

从属关系的主题是指文献信息各主题之间有包含关系、属种关系或整体与部分关系。具有属种关系的主题,一般依较大、较全的主题归类,必要时可在小主题作分析分类。若论述重点是小主题,则依小主题的学科属性作分类标引。例如,《植物油脂化学与油脂化学》归入到主题 TQ641。

c) 应用关系主题的分类标引

应用关系的主题是指一个主题应用到另一个或几个主题中,或者是指几个主题同时应用到一个主题中。凡是属于一种或多种理论、方法、工艺、材料、设备、产品在某一主题方面应用的信息,均分入应用的主题所属的类目;凡是属于一种理论方法、材料等在多个主题方面应用的文献信息,则按该理论、方法本身的学科属性归类。例如,《数学规划在测绘学中的应用》,入测绘学 P2。

d) 影响关系主题的分类标引

影响关系的主题是指文献信息内容涉及几个主题,其中一个主题对另一个或多个主题产生影响,或者多个主题对一个主题产生影响等。

论述一个主题或多个主题影响另一个主题的文献信息,归入受影响主题所属的类目;论述一个主题对多个主题产生影响的信息,一般按发生影响的主题归类;若某一受影响主题是论述的重点,则按重点受影响主题归类。例如,《月亮太阳的引力对人类生老病死的影响》，按受影响的主题归类归入 R339.5。

e）因果关系主题的分类标引

因果关系的主题是指文献信息内容涉及几个主题，其中一个主题是另一个主题或多个主题产生的原因，或者一个主题是另一个或多个主题产生的结果。

论述主题之间因果关系的文献信息，一般分入结果方面的主题所属的类目；如果一个原因产生多个结果，则按原因的主题归类。例如，《维生素 A 缺乏症及其后果：监测和监控现场指南：第三版》，按结果的主题归入 R591.41。

f）比较关系主题的分类标引

比较关系的主题是指文献信息中多个主题之间具有相互比较优劣或异同的关系。

论述两个主题相互比较的文献信息，按重点阐述或所赞同的主题归类，必要时作互见分类标引；如果是多个主题之间的比较，则归入有关的上位类。例如，《什么是唯物论？什么是唯心论？》两个主题相比较，按重点阐述的唯物论，归入 B02 辩证唯物主义。

C. 丛书、多卷书的分类标引

丛书是将汇集多种独立的著作为一套，并冠有一个总书名的出版物类型。整套丛书通常围绕一个中心主题，或针对特定读者对象、用途等编纂，它们在外形上往往采用一致的形式，但丛书中的每一种书都是各自独立的著作，内容上并无多大连贯性。对丛书的标引一般应与其著录方式一致，大体上有两种处理办法：其一，按集中方式处理，即先按整套丛书的内容标引，然后再分别对每一种书作分析标引；其二，按分散方式处理，即先按丛书中的各个单书的内容归类，再根据情况确定是否为丛书综合分类标引。

一般情况下，集中归类适合于出版时一次性发行或虽非一次性发行，但有明确的出版计划，并且连续发行的丛书，特别是其中的科普性丛书适合采用集中方式处理。在按照整套书标引时，除类表已设有相应的丛书专类外，均应在分类号中加上丛书复分号"-51"，按单书分析分类时则不必加丛书号。例如，《情报检索语言论文选》（中国图书馆学情报学选丛），集中标引为 G25-51，分析标引为 G254.0。

对内容上没有密切联系，或没有明确出版计划的丛书，宜分散处理，即按各单书内容归类，分类时不必加上丛书号，最后再根据收藏情况以及使用需要确定是否作综合标引，综合标引时仍应加丛书号。例如，《物理》（高考自学丛书），分散标引为 O4。

多卷书是一种将一完整著作分为若干卷、册出版的文献类型。通常有一总书名，各卷、册自成一个单位，全书内容连贯，构成一个整体。多卷书一般应集中分类，并依全书的整体内容为归类的依据。如果分卷是按专题编辑并题有分卷书名的，还应该按分卷的专题再作分析分类。例如，《〈王亚南文集〉第二卷：〈资本论〉研究》，本书按整体内容归入 F-53，第二卷分析分类为 A811.23。

D. 参考工具书的分类标引

工具书可以分为参考工具书、检索工具书和语言工具书三类。参考工具书是指专供查考资料、事实、数据的工具书，包括百科辞典、手册、年鉴、图谱等。综合性参考工具书归入"Z 综合性图书"类；专科性参考工具书均按其学科内容归入有关学科，再依总论复分表细分。检索工具书是供查找文献信息或其线索的工具书，包括目录、索引、文摘等。属于查找文献信息线索的检索工具书，集中归入 Z8 有关各类；专书的索引应随书归类，或按分类法的规定分；属于查找事物的检索工具书，均按其学科内容归入有关各类，再依总论复分表细分。语言工具书是专供学习和使用语言的工具书，除专科类词典按内容归入各有关学科外，其他语言工具书均集中归入 H 有关类目。例如，《中国大百科全书》标引为 Z227.1；《中国企业管理百科全书》分散标引为 F279.23-61，集中标引为 Z28:F279.23；《现代汉语词典》标引为 H164。

E. 对著作的研究、注释的分类标引

科学著作的评论、研究、注释一般按内容与原书归入一类，必要时，使用专类复分表区分其著作方式；马列经典作家著作的评论、研究，应按照分类体系的要求，归入马列大类有关评论研究的专类；文学作品的评论、研究，应按研究对象的国别、体裁归入各体文学的评论和研究的有关类目；缩写、节选的文献，如内容性质未发生变化，仍按原书归类，但如内容性质有较大改变，则应重新归类；从一种体裁改写为另一种体裁的文艺作品，一般应按改写后的体裁归类。

F. 特种文献的分类标引

对于技术标准、专利文献的分类标引，采用的方法不尽相同。专门信息机构往往使用专门类表如《国际专利分类表》等作为分类工具，一般信息机构则通常按通用类表的有关规定进行处理。如《中国图书馆分类法》在工业技术类下设有"T-65 工业规程与标准"类，并在该类的注释中规定了两种处理办法：其一，采用分散处理的方法，该类下只收入综合性汇编，将各部门的专业规程和技术标准分散归入有关各类，以总论复分表号码加以揭示；其二，采用集中处理的办法，即将各种专业规程和技术标准集中归入该类，并按标准文献的类型进一步区分。例如，《机械制图》（GB 4457～4460—84）分散标引为 H126-65，集中标引为 T651.1。

对于技术报告、学位论文的分类标引，标引时，一般按内容性质进行归类。

G. 非书资料的分类标引

非书资料指非印刷型文献，可分为声像资料和缩微资料两类，一般根据文献内容的学科属性加以标引，并依据总论复分表揭示其媒介形式。

H. 网络信息资源的分类标引

与传统分类对象相比，网络资源的特点是数量大、种类多、动态性强，内容分布特点不同。就信息资源的性质而言，不仅包括正式出版物，也包括大量灰色文献、个人信息；从信息资源种类而言，除包括已有的传统信息资源类型，还包括新闻组、多媒体资源等多种形式，在内容分布上，新兴科学技术、商业、娱乐等的数量相对比较多。

网络信息资源的分类标引，有两种方式，一种是在传统分类体系的基础上，进行必要的增补，目前国外依据杜威十进分类法（Dewey Decimal Classification，DDC）、国际十进分类法（Universal Decimal Classification，UDC）、冒号分类法（Colon Classification，CC）等建立的网络分类检索系统基本上属于这类情况。另一种是采用直接以网络资源为对象编制的分类体系，Yahoo!、搜狐等分类检索系统属于此类情况。

3.4.3 主题标引

主题是指某件信息所论及或涉及的事物，表达主题的语词称为主题标识（主题词）。主题标引是对信息内容进行主题分析，确定主题概念，然后按照一定的词汇控制方式，为标引对象赋予恰当的语词标识的过程。与分类标引相比，主题标引可以集中有关一个主题的各方面信息，直观性、专指性和适应性都比较好。

就标引方式而言，主题标引可以采用非控方式，即自由标引方式，由标引人员直接从已有的描述标引对象内容和其他特征的语词中选择关键词或单元词作为标识；也可以采用受控方式，即从规范化的主题词表（包括标题表、叙词表）这类标引工具中选择相关的语词作为标识。此处主要讲的是受控标引。

1. 标引方式

标引方式是根据文献或信息特点和使用需要确定的标引和揭示主题的形式。不同的标引方式，直接反映着对文献主题标引的不同深度。据揭示信息内容的方式来分，标引方式包括整体标引、全面标引、对口标引、综合标引和分析标引等。

1）整体标引

整体标引，亦称浅标引，是一种概括揭示信息资源基本主题内容的标引。整体标引的对象，可以是书籍、论文、标准、档案或各种其他资源类型。这种标引只揭示信息资源中具有检索价值的整体性主题，不揭示涉及的各种从属性主题内容。

2）全面标引

全面标引，亦称深标引，是一种充分揭示信息资源涉及的所有具有检索价值的主题概念的标引，它深入揭示信息的各部分内容，全面提取局部主题予以标引。这种标引不仅要求揭示文献论述的整体主题，而且要求揭示符合检索系统要求的所有主题概念，即详细标引文献信息中有检索价值的各部分内容。

3）对口标引

对口标引，亦称重点标引，是一种只揭示文献或信息中适合某指定专业需要的主题内容的标引。对口标引具有较强的针对性和筛选性，一般适用于专业单位对与本专业相关的信息进行标引。

4）综合标引

综合标引，是指将丛书、多卷书、论文集、会议录、连续出版物、档案的卷宗等类型文献作为一个单元所进行的一种整体标引。综合标引是以整套（部）文献的内容为依据，而不以其中一种、册或篇文献的内容为依据，一般应该标引出表示文献类型的主题概念因素，必要时，可在综合标引之后就其中的文献单元作分析标引。

5）分析标引

分析标引，是一种根据信息资源中的部分片段信息资源的构成单元所进行的标引。分析标引是与整体标引和综合标引相对应的标引方式，可以在对全书进行整体标引的同时，揭示信息资源中有检索价值的内容。

2. 标引方法

1）标题法

标题法是以标题词为主题标识，以词表预先确定的组配方式标引和检索的方法。这种方法采用列举式词表，形式直观；定组式标题结构固定，含义明确；按照词表列举的标题和副标题进行标引，操作简便；主要通过参照形式对词汇进行控制，揭示了标题之间的相关性。但是，标题法采用列举式，因此收词量巨大，专指度相对不足，修订量也较大；大量采用定组式标题，在手检工具中使用时只能从规定的组配顺序入手进行查找，无法实现多元检索，影响检索效果。

2）元词法

元词法又叫单元词法，以元词作为主题标识，通过字面组配的方式表达资源主题。其优点为词表体积小，标引专指度高，便于从不同主题词角度检索，适合对专指主题进行标引。但是也有缺点，直接性差，不适于查找论述基本主题的资源，因其采用字面组配方法，在字面分解与语义分解不一致时，容易造成误差。

3）叙词法

叙词法是以从自然语言中精选出来的，经过严格处理的语词作为资源主题标识，通过概念组配方式表达主题的方法。叙词法具有以下优点：结构完备，词汇控制严格，可根据检索系统的需要对词汇进行有效控制；组配准确，标引能力强，能够准确、专指地标引和揭示各种主题内容；检索效率高，可通过灵活组配方式进行多途径检索，达到较好的检索效果；对检索系统适应能力强，可同时适用于标识单元和文献单元检索方式，既能较好地适应计算机检索系统的要求，又能适应手工检索系统的需要。缺点是由于词汇控制要求严格，词表编制和管理的难度大，需要花费较多的人力、物力；资源标引须在概念分析的基础上进行，标引难度大，要求高。

3. 标引规则

为了保证主题标引的准确和一致，在对文献主题概念进行转换时，必须严格遵守主题词标引的基本规则，其中，包括选用标引词的基本规则和叙词组配标引的基本规则。

1）选用标引词的基本规则

（1）正式词标引规则。这主要是指标引用词应是叙词表中的叙词（正式主题词），并且书写形式必须与词表中的叙词形式完全一致。词表中的非叙词（非正式主题词）只是入口词，不能用作标引词，因此，应该注意词表中叙词与非叙词的区别，最可靠的区别就是有"用"项参照的词必然是非叙词。此外，应严格控制使用叙词表以外的词作标引词。

（2）相对专指标引规则。这是指标引时应选用相对而言较专指的叙词，即必须选用叙词表内与主题概念相对应的最贴切的叙词进行标引。首先，如果词表中收有刚好能够表达所标引主题概念的叙词，就不应该选其他叙词，尤其应注意易出错的以上位词或下位词充当专指词的现象。为防止有专指叙词而未选用的情形出现，当没查到专指叙词时，应假定词表中会有专指叙词，考虑各种漏查的可能性，逐一试查。其次，当最后确认叙词表中确实没有专指叙词时，才可以用其他方案标引，无论采用何种标引方案，仍然应该选用相对专指的叙词标引，也就是尽可能选用与被标引概念最接近的叙词。

（3）标引方案优先顺序规则。这是指标引选词时应遵守一定的优先顺序，即当叙词表中有专指词时，必须选用专指词标引；当叙词表中无专指叙词时，则选用同表中最接近的两个或多个叙词进行组配标引；当叙词表中既无专指叙词，又不能进行组配标引时，可选用一个最接近的上位词进行标引，即上位词标引；当叙词表中既没有相应的专指叙词，又没有相应的多个或一个上位叙词，无法进行专指词标引、组配标引、上位词标引时，只好选用所表达概念与被标引概念相关的近义叙词标引，即近义词标引，或称靠词标引；当无法进行上述某种标引，或不宜采用专指词标引之外的任何一种标引方案时，应考虑增补叙词标引（即增词标引）或者是采取自由词标引。

（4）适度标引规则。这是指标引的深度要适当。叙词标引深度一般用文献标引的叙词数量来衡量。由于标引深度受特定文献内容、检索系统及其所用词表、标引方法、文献的学科范围和类型等因素影响，因此，对适度标引所要求的叙词数量无法一概而论。

（5）一致标引规则。这是指对相同的主题概念，应选择相同的叙词标引。虽然标引的一致性率先取决于主题分析的一致性，但是，同一主题概念中的不同概念因素或不同主题概念中的相同概念因素是否使用相同的标引词也是关键。同一标引人员在不同时间或不同的标引人员在标引和组织相同主题概念或概念因素时确保一致性是非常重要的。

2）叙词组配标引的基本规则

（1）叙词组配必须是概念组配。相组配的几个叙词间应具有概念交叉关系或概念限定关系，而不能简单地采取字面组配等方式。此外，在组配标引时，优先考虑交叉组配，其次考虑限定组配，但也不是所有主题的组配标引都采取优先考虑交叉组配的方式。对于具体的主题概念，应先加以分析，最后根据具体的主题概念间的逻辑关系，来决定采取交叉组配，或者限定组配进行标引。

（2）组配结果要求所表达的概念清楚确切，只能表达单一的概念，不能出现产生另外意义的现象。在进行叙词组配标引时，为了防止歧义的发生，可通过增加中介叙词的方式来解决。此外，参与组配的叙词必须是与文献主题概念关系最密切、最邻近的叙词，不能选用上位叙词或者下位叙词进行越级组配。

（3）叙词组配要注意次序，应参考我国国家标准中规定的叙词组配次序。对于手工叙词间的连接，可以采用"："表示交叉组配，"–"表示方面组配。在机检系统中这些组配符号就被取消了。

3.4.4 自然语言标引

自然语言标引是一种采用自然语言语词作为标识表达主题概念的标引方式。随着计算机技术和信息技术的不断发展，基于词表的受控标引方式已不能适应信息组织的要求，于是文献信息标引逐渐由基于词表的纯手工标引模式向人工自然语言标引和自动标引的模式转变。如何进行自然语言自身的语言信息的识别和处理，率先取决于对构成句子的字词分析，词是最小的独立运用的语言单位。英文中每两个词之间因为有空格分隔，所以能够容易地进行分词。但是汉语词与词之间缺乏任何形式上的标志，特有的书写形式、灵活多变的构词方式以及不同的分词形式代表不同含义等特点，给汉语分词带来了很多困难。因此，汉语自动分词是自然语言处理的最基本的一个技术环节。

1. 自动分词

20 世纪 80 年代以来，我国在研究汉语的分词问题上取得了可喜的成果。下面介绍一些具有代表性的几种汉语语词的切分方法。

1）词典分词法

词典分词法是通过构造一个机内词典（部件词词典、主题词典、关键词词典等），并将其与被标引的信息进行匹配，当从待处理的信息中得到词典词汇时，把它作为备选标引词记载下来。

词典分词法主要用于主题相对集中的信息库，如某一类专业信息库。词典分词法的关键是词典，词典中词条的数目、词条的选择都直接影响到最后的分词效果。词典分词法是用待标引的文本信息去匹配词典，根据系统的专指度不同，在匹配的方法上还存在如何选词的问题。根据匹配方法，词典分词法又可分为最长匹配法、最短匹配法、长短结合匹配法、词首匹配法。

最长匹配是指从标引文本中顺序截取一段长字串（取词典中最长词汇的长度）去搜索词典。搜索命中即记下该词，再以该词的长度将标引文本向后移动（正向扫描）或前移（逆向扫描）一个步长，截取下一个字串继续匹配。若搜索失败，则舍去某端一字（正向扫描舍去后端，逆向扫描舍去前端）继续搜索，若到最后一字仍匹配失败，则从标引信息的该字后部或前部重新截取一段长字串进行搜索处理。下面以图 3-2 来说明最长匹配的过程（最长正向匹配分词）。

最短匹配是指以短字串（可以是一个汉字）优先匹配词典。匹配时，搜索命中就记下该词，再以该词的长度将标引文本向后移动一个步长截取短字串继续匹配；若搜索失败，则从文本向字串顺序增加一个字（正向扫描增加后端，逆向扫描增加前端）继续搜索，当匹配字串达到字典最大长度时仍搜索失败，则从文本中该字的后部或前部重新截取短字串进行搜索处理。其流程如图 3-3 所示。

长短结合匹配是指将最长匹配和最短匹配轮番使用的方法。这种方法可以发现可能出现的错误分词情况。如当两种方法分出的词不一样，可能有一种是误分。

词首匹配是指顺序取标引文本中的一个汉字，用前方一致的方式查找词典。命中者，以词典词定位匹配文本。匹配一致者，记下该词，再以该词的长度将标引文本后移一个步长，取当前字继续首字匹配。若搜索失败，取下一字继续查找。下面以图 3-4 来说明词首匹配的过程。

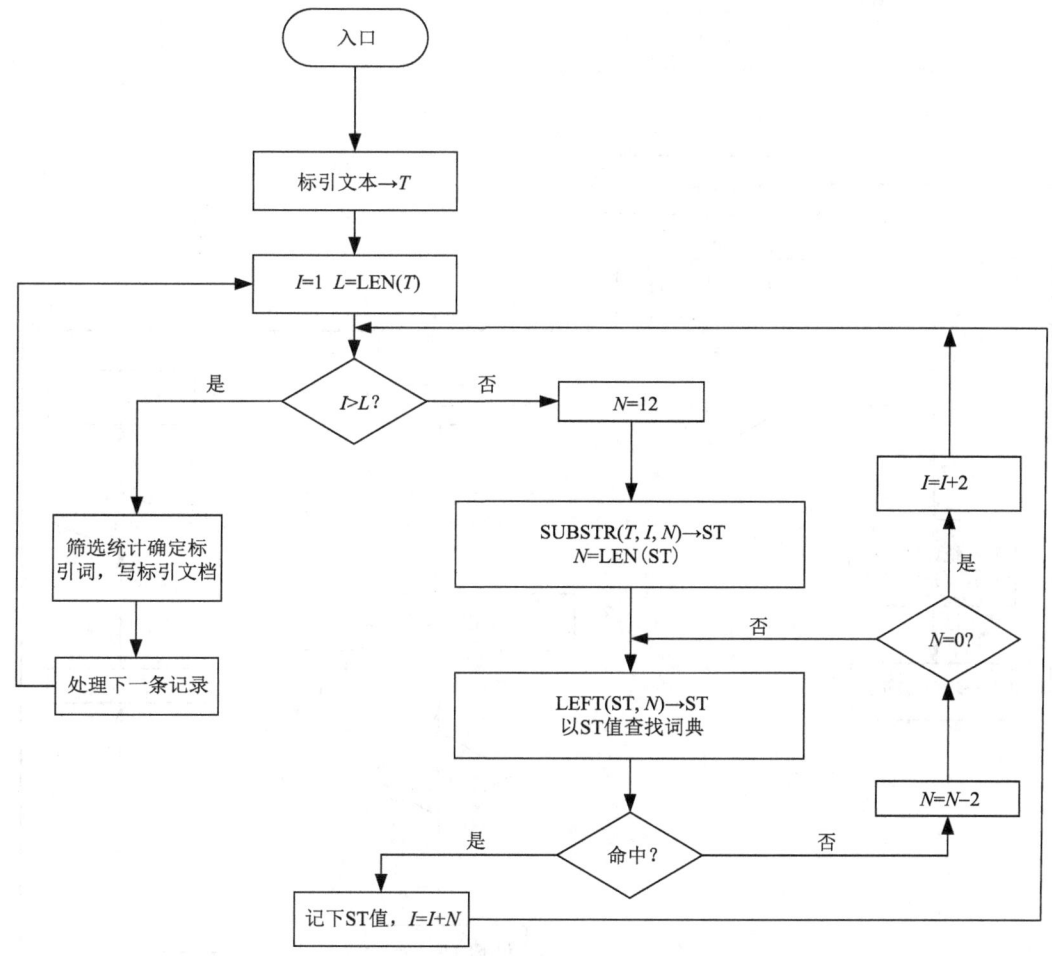

图 3-2 最长正向匹配分词流程图

资料来源：苏新宁，邵波. 信息传播技术[M]. 南京：南京大学出版社，1998

2）切分标记的分词法

切分标记法是将能够断开词和词组或表示汉字之间联系关系的汉字集合组成字典，这个字典称为切分标记字典。这类方法的典型代表是非用字后缀表法。此方法按照不同的用途将字机械地分成四个类别，即表外用字、表内用字、条件用字、非用字。

首先计算机扫描输入的汉字串，逐字与非用字后缀表中的字进行比较，若为非用字，则舍去，若为用字，则取出；其次，在抽出的字符串中没用非用字，各种情况都是表外用字、表内用字、条件用字的不同组合与排列，再加以合并整理并考虑到构词的一般规律，拟定相关的构词模式，根据汉字类型，参照规定的构词模式，将取出的汉字串分解成单词或专用词组；最后，对最终抽出的词进行诸如按字长选择、单字处理及优先切分等规则的处理，从而达到最后确定标引词的目的。

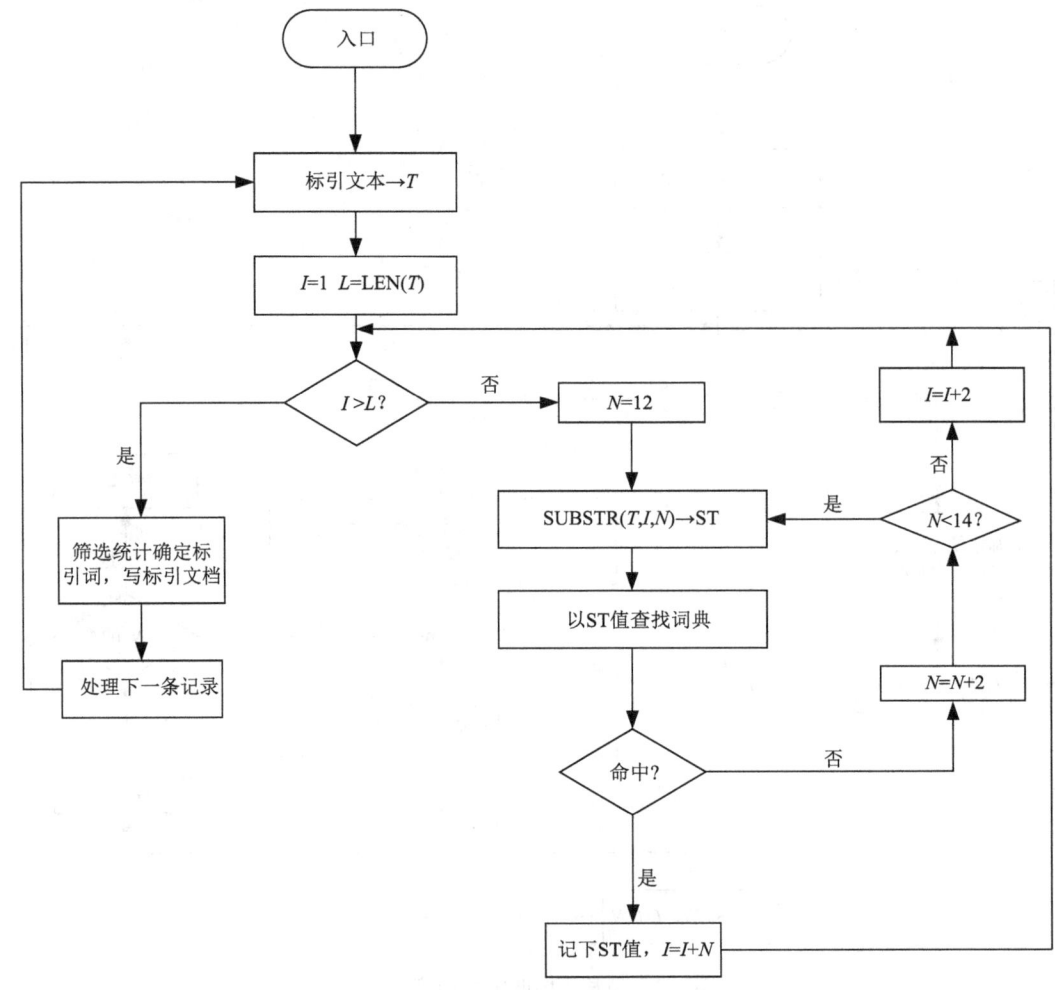

图 3-3　最短匹配分词流程图

资料来源：苏新宁，邵波. 信息传播技术[M]. 南京：南京大学出版社，1998

3）基于语法语义理解的分词方法

汉语组词的复杂性，令汉语机械分词法的发展步履维艰。于是，将语法语义等知识应用到汉语自动分词中，成为自然语言分词的一个新的发展方向。其基本思想为建立分词知识库（包括词类词典、句法和语义规则知识库、专门领域知识库、背景知识库等），这些知识库采用语义网络技术或扩充网络技术，并以此作为语法语义分析器对语句进行判断和推理，达到正确分词的目的。

4）基于神经网络的分词方法

人工智能是对信息进行智能化处理的一种模式。它模拟人脑的运作机制，将神经网络方法应用于汉语句法分析。将每个短语用一个神经元表示，短语间的句法关系或限制则用神经元及其相互联结来表达。分词系统包括系统学习模块、知识库内存映射模块、知识检测模块、分词动态网生成模块、网络推理机、切分结果生成模块和结果检验模块。

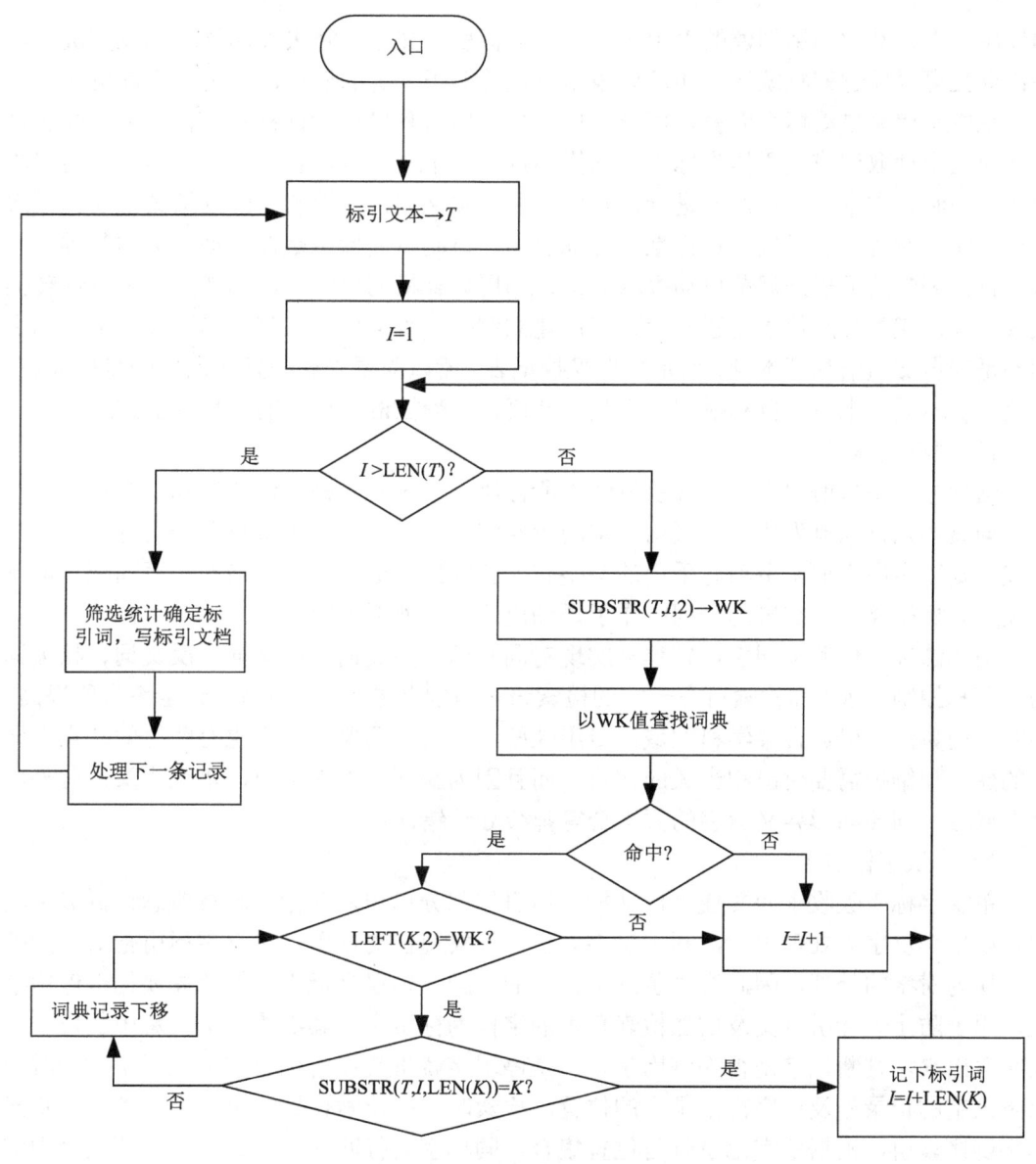

图 3-4 词首匹配分词流程图

资料来源：苏新宁，邵波. 信息传播技术[M]. 南京：南京大学出版社，1998

2. 自动标引

自动标引是指利用计算机从各种文献信息中自动提取相关标识的过程。自动标引采用计算机来"阅读"被标引的文本内容，并在计算机读取关键性词汇时利用词频统计等方法，或者使用同预先存储在计算机中的主题词表中的词进行对比分析等方法，对文献信息进行主题分析和选定标引词。

就西文信息自动标引而言，首先要建立一个由介词、冠词等无实质意义的单词组成的停用词表，其次利用创建的停用词表，从被标引的文本中筛去停用词，抽取关键词。关键词又可以通过词频统计，还可以根据位置等赋予一定的权重，确定最终标引词。

就中文信息自动标引而言，可分为自动抽词标引和自动赋词标引。自动抽词标引直接从原文中抽取词或短语作为标引词来描述信息的主题内容。它先统计文本中词出现的次数，同时将文本与停用词表进行比较，除去非实义词，再对剩下的词按其出现的频次进行排序，对排序结果按一定标准选择标引词。自动赋词标引是在自动抽词的基础上，引入预先编制的词表来规范自动抽取的词，利用计算机的自动换词功能，将关键词转换成规范词，赋予文献信息主题概念，然后建立倒排索引文档。在赋词标引过程中，标引词不是来自文献信息源本身，而是来自受控词表，所以需要先编制好高效率的受控词表。因此，从本质上来说，自动赋词标引是自然语言与受控语言结合的一种标引方式。

1）词典法标引

这种方法是目前中文自动标引算法中所占比例较大的一种。词典法标引指预先建立切分词典，以该词典为依据，采用一定的策略将文本字串与词典条目逐一进行比较，匹配成功则以字串为词索引项。采用的策略有最长匹配、最短匹配、最长最短匹配、词首匹配等。标引算法已在自动分词中作了详细论述，此处不再罗列。

词典法标引借助于词表，较容易实现对同义词、多义词、近义词、反义词、相关词的规范和控制；标引和检索可在一定的检索语言基础上进行，查准率、查全率有所提高；同时，词典法标引适合某学科领域，专用性好。但是，词典法标引也有明显的缺点。词表的建立和维护需要付出相当大的代价，而且因为新词的不断出现，永无尽头；此外，字面嵌套、词的同形异义、字的假组合等都会导致错误标引。

2）单汉字标引

单汉字标引吸收了西文使用自动抽词标引的部分思想，在标引时将概念词拆成单汉字，以单个汉字为处理单位，利用汉字索引文件实现自动标引。单汉字标引把对词的处理转换为对字的处理，因此绕过了汉语分词的难题。单汉字标引一般首先要构造停用字表，用于防止无标引意义及增加检索负担的字作为标引字，其次将标引信息中的每一个汉字取出来，判断该字是否为停用字，不是停用字就将其作为标引字记录下来，同时记录下该字的记录号及该字在记录中的位置。检索时，把检索词拆成单汉字，然后，查找单字倒排索引，根据单字记录号与位置集合，同单字进行匹配，符合一定值即为命中信息。下面用图3-5来说明单汉字标引的流程。

单汉字索引不需人工智力标引，可实现索引自动化，大大提高了标引效率；全文中任何信息都能检索出来，避免了人工标引的主观性和标引深度不足的问题。但是，因为汉字分布不均，汉字索引文件比西文小，而倒排文件却大很多，不同的汉字在倒排文件中分布也不均匀，因此如果用传统的顺序链表结构来组织倒排文件，建立索引时间很长，检索速度很慢；以单字为基础的索引是以布尔逻辑为手段进行检索的，因而误检率较高，需要以位置检索手段进行检索；此外，单汉字索引对同义词、相关词等无法控制，需要在检索匹配功能中设置后控词表进行后控检索。

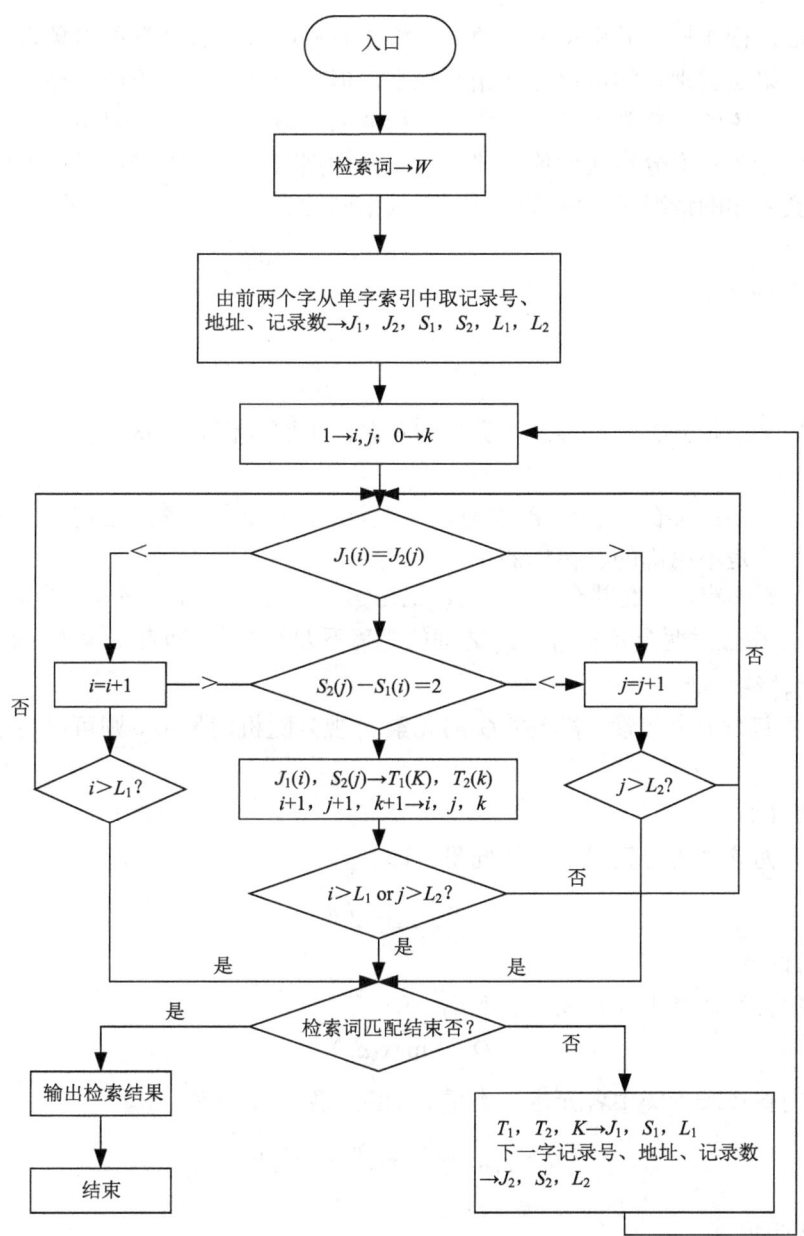

图 3-5 单汉字标引的位置匹配检索流程图
资料来源：苏新宁，邵波. 信息传播技术[M]. 南京：南京大学出版社，1998

3.5 聚类与自动分类

类是相似事物的集合。聚类就是将数据对象组成不同的类，使得类之间的相似性尽可能小，而类内的相似性尽量大。通俗地说，聚类是从待分类对象中提取特征，再将提出的全部特征进行比较，并根据一定的原则将具有相同或相近特征的对象定义为一类。最好的聚类结果是类别之间尽可能地相互独立，但由于属性界限不能严格界定，类别的重叠仍是不可避免的。聚类的基本思想是：相似的文献归为同一类目下。聚类不同于分类，分类是在已经知道分类属性值的情况下，将数据对象分到不同的已知类中。聚类是在要划分的类未知的情况下，将数据对象分成不同的类。

3.5.1 相关概念

1. 类

无论是聚类还是分类，都涉及"类"的概念。下面我们先来认识类。

1）类的概念

类是相似事物的集合。从数学的角度，难以给出一种通用的严格定义。因为类与类之间的分界往往是不明确的、模糊的。

设 G 为元素的集合，它共有 n 个元素，记为 g_i，$i=1,2,\cdots,n$。另外，给定一个实数阈值 $T>0$。若 G 中任意两个元素 g_i、g_j 之间的距离不大于阈值，即有 $d_{ij} \leq T$，则称 G 为类。

2）类的特征描述

设类 G 中包含 n 个元素，若将类 G 的元素 g_i 视为随机向量 x_i，则可以用下面特征来描述一个类。

A. 类的重心

类的重心为该类所有元素的平均向量，即

$$x_G = \sum_{i=1}^{n} x_i / n \tag{3-1}$$

B. 类的直径

（1）类的直径取类中元素间最长距离，即

$$D_G = \max(d_{ij}) \tag{3-2}$$

（2）类的直径表示类中各元素至类重心的欧氏距离平方和，即

$$D_G = \sum_{i=1}^{n}(x_i - x_G)(x_i - x_G)^{\mathrm{T}} \tag{3-3}$$

2. 文献相似度

聚类有两种常用的策略。第一种策略是静态策略，即在整个聚类过程中，文献集合没有发生变化，没有添加文献，也没有剔除文献。基于此策略的方法，开始时就要生成包含文献之间相似度值的列表，如果这一集合中有 N 个文献，这个列表则有 $N(N-1)/2$ 个相似度值。第二种策略是增量策略，即需要进行聚类的文献集合在聚类的过程中，可以随时增加，当增加一个文献，可以把它并到已经存在的类目中，也可以把它作为一个新的类目。在增加文献的过程中，可以对已经存在的类进行重新聚类，如果只允许将此文献并入已经存在的类目中，则这种方法称为单遍聚类。

无论采用以上哪种聚类策略，在对文献进行聚类之前，必须知道文献之间的相似度。

因此，先介绍文献相似度（document similarity）的测量方法。

文献相似度指的是不同文献之间属性的相似程度。文献的属性通常用标引词代表。标引时，每个文献生成一个索引向量 $d_i = (t_{i1}, t_{i2}, \cdots, t_{im})$。其中，$d_i$ 代表文献集合中的第 i 篇文献；$t_{i1}, t_{i2}, \cdots, t_{im}$ 代表该文献的标引词。对于一个由 n 篇文献，m 个标引词构成的文献检索系统，可以表示为一个 $n \times m$ 的文献-语词矩阵。

$$d = \begin{bmatrix} t_{11} & t_{12} & \cdots & t_{1m} \\ t_{21} & t_{22} & \cdots & t_{2m} \\ \vdots & \vdots & & \vdots \\ t_{n1} & t_{n2} & \cdots & t_{nm} \end{bmatrix}$$

为了度量聚类对象之间的相似程度，需要用一些计量指标。常用的描述文献相似度的尺度有两种：距离和相似系数。

1）距离

d_{ij} 表示第 i 个和第 j 个文献之间的距离，一般应满足下面的条件：

（1）当第 i 个文献与第 j 个文献完全相同时，$d_{ij} = 0$；

（2）对任意的 i, j，$d_{ij} \geq 0$；

（3）对任意的 i, j，$d_{ij} = d_{ji}$；

（4）对任意的 i, j, k，$d_{ij} \leq d_{ik} + d_{kj}$。

因此，两篇文献之间的距离在 0 和 ∞ 之间，距离越小，两篇文献越相似。常用的距离计算如下。

欧几里得距离：

$$d_{ij} = [\sum_{k=1}^{m} (t_{ik} - t_{jk})^2]^{1/2} \tag{3-4}$$

闵可夫斯基距离：

$$d_{ij} = [\sum_{k=1}^{m} |t_{ik} - t_{jk}|^a]^{1/a} \tag{3-5}$$

其中，a 为 1 或 2，$a=1$，为绝对值距离；$a=2$，为欧几里得距离。

切比雪夫距离：

$$d_{ij} = \max |t_{ik} - t_{jk}| (i \leq k \leq m) \tag{3-6}$$

2）相似系数

仍以前面的文献-语词矩阵为例，设 $\text{sim}(i, j)$ 表示第 i 个向量与第 j 个向量的相似系数，则 $\text{sim}(i, j)$ 满足如下条件：

（1）$|\text{sim}(i, j)| \leq 1$；

（2）当第 i 个文献与第 j 个文献完全相同时，$\text{sim}(i, j) = 1$；

（3）$\text{sim}(i, j) = \text{sim}(j, i)$。

两个文献之间的相似系数有多种定义方式，常见的方式如下。

余弦函数：

$$\text{sim}(i, j) = \frac{\sum_{k=1}^{m} t_{ik} \times t_{jk}}{\sqrt{\sum_{k=1}^{m} (t_{ik})^2 \times \sum_{k=1}^{m} (t_{jk})^2}} \tag{3-7}$$

相关系数：

$$\text{sim}(i,j) = \frac{\sum_{k=1}^{m}(t_{ik}-\overline{t_i})\times(t_{jk}-\overline{t_j})}{\sqrt{\sum_{k=1}^{m}(t_{ik}-\overline{t_i})^2 \times \sum_{k=1}^{m}(t_{jk}-\overline{t_j})^2}} \tag{3-8}$$

3.5.2 聚类方法

文献自动聚类是指利用计算机将文献按其属性相似度聚集成不同的类，生成聚类文件和提供聚类检索。文献自动聚类有如下方法。

1. 层次聚类法

层次聚类（hierarchical clustering）法基于事先选定的相似性度量（或非相似性度量）和类间距离规则，经过计算生成聚类图，再根据聚类图决定分类结果。如果用距离指标来度量文献之间的相似度，层次聚类法的基本步骤如下：

（1）计算两个文献之间的相似度，即相似系数或者距离；

（2）将待聚类的所有文献（设为 n 个）都看作一个单元素类，即共有 n 个类；

（3）合并距离最近的两个类为一新类，则还有 $n-1$ 个类，记下参加合并的类的序号和距离值；

（4）对于这 $n-1$ 个类，重新计算两两之间的距离（计算新类和以前的类两两之间的距离即可）；

（5）重复步骤（3）和（4），直到最后所有文献合并为一个类；

（6）将聚类过程用一个直观图形画出来，即画出聚类图；

（7）决定所需类的个数。

这时候，就产生了一个树状结构，可以用树状图表示，如图 3-6 所示。

在图 3-6 中，顶端是树状图的根，表示全部文档集合，底端每一树叶表示许多包含单篇文档的单元素类。树状图真实地记录了每次聚类操作的全过程，反映了文档聚类过程的每一个细节。在实际应用中，为了做到适宜划分，需要在到达树根之前，指定一种标准来确定"最相似"的程度，让聚类算法停止。通常有两种算法，一是把聚类的个数作为划分标准，二是用相似度作为切分的标准，即当合并的两个类的相似度低于某一给定值时，聚类算法停止。层次聚类法中，使用距离来反映相似度。设 G_i 与 G_j 合并为类 G_m，则新类 G_m 与原类 G_k 的距离可以用下面四个广泛使用的方法度量。

（1）最短距离法即在两类的文献间距离中，取不同类中文献间最短的距离作为两类之间的距离：

$$D_s(m,k) = \min\{d_{ij} \mid i \in G_m, j \in G_k\} \tag{3-9}$$

（2）最长距离法即取不同类中文献之间的最长距离作为这两类之间的距离：

$$D_L(m,k) = \max\{d_{ij} \mid i \in G_m, j \in G_k\} \tag{3-10}$$

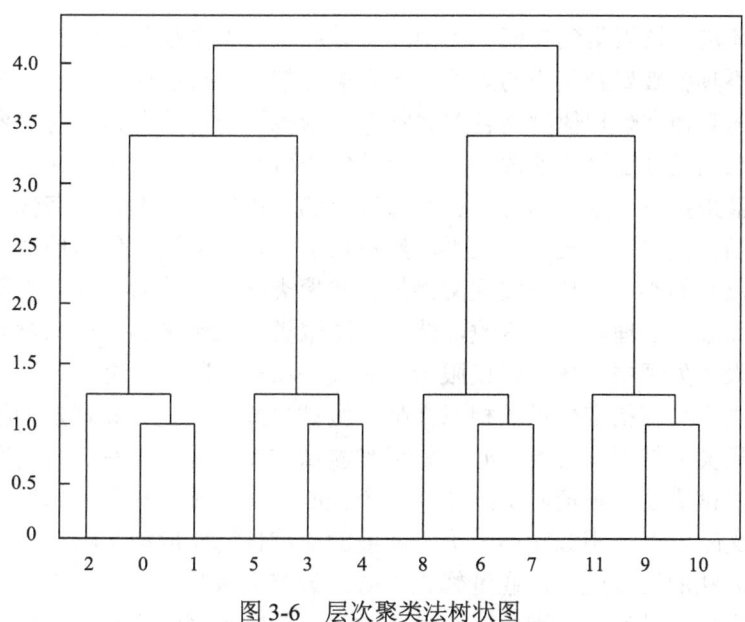

图 3-6 层次聚类法树状图

（3）类平均法定义了类与类之间的距离平方为这两类中不同类的文献间的距离平方的平均值：

$$D^2(m,k) = \frac{1}{n_m n_k} \sum d_{ij}^2 \qquad (3-11)$$

其中，n_m 表示 G_m 中的文献个数；n_k 表示 G_k 类中的文献个数。

（4）重心法是用不同类的重心间的距离来定义类与类间的距离：

$$D^2(k,r) = \frac{n_p}{n_r} D^2(k,p) + \frac{n_q}{n_r} D^2(k,q) - \frac{n_p n_q D^2(p,q)}{n_r^2} \qquad (3-12)$$

通过以上方法可以得到聚类图，但是，聚类图只是简单反映了文献间的亲疏关系，本身并没有给出分类，需要规定一个临界相似性阈值，用以分割聚类图而得到文献的分类。Bemirmen（贝尔明）提出了根据聚类图分析来确定分类个数的准则：

（1）各类重心之间的距离必须很大；
（2）确定的类中，各类包含的文献数量不要太多；
（3）类的个数必须符合实用的目的；
（4）若采用不同的聚类方法，在各自的聚类图中应发现相同的类。

2. 启发式聚类法

层次聚类法在进行聚类处理时，需要进行全面的两两比较，往往导致相关的数据量和操作量巨大。而启发式聚类不需要对文献相似矩阵中的所有元素进行遍历。

文献集合中总是有能代表主题内容的文献，它的附近会聚集较多的文献，可以运用密度测试法将有代表性的文献取出，来作为一个类的类心。

密度测试中，有三种类型的文献，包括未聚类文献、松散型文献和已聚类文献。未聚类文献是指还没有被聚集到任何一类中的文献；松散型文献与已经存在的类中心相似度较小，文献不具备被聚到某类的条件；已聚类文献指通过密度测试满足核心成员条件的文献，与类内其他文献相似度高且关联紧密，形成了稳定的主题或内容聚合群体。

密度测试法主要基于这样的假设，即类的中心可以代表整个类，并且一般由该类包含对象的平均值来描述。刚开始时，在参加聚类的文档集合中选若干有代表性的文档作为凝聚点，相当于把这些文档单独成类，然后按照一定的原则，使其他文档向凝聚点聚集，即合并于已有的类中，从而实现文档的初始聚类处理。此后，需要判别初始聚类结果是否合理，如果不合理，则应修改，然后再次聚类，直到聚类结果满意为止。

在这样的聚类处理中，各文档仅限于与聚类中心——凝聚点进行比较。例如，如果被测试文献周围不具有指定数量的相似文献，测试失败，则把该文献定为松散型文献，然后重新取未聚类文献测试聚类中心；如果被测试文献周围凝聚有一定的在给定阈值内的相似文献，测试成功，则把此文献作为一个类心，并将其中相似度超过给定阈值的文献视为已聚类文献，对于相似度小于给定阈值的文献视为松散型文献。

这种聚类方法的聚类过程，通过修正类心，调整类成员等手段，不断优化类体系，直到没有未聚类的文献为止。因此，这种聚类法最终的聚类结果与一开始选定的凝聚点有关。如果初始凝聚点选得比较合理，聚类也会合理。因此，选取凝聚点比较重要，主要有以下几种方法。

1）重心法

首先计算出全部聚类样本的重心，把它作为第一凝聚点；其次选定一个正数，作为建立新凝聚点的最小临界距离 d；再次，依次逐个输入全部样本，如果输入样本与已有凝聚点的距离大于 d，则将它作为新凝聚点，否则就不作为凝聚点，如此，直到把所有样本处理完毕。最后，就确定了第一批凝聚点。

2）线性时间法

（1）Buckshot 法。首先执行子程序，采用层次聚类法中的类平均法，对 n 个文献集合中随机抽出 $\sqrt{kn}$ 个（k 为要生成的类的个数）文献进行聚类，得到 k 个类，其次以每个类的中心作为类心，将所有文献进行聚类。

（2）Fractionation 法。把含有 n 个文献的集合，分成 n/m 个小组（$m>k$），每个组中都有 m 个文献，然后用层次聚类法对每一组进行聚类，当类的数目等于 $p\times m$ 时，聚类子过程停止（$0<p<1$），所有这些类被重新看作单篇文献，重复上述聚类过程，直到只剩下 k 个类时停止。

3. 增量式聚类法

增量式聚类法同样需要进行相似度测量，但是，它不需要事先对所有文献的相似度进行计算。因为增量式聚类法是一种实时地对文献进行聚类的方法，而不需要事先得到所有的文献。增量式聚类法按文献输入的次序进行聚类，所得到的聚类结果同处理次序毫无关系。

1）单遍聚类法

单遍聚类法是顺序地从待聚类文献集合中取一篇文献，对所处理的第一篇文献赋予一个新类，把它的标引向量作为该新类的聚类中心向量，然后将新取出的每篇文献与该类中心向量计算得到相似度，当相似度值超过给定的一个阈值，就把该文献归入其类中，同时调整类中心向量。如果相似度小于给定的阈值，则该文献就可以另立新类和创建新类的类中心向量。把处理的每一篇文献依次同已经存在的类中心向量进行比较，将相似度超过阈值的文献归入与其相似度最大的类中，在完成一个文档的聚类后，及时调整该类的类中心向量。

单遍聚类法不具有次序独立性，即聚类结果随文献处理的顺序不同而不同。当单遍聚类完成后，会发现聚类结果中有些类过大，类之间的重叠过多。因此，可以在聚类开始之前对类的数目、大小以及类之间的重叠度设置些参数来加以限制。

2）后缀树法

后缀树（suffix tree）法对检索结果进行聚类，然后对每个类用能够反映主题的词语进行标引。用户通过浏览这些类，依据标识，选出并排列与需求相匹配的类。后缀树法有以下特点。

（1）动态性。聚类过程随文献的依次输入实时处理。

（2）次序独立性。聚类的结果同文献处理顺序无关。

（3）允许一个文献同时归入两个或两个以上的类中。

后缀树法用有序的词串作为文献的标识符，并通过文献共现的词串来作为文献相似度的基础。如果两个文献共有至少一个同样的词串，则将它们合并为一个基类。

在实施后缀树法聚类时，要首先对文献进行预处理，对每篇文献中的句子进行预处理，删除单词的前缀和后缀，将复数形式转变为单数形式，通过符号对句子的分界进行标记，删除非单词标记。其次，对第一篇文献的第一个句子构筑后缀树，通过第二个句子的后缀来更新后缀树，直到整个文献的句子处理完，生成基类。最后，对于由后缀树法生成的基类，可以通过函数求出每一个基类的值，按基类值降序排列，并进行相似度的计算，合并相似基类。

3.5.3 自动分类方法

在 20 世纪 90 年代以前，采用的方法一般都是基于规则的分类方法，这些规则是由专家根据自己的经验得到的，有很大的主观性，不同的专家可能有不同的规则，同时由于知识的获取比较困难也限制了自动文本分类的发展。一直到 20 世纪 90 年代初期，由于结合了机器学习的方法，自动文本分类获得了较大的发展。在发展过程中，又利用了模式识别、信息检索等领域的成果，出现了许多成熟的分类方法，包括 k 最近邻（k-nearest neighbor，kNN）分类算法、贝叶斯分类、决策树方法等。

1. 自动分类的基本流程

自动分类的基本流程包括文本的预处理、文本特征的选取、分类模型的构建等，如图 3-7 所示。

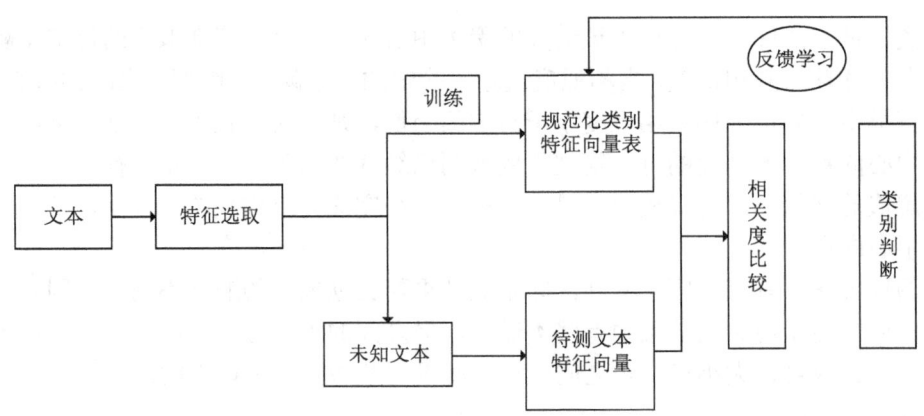

图 3-7 自动分类流程图

资料来源：苏新宁，邵波. 信息传播技术[M]. 南京：南京大学出版社，1998

1）预处理

自动分类率先要做的事是将通常以字符串表示的文档转换为适合于学习算法以及分类任务的表示形式。一般来说，一篇文档的内容主要是通过动词、名词和形容词等实词来体现的，虚词以及在各种文章里都经常出现的高频词对于分类并无意义。因此文档预处理通常包括以下几方面：

（1）去除 HTML（hypertext makeup language，超文本标记语言）语言标记；

（2）去除停用词，包括介词、冠词等语义内容很少的词，以及文档集的每个文档中都可能出现的高频词；

（3）词性标注，即对文档中的每个词选择一个最有可能的词类；

（4）词形（word form）还原，即把变形词还原为该词原来的表示形式，如复数名词变单数名词、动词时态还原、词根还原等。

2）特征选取

文档是不能直接为分类算法所解释的，因此，需要通过对文档的特征进行抽取或选择。对于没有经过加工的特征空间来说，一个中等规模的文档集合就可能形成一个几万维的高维空间。如果文档向量包含的特征项数目太多的话，分类算法的代价将会非常高，甚至没有办法工作。只有选择并保留尽可能少且和文档类别概念密切相关的特征项，才能在降低向量空间维数的同时，简化计算，进而获得理想的分类效果。一个分类系统对于所获取的特征必须进行筛选和优化，从特征的全集中抽取一个最优的特征子集，以保证分类算法的效率。

3）选择或构建分类模型

选择分类模型实际上就是使用某种方法，建立从文档特征到文档类别的映射关系，这是文本分类的核心问题。分类模型根据文档的特征向量，计算该文档的类别。现在的分类方法比较常用的有 kNN、朴素贝叶斯（naive Bayes）、决策树、支持向量机（support vector machine，SVM）等。

2. 分类方法

1）朴素贝叶斯分类方法

朴素贝叶斯分类是基于贝叶斯定理的一种统计学分类方法，是一种在已知先验概率与条件概率的情况下的模式识别方法。

A. 贝叶斯定理

设 X 是类标号未知的数据库样本，H 为某种假定，如数据样本 X 属于某个特定的类。分别用 $P(H|X)$、$P(X|H)$、$P(H)$、$P(X)$ 表示条件 X 下 H 的后验概率、条件 H 下 X 的后验概率、H 的先验概率、X 的先验概率，则 $P(H|X)=P(X|H)P(H)/P(X)$。

B. 朴素贝叶斯分类

朴素贝叶斯分类的分类思想是使用贝叶斯公式，通过先验概率和类别的条件概率来估计文档 d 对类别 c_i 的后验概率，以此实现对文档的类别归属判断。

假设文档集合分为 k 类，类别集合为 $C=\{c_1,c_2,\cdots,c_j,\cdots,c_k\}$，每个类 c_i 的先验概率为 $P(c_i)$，$i=1,2,\cdots,k$。对于新样本 d，其属于 c_i 类的条件概率是 $P(d|c_i)$。根据定理，c_i 类的后验概率为 $P(c_i|d)=P(c_i)P(d|c_i)/P(d)$。

由于 $P(d)$ 对于所有的类来说，都是常数，因此，只需要最大化 $P(c_iP(d|c_i))$ 就可以找到新文档 d 应该被分配的类。因此，对文档 d 进行分类就是计算所有文档类别在给定文档 d 情况下的概率，概率值最大的那个类就是文档 d 应归属的类。对于给定的分类集合和测试文档，贝叶斯分类的关键就是计算 $P(c_i)$ 和 $P(d|c_i)$。计算 $P(c_i)$ 和 $P(d|c_i)$ 的过程就是建立分类模型或分类器的过程。

$$P(c_i)=S_i/S$$

其中，S_i 表示类中的文档数；S 表示训练文档集合的文档总数。

$$P(d|c_i)=\prod P(f|c_i)$$

其中，f 表示测试文档 d 中的特征。

2）kNN 法

kNN 法即 k 最近邻法，最初由 Cover（科弗）和 Hart（哈特）于 1968 年提出，是一个理论上比较成熟的方法。该方法的思路非常简单直观：如果一个样本在特征空间中的 k 个最相似（即特征空间中最邻近）的样本中的大多数属于某一个类别，则该样本也属于这个类别。该方法在定类决策上只依据最邻近的一个或者几个样本的类别来决定待分样本所属的类别。kNN 分类法的基本流程如下。

对训练文档集合中的每一篇训练文档形成文档的向量表示，其分类情况则用一个分量值，0 或 1 的类别向量表示。若类别向量的第 j 个分量为 1，表示此文档属于类 j，若为 0，则表示不属于类 j。

对于某一给定的测试文档 d，通过计算文档之间的相似度，在训练集合中找到与其最相似的 k 篇训练文档，即 k 个最近邻居（用集合 kNN 表示）。这 k 个最近邻居可能分属于 m 个不同的类别。

以每一个最相似文档 d_j（属于 kNN）与测试文档 d 的相似度 $\text{sim}(d,d_j)$ 作为权值，

计算 k 个最相邻文档的分类向量的加权和，以此作为待分类文档 d 的分类参考向量。根据上述值决定测试文档 d 的类别归属。

kNN 方法虽然从原理上也依赖于极限定理，但在类别决策时，只与极少量的相邻样本有关。因此，采用这种方法可以较好地避免样本的不平衡问题。另外，由于 kNN 方法主要靠周围有限的邻近的样本，而不是靠判别类域的方法来确定所属类别的，因此对于类域的交叉或重叠较多的待分样本集来说，kNN 方法较其他方法更为适合。

该方法的不足之处是计算量较大，因为对每一个待分类的文本都要计算它到全体已知样本的距离，才能求得它的 k 个最近邻点。目前常用的解决方法是事先对已知样本点进行剪辑，事先去除对分类作用不大的样本。另外还有一种 Reverse kNN（反向 kNN）法，能降低 kNN 算法的计算复杂度，提高分类的效率。

3）决策树方法

A. 决策树的原理

决策树是一种类似于流程图的树结构，它提供了一种展示"在什么条件下会得到什么值"这类规则的方法。决策树的基本组成部分有决策节点、分支和叶，树中每个内部节点表示一个属性上的测试，每个叶节点代表一个类。决策树中最上面的节点为根节点，是整个决策树的开始。决策树的每个节点的子节点的个数与决策树使用的算法有关。二叉树采用的算法是每个节点有两个分支，而多叉树允许节点含有的子节点多于两个。在沿着决策树从上到下进行搜索的过程中，在每个节点都会遇到一个问题，对每个节点上的问题的不同回答导致了不同的分支，最后到达一个叶节点。这个过程就是利用决策树进行分类的过程。利用几个变量可以判断元组所属的类别，其中每个变量对应一个问题，每个叶节点对应一个类别。

决策树算法采用自上而下分而治之的方法，开始时，所有的数据都在根节点。从根节点开始，对每个非叶节点，找出其对应样本集中的一个属性，对样本集进行测试，根据不同的测试结果将训练集划分成若干个子样本集，每个子样本集构成一个新叶节点，对新叶节点再重复上述划分过程，这样不断循环，直至达到特定的终止条件。

B. 决策树的剪枝

作为分类结果的决策树，枝叶应该适度。枝叶太多会降低树的可理解性和可用性，也使决策树本身对训练集依赖性增大。因此应该剪去决策树中冗余分枝，减少这样的问题。剪枝常用的方法是统计学方法。

（1）同步修剪。边建树，边修剪。在建树的过程中，当满足一定条件，如某些量达到预先设定的阈值等，节点不再继续分裂，内部节点成为一个叶节点。

（2）迟滞修剪。先建树，后修剪。当树建好之后，对每个内部节点，算法通过每个枝条的出错率进行加权平均，计算如果不剪枝该节点的错误率。若裁减能够降低错误率，那么该节点的所有子树就应被剪掉。用此方法，最终形成一棵错误率尽可能小的决策树。

C. 决策树算法

以二叉树 CART（classification and regression tree，分类回归树）算法为例说明。

CART 构建二元决策树的方法是针对单一向量元素在每个节点将训练向量集合进行分割实现的。因此首先要决定哪个向量元素将得到最佳的分割，也就是把这个集合分成尽可能同构的子集，即最佳的分割法是要将训练集合的多样性最大限度地降低。

为了寻找决策树中节点的最佳分割，要逐个考查文档向量。可以用多样性的下降作为结果好坏的尺度，用二分查找法决定分组的最佳分割值。找到最佳分割值后，将其多样性的下降和现有最佳分割法比较，多样性下降最大的分组将被选为节点的最佳分割。

这个过程可以一直重复进行直到不能划分出新的集合为止，也就是说，再也没有分割可以明显地降低任一节点的多样性。

CART 算法是先建树，后剪枝。在树生长过程中，考虑到多展开一层就会有更多的信息被发现，CART 算法运行到不能再长出分枝为止，从而得到一棵最大的决策树，然后才进行剪枝。剪枝算法使用独立于训练集的测试集（test collection）对子树的分类错误进行计算，找出分类错误最小的子树作为最终的分类模型。

4）支持向量机

支持向量机是 Vapnik（瓦普尼克）等根据统计学理论提出的一种新的机器学习方法。它以结构风险、经验风险最小化原则为理论基础，适当选择函数子集及该子集中的判别函数，使学习机的实际风险达到最小，保证了通过有限训练样本得到的小误差分类器对独立测试集的测试误差仍然小，得到一个具有最优分类能力和推广泛化能力的学习机。

支持向量机算法是从线性可分情况下的最优分类面提出的。基本思想可用图 3-8 的两维情况说明。图中实心点和空心点代表两类样本，H 为分类线，H_1、H_2 分别为过各类中离分类线最近的样本且平行于分类线的直线，它们之间的距离叫作分类间隔（margin）。最优分类线，就是要求分类线不但能将两类正确分开（训练错误率为 0），而且使分类间隔最大。分类线方程为 $x \cdot w^T + b = 0$，可以对它进行归一化，使得对线性可分的样本集 $(x_i, y_i), i = 1, \cdots, n, x \in R^d, y \in \{+1, -1\}$，满足条件

$$y_i\left[\left(w^T \cdot x_i\right) + b\right] - 1 \geqslant 0, i = 1, \cdots, n \tag{3-13}$$

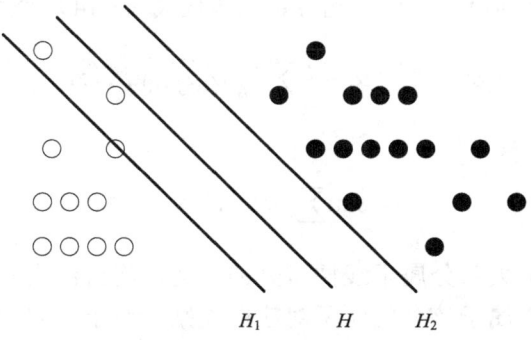

图 3-8　支持向量机算法两维图

此时分类间隔等于 $2/\|w\|$，使间隔最大等价于使 $\|w\|^2$ 最小，使分类间隔最大实际上就是对推广能力的控制，这是支持向量机算法的核心思想之一。满足条件式（3-13）且

使 $\|w\|^2/2$ 最小的分类面就叫作最优分类面，H_1、H_2 上的训练样本点就称作支持向量。

利用 Lagrange（拉格朗日）优化方法可以把上述最优分类面问题转化为其对偶问题，即约束条件为 $\sum_{i=1}^{n} y_i \alpha_i = 0$ 和 $\alpha_i \geq 0, i = 1, 2, \cdots, n$。下面对 Lagrange 系数 α_i 求解下列函数的最大值：

$$Q(\alpha) = \sum_{i=1}^{n} \alpha_i - \frac{1}{2} \sum_{i=1}^{n} \alpha_i \alpha_j y_i y_j (x_i \cdot x_j) \tag{3-14}$$

其中，α_i 表示原问题中与每个约束条件对应的 Lagrange 乘子。这是一个不等式约束下二次函数寻优的问题，存在唯一解。容易证明，解中将只有一部分（通常是少部分）α_i 不为零，对应的样本就是支持向量。解上述问题后得到的最优分类函数是

$$f(x) = \mathrm{sgn}\left\{(w^{\mathrm{T}} \cdot b) + b\right\} = \mathrm{sgn} \sum_{i=1}^{n} \alpha_i y_i (x_i \cdot x) + b_0 \tag{3-15}$$

其中，求和实际上只对支持向量进行。b_0 是分类阈值，可以用任一个支持向量[满足式（3-1）中的等号]求得，或通过两类中任意一对支持向量取中值求得。

对非线性问题，可以通过非线性变换转化为某个高维空间中的线性问题，在变换空间求最优分类面。设有非线性映射 $\Phi: R^d \to H$ 将输入空间的样本映射到高维（可能是无穷维）的特征空间 H 中，使其在高维空间中线性可分。当在特征空间 H 中构造最优超平面时，训练算法仅使用空间中的点积，即 $\Phi(x_i) \cdot \Phi(x_j)$ 有单独的 $\Phi(x_i)$。因此，如果能够找到一个函数 K 使得 $K(x_i, x_j) = \Phi(x_i) \cdot \Phi(x_j)$，这样，在高维空间实际上只需进行内积运算，而这种内积运算可以用原空间中的函数实现，我们甚至没有必要知道变换 Φ 的形式。称 $K(x_i, x_j) = \Phi(x_i) \cdot \Phi(x_j)$ 为内积函数，也称核函数。根据 Hilbert-Schmidt（希尔伯特-施密特）定理，只要一种核函数 $K(x_i, x_j)$ 满足 Mercer 条件，它就对应某一变换空间中的内积。

因此，在最优分类面中采用适当的内积函数 $K(x_i, x_j)$ 以实现某一非线性变换后的线性分类，而计算复杂度却没有增加，此时目标函数式（3-14）变为

$$Q(\alpha) = \sum_{i=1}^{n} \alpha_i - \frac{1}{2} \sum_{i,j=1}^{n} \alpha_i \alpha_j y_i y_j K(x_i \cdot x_j) \tag{3-16}$$

而相应的分类函数也变为

$$f(x) = \mathrm{sgn} \sum_{i=1}^{n} \alpha_i y_i K(x_i \cdot x) + b_0 \tag{3-17}$$

由于文本自动分类大部分属于线性可分的问题，将待测文本向量带入式（3-15），可以得出输入文本是否属于该分类面所对应的类别。对于 $n > 2$ 个类别情况，可以以第 i 类的样本作为正例，其他类样本作为反例进行训练，得到第 i 类的最优分类面，依次训练 n 次得到 n 个二元分类器，再由 n 个二元分类器组成一个 n 元分类器，对 n 类问题进行分类。

3.6 索引文档组织

文档是按一定结构组织的相关记录的集合,文档是书目数据库数据组织的基本形式。文档按其组织方式可分为顺排文档(sequential file)、倒排文档(inverted file),前者是完整的顺序信息记录,后者则是将主文档中的可检属性抽出重排进而派生出的数据记录。

3.6.1 顺排文档

1. 概念

顺排文档主要按照某一属性(字段)的字符顺序存入了数据库的全部记录,因此又称为主文档。顺排文档将文献数据库中全部记录按一定顺序排列,因此文献记录集合就构成数据库的顺排文档。通常,文档中的某些字段,对于检索目的具有特殊的重要性,文档就可以以这一字段作为排序的主要标志。例如,一篇期刊论文可以以第一作者姓名作为寻找这篇论文的主要准则。由于对顺排文档进行处理是按照关键字的顺序来进行的,所以当记录的逻辑顺序与物理存储顺序一致时,可以提高处理的效率。

2. 顺排文档检索

顺排文档的检索,只要将用户检索表达式与顺排文档中的文献记录依次比较,就可以判断是否有匹配的文献记录。检索可以是顺序检索,也可以分块检索和折半检索。

顺序检索也称为顺序扫描,即可以从一个顺排文档的开头部分,依次查找文档中的所有信息,以找到文档中潜在的某一特定信息。对于含有 n 个记录的文档来说,平均仍然需要查找 $(n+1)/2$ 次。因此,存储的记录越多,扫描的时间越长,这样检索效率就会很低。

分块检索法要进行两次查找。首先按关键字的顺序将主文档分为若干个大小适当的记录块,如每 100 个记录为一块,标记出各块的最后一个记录的关键字,如 $k_1, k_2, k_3, \cdots$。查找时,将所要查找的记录的关键字依次和各块的最后一个记录比较,以确定待查的记录在哪一块,如所查内容在第 i 块,就在第 i 块内进行扫描。分块检索在检索时不必扫描整个文件的所有记录,大大减少了检索时间。

折半检索法,也即二分检索法。它是按照检索关键字值的大小将检索范围分成二分之一,逐步缩小范围检索,直到查找到所需信息。首先检查文档中间的记录,把中间记录的关键值同用户查询中的关键值比较,如果相匹配,那么中间的记录就是需要查找的记录;如果不匹配,进一步确定所要查找的关键字值在中间元素的前面或后面,如果在前面,则文档后半部分就可以忽略,再去检查剩余部分的中间元素,直到找到相关信息。

很多情况下,用户对文档的检索不一定就是某一个关键字所能满足的。例如,如果对一个按作者姓名排列的顺排文档查询与某主题相关的信息,是无法做到的。因此,需要指定几个不同的关键字,以保证在更多的情况下,对于用户的不同方式的查询,都有相应的关键字可用来检索文档中的相关信息。但是，这种情况下，折半检索就不能再满足要求。

顺排文档组织方法在建立索引的时候结构比较简单，建立比较方便且易于维护；但是在查询的时候需对所有的文档进行扫描以确保没有遗漏，这样就使得检索时间大大延长，检索效率低下。所以通常采用倒排文档来进行组织，以提高检索效率。

3.6.2 倒排文档

1. 概念

倒排文档是将主文档中的可检字段（如主题词、著者）抽出，按某种顺序重新排列起来所形成的一种索引文档。这个文档归并相同词汇，并把在顺排文档中相关记录的记录号集合赋予在索引关键字之后，以保证通过某一特征词能够快速、方便地获取相关记录。倒排文档在计算机信息检索系统中是使用最多的一种文档，它支持快速的多途径检索，能够方便、快速地进行各种逻辑组配和限定检索。在大规模的联机检索系统中，必须利用倒排文档来进行信息的检索，以提高检索效率。

倒排文档的组成要素包括：关键字（作者、主题词、分类号）、目长（含有该关键字记录的条数）、记录号集合（所有与该关键字有关的记录号）。倒排文档是建立在顺排文档的基础上的，它从顺排文档中提取可检索字段内容，利用所得到的属性词来建立倒排文档。因此，倒排文档可视为顺排文档的辅助索引，它从不同角度提供了对文档的快速查询。一般来说，不同属性的数据构成不同的倒排索引文档。按表达文献内容特征的主题词排列的文档称为基本索引文档；按表达文献外部特征排列的文档称为辅助索引文档。

2. 倒排文档的建立及更新

倒排文档是在顺排文档的基础上建立的。主要步骤如下。

（1）索引词选择。选择需要做索引的字段属性（如关键词等），抽出其中内容，并在其后附上记录号。

（2）对抽出的内容进行排序，便于归并相同内容。

（3）对相同内容进行归并，把合并后的内容放入倒排文档的主键字段，统计每一数据的频次作为目长，把每一内容后的记录号顺序放于记录号集合字段。

倒排文档的更新包括增加、删除和索引库的整理。在增加记录时，将新的倒排表信息添加到原有索引库相应位置的后面。如果当前块剩余空间不够，则在索引库的末尾再开一块新的存储区写入倒排信息，再建一个指针指向新块供检索时使用。当索引库需要删除一些索引信息时，并不是直接将相应的索引信息从库中清除，而是在这些索引信息前面加上一个删除标志，当检索的时候如果发现删除标志则跳过这块信息而继续向后检索。但这样一来，索引库将随着时间的增加而不断增大，所以必须定期对索引库进行整理。索引库整理是将其中被删除的信息从库中真正清除出去，把库的信息前移，覆盖被删除的信息，使索引库的体积缩小。

3. 倒排文档的检索

倒排文档可以实现对文献的快速查找，只需检查索引就可以确定哪些文献是与查询请求相关的。同时，在处理复杂的多关键字查询时，可在倒排文档中先完成查询的逻辑运算，得到结果后再对记录进行存取，这样就不用对所有记录进行查询，从而提高查找速度。此外，索引是按关键字值的顺序排列的，不再需要检查各个记录来确定它们的实际关键字值。但是，在实施检索时，倒排文档必须和顺排文档配合使用，先在数据库的倒排文档中查得文献篇数及其记录存取号，再根据存取号从顺排文档中调出文献记录。

第4章 词汇控制

现实生活中由于人类语言存在着"一词多义""一义多词""单复数""繁体和简体"等现象,这给信息的组织和检索利用带来了很大的困难,因此词汇控制被引进信息的组织和检索中。事实上,词汇控制的目的也就是通过对词形、词义和词间关系等的控制,达到信息源语言(source language)、标引语言和检索语言三者之间的有效沟通,从而实现信息的有效组织以及用户对信息的有效检索和利用。本章主要向读者讲述词汇控制的原则、内容、工具以及词表的评价体系和受控词表的使用。希望通过这些介绍能使读者对词汇控制有所了解。

4.1 词汇控制的原则

在进行词汇控制的时候,应当遵守的总的词汇控制的原则是词汇控制的内容和方法,应以作为信息存储与检索之间的语言沟通为出发点,以提高信息检索与存储的效率为目标。词汇控制应该遵守的具体原则如下。

1. 正确性

检索语言的词汇应当科学、表义准确、使用普遍,而且要符合本国语言的构词法以及有关语言、文字方面的规定,这是词汇控制的基本原则。

2. 单义性

单义性也称专指性,在词汇控制时所选择的词汇在原则上要求一个语词只能够表达一个确切的概念,一个概念只能用一个语词表达,而不能一个语词表达多个主题概念或多个主题概念用一个语词来表达。但要做到概念与语词之间完全一一对应是不可能实现的,因此,对词汇的单义性要求主要是指在某一个专业范围内一个词应表达一个主题概念。只有在当两个专业领域相差很远、在确保对词汇的理解无歧义的情况下,才允许一词多义现象的出现。如在英语中"bear",有"熊"和"打孔机"两个意义,由于这两个意义属于动物学和机械工程两个完全不同的专业,一般不会产生误解,所以,尽管"bear"属于一词多义,但仍可使用。

3. 简明性

在进行词汇控制的时候，所选择的词汇应当精炼，不应过长，应尽可能地简短明了，易于阅读和记忆，并且具有存储的容易性和检索的方便性。

4. 兼容性

兼容性，也就是说在词汇控制的时候要使某一学科或专业的词汇尽可能与综合性词表、上属学科或专业的词表、相关或邻近以及交叉学科的词表兼容。通过词汇的兼容与互换，以增强词汇的适用性。

5. 系统性

为了能够表达词汇之间的属种关系、平行并列关系、整体与部分关系、因果关系等，以便于揭示词汇在整个体系中的确切含义，要求在词汇控制时，做到信息存储与检索语言的词汇具有一定的层次结构性，也即系统性。

6. 稳定性

随着科学技术的进步和发展，新学科、交叉学科会不断涌现，词汇在数量和用法方面也会不断发生变化。但是词汇控制的决定一旦做出，就应该尽量保持相对稳定、连续和前后统一。

除上述基本原则以外，词汇控制中的词汇选择还应考虑到族性原则，即在同义词、近义词、准同义词中选用的词汇应当易于字面成族，具有较强的构词能力。

4.2 词汇控制的内容

词汇控制实质上是把自然语言加工成情报检索语言的情报控制过程，词汇控制包括了词量控制、词类控制、词形控制、词义控制、词间关系控制、先组度控制、句法关系控制等内容。

4.2.1 词量控制

词量控制也就是对词表所收词汇的数量的控制。如果词表体积过于庞大，会造成词表维护困难、词表维护费用大、词表使用不便等困难，所以必须对词表所收词汇的数量加以控制，使其既能满足使用的需要（也即达到用户保障和文献保障的目的），又简洁实用。为了达到词量控制的目的可以采取以下各种方法。

1. 词汇组配

词汇组配也就是根据概念可分析、可综合的原理，将复杂的概念分解为基本的语素单位，然后通过这些语素单位来表达复杂的主题概念，从而缩小词表规模。也就是说，用两个或者两个以上的语素来表达较复杂的概念。例如,"地理物理学"可以有"地理学"和"物理学"两个语素组配加以表达,从而在词表中就不必再收录"地理物理学"这个概念了,以此达到缩小词表规模的目的。

2. 词汇置代

词汇置代也就是用上位词代替若干个较为专指的下位概念,比如,用"电子侦察"来置代"电视侦察"、"雷达侦察"和"通信侦察"等;或者用正式概念置代非正式概念,比如,用"废物综合利用"来置代"变废为宝"和"化害为利"等非正式概念,从而达到缩小词表规模的目的。

3. 语义分解法

例如,"男生公寓"可以分解为"男性"和"公寓","女生公寓"可分解为"女性"和"公寓",这样词表中只要收录"男性""女性""公寓",而不需要收录"男生公寓"和"女生公寓"了,而是用他们的组配形式来表达。

4. 词汇合理选择

在选择词汇时,多收录核心词汇和组配能力强的词汇,少收录先组式的复合词汇。

4.2.2　词类控制

词类控制也就是对词表所收词汇的种类的控制。在自然语言中虽然包含着各种各样的词类,如名词、动词、形容词、介词、副词、感叹词等多种词类,但它们在准确表达各种学科主题概念的能力上和有效表达文献主题内容效果上各不相同。一般,名词、名词性词组以及少量的形容词最能够表达各学科和文献的主题内容,而其他的词类表达各学科以及文献主题概念的能力却较差,甚至根本不能表达任何主题概念,所以我们应该对自然语言的这些词类加以控制。词类控制的另一个优点是大大削减了词表的收词量,以达到词量控制的效果。为了达到词类控制的目的我们可以采取各种方法。

1. 确定选词范围

用于标引和检索的名词、名词性词组一般在以下范围内进行选择。
（1）表示具体事物的名词术语,如桌子、板凳、窗帘、电风扇、日光灯等。
（2）表示具体事物的材料的名词术语,如木材、塑料、钢铁、橡胶、人造纤维等。
（3）表示事物性质、现象、状态、过程等方面的名词术语,如导电性、导热性、头痛、胃痛、转动、静止等。
（4）表示事物的研究方法、工艺等方面的名词术语,如调查、总结、热处理等。
（5）表示学科门类的名词术语,如科学、化学、物理学、生物、语文、英语、地理、历史等。
（6）表示文献类型的名词术语,如百科全书、词典、字典、期刊、报纸、杂志、手册、目录等。

2. 设置停用词表

将不具备标引和检索意义的词类，如介词、副词、感叹词等集中列于停用词表中，以便于计算机进行自动词类识别和选词，达到自动词类控制的目的。

4.2.3 词形控制

词形控制也就是说根据主题标引和检索的需要对字面形式不同，但含义相同的词汇加以控制，即使一个主题概念只具有一个语词形式。之所以进行词形控制，是因为在自然语言中包含着许多同义词以及准同义词，如学名与俗名、新称与旧称、全称与简称、繁体与简体等。为了达到词形控制的目的我们可以采取各种方法。

1. 控制语词形体

无论是全称与简称还是繁体与简体，都一律以通行的字体为标准。也就是说，用大家公认的名词术语作为标引和检索用词。

2. 控制外来语和数字的用法

对于外来语一般选用较为通用的译名作为标引和检索用词，但如果外来语更为常用，也可直接用于标引和检索，如 Java 语言等；数字根据情况可以适当地选作标引和检索用词，如 U235 等。

3. 控制外文的词形

控制外文的词形也就是对外文的单复数进行控制。

4. 控制词序

一般来说采用自然词序，而不采用倒置形式。

5. 控制语词长度

为了便于排检和计算机处理，一般规定语词长度不超过 14 个汉字，所以若语词的长度过长，可以使用简称、缩写、分解等方法来处理，使其保持在规定的长度内。

在采用以上方法进行词形控制时，为达到方便标引和检索以及提高标引和检索的效率的目的，还必须建立参照系统，如见参照和用参照等，以指引查找和标引。

4.2.4 词义控制

词义控制也就是对多义词或同形异义词加以控制，使其意义明确、含义单一。之所以要进行词义控制，是因为在自然语言中不仅存在着许多多义词、异义词，而且由于在自然语言中经常使用比喻、借喻、转喻等多种手段表达语义，造成词汇含义模糊，往往需要通过上下文才能判断他们在文中的确切意思,而我们用于标引和检索的语词则往往是脱离上下文而单独使用的,为避免语义上的混乱,词义控制也就不可避免。为达到词义控制的目的可以采取各种方法。

1. 加限义词

加限义词就是在主题词后面加上限制词汇使用范围、明确词汇含义的限义词,以达到意义明确、含义单一的目的。例如,"负熵"这一概念,如果用在数学领域,它只具有数学上的意义,而如果在信息管理领域则表示信息的含量。所以为了使其含义单一,可以在其后加限义词:负熵(数学)、负熵(信息管理学)等。这样就达到了词义控制的目的。

2. 加注释

加注释就是在主题词后面加上对其含义和范围做出解释和说明性质的词汇,达到含义单一和明确的目的。主要有三种类型的注释:含义注释(对语词的含义或包括的范围做出说明);用法注释(是为保证语词的正确使用而作的说明);历史注释(用于说明语词收入词表的时间及变化情况,从使用沿革的角度显示该语词与相关语词的关联情况)。注释与限义词不同的是,注释比限义词更为灵活自由,可以更为清晰地说明语词的含义和用法,提高标引和检索的一致性和准确性。

例 4.1　环境卫生
注:综述环境医学。

3. 加定义

加定义就是给主题词一个确切的定义,达到明确词义的目的。

4.2.5　词间关系控制

词间关系控制也就是对语词之间的等同关系、属分关系和相关关系等加以控制,以形成一个便于揭示词间关系的语义网络。之所以要进行词间关系控制,是因为在主题词表中,主题词是按字顺排列的,无法像分类语言那样通过一个清晰的等级体系显示出概念之间的关系,这就把许多语义相关但字顺不同的语词分散开来,从而不便于有效地进行扩大或缩小检索范围。而词间关系控制的目的在于形成一个术语体系,有助于参照的系统编制、揭示词间关系和明确词义,以及扩大、缩小或改变检索的范围。因此,我们要对词间关系加以控制。为达到词间关系控制的目的可以采取多种方法。

主要可以分为两大类。一类是运用分类方法,即把分类法的因素引入主题法,如复分、倒置、截词、建立词族等,甚至直接引入一个详细的或粗略的分类表;另一类是运用图示方法,即直接绘制同心圆图、箭头图、树型结构图等图表,直观、清晰地显示词间关系。

4.2.6 先组度控制

先组度控制也就是对语词先组程度的控制。由于一个复合概念既可以用两个或两个以上的单一概念的组配形式表达,也可以用先组的形式(即复合词)直接表达,因此在词表编制过程中对复合词的选定和分解,就是词汇的先组度控制。之所以要进行先组度的控制,是因为如果词表的先组度太高,会造成词表体系庞大,维护管理困难,同时还会造成查全率降低、检索途径减少以及削弱词表及时反映新学科新主题的能力。但是,如果先组度太低,会造成直接性差、不宜查找论述基本主题的文献等困难。因此,我们必须将语词的先组度加以控制,一般来说,如果一个复合词在标引和检索的过程中使用的频率较高,一般直接将该复合词收为主题词,反之则不收或少收。

在《信息与文献 叙词表及与其他词表的互操作 第1部分:用于信息检索的叙词表》(ISO 25964-1:2011)中对于先组度的控制做了以下具体规定。

1. 可直接选作受控词的语词

(1)通用的专称、术语、专指作用很强的词组,如故宫博物院等。
(2)专业文献中出现频率较高的、经常用以检索的词组,如动脉硬化等。
(3)主题概念经分解后,其中的单词失去检索意义或产生歧义现象的词组,如剩余价值等。

2. 不能直接选作受控词的语词

(1)由两个或两个以上具有交叉关系的简单概念组配而形成的词组,如管理经济学等。
(2)由代表事物的简单概念与其特定属性/操作所组成的词组,如曲轴加工等。
(3)由代表事物的简称概念与国名、地名、时代名、人名等所组成的词,如中国化学工业等。
(4)由学科、事物等与文献类型所组成的词组,如化学文集等。

4.2.7 句法关系控制

词汇之间除了进行上述语义关系的控制外,通常还要进行句法关系的控制。句法关系控制也就是按照事先确定的句法关系,把若干词汇组合起来表示某一特定的论题,以避免产生语义含混现象。之所以要进行句法关系控制,是由于以下几个方面的原因。首先,是为了保证主题标引的一致性,因为采用句法关系控制可以使得在对复杂主题文献进行标引时,无论自然语言是如何表达的,都可以使用同一方式加以处理,从而保证主题标引的一致性。其次,是为了提高主题标引的适用性,因为采用统一的句法控制,可以根据用户的检索思路组织检索系统,为复杂主题的检索提供方便,同时也有利于用户掌握检索规律,增加检索的预见性。最后,是为了消除歧义,准确表达主题概念。

控制的方法主要包括以下几种。

1. 规定引用次序

规定引用次序就是指对复合主题进行标引和检索时，规定各个主题因素的组合或排列顺序。引用次序在文献标引和检索中起着重要的作用，其中最有代表性的有以下三个。

（1）显著性引用次序。这主要是根据长期标引实践经验发展起来的引用次序模型，它是一种经验模型，是根据主题概念对用户心理映象的显著程度而确定的次序。现在通用的引用次序模型是英国图书馆学家柯茨提出的，其公式为"事物—部件—材料—活动—施动者"。

（2）范畴职能引用次序。这是指将各种主题概念首先划分为范畴，其次按照范畴的性质、职能确定的组配顺序。其中最具影响力的是印度图书馆学家阮冈纳赞的范畴分面公式和英国分类法小组成员维克利提出的标准引用次序。阮冈纳赞将所有文献主题因素按照性质概括为本体（personality）、物质（matter）、能量（energy）、空间（space）、时间（time）五大范畴。然后他根据五个范畴的英文首字母，确定了 PMEST 的分面公式。维克利的引用次序则是对阮冈纳赞的分面公式从理论和范畴两个方面做了改进，提出了如下的引用次序：物质（产品）—种类—部分—成分—性质—过程—操作—施动者或工具。该引用次序又称为标准引用次序。

（3）上下文引用次序。随着索引自动化的发展，一种接近自然语言句法和语序的引用次序即上下文引用次序产生了，其中，英国学者奥斯汀研制的保留上下文索引是最具代表性的一种，其特点是舍弃将最显著的语词置于款目首位的传统做法，而是依据上下文从属原则拟定标引语句。

2. 控制符号

控制符号也称句法控制符号，它能够有效地揭示主题词之间的语义关系。主题词作为一种人工语言，其句法功能的控制主要不是靠自然语言中的虚词来实现，而是采用人工制定的控制符号来揭示其句法关系。这种控制符号主要有联系符号、职能符号和加权符号。其中联系符号是用来解决主题词之间的虚假组配的控制符号。一般是将数字和字母用在同一主题或不同主题标识之间，起到联系的作用。职能符号是一种表示主题标识在组配中的句法职能的辅助符号，对主题标识的职能起限定作用。加权是根据不同语词在同一文献中表达主题概念时的重要性不同，而赋予不同的权值来控制其句法意义和概念的方法。

3. 轮排

轮排就是说将检索语句中每一个有检索意义的语词轮流在排检语句中出现，并对句子中其他语词做出相应处理的方法。这样就可以在一定原则下进行语词位置的调整，使得有检索意义的语词都有机会充当检索入口，从而提高检索效率。常见的轮排方式主要有以下几种：①简单轮排，是指在标引语句的主题字段中，依次将每个语词置于入口词处；②词对轮排，是指将标引语句中的入口词首先进行两两组合，成为一个词对，其次将词对有序排列,一个做主标题词,一个做副标题词,以达到提高标识专指度的目的;③转动轮排,如果想达到保留除入口词以外的其他起修饰限制作用的语词的目的,可以采用转动轮排的方式,它是一种能够保持检索语句原有句法关系的轮排方式,它将入口词提取出来,而仍然保留下来其他部分;④结构轮排是一种能够保留原检索语句中句法结构的轮排,在其编制的过程中,注意到检索语句的句法结构,并进行轮排以达到易读性的目的。

4.3 词汇控制工具

词汇控制工具包括分类词表、主题词表、分类主题一体化词表这三大类。这三类控制工具在当今社会都有比较重要的作用。

4.3.1 分类词表

当前分类词表主要包括了《杜威十进分类法》《国际十进分类法》《冒号分类法》《中国图书馆分类法》等。下面主要具体介绍这四种分类词表。

1. 《杜威十进分类法》

1)《杜威十进分类法》概述

《杜威十进分类法》首次出版于1876年,目前《杜威十进分类法》存在两个版本,一个是足本,一个是节本,其中足本至2011年出版第23版,共四卷:卷一为编制说明和通用复分表;卷二和卷三都是类表;卷四为索引和使用手册。而节本顾名思义是足本的节减本,一般篇幅不及足本的十分之一,至2012年已经出版到第15版,主要用于中小型图书馆。随着科学技术的发展,尤其是计算机的应用,也开始出现了视窗杜威和网络杜威等电子版本的《杜威十进分类法》,供网络环境下使用。现在《杜威十进分类法》已经成为世界上流行最广泛的分类法之一。

2)《杜威十进分类法》的类目表

《杜威十进分类法》主要由以下几个部分组成:主表、附表、索引和使用说明。主表是用于标引和检索的重要部分。

《杜威十进分类法》的主表主要是以学科为中心对已知主题进行详细列举而成。其每一级类目都包含九个类和一个总类,组成十个类。《杜威十进分类法》也因此而得名。如在第一级类目中先将所有的学科门类分为九个大类,再为其他不能归入任何一个类的图书设一个总类组成十个类。这十个大类分别为

000 Computer science, information & general works	计算机科学、信息科学及总论
100 Philosophy & psychology	哲学和心理学
200 Religion	宗教
300 Social sciences	社会科学
400 Language	语言学

500 Science	自然科学
600 Technology	技术（应用科学）
700 Arts & recreation	艺术、美术和装饰艺术
800 Literature	文学
900 History & geography	地理、历史及辅助学科

《杜威十进分类法》的附表主要是一些复分表，共有七个，它们分别为：标准复分表，地理复分表，文学复分表，语言复分表，人种、种族、民族复分表，语种复分表和人员复分表。除了这些复分表外，在《杜威十进分类法》中还设置了专类复分表和仿分等组配形式。对这些复分表简要介绍如下。

（1）标准复分表，它由主题类目和通用文献类型的类目组成，此表既可以直接用于各级类目，也可以结合地理复分表进行地理区域、历史时期以及人物的复分。

（2）地理复分表，该复分表既可以直接按照主表复分，也可以与标准复分表结合进行相应的复分。其篇幅也较大，约有 7000 多个类目。

（3）文学复分表，此复分表包括三个子表：3-A 个人著作复分表、3-B 多著者著作复分表、3-C 用于 3-B 和 808 的复分，主要用于文学类的复分。

（4）语言复分表，主要用于语言类中各种语言的复分。

（5）人种、种族、民族复分表，主要用于人种、种族、民族复分。

（6）语种复分表，主要用于对不同语种的复分。

（7）人员复分表，主要是根据不同人员的职业对各种人物进行划分，供全表有关类目需要区分时使用。

3）《杜威十进分类法》的标记符号

《杜威十进分类法》的标记符号比较简单，基本上都由阿拉伯数字组成，而且采用小数制（即十进制），前三级类目一律用三位数字标示，三级以下用小圆点隔开，基本按照层累制方式编号。《杜威十进分类法》的标记符号在用数字以层累制的形式展开类目的同时，也适当使用灵活的标记方法，用来扩充下位类。

4）《杜威十进分类法》类目索引

《杜威十进分类法》类目索引的突出特点是能够将同一主题对象的不同类目集中在一起，这是因为在该索引中，不仅收录了一个主题的各个方面及被这一主题所规定的词或词的倒装，还收录了类表中所有的类名以及注释中所有的术语及其同义词。更为重要的是为了充分揭示词间关系，《杜威十进分类法》的索引中引入了参照机制，以用于指向上位类。

5）《杜威十进分类法》的特点

（1）类目体系完整，覆盖全部知识、文献；类目详尽，等级分明，便于理解使用。

（2）用简明的号码标记类目的方法，使其方便用于图书排架、目录组织和检索。

（3）首次采用小数标记制。

（4）首次使用了复分和仿分方法。

（5）首创了图书分类法的类目相关索引。

（6）成立了常设管理机构，不断修订更新，保持分类法的长久生命力。

2. 《国际十进分类法》

1)《国际十进分类法》概述

《国际十进分类法》是在《杜威十进分类法》的基础上,由比利时学者奥特勒和拉芳丹于 1895 年开始改造而成的一部著名的列举-组配相结合的分类法,也称为通用十进分类法。第一版《国际十进分类法》为法文版,名为《世界图书总目手册》,由国际目录学会于 1905~1907 年分 35 个分册出版,共收录了 33 000 个类目和 1 个字顺索引。第二版仍为法文版,但类目增加至 70 000 个,并改名为《国际十进分类法》,该版出版于 1927~1933 年。第三版始于 1934 年,但由于受到第二次世界大战的影响,直到 1953 年才完成,该版为德语版。

《国际十进分类法》在世界范围内使用较为广泛,已经有 23 种语言版本。从词表规模和详简程度上,又可分为三种类型。

(1) 详本。顾名思义,详本所收录的类目比较详尽,大约收录了 200 000 个类目。主要是按分册出版发行,没有比较严格的出版计划。

(2) 中型本。中型本是详本的缩本,大概是详本的三分之一,收录了 50 000~60 000 个类目。

(3) 简本。简本也是详本的缩本,大概是详本的十分之一,大约收录 20 000 个类目。

2)《国际十进分类法》的类表结构

《国际十进分类法》是在《杜威十进分类法》的基础上发展起来的,同样是采用详尽列举建立的文献分类体系。《国际十进分类法》的主表是用于存储和检索的重要部分,它同《杜威十进分类法》相似,也是一个层层展开的十进制系统,其基本大类主要如下。

000 总论
100 哲学、心理学
200 宗教、神学
300 社会科学
400 语言、文字学
500 自然科学
600 应用科学
700 艺术、文体
800 文学
900 历史、地理

从上可以看出,《国际十进分类法》基本上采用了《杜威十进分类法》基本大类序列,但有一点不同之处是《杜威十进分类法》的"400 语言学"合并入了《国际十进分类法》的"800 文学",这样就使两者之间的联系得到了揭示,此外,大类的标记也不再采用三位数字标记的方法,而是采用单个数字标示。《国际十进分类法》的分类程度比《杜威十进分类法》详细,按照从一般到特殊的原则,逐级进行区分,形成层层展开、详细列举的等级体系。《国际十进分类法》广泛应用组配方式表达复合主题,因此,类表比较简练,但分类详尽。

3）《国际十进分类法》的标记制度

《国际十进分类法》基本上是采取小数层累制作为标记制度的，在《国际十进分类法》中类目采取阿拉伯数字作为分类号码，有的时候也使用字母，为了易于观看和记忆，其类号通常每三位数字用一个圆点"."隔开，分类号的级位体现类目的等级。每当我们进行一次细分的时候，就在原来的号码后面加上一位号码。当类目的展开超过九个的时候或者需要预留空位的时候，就采用八分法或百分法进行标记。为了缩短号码和扩充类目，还采用借号法，比如，借上级号码、下级号码或同级号码等来标记类目的先后次序。

4）《国际十进分类法》的辅助符号

为了使分类法具有更大的灵活性，使复合主题得到多方面的揭示，在《国际十进分类法》中使用了各种辅助符号，并使它们与主表类号进行组配，这样最终使《国际十进分类法》成为一个等级体系和分面组配方式相结合的方法。下面我们对这些分类符号来加以简单介绍。

（1）"+"并列符号，用于联结文献论述的两个并列主题，表示一个相对意义上的综合类。并列符号前后的类号可以轮排，用以提供多途径的检索。

（2）"/"扩充符号，用于表示文献论述的《国际十进分类法》表中几个连续的主题，表示一个相对意义上的综合。

（3）":"关联符号，用以连接两个或两个以上的类号，表达一个新的主题概念，冒号前后的类号可以轮排，提供多途径检索。

（4）"="语文辅助号，用于表示和区分语种，等号后接通用语文复分表中具体文种号，使用时加在主类号后，如果需要先按照文种集中资料，则文种号码前后都用"="号，并置于主类号之前。

（5）"(0...)"形式辅助号，主要用来区分文献所采用的编辑出版形式，与类型复分表结合使用。

（6）"(1/9)"地区辅助号，主要用来表示文献主题内容所涉及的地点和区域，与地区复分表结合使用。

（7）"(=...)"种族与民族辅助号，主要用来表示文献资料所涉及的种族或民族，与种族、民族复分表结合使用。

（8）"..."时间辅助号，主要用于表示文献资料内容所涉及的日期或其他时间属性，与时间复分表结合使用。

（9）"00..."观点辅助号，主要用于表示文献资料的研究视角，与观点复分表结合使用。

（10）"-"以及".0"专用复分号，主要与有关专用复分表结合使用。使用专用复分号细分主类号时，省去"-"或".0"前面的数字，直接加在主类号的后面。专用复分号码也可以在通用表中出现。

（11）"'"合成符号，该符号常常用于化合物、冶金和高分子材料等特定门类中，一般根据说明来使用。当两个以上概念的类号组成一个类号的时候，在第一个全称类号后依次加上其他类号与第一个类号从左至右不同的部分，用"'"号表示，构成一个复合概念的合成类号。

辅助符号的选用次序通常根据从一般到具体的原则选择使用，其次序为：主类号→专用复分号→观点辅助号→地区辅助号→时间辅助号→形式辅助号→语文辅助号。

5)《国际十进分类法》的特点

（1）较早、较全面地采用概念分析与综合原理及冒号组配技术，是一部半分面分类法。

（2）类目详尽。

（3）标记制度灵活，辅助符号多达十几种，表达概念能力强。

（4）类目体系陈旧，组配过于复杂。

3.《冒号分类法》

1)《冒号分类法》概述

《冒号分类法》是一部综合性分面分类法，是由印度图书馆学家阮冈纳赞依据分面分类理论编制的。该表使用冒号作为组配符号，并采用了组配技术来组织类目。其基本思想是根据概念可分析、可综合的原理，即任何文献主题，不管它多么复杂，都可以分解为基本的主题单元；反之，任何复杂的主题，都可以通过单元概念的组配来加以表达的原理。我们在进行分类法编制的时候，就不必详细列出具体的类目，只需将主题概念的基本单元按照一定的次序列出，并配置相应的标记符号就可以了。标引时，先分析文献主题成分，利用表中相应主题概念的组配来表达文献主题；同时，以这些类目的标记组合构成的类号来表达该类目在分类体系中的位置，这样就可以为复合主题确定类目和类号了。现在使用的《冒号分类法》是于1987年出版的第七版。

2)《冒号分类法》的类表结构

现在正在使用的第七版《冒号分类法》主要由5个部分构成，它们分别如下。①介绍，其内容主要是有关《冒号分类法》的历史及其基本理论的发展演变的介绍。②初学者指导，其功能主要是帮助用户使用《冒号分类法》，其内容主要包括类分文献的步骤和使用《冒号分类法》进行标引的方法。③一般规则，其内容包括24节，主要是对《冒号分类法》的分类术语、理论、技术体系的概要阐述，并重点介绍了概念面、语词面和标记面。④一般类目和共同点，其内容主要包括两个主题表（主要主题表、基本主题表）和各种复分表以及有关说明。⑤特定点，其内容主要包括各类的分面分类表以及有关说明。在《冒号分类法》中基本大类是在传统科学的基础上设置的，其中以数字标识的为综合性学科下的基本知识门类，而神秘主义类位于整个大类的中心，在神秘主义类之前的大类主要是自然科学类目（主要是按照从一般到具体的顺序排列），在神秘主义类之后主要是艺术、哲学、社会科学的有关类目（主要是按照人为性增加的顺序排列）。在大类之下，《冒号分类法》一般按各类情况，确定是否进一步区分为基本类，作为分面分析的基础，然后再列出分面类表。《冒号分类法》的分面类表的展开主要是依据分面公式，在此基础上，按照分面公式规定的次序列出分面的主题概念。除了主表外，《冒号分类法》还设置了通用环境表、语言表、时间表、共同能量表、共同物质表、共同本体表等复分表。这些复分表可以供有关类目在需要的时候选择使用。

3）标记符号

为了使《冒号分类法》的标记系统具有较强的表达能力，在该分类法中引入了多种号码成分，如阿拉伯数字、希腊数字、大小写拉丁字母等，并设置了分面指示符和关联符等多种符号供组配使用。在分面类表中，是采用层累制展开的，也就是通过号码的位数来表示类目的等级。同时为了满足分面之间组配标引的需要，在《冒号分类法》中还设置了相应的分面指示符。除了采用分面指示符外，《冒号分类法》还采用八分法增强分类表的容纳性。

由于主题之间存在着各种相关关系，如一般相关、倾向相关、比较相关、差异相关、工具相关和影响相关等，为了能够明确地表达这些相关关系，在《冒号分类法》中引入了各种分类符号，并以&指定相关符号。例如，男人和女人心理的差异，可标引为 S，51&w5。这里的 w 就表示类列内的差异相关，并用&来指定关联符 w。

在《冒号分类法》中还使用了以下的标记符号。

（1）"—"和"="用于表示正常分面以外的子类。

（2）" "表示形式。

（3）"*"用来表示类目的扩充。

（4）"( )"表示主题指示符。

总之，《冒号分类法》的标记系统具有较强的表达能力，能够表达主题之间的各种关系和主题的类型。但是使用起来比较麻烦，不易掌握，各类的划分比较注重形式，忽略内在的联系和知识分类的惯例，使用的标记符号复杂，术语比较费解，这些都成为影响其实际应用的重要因素。

4．《中国图书馆分类法》

1）《中国图书馆分类法》概述

《中国图书馆分类法》简称《中图法》，是在我国国家文物事业管理局（国务院原图博口领导小组，现更名为国家文物局）的支持下，由北京图书馆（现更名为国家图书馆）倡议，集中全国 36 个大型文献单位的力量，在《中小型图书馆图书分类表草案》和原编制的《中国图书馆图书分类法》的基础上编制的一部大型综合性文献分类法。《中国图书馆图书分类法》于 1973 年 3 月编出初稿，1975 年开始出版发行第一版。其后，随着社会的发展，为了满足新的需要，该法除了进行了多次修订外，还编制了不同版本和许多配套产品，逐步形成了以《中图法》为中心的系列版本。同时随着科学的进步和新的工具和手段的出现，尤其是计算机的发明和利用，电子版的《中图法》也于 2001 年开始出版发行。

2）《中图法》的结构与类目体系

《中图法》的宏观结构包括：①编制说明，也就是对分类法有关事项的总体说明；②基本大类表，该表从根本上决定了《中图法》的基本学科范畴和排列次序；③基本类目表，它由一级类目、二级类目、三级类目构成，形成了分类法的类目体系框架；④主表，也称为详表，是用于标引和检索的重要部分，是由各级类目组成的一览表，按照功能划分为术语系统、标记系统、注释系统和专类复分表；⑤附表，也称辅助表，是由《中图法》的八个复分表构成，分别是总论复分表、世界地区表、中国地区表、国际时代表、中国时代表、中国民族表、世界种族与民族表，以及通用时间、地点和环境、人员表；⑥使用说明，是详细阐述分类法的编制理论与技术、各类文献分类规则与方法的指南。这些部分共同构成了《中图法》的整体。

《中图法》的微观结构，也就是类目的组成要素及其结构。类目是《中图法》的基本要素，它由类号、类名、类级、注释和参照组成。这些类目经过系统的组织便形成了《中图法》的标记系统、注释和参照系统、术语系统、等级机构等，它们相互配合便实现了对分类表的词义、词形、类目之间的关系以及先组度、专指度的控制，进而达到揭示标引文献内容，易于标引和检索的目的。

《中图法》类目体系是一个层层展开的分类系统。《中图法》采用五分法，将整个知识体系分为5个基本部类，分别是马克思主义、列宁主义、毛泽东思想、邓小平理论；哲学；社会科学；自然科学；综合性图书。5个基本部类下面又分为22个基本大类，又称基本大纲，它们是在基本部类的基础上，根据学科发展和文献出版情况所列出的文献分类法的第一级类目。22个基本大类的基本设置情况是将类表中马克思主义、列宁主义、毛泽东思想、邓小平理论和哲学以及综合性图书3个基本部类直接分别设置为3个基本大类，同时将社会科学部类扩充为9个基本大类，自然科学部类扩充为10个大类。社会科学领域中，按照政治、经济、文化的次序，在社会科学总论之后，首先列出政治、法律大类以及与政治有关的军事大类，其次序列经济类，再次序列有关文化事业的类目，以及语言、文学、艺术等，最后是历史、地理。自然科学部分按照基础科学与应用科学列类。基础科学遵循从简单到复杂，从低级到高级的次序排列，应用科学部分则先列出医药、卫生，最后是环境科学、安全科学。

3）符号系统

《中图法》采用拉丁字母与阿拉伯数字相结合的混合制标记符号，以拉丁字母作为标记基本大类的符号，同时又根据需要在"T 工业技术"大类中，采用双字母方式标记其二级类目。其他的则在字母后面使用阿拉伯数字标记各级类目。类目符号的展开基本上采用层累制，但为了扩大符号系统的容纳性，又采取了八分法、双位制、借号法等多种变通措施来增加配号的灵活性。为了进一步增强标记符号的表达能力以适应类号灵活组合的需要，除了上述符号外，《中图法》还采用了下述几种辅助符号。

（1）"."间隔符号，为了清晰、醒目地显示分类号，在分类号的数字部分使用了该间隔符号，自左向右每三位数字之后加一个圆点。从而提高了分类号的易读性。

（2）"a"推荐符号，顾名思义，该号起推荐作用，用在A类马克思主义、列宁主义、毛泽东思想、邓小平理论的互见分类号之后。

（3）"/"起止符号，在主表或复分表类号中用以标记概括一组相连类号的起止区间；在注释中表示类目仿分的类号区段或参见的类目范围。

（4）"[]"交替符号，用于交替类目，表示该类目是供选择使用的。

（5）"-"，总论复分号，为总论复习分表号码的组成部分，带总论复分号的标记排列于相同的主类号之后，下一分类号之前。

（6）"()"国家地区复分号，用于一般性学科类目下，进行国家和地区的复分。

（7）"="时代区分号，其主要作用就是进行时代复分，在一般学科性类目下，凡具有中国属性的类目使用"中国时代表"复分，而其他类目则使用"国际时代表"复分。

（8）""""民族、种族复分号，其主要作用是在进行民族和种族复分的时候使用。

（9）"< >"通用时间、地点区分号，其主要作用是在进行时间和地点复分时使用。

（10）":"组配符号，用于连接主类号，其主要作用是进行概念的交叉组配。

（11）"+"联合符号，用于连接主类号，其主要作用是连接若干个并列主题。

类表规定同一类下各种符号的排列次序为：−、( )、""、=、< >、：、+。

4)《中图法》索引的结构与功能

为了便于用户从类目名称查找分类号，提供一条按照字顺查找、利用分类表和分类目录的途径，在《中图法》中编制了索引，它是将《中图法》中全部类目名称以及注释包含的主题概念按照其名称的字顺排列起来，并分别指明其相应的分类号。第四版《中图法》中的索引是采用题内关键词轮排索引的形式编制的。

《中图法》的索引主要由三部分构成，分别是中部的索引标目及其下文、左侧的上文、右侧的索引地址。上文与下文起修饰限定索引标目的作用，它们共同组成了一条完整的索引条目。索引的全部款目采用双向排序法，索引标目及其右侧汉字由左向右按照汉语拼音顺序排列，检索入口左侧汉字由右向左按照汉语拼音逆序排列，当类名过长的时候，使用右首折断的排列方法。

4.3.2 主题词表

当前常用的主题词表主要是《医学主题词表》（medical subject headings，MeSH）与《汉语主题词表》，下面着重介绍一下这两个主题词表。

1.《医学主题词表》

1)《医学主题词表》概述

《医学主题词表》是国外医学领域使用最广泛的专业词表，它是由美国国立医学图书馆（National Library of Medicine，NLM）编制的专业叙词表。该词表首次出版于1960年，1962年起每年修订出版一次。2007年，《医学主题词表》的年度纸质印刷版本停止出版，可以在NLM官方网站上免费浏览和下载其电子版本。截止至2024年，该词表已有超过30000个主题词和76个副主题词。

2) 款目结构

《医学主题词表》是将叙词款目、非叙词款目和副主题词一起按照字顺排列的一览表。款目的要素有以下几个部分。

（1）叙词和非叙词，叙词是医学主题词表的主体，是用于标引和检索的重要依据；而非叙词大都是叙词的同义词、近义词和缩写词等，用户可能会使用这些非叙词进行检索。所以为了提高检索效率，必须收录这些非叙词并指出它们所对应的正式叙词。

（2）树形结构号，树形结构号是指用于表明在某一主题领域内，某叙词相对于其他叙词的位置的符号。每个叙词后面至少有一个树形结构号，也就是说可以多于一个但不能没有；如果叙词拥有两个或两个以上的树形结构号，那就说明该叙词被归入了"树形结构表"中的不同类下。通过这个树形结构既可以扩大标引和检索范围，又可以缩小标引和检索范围。

（3）注释信息，注释是消除歧义，明确叙词含义的一种重要手段，详尽的注释信息也是《医学主题词表》的重要特色之一。在《医学主题词表》中主要有三种类型的注释：首先是标引注释，该注释可以帮助标引人员和编目人员更好地理解数据库创建工作，提高标引和编目的准确性；其次是历史注释，顾名思义该注释是有关叙词历史的，反映了叙词的历史沿革，主要是为联机检索者和编目人员编写的，主要用于回溯检索；最后是联机注释，该注释同历史注释的功能一样，也主要是用于回溯检索的，其服务的对象主要是联机检索者。

（4）参照，在《医学主题词表》中主要有以下几种参照：词源参照、相关参照、用代参照、主题词/副主题词组合参照。词源参照是指用于指向一组有共同的词根的叙词的参照方法，比如某个叙词是起源于拉丁语还是希腊语等。相关参照是指用于指引用户从一个主题概念到其他与该主题概念相关的主题词的参照方法，是用于扩大检索范围的一种重要参照工具。用代参照是指用于指引信息标引和检索者从正式叙词到非正式叙词或者相反的参照形式，其中用参照用于指引用户从非正式叙词到正式叙词，而代参照用于指引用户从正式叙词到非正式叙词。主题词/副主题词组合参照是指将主标题词和副标题词的非法组合指向那些表达同一概念的优选的先组叙词的参照方法。

3）树形结构表

树形结构表又称范畴表，是按照《医学主题词表》所收录的主题词的学科属性，从学科分类的角度编排而成的。通过该表可以展示主题词在学科体系中的逻辑关系和纵向等级关系。树形结构表将《医学主题词表》中的所有主题词分为15个大类，依次用A～N和Z来表示，这15个大类分别为如下几类。

    A 解剖学
    B 生物体
    C 疾病
    D 化学物质和药品
    E 分析、诊断、治疗技术和设备
    F 精神病学和心理学
    G 生物学
    H 物理学
    I 人类学、教育、社会学和社会现象
    J 工艺学、工业、农业
    K 人文科学
    L 信息科学
    M 各种人和各种职业名称
    N 卫生保健
    Z 地理名称

这 15 个大类又可以根据需要划分为若干基本类目,而这些基本类目又可以根据需要划分为若干个子类目,这样逐级展开(最多可达 7 级),形成一个等级体系。在同一级中,主题词按照字顺排列,并在词后配以树形结构号。

4)副主题词表

为了限制检索范围、增强主题词的专指性、提高检索效率,在《医学主题词表》中设置了副主题词表,其作用就是在检索中与主题词组配进行检索,以限制检索范围。这里的组配不能任意使用,它有范围上的要求,并随专业的发展,它们的组配范围也会发生变化。

2. 《汉语主题词表》

1)《汉语主题词表》概述

《汉语主题词表》简称《汉表》,为了给中文文献检索系统提供一个综合性的处理工具,在中国科学技术情报研究所(现更名为中国科学技术信息研究所)和北京图书馆主持和组织下编制了《汉表》这一大型的综合性叙词表。它是"汉字信息处理系统工程"(简称"748 工程")的一个配套项目。该表先后有 505 个单位,1378 个专业工作者历时 5 年(1975 年 7 月至 1980 年 3 月)编制而成。此外,还有 1048 个单位,7519 个专业人员参加了部分编审工作。全书共有三卷十个分册,由主表、附表、词族索引、范畴索引和英汉对照索引组成,共计 108 568 个词条,其中正式主题词 91 158 条,非正式主题词 17 410 条。为了适应学科和专业的需要,《汉表》对自然科学与社会科学两个系统分别加以编制和组织。其中第一卷为社会科学部分,共两个分册:第一分册为主表(字顺表);第二分册为索引,包括范畴索引、词族索引、英汉对照索引。第二卷为自然科学,共七个分册:第一分册至第四分册为主表(字顺表);第五分册为词族索引;第六分册为范畴索引;第七分册为英汉对照索引。

随着时代和科学的发展,新事物和新学科不断出现,为了满足需要,紧跟时代发展,中国科学技术情报研究所于 1991 年对《汉表》的自然科学部分进行了修订,出版了自然科学部分的增订版,并建立了词表管理系统。随后,北京图书馆于 1994 年主持编订了《中国分类主题词表》,该表是在《中图法》类目与《汉表》主题词对应的基础上编制的。之后于 1996 年,又根据增订版补充编制了自然科学部分的轮排索引,从而使结构组成更加完备。

随着计算机技术的应用,到目前为止,《汉表》有印刷版、机读磁带版两种形式。现在我国的综合性图书馆大都以《汉表》为标引工具。

2)主表

《汉表》的主表是用于信息组织与检索的重要工具,它由叙词和语义关联项组成,包括社会科学部分和自然科学部分两大范畴。其中社会科学部分主要收录哲学、政治、经济、文化等各学科门类的语词,容纳了社会科学各学科所使用的术语和社会科学领域涉及的专门概念,如学科派别、政治主张、历史事件、会议文献以及社会活动和政治活动等专有术语词汇。自然科学部分主要收录自然科学与技术学科门类关于学科、对象、材料、方法、性能、工艺等方面的语词或专用语词。

《汉表》由大量的款目组成，一条款目又由款目叙词、汉语拼音、英文译名、范畴号、注释项及其语义关系项组成。例如，一条完整的款目如下：

suo yin

索引 *

indexing

F 单元词索引

　　分类索引

　　关键词索引

现在正在使用的《汉表》是经过多次修订后的版本，其自然科学部分的款目是以汉字为单位注音，依次按照音序、声调顺序、汉字的起始笔画排列，这样一来就可以将首字相同的叙词集中在一起，易于标引人员和信息用户的使用。除了自然科学部分以外，其他部分的词条款目则是严格按照叙词的汉语拼音顺序排列，不考虑汉字的笔画和笔形。

我们知道叙词有先组后组之分，对于《汉表》来说也不例外。为了提高标引和检索的直接性以及适应计算机检索和手工检索的需要，《汉表》适当地放宽了所收录的语词，增加了词组的数量。此外，词表中也收录了许多反映国家方针政策、新事物、历史事件的语词。

3）附表

附表是从主表的自然科学部分和社会科学部分两大范畴中析出的有关各国政区名称、自然地理区划名称、组织机构名称和人名等语词进行单独列列而成的表。附表中收录的语词同样具有较强的标引和检索意义，编制附表的主要目的是控制主表中收录的语词，缩小主表的体积以便于标引和检索的使用，降低词表维护的成本。附表中收录的语词是主表中自然科学部分和社会科学部分两大范畴的共有部分，为两者所共用。附表包括四个部分：世界各国政区名称、自然地理区划名称、组织机构、人物，共收录词条 8200 余条。下面简要介绍各附表的情况。

附表一为世界各国政区名称，主要收录了世界上各个国家、各地区以及所属的重要城市名称。在中国政区名称中，主要收录了省、自治区、直辖市、部分重要的城市和地区名称，县一级地区名称未给予收录。县以下的个别重要的城镇、村落，如考古学方面的"周口店""半坡"等均收录主表。此外，古代中外政区和地区名称、革命纪念地、名胜古迹等也都收录在主表中。为了便于揭示族性相关的语词，将按自然地理区域划分的世界五大洲名称收录在附表一中。

附表二为自然地理区划名称，该附表收录了除了五大洲名称以外的其他世界上重要的自然地理区划名称，包括：山、川、河、湖、海、洋、岛屿、平原、盆地等名称。如长江、黄河、太行山、巫山、洞庭湖、东海、太平洋、台湾岛等。

附表三为组织机构，该附表中收录了各学科专业领域中具有主要研究价值和文献中论述的重要团体机构名称。但政党、派别、军队和中外历史上的机构团体名称收录在主表中。除了简称比全称更为通用的情况下使用简称作正式叙词外，一般情况下使用全称作正式叙词。此外，国外个别通用的机构原文的简称，也用作正式主题词，并与其中译名建立联系。

附表四为人物，该表主要收录古今中外具有研究价值和文献论述的人物对象。例如，毛泽东、周恩来等；外国人的姓名一般取姓的中译名，名用原文缩写，按照姓在前、名在后的次序书写。

四个附表是以叙词款目为基本单位，按照款目词的汉语拼音字母顺序排列，其款目是由款目叙词、汉语拼音、英文译名等组成。叙词也有正式和非正式之分，并在非正式叙词后用括号指明所使用的正式叙词。

4）辅助索引

为了便于标引人员和信息检索用户在标引和检索时准确快速地查词和选词，《汉表》中编制了各种辅助索引。它们是由字顺主表中的叙词，根据某种特定需要，采用不同方式，从不同角度编排而成的，是主表的一种辅助工具。《汉表》中编制了三种类型的索引，它们分别是词族索引、范畴索引和英汉对照索引，在《汉表》的自然科学部分修订版中增编了一个轮排索引。现一一介绍。

（1）词族索引。《汉表》中的词族索引是将字顺表中具有属分语义关系的叙词集中起来，按照层次结构显示的一种索引系统。该索引分别按照自然科学与社会科学两个范畴分别加以组织。附表中的属分关系的叙词收录在社会科学部分的词族索引中。截至2008年，在《汉表》的词族索引中自然科学部分共收录词族2821个，社会科学部分共收录词族886个，也就是说词族索引中一共收录了3707个词族。

在《汉表》词族索引中采用完整显示的方法，将所有叙词一一列举出来加以显示，不设分词族。

在该索引中词族的确定应遵循一定的原则，简要介绍如下。①词族中只收录具有明确语义属分关系的叙词，否则不予以收录。这里所说的属分关系主要是指属种关系和整体与部分关系，其中整体与部分关系仅仅限于学科及分支、人体和动物的系统与器官、行政区划与地理等方面。此外，少数具有专业研究和检索需要的叙词，也可考虑成族。②只有那些在一定专业范围内具有族性检索意义的叙词才能够被选作族首词。③已经被确定为族首词的叙词，不得在其他词族中出现。

（2）范畴索引。范畴索引是为了增加词表的系统性，方便用户查找，按照学科专业或主题范畴集中叙词而成的索引。通过这种方式可以形成一个"语义场"，以便显示大量相关概念。在《汉表》的范畴索引中，按照词义所属学科、专业，在社会科学范畴和自然科学范畴的基础上，共划分了三个级类，分别是一级类目、二级类目和三级类目，其中在一级类目中社会科学部分设置了15个类目，自然科学部分设置了43个类目；在二级类目中社会科学部分设置了173个类目，自然科学部分设置了333个类目；在三级类目中社会科学部分设置了311个类目，自然科学部分设置了770个类目。下面简要介绍该索引是如何组织的。①类目设置和划分的原则，首先，类目的设置和划分要遵循概括性和准确性的原则，如类目名称的简明性等，以及在含义模糊的类目下加注释。其次，类目的设置和划分要遵循学科体系与语义范畴相结合的原则。最后，类目的设置和划分要遵循以学科分类为基础，从实际出发确定大、小类目数量的原则。②类目的排列，在《汉表》中的范畴索引中，类目之间大致按照类目之间的相互关系，采取从总到分、从简单到复杂、从一般到具体的逻辑次序展开,并按照从上到下的等级系统排列。主题词都分入最低一级类目并按照汉语拼音字顺排列。叙词的归类严格上来说,只能是一个叙词归入一个类,但如果某个叙词具有两个或者两个以上的范畴属性的时候,也可同时在不同学科门类中重复反映。③标记符号,在《汉表》中的范畴索引中,类目的标记符号是采用数字与字母相结合的混合号码方式编排的。用 01~99 中的两位数字标志索引的总的 58 个大类,大类以下的各个类目均采用字母标记,按照层累的方式编号。也就是说用两位数字表示第一级类目,用一位字母表示第二级类目,用两位字母表示第三级类目。

(3) 英汉对照索引。英汉对照索引是一种提供以英文为入口词使用词表的辅助工具,也可以通过它查找英文主题词表,以促进国内外主题语言的沟通与转换。此外,还可以作为英汉对照的规范化术语词典使用。

在《汉表》的英汉对照索引中,当一个汉语主题词有多个英文译名时,都要把它们一一翻译出来。例如,木材 wood、timber。同样当一个英文名词对应多个汉语主题词的时候,也要在该英文语词下面同时列出。例如,unit 单位(工作);元件、部件;单位(计量或计数的);单元(课本中的)。当英文译名有简称、全称和缩写形式的时候也都同时列出。在这里需要注意的是英文译名一般采用单数的形式,但如果采用复数形式的时候,语义没有发生改变也可以使用复数形式。

(4) 轮排索引。因为轮排索引是在《汉表》自然科学部分修订版中增编的,所以也只有在自然科学部分才有轮排索引。它将自然科学部分的全部语词包括单词、词组、正式叙词和非正式叙词等采用题内关键词索引的方式加以编制。根据正式叙词和非正式叙词的构成语素是不是具有检索价值的单元概念来确定轮排的数量。类目的排序方法采用双向排序,也就是说先按照检索入口词右侧汉字的拼音排列,当右侧的主题词相同时,就按照检索入口词左侧的汉字,从右向左排,便于将靠近入口词的汉字有层次地排列,以便于用户选择使用。

4.3.3 分类主题一体化词表

分类主题一体化是指分类系统与主题系统实现完全兼容,既能充分发挥各自特有的功能,又能互相配合,发挥最佳的整体效应。我国的《中国分类主题词表》就是这种分类主题一体化词表。

1. *发展概况*

《中国分类主题词表》简称《中分表》,它是由国家图书馆主持和全国 40 余家图书情报单位共同编制的,其目的是满足提高文献分类标引和主题标引质量、降低标引难度以及补编主题目录的需要。《中分表》编制的依据有两个,它们分别是《中图法》(第三版)和《汉表》(第一版)。《中分表》是一种将分类法与主题法、先组式与后组式融为一体的文献表和检索工具。

《中分表》作为国家社会科学"七五"规划的重点课题项目,得到国家社会科学基金的支持,该表在 1987 年开始正式编撰并于 1993 年完成定稿,1994 由北京华艺出版社正式出版。全表共有两卷 6 个分册,收录分类法类目 5 万余个,主题词以及主题词串 21 万余条,共约 1400 万字。为了推广使用,该表又于 1998 年出版了配套工具书《中国分类主题词表标引手册》。2017 年,《中分表》第三版由国家图书馆出版社出版。《中分表》第三版共 2 卷 8 册,包括《中图法》第五版类目 51 873 条;汉语优选主题词 120 818 条、非优选主题词及主题概念短语共计 112 807 条,主题词组配式 61 892 条。进入 21 世纪后,随着计算机技术、网络技术在图书馆的广泛应用,由《中图法》编委会组织对《中分表》进行了两次修订并研发出版和发布了电子版、Web 版,满足了各类型信息资源的联机一体化标引及资源检索的需求。

2. 《中分表》的结构与功能

《中分表》总体结构由三部分构成,它们分别是编制说明和使用说明、分类号-主题词对应表和主题词-分类号对照表。分类号-主题词对应表看起来好像是一部完整的《中图法》,实际上它是以《中图法》为主体,把《汉语主题词表》的全部主题词兼容对应于《中图法》的各级类目之下,这些主题词起着类目注释的作用,可以更加充分、清晰地揭示各级类目注释的作用,包括类名及注释的字面形式未能体现的各种含义。主题词-分类号对照表看起来好像一部《汉语主题词表》,实际上,它不仅在内容上做了修改,如增加了一些新的主题词,删除了一些旧的主题词等,而且其结构也有很大的调整,它用对应的《中图法》分类号代替了以往的范畴号。另外还编入了大量的与类目对应的主题词串,这些分别带有相应分类号的主题词款目及主题词串款目相当于一部主题词表式的《中图法》的类目相关索引。同时也改变了《汉语主题词表》中的主题词按逐字母或逐词排列的做法,按照主题词汉语拼音音节排序,并使相同汉字起始的主题词集中在一起,从而为用户查词提供了方便。由此可见,《中分表》既可以看作一部以主题词作注释的分类法,又可以看作一部拥有新的范畴索引的并经过全面增补的主题法。下面我们予以介绍。

1) 分类号-主题词对应表的结构与功能

A. 款目结构

《中分表》的基本单位是分类号-主题词对应款目,其主要由以下要素构成:类号、类名、类目注释、主题词及主题词串、对应注释(参见和注)。《中分表》的每个对应款目都是按照《中图法》的分类号的等级排列而成。

B. 编排格式

分类号-主题词对应表其款目的编排格式分左右两栏,中间用竖线隔开。左栏是《中图法》的分类号、类名与注释。右栏为对应主题词、主题词串以及对应注释。与类名对应的主题词及主题词串用黑体字,注释对应的主题词以及主题词串,属于该类对应的其他主题词及主题词串,均自成一段,顶格书写。当一个类目有多个对应主题词以及主题词串时,各主题词或主题词串之间用分号";"隔开。

具体格式如下。

R1	预防医学、卫生学	预防医学；卫生学
	公共卫生学、社会医学、卫生经济学	公共卫生学；社会医学；卫生经济学；卫生；卫生经济史；卫生工作；预防卫生；卫生工程；服装卫生学；公共卫生；清洁卫生
R11	卫生基础科学	卫生学-基础理论
R111	卫生生物学	卫生学：生物学
R112	卫生生物物理学、卫生物理学	卫生学：生物物理学；卫生学：物理学

C. 对应款目中使用的符号

除了《中图法》和《汉表》所使用的符号外，该表又启用了如下几种符号。

（1）加号"+"，主要起细分类目的作用，位于左栏，插入分类号中间，加号前的类号用于图书分类，加号后的类号用于资料分类。

（2）冒号"："，是用于主题词交叉组配的符号，在本表的右栏使用。

（3）短横"-"，是主题词概念交叉组配的符号，在本表的右栏使用。

（4）逗号"，"，词序倒置符号，用在本表的右栏，逗号前面的语词是主题词，逗号后面的语词是对前面的主题词进行修饰和限制的。

（5）方括号"[]"，在本表左右两栏中都有使用，左栏表示交替类号；右栏表示交替类号对应的主题词符号或代表某一主题词对应在主要类目之外的主题词符号。

（6）三角号"△"，表示对主题词起修饰说明作用的自然语言语词，在本表右栏中使用。

（7）分号"；"，用于多个主题词或多个主题词串之间，在本表右栏中使用。

D. 分类号与主题词对应方法

在《中分表》的分类号-主题词对应表中，类目与主题词的对应主要由以下两个方面组成：一般类目与主题词的对应和特殊类目与主题词的对应。

一般类目与主题词的对应应该遵循以下有关规定。

（1）类目对应的主题词必须是正式主题词，在正式主题词中，若无最专指的主题词相对应，则选择两个或两个以上最接近的上位主题词组配，并优先使用交叉组配。

（2）在与类目对应的主题词中，与类名概念相对应的主题词列在最前面，然后列出与类目注释中的主题概念对应的主题词或者类名中包含的但没有明确显示的主题词。

（3）若主题词在分类法中无专指类相对应，一般采用上位类标引或靠位标引。

（4）若类目与多个主题词组配相对应时，要根据分面公式"主体因素—通用因素—位置因素—时间因素—文献类型因素"来确定词序。

特殊类目与主题词的对应应该遵循以下有关规定。

（1）类组性类目。对类目中类组类目，各主题概念应分别对应，各主题词之间用分号"；"隔开。

（2）"其他"类目。"其他"类首先用其上位类目对应的主题词对应，其次是对应其注释中的概念的主题词，再次是对应其所包含的和无专指类对应的主题词。如果没有"其他"类，则相关的主题词对应入其上位类。

（3）"一般性问题"类目。"一般性问题类目"本身不对应任何主题词，但其下位类对应其相应的主题词。

（4）复分表类目。通用复分表、专用复分表的类目均选用相应的主题词对应，其对应形式与一般类目相同。

（5）交替类目。交替类目对应的时候，一般均将所对应的主题词用方括号括起来，同时以注释的形式说明该主题词对应的使用类目。

（6）组织机构、人物的主题词。在有关组织机构、人物的主题词中，除了少数对应于主表类目外，一般均收入对应表后的组织机构、人物两个附表。

2) 主题词-分类号对照表的结构

主题词-分类号对照表是以主题词的字顺排列为基础，将分类号对应于各主题词或主题词串之下，并加入《汉语主题词表》的参照系统编制而成的。从检索语言的语种类型来说，是一部分类法与主题法相结合的一体化检索语言，又是一部先组式检索语言与后组式检索语言相结合的混合型检索语言。因此，主题词-分类号对照表的作用也具有双重性，它既可供文献主题标引之用，同时又可作为文献分类标引时查找分类号的辅助工具。

A. 款目结构

主题词-分类号对照表的款目由以下要素组成：主题词、参照项、分类号、各种符号及其对应的注释。

B. 款目格式

主题词-分类号对应款目的格式分为单个主题词-分类号对应款目和主题词串-分类号对应款目两种。前者的格式是：主题词在上，其下依次为主题词注释、分类号及各种参照项；注释在主题词之下，缩一字，回行时退两字；分类号在注释之下，缩一字，回行时退两字；D、Z、C参照项或Y参照项在分类号之下，缩一字，回行时退两字；主题词等级符号"·"，在D参照项之下，C参照项之上，与D、C参照项齐头。

例 4.2

八路军
    E297.3
    D 国民革命军第十八集团军
    · 八路军一二九师
    · 八路军一二〇师
    · 八路军一一五师
    C 新四军
    C 中国工农红军

后者款目格式是仅列出主题词串和分类号，无参照项。

例 4.3

体细胞-突变（遗传学）
    Q319.+34

C. 使用的符号

在主题词-分类号对照表中，有些主表分类号后或辅助类号的前部紧跟有圈码符号。

主要有以下几种。

（1）圈码①表示按照"总论复分表"分。

（2）圈码②表示按照"世界地区表"分。

（3）圈码③表示按照"中国地区表"分。

（4）圈码④表示按照"国际时代表"分。

（5）圈码⑤表示按照"中国时代表"分。

（6）圈码⑥表示按照"中国民族表"分。

（7）圈码⑦表示按照"专用复分表"分。

（8）圈码⑧表示该词代表主题词中的一个组配因素，不能独立使用，必须与其他主题词组配使用。

（9）圈码⑨表示按照《中国图书资料分类法》的通用时间、地点复分表分。

D. 参照符号

参照主要包括以下几种：用参照、代参照、相关参照、等级参照。参照符号分别为如下几种。

（1）"Y"表示用参照，是从非正式主题词指向正式主题词所使用的符号。

（2）"D"表示代参照，是从正式主题词指向非正式主题词所使用的符号。

（3）"Z"表示族首词。

（4）"·"表示某个族首下主题词相对于族首词的等级。

（5）"C"表示相关主题词。

4.4　词表评价体系

在信息组织与检索中，词表是用来揭示信息资源内容，组织信息检索系统的重要工具。一般来说，决定信息检索质量和效率的因素有四个：检索语言的质量、标引质量、检索质量以及其他因素，但检索语言的质量起着最为重要的作用。我们进行词表性能的评价是因为：①在对词表进行评价的过程中，往往会发现词表在标引和检索过程中存在不足，这为词表进行更新和维护提供了真实可靠的依据；②通过对词表进行评价，我们可以把握词表在多大程度上能够满足标引和检索的需要，这为词表以后的完善指明了方向；③通过词表的评价，可以得出各个词表性能上的优缺点，从而为用户根据不同的需要选择恰当的词表提供依据。

在我们对词表进行评价时，用于判断词表好坏的标准很多，主要有以下几个方面：①是否具有较高的查全率和查准率；②是否能满足多种检索要求；③是否易于信息标引和易于信息检索；④能否适应先进的检索方式和检索设备，适应多种检索方式和检索设备；⑤能否适应多种学科和多种类型的文献；⑥能否适应图书馆和信息机构各个工作环节；⑦是否具备兼容性和通用性，以及兼容性和通用性程度；⑧是否具备进行现代化改造的可能性。

4.4.1 词表的宏观评价

词表的宏观评价是对词表整体结构的评价，词表的结构决定着词表的功能的发挥，要想使词表具有良好的性能，就必须使词表具备结构上的完备性和严密性。一般来说，词表中受控语词的组织方式有三种：按照字顺方式组织（往往在按照字顺组织的同时为词表配备完善的参照系统）；按照学科范畴组织（能够显示概念的网络关系）；按照等级体系组织（能够显示概念的语义场）。词表结构的评价一般包括以下内容：①在受控词表中各组成部分之间相互参照、相互指引的程度；②受控词表的结构特性支持标引和检索能力；③受控词表的结构与功能的效益；④受控词表在结构设计上的难易程度和进行维护的难易程度；⑤受控词表易于用户使用的难易程度。我们在对词表进行宏观评价时也主要是针对以上内容对词表进行评价，进而得出词表整体结构是否良好的评价。

4.4.2 词表的微观评价

词表的微观评价也就是对词表中的受控语词的评价。这是词表评价的重要方面，其评价的内容主要包括以下几个方面。

1. 词表中受控语词的数量也即词表体积的评价

在词量控制时，我们已经说过词表所收录的语词既要能够满足标引和检索的需要，又不能使词表的体积过于庞大，因为词表中词量太少不能满足标引人员和信息检索用户的需要，而词表体积过于庞大，会增加词表维护和管理的费用，降低词表的效益。一部词表到底设置多少语词为最佳，一直存在着争论，但每部词表都存在一个最佳的词量，这是无疑的。著名学者傅兰生和其他学者曾提出一个最佳词量系数 a 的计算公式：

$$a = Q/M$$

其中，Q 表示词表词量；M 表示检索系统年文献量；a 表示计量系数。傅兰生等学者建议我国词表的最佳词量系数 a 一般不应大于 1/8。

2. 词表中等同率的评价

它是入口词多少的测试指标。等同率=入口词数/叙词数。入口词通俗地讲就是指向正式叙词的非叙词。等同率是衡量词表提供标引和检索通道多少的重要指标，等同率越高，选词就越方便，越能保证标引和检索的一致性。

3. 词表中的受控语词的清晰度的评价

它是对词表中具有范围注释、限定词和等级关系的语词（记作 a）与总词量（记作 b）之间的比率的评价。用公式表示为

$$清晰度 = a/b$$

从这一公式可以看出，清晰度越是接近 1，词汇的语义越是清晰，越能保证语义的

单义性。这是检索系统查准率的重要保证。

4. 词表中受控语词的先组度的评价

一方面词表要具有一定的先组度，另一方面词表中的受控语词的先组度又不能太高。这是因为词表只有具有一定的先组度才能增强词表标引和检索的直接性，但先组度太高反而会增加词表的体积，降低词表的性能。

5. 词表中受控语词的专指度的评价

它主要是评价受控词汇与文献主题和信息提问主题在内涵和外延上的一致性程度。词表应该保持什么样的专指度，这是一个十分复杂的问题，判断的主要依据是使用频率（包括词强）。词表中受控语词的专指度与检索系统的查准率密切相关。

6. 词表中受控语词的网络度的评价

它主要是评价受控语词揭示文献主题和表达信息提问的完备程度。词表网络度的好坏关系到查全率的高低，网络度越高，查全率越高，反之亦然。通常在词表编制的过程中采用组面分析的方法能较好地保证叙词表词汇有较好的网络度。组面分析是指根据每一区分特征将所有被选主题词分成不同的分面和组面。组面分析法与其他选词法配合使用，可以很好地解决组配体系内的受控词汇的空缺、重复和交叉等问题，因而能较好地保证词表词汇的网络度。

7. 词表中的受控语词分布的均衡度的评价

它是对词表中受控语词在各学科、专业范围内分布的均衡程度的评价。如果词表所收语词的均衡度不合理，会限制词表的广泛使用，因此，词汇的均衡度对词表功能的发挥也有着重大的影响。

8. 词表中的受控语词的参照度的评价

它是对词表中受控语词之间相互关联程度的评价。一个性能优良的词表往往具有完善的参照系统。

9. 词表中各语词之间关联性的评价

同受控语词的参照度的评价相似，关联度的评价也是对词表中受控语词的连接性能的评价。

10. 词表中的受控语词的用户的保障率的评价

用户保障率=词表中语词用于表达用户文献提问主题词的总次数/词表受控语词总数。用户保障率体现了词表对用户的保障程度。用户保障率是决定进行语词增加、修改、删除和保留的重要指标。

总之，我们通过对词表中受控语词的以上内容的评价，可以在很大程度上判断词表性能的好坏。

4.4.3 词表的定性评价

国家标准是词表必须遵守的最重要的标准，我们在对词表进行评价的时候首要的任务就是分析词表是否符合国家标准。此外，我们还可以从以下几个方面对词表进行定性的评价。

1. 准确性

准确性是指受控语词能够确切表达主题概念的性质。在词表中，所有的受控语词都是经过严格的、全面的规范化处理，包括词类的控制、字面形式不同但含义相同的语词的词形的控制、自然语言中的多义词或同形异义的语词的词义的控制、语词之间关系的控制、对专指度的控制、对先组度的控制等。这样做的目的是实现一个语词与一个主题概念确切的严格的一对一的对应关系。我们在对词表进行定性的评价时，就是要看词表是否达到了这种一对一的严格对应关系，进而得出词表准确性的评价。

2. 完整性

完整性是指词表结构上的完整性。一般来说，一个完整系统的词表包括主表、副表、辅助索引等，在国际标准中也对词表的完整性做了规定。我们在对词表的完整性进行考察时，主要关注它的系统结构是否完整，最后做出词表完整性的评价。

3. 动态性

动态性是指词表适应随时代发展而出现的新概念的能力，也即词表的更新速度。如果词表不能很好地反映新出现的主题概念，那么词表的质量将大打折扣。因此，我们要定期对词表进行更新和修订，使词表具备表达新事物和新学科的能力。如果词表能够很好地反映随时代发展而出现的新主题、新事物、新学科的话，那么词表就具有较高的动态性。

4. 管理体制的完备性

一个词表编制出来之后，并不是一成不变的，而是随时代的发展，人们认识水平的提高和新事物、新学科的出现需要不断地修订、完善和管理。正因如此，组建一个专门的词表管理机构是必要的，也是定性评价的一个重要标准。如果一个词表没有一个专门的词表管理机构，难以想象它在时代发展中的质量能够得到保证。

4.4.4 词表的定量评价

对词表的定量评价也就是首先确定几个指标，其次通过数理统计计算得出指标值，最后根据指标值得出词表质量好坏的评价。常用于词表评价的定量指标有如下几种。

1. 类目规模

类目规模是指在范畴索引中,每一个范畴所收语词的数量。一般认为叙词表的每一个范畴所收录的词汇应在 30~40 个最为合理。

2. 关联比

关联比是指词表中含有关联项的语词与词表中所有语词的比值。这里所说的含有关联项的语词是指如果一个语词具有至少一个分项、属项或者参照项,那么这个语词就是含有关联项的语词。事实上,关联比是用来反映词表中受控词汇之间联系程度的一个重要指标。我们可以用数学式来表达:关联比=含关联项的语词/词表中所有语词。

3. 参照度

参照度是指词表中平均每个语词所接受参照的数目。在词表中,参照一般包括用参照、属参照、分参照、代参照等。我们把词表中每个语词包含的所有参照的数目统计下来记为 a,然后把词表中所包含的所有语词记为 b,那么词表的参照度 $c = a/b$。实际上,参照度和关联比一样,都是表示词表中各个语词之间关联程度的指标。

4. 先组度

先组度是指平均每一个语词包含单个字的数目。如果我们分别记 a、b、c、$\cdots$、n 为包含一个字的语词的个数,包含两个字的语词的个数,后面的依次类推,那么词表的先组度可以表示为

$$\text{先组度} = [(a \times 1) + (b \times 2) + \cdots + (n \times n)] / (a + b + \cdots + n) \tag{4-1}$$

5. 等同率

等同率是指词表中非正式叙词与正式叙词之间的比率。正式叙词是指在标引过程中正式使用的语词;非正式叙词是指在词表中只作为参照项,而不作为标引用词的语词。实际上,等同率也就是测度入口词多少的指标。

4.5 受控词表的使用

我们进行词汇控制的主要目的有两个方面:一方面是为了使同一标引人员能够前后一致,不同标引人员彼此一致地标引文献的主题概念;另一方面是为了使检索者在检索的时候使用的词汇与标引人员标引的时候所用的词汇一致,并向用户提供调整检索策略的手段,以便满足用户的信息需求。因此,作为词汇控制的重要工具,词表无论在标引过程还是在用户的检索过程中都起着重要的作用。

4.5.1 标引过程中词表的使用

我们在研究标引过程中词表的使用时，必须认识到标引大致分为两个过程：首先，准确分析待标引信息的主题内容；其次，选择词表中准确的词汇表达分析出来的主题概念。

1. 标引内容注意事项

内容分析过程包括两个方面：一方面，信息标引人员要仔细、深入、准确地分析待标引信息的内容；另一方面，信息标引人员要尽可能准确分析和预测信息用户为了获得该信息所可能使用的检索提问式，即判断信息用户利用该信息的目的。内容分析阶段非常重要，因为内容分析是整个信息存储与检索过程的根基，它直接关系到标引和检索的正确性以及检索系统的效率和性能。一旦内容分析出现错误，信息检索的后续阶段再正确也是徒劳的。内容分析之后就进入了标引的第二个阶段。在内容分析的基础上，查找词表，用词表中最确切的语词表达内容分析的结果。

在标引过程中会出现各种误差和缺点。

1）分析失误

在内容分析过程中由于标引人员个人主观或者客观的原因，比如标引人员知识面的局限性等造成标引人员在进行概念分析时出现曲解主题内容的失误。

2）表达失误

标引人员在进行内容分析之后，选择标引词表达内容分析的结果时，选择了不恰当的词汇。

3）删除失误

标引人员在概念分析的时候，删除了能够表达信息的重要主题内容的主题概念。

4）词表的专指度不够

这是由于词表本身的缺陷造成的，也就是说标引人员在准确把握了信息的主要内容之后，不能在词表中找到最专指的词汇来表达分析出来的主题概念，而只能用比较泛指的受控语词来标引。

5）标引的专指度不够

词表中存在能够准确表达标引人员在内容分析的过程中分析出来的主题概念，但由于标引人员主观方面的原因，如对词表不够熟悉等，造成其选用了词表中比较泛指的语词。

尽管如此，词表在标引过程中的作用也是不容忽视的。从以上缺点来看，除第四种失误是由词表本身造成的以外，其他的都是由主观方面的原因造成的。受控词表虽然不能直接减少这些失误，但它有助于把这种失误降到最低程度。比如，在词表中一般都有对受控语词的精确的定义，并提供较为严密的参照系统和注释等，这些在一定程度上都能够降低标引人员的以上失误。

2. 受控词表使用原则

1）完善所使用的受控词表

经常修订完善所使用的受控词表，只有这样才能使我们使用的受控词表更好地满足我们标引和检索的需要。

2）定期出版标引手册

作为标引工作的权威部门，除了出版一部标引词表外，更重要的是应该编制出标引手册，指导标引人员的工作。这样的标引手册应以国家图书馆为核心，以北京大学图书馆等单位为骨干，定期组织研讨，针对主题标引中的问题和难题进行交流，制定权威决策，并定期出版标引手册，对不同学科、不同类型、不同主题的标引实例进行分析。从而有效加深标引人员对词表的理解和掌握，从具体的工作中给予指导和帮助，有效地规范标引人员的工作，保证标引质量。

3）加强标引人员的培训

主题标引工作是标引人员的文化素质和业务水平的综合体现。标引人员不应该是专才，而应该是博才，对各个学科的知识都应有所涉猎。目前我国标引人才奇缺，许多从事标引工作的同志连起码的培训都没有就进行标引，根本无法处理好文献中包含的各种主题词之间的关系。因此标引人员要进行两个方面知识的培训：第一是科学知识；第二是主题词法理论。从理论上掌握主题法，推动标引工作向前发展。

4）规范本单位标引细则

细则内容包括：各学科标引深浅度；多主题文献的处理方法；交替类目的选择；一篇文献以多少标识为宜；自由词的选用情况；一篇文献中能用几个自由词；哪些自由词可以固定在词表中等。例如，一篇文献应该标引的主题词以五个左右为宜；多主题文献的主题内容要全面反映出来，以增加检索率；自由词要严格控制，词表中没有专指度很高的主题词标引时，方可增加自由词等。

4.5.2　检索过程中词表的使用

在用户检索的过程中，受控词表具有指定和提示两种作用。受控词表通过参照系统，从不允许使用的词汇到允许使用的词汇，指引信息检索用户选择恰当的词汇表达自己的信息需求，从而实现信息标引人员、信息用户和信息内容本身三者之间的沟通，有效地满足信息用户的信息需求。

信息检索过程中的提示功能主要是通过词表的组织实现的，也即通过词表中的组面结构、词族以及参照系统实现。受控词表能够根据用户的要求，如较高的查全率、较高的查准率和二者的平衡等，帮助信息检索用户制定各种检索策略。特别是受控词表能够弥补由于未把语义上相关的词表集中在一起而漏检相关文献的缺陷。

用户与系统的交互是信息检索过程中的一个重要环节，通过这个环节用户的信息需求被系统理解。只有用户的信息需求被系统准确理解了，系统才能返回给用户准确的检索结果。在信息检索过程中这一环节非常重要，如果在这个环节上出现问题，那么信息标引环节和检索策略制定环节再正确，随后的检索结果也只能以失败而告终。实际上，这个交互过程是将信息检索者表达自己信息需求所用的自然语言与系统所使用的受控语言进行交互和转换的过程，也是通过受控词表中的语词将信息用户的信息需求表达出来的过程。

可见，无论在信息的标引过程还是在信息的检索过程，词表都起着非常重要的作用。

第 5 章 自动文摘技术

进入 20 世纪 90 年代,随着互联网的迅猛发展,信息开始了爆炸式的增长,在满足人们对信息需求的同时,也使人们快速、准确地找到真正需要的信息变得更加困难。自动文摘是解决这一问题的一种非常有效的技术,因此成为人们日益关注的研究热点。

5.1 自动文摘概况

5.1.1 文摘及其分类

文摘是随着文献的急剧增加而产生的。由于科学技术的发展,文献数量大增,读者在有限的时间内难以逐一阅读原文,而传统的检索工具不能及时报道、揭示最新的文献内容,文摘应运而生。文摘是用浓缩、简明的短文,描述信息载体的主要内容和原始数据,向使用者报道、传递最新信息和信息查询线索的一种工具。它的简洁性、准确性和清晰性使得通过它来了解文献内容,可以节省大量的人力、物力、时间。

美国宾夕法尼亚洲立大学的 Edward T. Cremmins(爱德华·克雷明斯)将摘要的过程分为四个步骤,并对每个步骤的方法和目标进行了描述,如表 5-1 所示。

表 5-1 摘要过程的步骤

步骤	方法	目标
1. 确定所要摘要的文章的基本特征	对文章的形式和内容进行分类	确定摘要的类型、长度、估计难度
2. 确定信息内容(有时)	(a)搜索线索词、功能词或短语、副标题、主题句(b)扩展(a)的结果	确定要提取的有价值的信息
3. 提取信息,压缩后组织成文	将提取的信息用标准的格式组织成一个摘要	得到一个简洁、统一的摘要文本
4. 对结果进行润色、复核	对结果进行进一步修改,或让第三者评价	形成形式和内容都比较完善的文摘

基于使用方法的不同,摘要系统可以被划分为不同的类型。若从摘要的内容进行分类,可分为如下几种。

(1)主题摘要。在摘要过程中需要理解全文,抽取文章中主题(概念、句),组织成文构成摘要,作者原文摘要大致如此。

(2)信息摘要。它是根据用户特定信息要求,抽取相关信息,按用户所喜闻乐见的格式组织成有关信息的摘要。

(3)纲目摘要。它是在阅读并理解全文的基础上,识别文章的结构信息,给出全文目录的摘要。

(4)摘录型摘要。大部分文摘句都是直接或者间接选自原文,只有少数句子经过加工整理而成,手工文摘员的摘要大多如此。

(5)评论型摘要。它是在阅读大量同类文献的基础上,文摘人员对这些文献进行分析比较,再综合评价后形成的文摘。这类文摘需要工作人员有较深的专业知识,对某一领域非常熟悉。

其中,(1)、(2)、(3)种摘要也常常被称为报道型摘要。

5.1.2 自动文摘的概念与发展沿革

世界范围的期刊数量爆炸性增长,导致了二次出版物体积的增加和重要性的提高。纯粹的手工文摘编制速度已经远远落后于文献更新和增长的速度,而且编制效率低、时差大,编制出的摘要容易主观和片面。同时,社会各行业都在进行信息库的建设,文摘是信息库的重要组成部分。手工编制文摘,不仅速度跟不上要求,影响整个信息库建设的进程,而且缺乏规范性,不利于统一管理;而计算机编制的文摘格式统一,易于建库以及信息的检索和再处理。

所有这些,都要求文摘的编制必须自动化。作为自然语言处理领域的一个重要应用,自动文摘涉及了大量的理论和应用技术,而且其相关理论方法和技术也可以应用到其他的自然语言处理应用领域,推动整个自然语言处理领域的发展进程。

我们知道,摘要在人脑的自然语言理解(natural language urderstanding,NLU)过程中是一个高层的功能。人们如果能够对一篇文章做摘要,必然在此之前已经通读文章,并且全面透彻地了解了文章的意思。因此,摘要者必须深刻理解文章,在头脑中形成一种逻辑层次上的领悟。基于这种认识,在人工智能发展的早期,人们试图模拟人脑的这种思维过程,寻求一个自动文摘的解决方案。这最终归结到机器如何理解自然语言的问题。如果建立一个通用的能够理解人们语言含义的机器,自动文摘的问题也就迎刃而解了。因此自动文摘目标的实现也可以视为机器达到真正理解能力的一个标志。1970年,科学家曾断言:"自动文摘是计算语言学和人工智能的一个核心问题"。

人们试图通过建立人脑做摘要的模型进而让机器仿真实现这个模型来达到上述目标。然而,研究发展的过程说明,正如人工智能的其他问题一样,自然语言理解绝不是如此轻易能够解决的。1993年,德国学者Endres-Niggemeyer(恩德斯-尼格迈尔)指出人脑摘要过程模型的建立,正如其他自然语言理解问题一样,依赖于大量的常识。由于自动文摘涉及自然语言的理解及生成、文本信息的表示与压缩等许多复杂的问题。因此,建立实用的基于理解的自动文摘系统是个长期而艰巨的任务。在 1998 年 AAAI(Association for the Advancement of Artificial Intelligence,国际先进人工智能协会)春季会议上研究者达成共识，当前自动文摘的研究更应着眼于实用，解决目前的技术能够达到的目标。在这种精神指导下，我们看到今天取得了一定的成果，在市场上已经可以看到不少具有实用价值的商业系统。

自动文摘就是利用计算机自动地从原始文献中提取文摘。可以把自动文摘的发展大致划分为三个阶段。

1. 发展背景（20世纪40年代末）

在信息爆炸的现代社会，文摘的作用日益突出，但由于人工编写文摘对人员要求高，且人工编写文摘速度慢、效率低等问题，机器编写的文摘成为一种替代方法。20世纪40年代末电子计算机问世，随后人们利用计算机作为一种符号处理装置进行机器翻译，人们考虑尝试利用计算机创造文献的压缩品，从而开始了对机器编写文摘的研究，计算机技术和机器翻译两大发展潮流使机编文摘成为可能。

2. 自动摘录阶段（20世纪50～70年代）

1952年美国的Luhn进行了自动标引与检索的研究，1958年他发表了世界上第一篇有关文摘自动生成的方法的文章，拉开了自动编制文摘研究的序幕。Luhn有关自动文摘的方法来源于他在抽词标引研究中的词频统计的思想。他把关键词统计和对词串的测度计算相结合，以选择文摘句和组织文摘。

紧随Luhn之后，Baxendale（巴尔森代尔）发表了一篇有关对科技文献进行标引实验的文章。该文虽然没有直接对自动文摘进行讨论。但文中所得出的分析结论和标引的权重分配对后来的自动文摘研究有着很大的启迪。例如，通过对200个段落分析得出：85%的段落主题句是段落的第一句，7%的为最后一句，并认为这些句子可以编成文摘。

Oswald（奥斯瓦尔德）的自动文摘的试验又对Luhn的思想有了进一步的发展。他认为考察高频词组合在一起的词组更为重要。一个句子能否成为文摘候选句，完全由该句中含有高频关键词词组的数量决定。

自1964年起，Farl（法尔）等研究利用句法分析来确定名词词组。并从名词词组中剔除功能词，然后确定高频词组，再根据句子中包含高频词词组的数量来确定是否被作为文摘句。

可以看出,自动文摘早期的研究主要集中于证明用程序控制计算机处理机读型文献,并产生出文摘的可能性。在这一发展阶段，人们开发出的机编文摘系统基本上都是自动摘录系统，即按一定的计量方法从原始文献中选出具有代表性的句子组合而成，这时的文摘在连贯性和可读性方面不够理想。

3. 自动文摘阶段（20世纪70年代至今）

人们开始考虑利用智能技术进行机编文摘的研究。马文·明斯基（Marvin Minsky）和约翰·麦卡锡（John McCarthy）等于20世纪70年代初提出：知识是人类智慧的源泉，只有把相应的知识交给机器，才能让机器表现出同人类一样的智能，完成智能工作。在这种思想指导下人们希望让机器根据相关知识来理解输入的文本，并运用各种规则生成文摘。这样一方面可以提高情报检索及信息交流的效率，另一方面可以为研制由文章总结知识的机器学习系统提供可借鉴的经验。

20 世纪 70 年代初，俄亥俄州立大学的 James A. Rush（詹姆斯·拉什）教授和他的学生开发了 ADAM（automatic document abstracting method，自动文档摘要方法）系统，ADAM 系统强调排斥句子的标准，运用排除法设计了从原文中确定并排除不适宜做文摘句的规则。Rush 重视文摘的连贯性标准，在 ADAM 系统中，如果某个候选句需要有一个先行词，那么位于该句子前面的那一句也要选入文摘。该系统已确定的文摘句也不是简单的排列形成文摘，而是按一定的规则润色加工并连句形成文摘。这样提高了计算机编制的文摘的连续性和易读性。ADAM 系统是第一个真正意义上的文摘系统，在它之前的系统只能称为摘录系统。

20 世纪 70 后代以后，自动文摘的研究逐渐走向实用，许多实用系统开始诞生。

意大利乌迪内（Udine）大学的 Danilo（达尼洛）等在 1982 年成功研制出了 SUSY（standard unisys system，标准统一文摘系统）这一文摘系统。该系统以一阶谓词逻辑作为文本的机内表达形式，利用纲要产生器和分析缩写器来装配出满足特定需求的摘要。

德国康斯坦大学的 Hahn（哈恩）等于 1988 年研制出 TOPIC（text oriented programmed information compiler，文本导向程序信息编译器）自动文摘系统，该系统针对的是微处理器领域的科技文本，它采用框架作为知识的载体，并通过联合语法、语义分析来生成各种长度的文摘。

1989 年，美国 GE 研发中心的 Rau（劳）等研制出了 SCISOR（system for conceptual information summarization，organization and retrieval，概念信息缩写、组织和检索）自动文摘系统。该系统利用篇章主题分析以及复杂的句法结构分析等技术生成与摘要有关的框架概念，并采用某种预期驱动分析器从所有框架概念当中提取出预期内容，构成摘要。该系统主要处理的是公司合并方面的新闻。

由于国外自动文摘的研究起步较早，各方面技术比较成熟，我国从 1985 年开始介绍国外自动文摘方面的研究情况，从 20 世纪 80 年代末开始研究自动文摘实验系统。但是由于中西文的特点不同，因此我国的自动文摘必须根据汉语的特点进行相应的处理。

在形式特征方面，汉语和西文的主要区别是汉语词间没有空格，因而存在着自动分词问题。汉语自动分词经过多年研究仍未圆满解决。南京大学信息管理系的李明曾提出从汉字频率统计出发来提取文摘，以回避自动分词的问题，然而因为汉语中真正负载信息的是词而不是字，所以以词为基础的自动文摘必然优于以字为基础的自动文摘。实际上，大多数中文文摘系统都要对文本进行分词处理，只是由于采用的分词方法不同，使得分词精确率有所不同。此外，汉语的词汇极为丰富，同一个概念可以用很多不同的词汇表达，这给词频统计带来了一定的困难。

在语言的深层结构方面，汉语存在一些有别于西文的特点。比如，汉语缺乏词形的变化，增加了句法分析的难度；汉语有一些特殊的句式，如兼语、连动等。

20 世纪 80 年代末，沈阳东北大学姚天顺教授和香港城市理工学院（现更名为香港城市大学）联合开展了"中文全文自动摘要系统"的研究，该系统采用脚本知识表示法，通过与用户交互获取文摘。

20世纪90年代前后,中国科学院软件研究所的李小滨、徐越,在北京大学马希文教授的指导下,对英文自动文摘进行了研究,并研制了一套实验系统——EAAS(English automatic abstract system,英文自动文摘系统)。该系统是一个标准的理解文摘系统,它局限于"就业机会介绍"这样一个领域。系统首先通过与用户交互获得信息焦点集,其次对文章进行语法语义分析,生成文章意义框架,再次根据信息焦点集从文章意义框架中搜索推理出有关信息,最后生成有一定逻辑性的文摘。

哈尔滨工业大学王开铸教授于1992年研制了基于自然语言理解的文摘实验系统MATAS(multilingual automatic text analysis system,多语种自动文本分析系统),1994年研制了自动摘录类的 HIT-863 Ⅰ型自动文摘系统。1996年提出了基于信息抽取(information extraction)和文本生成的自动文摘方案,1998年完成了基于篇章多级依存结构的 HIT-863 Ⅱ型自动文摘系统。

近些年来,越来越多的组织从事自动文摘的研究。北京邮电大学信息工程系钟义信教授采用的文摘方法类似于 Paice(佩斯)的选择与生成文摘法,目前主要针对计算机病毒方面。山西大学郭炳炎教授采用基于统计的方法分析文本结构。

总之,从20世纪70年代初至今,自动文摘研究在经历了相当长一段时期发展之后,正朝着面向实用化、面向非受限领域文本处理的方向迈进,进入到一个前所未有的高潮期。与此同时,各种新颖的研究思想、研究成果和热点课题层出不穷。但总的来说,占主导地位的研究方法又逐渐回归到以统计学的方法为主,以深层自然语言处理、信息抽取以及基于本体的知识工程方法为辅的混合型方法上了。

5.1.3 自动文摘的处理过程

一般来说,自动文摘的处理过程包括三个步骤,如图 5-1 所示。

第一步是文本分析,这个阶段是自动文摘的基础,主要是寻找最能代表原文内容的成分;第二步是文本转换,这个阶段通过摘录或概括的方法压缩原文;第三步是文摘生成,这个阶段重组原文内容,生成文摘。

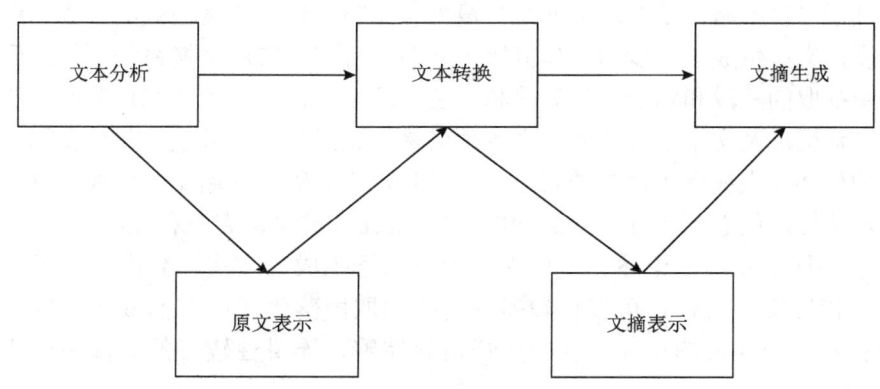

图 5-1 自动文摘的处理过程

1. 文本分析

文本分析的最终目的是要完全理解原文，包含从句子的理解到由句子组成的文章的理解。虽然自然语言处理中的信息识别技术已成功地运用于自动文摘系统，但要想达到前面提到的那种成熟水平，还有很多困难。

最初文本分析的方法主要是借助知识来分析文本的表层特征，利用知识对文本进行深层处理。这些方法可归入自然语言理解的范畴，能生成质量很好的文摘，但领域受限。后来出现了以研究文献中的词频及其他一些浅层统计信息为主的方法。这类方法属于信息抽取的范畴（用自然语言对文献作索引），效果较差，但适用范围广。

2. 文本转换

生成文摘的过程包括对原文内容的选择和泛化。用户的需要决定了文摘所要选取的内容，而领域知识则是泛化时所要遵循的准则。选择和泛化在多文档文摘中显得尤为重要。相关信息的选择与原文的话语结构密切相关。例如，文章的主旨结构可为文摘提供原文的主题线索，超结构的一些片段也对选择正确的文摘信息有所帮助。实际上现有的自动文摘系统均综合了文本分析技术和信息抽取技术，把原文中具有高相关值的句子抽取出来形成文摘。目前较难实现的工作是信息泛化。泛化就是把信息自动压缩为更抽象的形式。例如，"女孩玩布娃娃。"和"男孩玩玩具火车。"两个句子，可简单地用一句话"孩子玩玩具。"概括。其中包含了大量的语义知识，修辞、语义词典和本体论的知识都要用到。但要在更一般的意义上描述被选信息，这还不够。Hahn在领域知识的基础上实例化层次框架中各子部分，并用泛化、归类的方法得出原文的主题。选择和泛化可以控制文摘的长度。理想状态下，人们可自由扩充和精简文摘中的细节，但这还需要长期的努力才能实现。

3. 文摘生成

经过文本的分析和转换，接下来就是文摘的生成了。这项工作的复杂程度取决于用户对文摘形式的要求。如果只要求把原文片段所提供的信息简单罗列出来，则文摘生成这步工作几乎可以省略。若要求文摘是一篇内容完整、语句连贯通顺的文章，达到手工文摘的程度，文摘生成这一步的工作就比较复杂。目前的实用文摘系统所能做到的只是把从原文中抽取的片段和句子稍加修改和润色。理想上，文摘应该在理解原文的语义层面上生成，这就涉及文本生成技术。文本生成是个宽泛的研究领域，包括交际信息的抽取、篇章的构架和生成合乎语法的表达（句子和短语）等。使用文本生成工具生成的文本要具有可读性，能起到实际的交际功能。Horacek（霍拉切克）和Zock（佐克）对这方面的内容进行了专门的论述。从原文中抽取句子生成的文摘，会由于句子间缺少连贯性而使文摘行文不流畅，可读性较差。而靠抽取段落生成的文摘效果就好些，因为段落本身就是一个连贯的单元。要想生成内容完整、连贯性较好的文摘必须注意下面几个问题。

（1）影响文摘连贯性的最主要问题是主语悬垂和指代不明。例如，在句中用于指示和对比的代词其确切含义只能靠它前面或后面的内容来推断。省略问题也是同样。目前对首语重复的解决办法是删除带指代词的句子，这有可能会损失信息，或者增加能说明指代词含义的句子，而有时指代可能发生在文章中更前面的几句，因此也不能保证指代问题的解决。某些情形下，可将包含特定线索词的前几个文本单元都纳入文摘中，然后确定哪些是所需的先行句，需要话语结构的分析，这是文本分析阶段要解决的问题。

（2）其他的层次关联关系可能会影响由抽取句子所得到的文摘的可读性。例如，从原文中抽取的句子中含有关联词"另一方面"，在文摘中该句就会与其前面的句子形成对比关系，而实际上原文中该句和它前面的文摘句并不相邻，因此二者不存在对比关系。删除这样的关联词或增加一个先导句并不能很好地解决这个问题，只有通过文本分析中对话语结构的深入探讨才能从根本上攻克这一难题。

（3）文摘要能简洁明了地反映原文内容。一方面需将原文中的重复性、并列性的成分合并；另一方面，还应利用上下文知识将短句子加以扩充。尽管语言学知识有助于提高文摘的可读性，但多数情况下文摘系统并不需要它。首先，文摘是为了提高选取文献的速度和效率，修饰和润色工作不会对此有太大帮助，相反还会增加系统的处理时间。其次，有时文摘要尽可能多地引用原文。例如，在对法律文档作文摘时，就必须援引原文的词句，否则会造成很大的曲解。

根据文本分析方式的不同我们把自动文摘分为基于统计的自动文摘、基于理解的自动文摘、基于结构的自动文摘、基于模板的自动文摘等。

5.2 自动文摘基本方法

1993 年 12 月在德国瓦登（Wadern）召开了历史上第一次以自动文摘为主题的国际研讨会。1995 年，国际期刊 *Information Processing & Management* 出版了一期题为 *Summarizing Text* 的专刊，编者在序言中指出，这一期专刊的出版标志着自动文摘的时代已经到来。在这种情况下，对现有的各种自动文摘方法进行总结是很有必要的。下面我们逐一介绍基于统计的自动文摘、基于理解的自动文摘、基于结构的自动文摘和信息抽取四种主要的文摘方法。

5.2.1 基于统计的自动文摘

基于统计的自动文摘又称摘录型文摘，它是根据统计学的方法将权重高的句子作为文摘句，按它们在原文中的顺序输出。摘录型文摘中大部分的句子都是直接或间接的选自原文，只有少数句子经过加工整理而成。

1. 原理

这种方法充分利用计算机的计算能力，采用统计的方法绕过文章意义的理解问题。它将文本视为句子的线性序列，将句子视为词的线性序列。在进行文摘时，首先计算词的权重，其次计算句子的权重，再次从文章中挑选出权重大的句子，按照句子在原文中的自然序列进行排列，加以修饰，最后生成文摘输出。在摘录型文摘中，主要的依据有关键词、题名、位置、线索词、段首段尾等文章的特征部分。通过对这一系列的文本的形式特征的分析找出文章最重要的部分。据统计，手工摘要中有91%的句子都是文中的，其中 79%的句子是完全照搬原文，3%的句子是由原文中句子拼凑而来，4%的句子是原文句子改造而来，5%的句子是由原文中句子拼接改造而来，只有9%的句子是人工自撰的。所以基于统计的自动文摘是利用计算机编制文本信息摘要的突破口。

基于统计的自动文摘方法一般被认为是根据关键词的词频统计来抽取文献重要的信息。这种方法建立在Luhn有关自动文摘的观点之上。Luhn在他早期的一篇文章中提出：统计单词在文献中出现的频率是决定单词权重的一种非常有力的方法，而由于可以根据句子中单词的权重来决定句子的重要程度，这也正好为决定句子的权重提供了一个很好的方法。Luhn的理论主张，通过词频统计，能够用从某篇文献中抽取的单词和句子来表示这篇文献的内容。由此得出第一个统计标准：词频统计。

1）词频

词频是指词语在文本中出现的频率。具有标引价值、能够揭示文章主题的有效词往往是中频词，高频词一般是"的、得、地、了、是、个"等虚词。通过统计这些中频词的数量可以计算句子的权值来确定摘要候选句。Luhn提出借鉴自动标引方面的技巧：文献的主要内容可以用该文献中最为重要的句子集合来表达，最重要的句子是含有该文献重要词的集合的句子。Oswald主张句子的权值应按其所含代表性"词串"的数量来计算，而Doyle（道尔）则重视共现频率最高的词对。美国IBM公司在1960年前后研制了一套文摘自动生产程序ACSI-matic，该程序在句权的计算方面对Luhn的方法进行了改进。1995年美国GE（General Electric Company，通用电气公司）研究与开发中心的Rau等完成了ANES（automatic news extraction system，自动新闻提取系统），该系统采用相对词频作为词的权值。

2）标题

标题是作者给出的提示文章内容的短语，标题中的词汇是摘要的重要素材，其中关键词与原文内容和讨论主题往往有紧密的联系，借助停用词词表，在标题或小标题中剔除功能词或只具有一般意义的名词，剩下的词可以作为有效词。

3）指示词

文章中经常出现一些短语或词语，它们暗示或概述了文本内容的总结，这类短语或词语被称为"指示词"。它们通常有如下形式："本文论述了""本文的目的""综上所述"等，这些指示性词后所接的句子往往高度概括了文献主题。因此，这些句子被作为摘要候选句的可能性很大。

4）线索词

Edmunson（埃德蒙森）的文摘系统中有一个预先编制的线索词词典，词典中的线索词分为三种：取正值的褒义词、取负值的贬义词、取零值的无效词。句子的权值就等于句中每个线索词的权值之和。

5）位置

处于不同位置的句子对文章及段落的主题贡献是不同的，美国学者Baxendale的研究结果显示：段落首句为段落主题句的概率为 85%，位于段落末句的概率达 7%。这些位置的句子成为摘要句的可能性很大，在进行自动摘要的过程中，有必要提高处于这些特殊位置的句子的权值。

6）句法结构

文章中的句子形式多种多样，有陈述句、疑问句、感叹句等，但真正反映文章主题的还是陈述句。因此，选择摘要句时，应尽可能地抽取陈述句，避免疑问句、感叹句等形式的句子进入摘要。

2. 一般步骤

1）待摘文本信息录入

待摘文本信息录入指按照一定的标准格式输入原始文本信息，即按照计算机能够识别的形式输入文本信息。文本信息录入的方法很多，比如，键盘输入、手写输入、文本扫描、图形识别、语音识别等。

2）词频信息统计

词频信息统计是对待摘文本信息中出现的重要词汇进行词频统计，并剔除非重要词，重要词在相关文本信息集合中出现的频率较高，能在一定程度上反映文本信息的主题内容。

3）计算句子权重

计算句子权重是根据句子中的词频等信息来确定的。句子的权重由两方面因素决定：句子的具体内容和句子在文本信息中具备的特征。计算句子权重的标准主要有以下几点。

（1）句子权重与句子中所含重要词的数量成正比，句子中所含重要词越多，句子权重越高；反之，句子权重越低。

（2）文本信息中包含提示词的句子十分重要，包含这些提示词的词句的权重应适当提高。如"关键在于""impossible""综上所述"等。

（3）文本信息中位于特殊位置的句子的权重应提升，如首段、末段、段首、段末等。

（4）如果句子中包含废弃指示词时，其句子权值就减小，如"例如""for example"等。

（5）句子的长度与句子的权重成反比，句子越长，其权重越小；反之则越大。

可以看出，句子的权值与句中重要词的数量、重要词的权值、句子的位置及句子长度等均有关系。

4）选取候选句子

选取候选句子是按照句子的权值高低，根据设定的阈值筛选摘要句，并按照句子在文本信息中出现的先后次序进行排序。

5）加工生成摘要

这是自动生成的最后一步，即将选取出来的候选句子进行组合，并对组合后的结果进行润色，最终形成一篇摘要。

3. 不足

这种基于统计的自动摘要方法在实际使用中，处理速度快，对于一般的文章以及结构规范的文章处理效果较好。实际测试表明，它对文本的位置和线索词特征处理效果明显，可适用于处理大多数文章。同时，它的处理不需要非常复杂的语言学知识，比较容易移植到多种语言的处理中。

但是大多数文章常常在某些形式特征上符合常规，而在另一些形式特征上违反常规，或者是在文章的某一部分符合常规，而在另一部分违反常规，摘录的结果能否抓住原文的中心内容要看文章在多大程度上符合常规。因此，自动摘录的质量不是很稳定。而且由于处理中过分依赖文章中规范的结构进行分析，而对句子或段落没有进行意义分析，因此，这种文摘方式对一些结构不规范的文章的处理效果不太理想。尤其对于包含有多个主题的文章进行文摘工作时常常发生遗漏主题以及文摘不连贯的问题。

1）摘要内容不完整

对于多主题的文本信息，基于统计的自动摘要方法生成的摘要有时仅包含了原文中的某个主题或部分主题，而没有提及其他方面的内容，从而影响了摘要的完整性，不能全面表达原始文本信息的内容。这主要是由于基于统计的自动摘要系统缺乏对文本结构分析和文本内容理解。

2）摘要内容不简洁

为了强调文本信息的中心内容，作者常常在文本信息中的不同位置用不同形式的句子和词语对中心内容进行重复描述，以便加强读者对文本信息的理解程度。这些句子往往都被取作关键句，容易造成摘要内容的冗余。

3）语句不连贯

基于统计的自动摘要系统是从原始文本中抽取原句子，这样形成的摘要连贯性较差，因为文章是一个有机整体，每个句子通过省略、指代、同义词以及内在的逻辑关系与上下文融为一体。当把文本信息中处在不同位置上的若干关键句连接形成一篇摘要时，这些关键句往往由于脱离了上下文而难以准确表述。同时，句子之间由于缺乏逻辑次序而显得杂乱，用户在阅读时需要猜测和推理，不但阻碍信息的获取，还可能得出与原始文本信息不符的观点。

5.2.2 基于理解的自动文摘

1. 原理

基于理解的文摘方法是建立在人工智能、自然语言处理的基础上的，它利用语言学知识对文章进行复杂的语法分析、语义分析和语用分析，获取语言结构，还利用相关学科领域知识进行分析、推理和判断，最后生成文摘。

对语言的理解主要有四个层次的操作：第一个层次是理解句中每个概念在句中的作用和地位；第二个层次是理解句子缺省成分和指代关系；第三个层次是理解上下文中的句间关系；第四个层次是理解句子字里行间的意义，即概念的外延。

2. 篇章意义的机内表示

篇章意义的机内表示是由物理属性串接起来的一个统一整体。这个统一整体由逻辑属性表达中心思想。篇章意义的机内表示是原文分析的结果和文摘生成的依据，它在基于理解的文摘系统中处于中枢地位。不同系统采用的篇章意义机内表示有所不同。

1）脚本

20 世纪 70 年代末 80 年代初，美国耶鲁大学的 Schank（尚克）在脚本的基础上研制了 SAM（script applier mechanism，脚本应用机制）系统。该系统应用脚本分析简单的故事，在此基础上对故事进行总结。美国耶鲁大学的 de Jong（德容）于 1979 年研制了著名的 FRUMP（fast reading understanding and memory program，快速阅读理解与记忆计划）系统，该系统用于快速阅览英文新闻资料，是理解文摘系统的样板。FRUMP 由预言器和验证器两部分组成。预言器利用剧本梗概预测当前情形下可能出现的一个或一组事件，验证器的任务是去证实这些被预测的事件，并给出实际信息。FRUMP 的应用范围受内部存储的剧本梗概的限制，如果文章中没有该系统所期望的内容则无法生成任何摘要，会有被误导，以致望文生义的可能。

2）概念从属结构

美国 Tait（泰特）的 Scrable 系统对 FRUMP 系统进行了改进，它要求输入的资料在处理前先转换成概念从属结构（conceptual dependency structrue），在此基础上分析和确定被预测的信息与未预测的信息之间的关系，并将这两部分信息合理地组织成一篇完整连贯的文摘。然而由于概念从属结构过于复杂，所以实现起来困难较大。

3）框架

20 世纪 80 年代末，美国 GE 研究与开发中心的 Rau 等研制了 SCISOR 系统。SCISOR 属于典型的理解文摘，它处理的对象是有关"公司合并"的新闻报道。SCISOR 首先采用关键词过滤和模式匹配的方法对待处理文献进行主题分析，以便判定该报道的内容是否与"公司合并"有关，其次采用与领域无关的自底向上的分析器 TRUMP（transportable understanding mechanism package，可迁移理解机制工具包）识别每个句子的结构，生成类似于框架的概念表示，最后运用自顶向下的预期驱动的分析器 TRUMPET（TRUMP expectation tool，TRUMP 预期工具）从概念表示中提取预期的内容。20 世纪 80 年代初，德国康斯坦茨大学的 Hahn 等研制了 TOPIC 系统，该系统针对微处理器领域的科技文献，以框架作为知识表示的基础，通过对全文的语法语义分析生成不同长度的摘要。

4）一阶谓词

意大利乌迪内大学的 Danilo 等在 20 世纪 80 年代初研制了 SUSY 缩写系统，该系统以一阶谓词逻辑为基础，取得了较好的效果，体现出了逻辑方法的潜力。SUSY 系统由两部分组成，第一部分称为纲要生成器（schema builder），它收集用户需求，形成摘要纲要（summary schema）和文本纲要（text schema）。第二部分包括分析器（parser）和缩写器（summarizer）。分析器自底向上地分析原文，建立起一阶谓词形式的机内表示。缩写器首先使用文本纲要和加权规则产生加权的内部表示，其次使用摘要纲要和选择规则修剪加权的内部表示，最后从输入文本中检索出基本单元（词、短语或整句），将它们装配成摘要。

3. 步骤

1）待摘文本信息录入

它是指通过键盘或光学识别装置、图形识别装置、语音识别装置输入待处理的资料。

2）文本分析

文本分析主要包括如下几个方面。

（1）语法分析：借助词典中的语言学知识对原文中的句子进行语法分析，确定词形和词义，切分句子并找出词句间语法上的联系，并以数据结构描述出来。

（2）语义分析：运用知识库中的语义知识，将语法结构的描述转换为基于逻辑和意义的语义表示。

（3）运用分析和信息提取：运用领域知识和上下文信息进行推理和判断，完善句子的确切意义，在此基础上提取出资料的中心思想或用户感兴趣的内容。

3）文摘初稿生成

它是指将信息表中的内容转换为一段完整连贯的文字输出。

4. 不足

基于理解的自动摘要采用了复杂的自然语言理解和生成技术，对文献意义的把握更准确，因此摘要质量较好，具有简洁精练、全面准确、可读性强等优点。但是，这种方法大多局限于特定的学科领域，因而导致其应用范围相对较窄，只在某些非常狭小的领域中得到应用。

1）语料范围限制

理解摘要不仅要求计算机具有自然语言理解和生成能力，还需要能够表达和组织各种背景、领域知识。这些工作的难度很大，而面向大规模真实语料的语法语义分析技术尚未完全成熟，因此如果想获得高质量的语言分析结果，就必须将待处理的语料限制在某个范围之内。

2）框架的拟定

理解文摘方法的基础是框架的知识表示，框架需要根据领域知识预先拟定，因此如果想把适用于某个领域的理解文摘系统推广到另一领域，则需重新拟定框架，这种填充和组织领域知识的沉重负担使理解文摘难以移植。

5. 研究与实现

杨晓兰和钟信义提出了一个基于文本的理解系统。该系统模拟人的理解、知识获取认知过程，利用全信息词典有效地组织语言学知识、背景知识和领域知识，利用部分分析器算法，实现语法语义语用分析一体化，从文本中提取重要信息，将任一篇文章转换为计算机内的一个信息提取框架实体。根据填充情况，由文摘生成器产生合适的文摘。目前已实现计算机病毒领域文章的自动文摘，验证了文摘模型的可行性和有效性。

文摘系统模型如图 5-2 所示，其中实线表示工作流程，虚线表示智能分词器将词条信息输入到控制缓存区中。为了验证该模型的可行性和有效性，以计算机病毒领域文本为研究对象生成该领域的自动文摘。首先系统接收一篇计算机病毒领域的文章，在部分分析器的作用下，选择与文摘框架（abstract frame）填充有关的文本部分进行分析和理解，最终将原文本转换为预定文摘框架的一个实体。其次通过文摘生成器，得到自然语言形式的文本摘要。

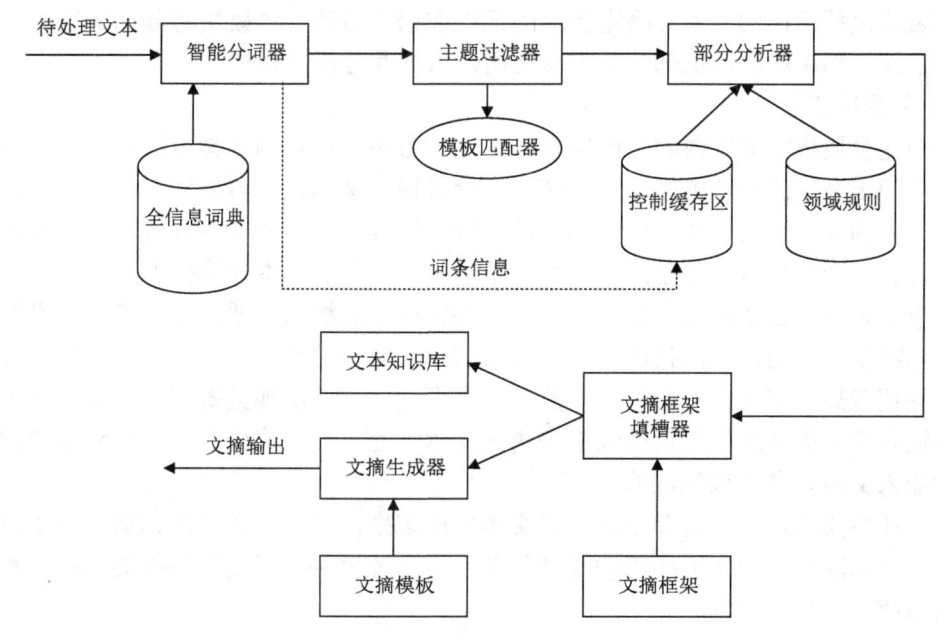

图 5-2 文摘系统工作流程图

系统功能模块说明如下。

1) 全信息词典

全信息词典将多种知识源有机地组成一体，用统一的文法进行描述，很好地解决了自然语言中知识表示和知识运用的问题。全信息词典由三部分组成：概念词典、概念联用规则库、效用规则库。概念词典是以分类语场为基础的静态语义网络，用来表示概念的聚合关系。概念联用规则库是基于框架的动态语义网，用来分析概念间的组合关系。效用规则库把词和任务有机地联系在一起。这里的词不再是一个抽象的意义单元，而有其语用意义。该词典一方面可以引导句子分析器进行语义分析，另一方面它为部分分析器的工作机理提供了依据。不同的领域对应不同的概念联用规则和效用规则。

本系统词典的数据结构为

词	概念范畴	概念联用规则	映射规则	语义限制规则	效用规则

概念范畴是指词的分类方法是按语法语义分类的。在本系统中，采用语法分类和语义分类相结合的方法对词进行分类，上层按语法分类，下层按语义分类。

概念联用规则体现了概念之间互相制约互相影响的语义约束关系。它是和映射规则、语义限制规则一同引导句子进行语义分析，得到语义解释的。

2）智能分词器

该分词模块在正向增字匹配法的基础上，针对计算机病毒领域出现的新词比较多的特点，制定若干识别新词规则、判定新词词性甚至可以推出新词的概念范畴的规则。计算机病毒领域的文章出现的新词大多关于病毒的名称、病毒发现地点、病毒发生时间等名词。因此根据新词的上下文确定新词的词性和语义范畴。该模块将分词所得的词的各种信息送入控制缓冲区，供部分分析器使用，引导其分析的运行。

3）主题过滤器

该功能模块根据文本内容，确定文本主题。若不能识别输入文本的主题，则提示用户该文本超出系统的理解范围，该系统将拒绝对输入文本进行再处理。否则，激活与文本主题对应的文摘框架、文摘模板和领域规则，继续下一步的文本分析。主题过滤器其实是一种文本浏览技术，主题的确定类似于信息检索中的文本分类技术。

该模块采用的过滤算法是基于关键词和关键短语加权的，通过对计算机病毒领域文章的词和特征短语的研究，找出了53个关键词和20个关键短语，如恶性、破坏等。对每个关键词或短语赋予一定的权值。然后，根据文本中所出现关键词和关键短语的权值总和与输入文本的长度的比值的大小来决定文本主题。如果比值大于某个领域的比值，则认为输入文本是属于该领域的。

由于在对文本进行分析前已进行了文本主题识别，这降低了系统词典的搜索时间，并减少了为消除语言歧义所必需的各种复杂分析。该模块既提高了系统的效率，也保证了文摘系统的领域无关性。

4）部分分析器

它同全信息词典一样，也是本文摘系统最有特色的部分。在文摘框架的约束下，在控制缓冲区的各种词信息（即概念范畴、概念联用规则、映射规则等）的引导下，对与文摘框架填充有关的句子或短语进行必要的语法、语义分析。

针对文本中存在代词回指和省略等问题，系统制定了若干与领域有关的规则，并设计了许多上下文寄存器保存句子分析的中间状态，同时专门有一个话语实体表用来处理代词回指问题，由于概念联用规则中对句子中可能出现的概念作了预期，使得解决回指问题得到大大简化，很多时候只要检查预期指代对象的概念范畴是否能与话语实体表中的某个实体相匹配，如果成功，则将该实体代入。

5）文摘框架填槽器

该模块的功能是实现输入文本对文摘框架的实例化，它把获得的信息根据文摘框架填入相应的槽部件。部分分析器得到句子或短语的语义解释后，利用有关词的效用规则，填充效用规则中指代的文摘框架中的某个槽或多个槽。填槽器根据效用规则中的槽名将该实体填入文摘框架。

由于文本中有许多信息是隐含的，框架中槽之间存在逻辑关系，该系统制定了若干条规则对文摘框架进行补充填充，恢复隐含的信息。例如，根据病毒的传染对象确定病毒的类别。

6）文摘生成器

根据文摘框架填充情况，按既定的文摘模板，填充模板中的空白部分，生成文摘输出。该文摘模板由该领域专家制定，即对病毒信息的每一个槽值赋予一定的权值，选出权值大的槽部件名和其内容进行词语组织，生成合文法的句子，构成文摘。

5.2.3 基于结构的自动文摘

1. 原理

基于结构的自动文摘方法是将文本信息视为句子的关联网络，选择与很多句子都有联系的中心句即可构成摘要。句子间的关联可以通过词间关系、连接词等确定。基于结构的文摘采用自上而下的分析方法，先对文章的结构进行分析，再逐渐细化到段落、句子和概念，整个的分析过程是一个自上而下的过程，即由上层分析逐渐细化到底层分析。

一般说来，文章中的不同部分承担着不同的功能，各部分之间在逻辑上是有一定的关联的。文章的这种关联找到了，其核心部分也就自然能够找到，这就是基于结构的自动文摘方法的思想。这种方法更利于从全局的观点把握原文作者的意图。

目前，语言学对于文章结构的研究还很不够，可用的形式规则就更少了，这使得基于结构的自动文摘方法到目前为止还没有形成一套完整的理论方法。

2. 关联网络

如果将一个语言单元的各个子单元视为节点，并在两个有语义联系的子单元之间引一条边，那么我们就得到了一个关联网络。在网络中，与一个节点相连的边数称为该节点的度。节点的度越大，则节点在网络中的重要性越高。将最重要的若干子单元抽取出来，即可构成文摘。

苏联的 Skoroxod'ko（斯科罗霍'季科）将文章视为句子的关联网络，句间的关系建立在词间的同义关系基础之上，和很多句子都有联系的中心句被确认为文摘句。美国康奈尔大学的 Salton 等则将文章视为段落的关联网络。文献中的每个段落被赋予一个特征向量，两个段落特征修辞结构语用功能向量的内积表示这两个段落的关联强度。如果两个段落的关联强度超过给定阈值，则认为两个段落有语义联系，将和很多段落都有联系的中心段提取出来组成一篇文献摘要。对于篇幅较长的文章，句子之间的关联网络将十分庞大，其时空开销都将是难以承受的。相比之下，段落之间的关联网络要小得多。另外，由段落拼接起来的文摘和由句子组装起来的文摘相比，连贯性显著提高。不过，由于最重要的段落中也可能包含一些无关紧要的句子，所以基于段落抽取的文摘显得不够精练。

IBM 公司的 Intelligent Miner for Text 是一个成熟的文本挖掘产品，被选为最佳的数据采集工具，并获得 DM（data mining，数据挖掘）读者奖。Intelligent Miner for Text 在其文本挖掘的核心技术中用到了关联网络的思想。根据 IDC（International Data Corporation，国际数据公司）的统计，2000 年左右，Intelligent Miner for Text 是当时文本挖掘领域最先进的产品。

用 Hearst（赫斯特）提出的公式可以来实现关联网络思想，IBM 的 Intelligent Miner for Text 的核心技术也是基于这个公式，公式如下：

$$\text{sim}(b_1,b_2) = \frac{\sum W_{tb_1} \times W_{tb_2}}{\sqrt{\sum W_{tb_1}^2} \times \sqrt{\sum W_{tb_2}^2}} \quad (5-1)$$

其中，W_{tb_i} 表示段落 b_i 中的关键词 t 的权重，b_i 代表段落 i（$i=1,2$）。

3．不足

基于结构的自动文摘方法的优点是既能避免自动摘录的不连贯性，又能避免基于理解的自动文摘和基于信息抽取的自动文摘受专业领域知识限制的缺陷。特别是当遇到多主题或篇幅很长的文献时，将文章视为段落的关联网络的方法能很好地进行摘录，再配合以仿人算法，所得的自动文摘的相关性和连贯性都是其他方法无法比拟的。然而，这种方法也有自身的不足之处，其最重要的缺陷就是不能做到让计算机真正理解文献的主题内容。这种方法只是在人工智能领域无法取得突破性进展时产生的一种替代方法。适合于科技性文献和新闻，对于有隐含意义题材的文章，如散文、诗歌、小说，则均不适用。

5.2.4　信息抽取

基于理解的文摘方法需要对文章进行全面的分析，生成详尽的语义表达，这对于大规模真实文本而言是很难实现的。与之相比，信息抽取只对有用的文本片段进行有限深度的分析，其效率和灵活性显著提高。信息抽取的自动文摘以文摘框架为中枢，分为选择与生成两个阶段。文摘框架是一张申请单，它以空槽的形式提出应从原文中获取的各项内容。例如，针对计算机病毒领域的文章可以提出如下的框架：

病毒{病毒名称：
　　病毒传染对象：
　　病毒类属：
　　病毒攻击对象：
　　……}

在选择阶段，利用特征词从文本中抽取相关的短语或句子填充文摘框架。例如，在文本中发现"……感染可执行文件……"字样，则可以将特征词"感染"后面的短语"可执行文件"作为病毒的感染对象填入文摘框架。在生成阶段，利用文摘模板将文摘框架中的内容转换为文摘输出。文摘模板是带有空白部分的现成的套话，其空白部分与文摘框架中的空槽相对应。例如，"该病毒的感染对象是（病毒传染对象）"是模板中的一个句子，因为在文摘框架中登记的病毒感染对象为"可执行文件"，因此在文摘中将输出这样的句子："该病毒的传染对象是可执行文件"。

英国兰卡斯特（Lancaster）大学 Paice 等在 1993 年提出的选择与生成文摘法，实质上就是信息抽取方法。目前该系统主要针对"小麦实验"方面的文章，但研究者正在努力使它能够方便地移植到其他领域。英国曼彻斯特的 Black（布莱克）是 Paice 的合作者。由于文摘框架的编写完全依赖于领域知识，所以信息抽取仍然是受领域限制的，只不过文摘框架比理解文摘中的脚本等要简单得多，更易于编写。信息抽取要想应用于多个领域，就必须为每个领域都编写一个文摘框架，在处理文本时先进行主题识别，根据主题调用相应的文摘框架。另外，单凭特征词或特征短语的提示作用来填充文摘框架并不是非常准确的，而且由于语言的灵活多样，一些有价值的文本片段可能没有明显的特征。最后，由于使用模板生成文摘，使得文摘的语言千篇一律，十分呆板。

5.3 自动文摘的评价

系统评价是自动文摘系统中一个非常重要的环节。如果系统从原文本抽取出文摘后不经评价就直接呈现给用户，信息的可靠性是令人质疑的。对于无用信息和有歧义的信息有时甚至会产生一定程度的误导。通过评价，一方面系统的有效性、可用性和可理解性等都得到验证。另一方面，通过评价产生的结果可以反馈到自动文摘系统的不同处理阶段，这一过程可以促进系统性能的提高。

5.3.1 自动文摘评价存在的问题

自动文摘研究属于自然语言理解范畴，因而对一个文摘系统的评价实际上就是对一个自然语言理解系统进行评价。一般对于一个自然语言理解系统来说，它的评价方法是其研究的一个重要的组成部分，但同时也是最容易引起人们争议的地方。究其原因在于理解本质上是客观事物在人脑中的一种主观反映。既然是一种主观反映，就可能随着主体对象人的不同而不同，甚至同一个主体对象由于环境发生了变化，在不同的时刻也可能有不同的反映。正是由于理解是一种主观反映，使得我们很难制定一套客观的标准来评判一个自然语言理解系统，所以对自动摘要的评价也陷入了相同的困境。

自动文摘是一个文本精炼的过程，要求机器自动为原文提供一个基本反映文章主题的精炼版本。然而人们对文章主题的认识却是相当复杂的。一方面，不同的读者对同一篇文章的主题认识可能有很大的差异，另一方面，就算是同一个人在不同的时间对同一篇文章进行摘要，结果的同一率也不能保证达到 100%。由于摘录性文摘系统基本是从原文中选取句子构成摘要，避开了机器自动生成语句的难点，因而吸引了许多研究者的注意力，成为自动文摘系统研究的主要方向。目前大多数评价方法均是针对这类文摘系统进行研究的。但是，文摘的结果并不一定必须是由原文的原句组成，还可以对原文的句子进行修饰改造，甚至可以利用机器自动生成与原文完全不同的句子。对于这类非摘录性文摘系统，要建立一个评价系统将更为复杂，因为系统必须还要判断生成的文摘句子语法上是否正确，语义上是否正确以及是否反映了原文的主题。

5.3.2 自动文摘评价分类

文摘的评价方法通常可以分为两类：内部评测和外部评价。内部评价是针对一个独立的文摘系统所表现的性能进行评价。它主要评价文摘的连贯性和内容的完整性。外部评价是通过分析自动文摘对完成其他任务的影响来实现评价的。外部评价是测试文摘对自动问答、分类等任务的影响程度。

内部评价中文摘的连贯性主要是指文摘在文字上的流畅程度，包括是否出现主语悬挂、句子是否通顺、句子间意义是否连贯、句子间是否有关联词连接、逻辑结构是否合理等。主要采用主观性感觉进行评价。

内部评价中文摘内容的完整性是指文摘中包含原文（或标准文摘）中的信息量的多少。常用的两种评价方法：一种是以原文为参考，原文经过加工、标注，为评价提供判定依据；另一种是将专家根据原文生成的文摘作为标准文摘，判断系统生成文摘包含标准文摘中的信息程度。

外部评价是在特定的文摘任务中对文摘系统的有用性进行评价，为自动文摘技术提供了应用环境。最大规模的外部评价是 1998 年的 TIPSTER SUMMAC（TIPSTER summarization evaluation，TIPSTER 文本摘要评价任务）的评价。这是由美国政府资助，第一次大规模、独立于开发者的自动文摘评价。评价者分别根据文摘或原文，对文档与给定查询的相关性、文档与给定的五个主题类别的相关性进行判断。该评价意在判断文摘是否能正确地反映原文的分类信息。由于评价者需要阅读每篇原文和文摘，所以此次评价工作依靠了大量的人工劳动。

1. 内部评价方法

1）摘要比较法

摘要比较法是将自动摘要系统所产生的结果与理想摘要进行对比，根据二者的相似性进行评价。理想摘要是指由人来撰写的摘要。这种方法的核心思想是将从机器获得的摘要与理想摘要进行对比，根据两者的相似性进行评价。与理想摘要越接近，则说明摘要的质量就越高。通常理想摘要可以直接采用原文作者摘要来代替，但原文作者对文章所做的摘要也可能会有一些不足之处，如作者撰写的摘要可能不够规范、编写摘要时不够客观等缺点。所以很多人主张采用专家对文章直接抽取句子进行摘要。为了避免专家编写摘要时，过多地引入个人观点，通常采用多个专家为同一篇文章进行手工摘要。对他们所得到的摘要句子集合进行交集运算，构造理想摘要句子集合。1970 年，Johnson（约翰逊）研究发现，尽管有时人们对于文章中句子的重要程度也有不同意见，但是人们对于文章中哪些是最重要的以及哪些是最不重要的部分意见非常一致，而对于哪些不是非常重要的分歧比较大。根据这个现象，获得理想摘要方法的依据是如果多个专家对同一篇文献所做出的摘要满足一定的同一率，则可以用专家们的共同意见来代表这篇文章的最重要部分，构成理想摘要。否则，得到的理想摘要的可靠性就值得怀疑。这种方法最大的问题就在于理想摘要很难获得确定的标准。如果文章的风格内容比较特别，使得多名专家不易得出一致的决定，从而导致专家们的同一率较低，这就会从根本上否定利用这种方法的可行性。另外，目前还要求文摘系统可以为用户提供个性化的摘要，这意味着用户可以输入自己不同的需求，从而得到不同的摘要结果。这种个性化的摘要就更不能用多位专家的共同意见来代表。

2）可接受性评价方法

摘要的可接受性评价方法是对文本信息进行主观性评价。这种方法的主要思想是由于摘要属于自然语言理解的范畴，有时很难采用客观的标准进行评价，因此往往依靠主观性感觉进行评价。参加评价者将系统生成的摘要与原文进行对照，参考事先确定的一些定性的指导性评价标准，根据评价者的主观感觉对摘要进行评价，评价结果为可接受或不可接受。此外，此方法评价时还可以考虑一些难以量化的评价标准，如摘要的流畅性，是否体现了原文的写作风格等。1998年，TIPSTER项目利用该方法对14个文摘系统进行评价，所得出的结论与其他评价方法有明显不同。实验结果表明，该方法是从另一个角度，即个人感受角度来评价各个文摘系统，可以作为其他评价方法的一个补充。

总之，利用内部评价方法的好处在于可以直接对获得的摘要进行分析，比较有针对性，特别适合于研究者对自己的系统进行内部评价时采用，对系统改进研究具有较大的帮助，其评价过程也是对其系统本身的一种深入研究学习的过程。缺陷在于该方法主观性太强，不利于大规模地对多个文摘系统进行客观性评测。

2. 外部评价方法

外部评价方法是一种间接的评价方法，将文摘应用于某一个特殊的任务中，根据摘要功能提高这项任务的效果来评价自动文摘系统的性能。

为了克服内部评价方法的弱点，近年来一些研究者提出应采用外部评价方法来对自动文摘系统进行评价，即将摘要应用于特定的任务，根据文摘系统对该任务的促进作用来评价文摘系统的性能。1995年，Brandow（布兰多）尝试在信息检索任务中评价文摘系统。对比采用摘要进行检索与原文进行检索的准确度，来确定是否可以在信息检索中利用摘要来代替原文。1994年，Mike（迈克）尝试在一个新闻分析任务中，根据利用摘要进行新闻分析的效果来进行评价。此外，由于情报处理领域中有许多具体任务，因而不断有研究者提出新的任务，用于外部评价方法。

1998年5月，美国国防部高级研究计划局（Defense Advanced Research Projects Agency，DARPA）在TIPSTER文本计划（Phrase Ⅲ）项目下进行了一次大规模的、与开发者无关的、有16个研究单位参与的自动文摘系统测试。该测试的核心思想就是利用外部评价方法来评价各个系统。评价采用预先处理过的TREC（text retrieval conference，文本检索会议）文本集，文本集中的文章均已经按照主题分类，每篇文章只能属于其中的一个主题类，其评价采用两种方法：第一种方法，根据一般性的摘要进行主题相关判定。利用文摘系统对每篇文章生成一篇一般性的摘要，评价者根据该摘要对原文章进行分类。假设最终要分为 j 类（j 大于2），类1到类j-1，代表主题 T_1 到主题 T_{j-1}，类 j 表示文章与上述各主题均无关。以分类的准确度和花费的时间作为评价指标。第二种方法，根据具有偏重性的摘要进行主题相关判定。偏重性摘要就是系统对原文信息进行有偏向性的浓缩。例如，对于一个管理农业的官员，他在阅读一篇讲述国内经济形势的文章时，仅仅关心有关农业方面的内容。系统可以利用偏重性功能从原文中摘要出有关农业的内容来满足需求。这项功能可以满足人们个性化摘要的需求。具体评价方法与一般性摘要评价方法不同，首先要向自动文摘系统中输入一个主题参数，即指定某个主题，其次系统根据该主题对原文章做出偏重该主题的文摘，评价者根据获得的偏重性文摘来把原文章分为原文与指定主题相关或不相关。以分类的准确度和花费的时间作为评测指标。

外部评价方法通常是在一个具体的任务中来评价文摘系统,因而相对于内部评价方法具有较少的主观性,易于对多个文摘系统进行评价。此外,在特定应用中评价系统也有助于自动文摘系统在其他领域中的应用研究。然而,这类方法也具有一些缺点,例如,每次评价只是针对一个特定任务,局限性太大,不利于系统性能的全面改进。由于情报处理工作中有各种各样的任务,所以评价方法种类繁多,难以统一标准化。

下面介绍两种常用的机器评价方法。

1) 句子召回率和精确率

其主要思想是给定一个参考摘要(基于提取的人工摘要),度量机器摘要中包含了参考摘要中的多少句子。如果参考摘要的长度为 n 个句子,机器摘要长度为 k 个句子,并且有 p 个参考摘要中的句子包含在机器摘要中,则精确率为

$$\text{Precision} = p/k \tag{5-2}$$

召回率为

$$\text{Recall} = p/n \tag{5-3}$$

2) F-measure

文摘精确率和召回率是两个相互关联的评价标准。通常一个系统的文摘精确率提高了,其召回率往往会下降,因此只用其中的任何一个进行评价都可能失之偏颇。F-measure 是一个对文摘精确率(P)和召回率(R)综合考察的指标。

它的定义是

$$\text{F-measure} = \frac{2 \times P \times R}{P + R} \tag{5-4}$$

3. 新的文摘系统评价方法

从任务评价的角度来考虑,在文档集上给定任务 T,如果原文的对应摘要在 T 下能获得同原文本一致的属性 t_i,那么就可以说摘要至少具有了原文本在任务 T 下的属性 t_i,并且在任务 T 下是可替代原文本的。当用机器摘要来评价任务 T 的效果时,不仅考虑整个执行过程的性能,而且还考虑原文档同对应摘要的关系。在我们的文本自动摘要系统中,评价部分考虑三个因素:文本摘要的精确率;文本摘要的召回率;在不同的压缩率情况下,摘要包含的原文本中的信息量是不同的,这一变化应该在评价中得到反映。由上所述,我们定义如下的评价准则:

$$\text{F-new-measure}(N) = \frac{2 \times (1-c)}{\frac{1}{R(N)} + \frac{1}{P(N)}} \tag{5-5}$$

其中,N 表示文档的总数;$P(N)$ 和 $R(N)$ 分别表示这 N 篇文档的文摘精度和召回率;c 表示文本摘要压缩率(摘要长度/原文本长度)。

5.3.3 评价实例

1995 年,国家高技术研究发展计划(简称 863 计划)专家组组织了以北京大学的俞

士汶教授、段慧明高工为首的中文自动文摘系统评价组，首次对国内的三个中文自动文摘系统进行了评价。评价报告称，对同一篇 5000 字的文献资料，三个系统虽然都是采用原文中的摘录句组成摘要，但生成的三篇摘要竟然无一句雷同，致使评测组一时难以判定其优劣。于是，俞士汶教授建议，找三位专家，对该篇文章按照规定句数（15 句）做手工摘要。分析三份手工摘要结果发现，二位专家间的同一率高达 70%（即 10 句左右），三位专家手工摘要中的相同句有 50%。因此，评测组认为，同一篇文献的好的摘要应有一定的同一率。该文摘系统因其摘要的结果与三位专家的手工摘要有 50% 的相同句，以及其全部摘要句皆落入专家摘要句的并集而受到了好评。此后，该系统在 1998 年 4 月被 863 计划鉴定专家组鉴定为世界领先水平。1999 年 10 月对该系统又进行了一次大规模、严格的黑箱测试。1950 年数学家 Turing（图灵）提出一种著名的人工智能测试方法，称为 Turing 测试。他认为，如果测试人在不能看见回答问题的对象情况下，无法从回答问题的结果来分辨出该对象是人还是机器，则就可以认为该机器具有了人的智能。本次测试依照国家高性能计算中心副主任杜晓黎博士的提议完全参照 Turing 测试的要求进行。首先，请文汇新民联合报业集团和北京图形研究所等单位从国内外的报纸和网站上随机抽取 402 篇文章，并要求他们对所提供的每篇文章各请三位专业人员做一个人工摘要，共计 1206 篇摘要。其次，再利用该系统对原始文章做出机器摘要。最后，将手工与机器的摘要相混合，交给由华东师范大学和向明中学等重点中学的 6 位退休特级语文教师和 2 位教授级专家组成的评价专家组，进行黑箱评测。评价专家组就相当于 Turing 测试中的评价人，他们并不知道哪篇摘要为机器所摘，哪篇摘要为人工所摘，他们的工作只是对来源于同一篇文章的四个摘要的质量进行评比，排列名次。评价的结果如表 5-2 所示。

表 5-2 文汇新民报业集团提供的文稿摘要评价结果（共 197 篇）

专家	第一名		第二名		第三名		第四名	
	篇数/篇	所占比例	篇数/篇	所占比例	篇数/篇	所占比例	篇数/篇	所占比例
专家 1	63	32%	48	24%	47	24%	39	20%
专家 2	75	38%	47	24%	44	22%	31	16%
专家 3	88	45%	59	30%	44	22%	6	3%
机器摘要	62	32%	36	18%	46	23%	53	27%

如表 5-2 所示，在文汇新民联合报业集团提供的 197 篇新闻文稿中，机器摘要被专家组判为好于一位专家摘要的达 73%，好于两位专家摘要的达到 50%，好于三位专家摘要的达到 32%，而比专家摘要差的机器摘要只占 27%。如表 5-3 所示，在北京图形研究所提供的 205 篇新闻文稿中，机器摘要被专家组判为好于一位专家摘要的达 90%，好于两位专家摘要的达到 65%，好于三位专家摘要的达到 35%，而比专家摘要差的机器摘要只占 10%。

表 5-3　北京图形研究所提供的文稿摘要评价结果（共 205 篇）

专家	第一名		第二名		第三名		第四名	
	篇数/篇	所占比例	篇数/篇	所占比例	篇数/篇	所占比例	篇数/篇	所占比例
专家 1	65	32%	53	26%	55	27%	32	16%
专家 2	63	31%	49	24%	49	24%	44	21%
专家 3	48	23%	48	23%	52	25%	57	28%
机器摘要	72	35%	61	30%	51	25%	21	10%

5.4　自动文摘技术的研究进展

5.4.1　国外研究进展

1. Luhn 自动摘录系统

美国的 Luhn 是计算机自动摘要的第一人，早在 1958 年 4 月就发表了世界上第一篇有关计算机自动摘要的文章。其自动摘录的主要思想如下。

（1）将待摘文本信息输入计算机，不进行预编辑。

（2）根据停用词表去除停用词，余下的词汇被记录下来。

（3）将内容词以字母顺序进行排列。

（4）对拼写方式相似的词进行统一合并，然后进行词频统计，删去低频词，余下的看作重要词。

（5）利用这些重要词抽取句子。

（6）计算被抽出句子的权重。句子权重由句子中子串测度值确定，即句子权重为最高一个子串测度。子串的划分规则为子串的两端必须是重要词，子串内的非重要词不得超过四个。

子串的测度值为

$$R = p_i/q_i \tag{5-6}$$

其中，p_i 表示该子串中所含的重要词数量；q_i 表示子串所含的词汇总数。按句子权重排序，选择权重高的句子作为摘要候选句，句子的数量由摘要长度确定。

（7）将选出的摘要候选句按其在文章中出现的先后次序排序输出。

2. ACSI-Matic 系统

ACSI-Matic 系统是美国陆军下属的情报助理参谋长办公室委托 IBM 公司开发研制的，已经投入使用，它以 Luhn 的自动摘录技术为基础，但在许多方面作了重要的修改，其中主要包括以下几点。

（1）修改了 Luhn 自动摘要系统的句子评分规则，不仅计算重要词的分值，还把夹在重要词之间的非重要词的分值也考虑在内。子串的分值是这两种词的分值之和。

（2）对超长句进行特殊处理。

（3）对于超过 26 个词的句子，它的分值要除以词数的平方根，作为一种校正分值。

（4）对含低频词特别多的文献作特殊处理。

（5）根据原文的长度（句子总数）来确定摘要长度。

（6）设立消除句子之间冗余度的程度，用候补句替换冗余的句子。

3. 基于语料库的自动摘录方法

1997 年，日本的 Tadashi Nomoto（野本正）等提出了一种基于语料库的自动摘录方法。他们将一批文献分为训练集和测试集，对训练集中每篇文献内的每个句子自动建立一个包括该句在文本中的位置（location in text）、与标题相近似的程度（similarity to title）等属性的属性集，并人为地将句子分为两类，一类是文摘句，另一类不是文摘句。然后在训练集的基础上建立统计模型，将测试集中每个句子是否能够作为文摘句的判别问题，转化为依据决策树对该句进行分类的问题。

这种设计思想是在语料库语言学的影响下提出的，它让计算机自动地从训练集中提炼各个特征的结合函数，为多种形式特征的综合利用开辟了一条新的道路。但它毕竟是建立在文本表层的形式特征基础之上，缺乏深度，所以发展潜力将受到限制。

5.4.2 国内研究进展

中文自动文摘的研究起步较晚，1985 年才有人正式撰文介绍国外的自动文摘的研究情况。从 20 世纪 80 年代末，我国才开始研究自动文摘实验系统。

自动文摘的关键技术主要是以自然语言处理技术作为基础的，包括分词、词性标注、句法分析和自动语义分析等，在很多方面采用了和西文相类似的方法和技术。但是，汉语作为一种特殊的语言又有其许多特殊的方面，主要表现在以下几个方面。

（1）西文语言为拼音文字，而汉语为表意文字。

（2）西文的书面语言，词与词之间有空格，而汉语的词与词之间无空格。

（3）西文语言的同音词相对较少，而汉语的同音词很多。

（4）西文语言多有形态变化，而汉语缺少形态变化。

（5）汉语的语法尚未形成规范化，而且人们习惯于非规范化的语法。

这些特点给中文自动文摘、中文信息的计算机处理带来了一定的困难。近年来，国内外先后有多所大学和一些研究机构开展了自动文摘的应用系统的研究，建立了一批实验系统，取得了许多重要成果。

1. 基于意义的理解文摘系统 MATAS

哈尔滨工业大学王开铸教授于 1992 年开始研制基于自然语言理解的文摘系统，目前已经有了基于词频统计、关键词提取的 HIT863 系列自动文摘系统和基于理解文摘的实验系统 MATAS。其中 HIT863 系列自动文摘系统适用于任意领域、任意题材、任意长度的文章,通过词频等方法实现摘要的自动生成;理解文摘实验系统 MATAS 用中文意义表示法分析处理输入的文章,再进行信息压缩,从而生成摘要。

要想在理解文章的基础上提取文摘,不但要理解文章的词、语句、语句间关系,而且还要理解文章的总体结构,基于这一设想,MATAS 的摘要过程如下。

1) 源文分析

本过程对输入的汉语源文本(D)经过词处理阶段、句处理阶段、上下文处理阶段生成篇章意义机内表示 TMR。

TMR∷=text
 text→P-title:sentence-literal   文章标题
 P-style:style   文章体裁
 P-author:author   文章作者
 P-source:sentence-literal   文章出处
 M-title:sentence   标题意义
 index:Index-List   篇章检索链
 str-sum:Integer   段数
 str-first-p:paragraph   段指针
 Paragraph→P-number:Integer   段号
 M-relation2p:PARAGRAPH-RELATION   段间关系
 Str-first-s:sentence   句指针
 Str-next-p:paragraph   下一段指针
 Sentence→P-srcops:source-position   源位置
 Str-modality:seq of MODALITY   情态结构
 Str-proposition:proposition   命题结构
 Str-next-s:sentence   句指针
 M-relations:SENTENCE-RELATION   句间关系
 Proposition→str-v:Verb   动词修饰
 Str-c:seq of Case   格结构
 Verb→V-literal:Verb-literal
 Verb-modify:seq of MODV
 Case→case-type:CASE
 n-literal:noun-literal
 noun-modify:seq of MODN

其中,Verb-literal、noun-literal、sentence-literal、style、author、Index-List 是物理属性私有类型,其表示依赖于实现;MODALITY、CASE、MODN、MODV、SENTENCE-RELATION、PARAGRAPH-RELATION 都是逻辑属性私有类型,其具体表示依赖于实现;Integer 是固有类型。

TMR 的最小操作集定义如下。
 make-node:创建树结点;

delete-node：删除树结点；
node-type：结点类型判断；
get-attribute：取结点属性；
fill-attribute：填入结点属性。

应用这一数学模型，源文的机内意义表示为分层加权有向图，图中的结点分三类：篇结点、段结点和句结点。结点属性有物理属性、逻辑属性。物理属性是文章的外观结构，如文章标题、物理位置等，逻辑属性是文章的意义表示。

2）信息压缩

本步骤对 TMR 进行句子级和上下文级两级信息压缩，然后再根据词频等特性对句子重要性进行加权，最后由仲裁判断对句子进行删留处理。

A. 句子级信息压缩

使用过滤函数 filter，删除句子的部分辅助成分，而得到句子的主干。filter 形式描述如下。

句子 $S = V(C_v \cdots C_n)$（意义格表示）

$V = \text{MOD}_v(v)\ v$（动词及其修饰成分表示）

$C_i = \text{MOD}_n(n_i)\ n_i$（中心名词及其修饰成分表示）

过滤函数 filter：

$$\begin{aligned} S_1 &= \text{filter}(S) \\ &= (\text{MOD}_v(v) - \text{AUX}_v(v))v \\ &= (\text{MOD}_n(n_1 - \text{AUX}_n(n_1))n_1 \\ &\quad \cdots \cdots \\ &= (\text{MOD}_n(n_n - \text{AUX}_n(n))n_n \end{aligned} \tag{5-7}$$

其中，filter 主要表示对 AUX_v，AUX_n 的研究，即名词和动词修饰成分的分析。

B. 上下文级信息压缩

上下文结构主要体现于句间关系和篇章结构。本系统定义了八种句间关系：并列（par）、承接（con）、选择（select）、递进（dj）、转折（zhz）、因果（cause）、假设（prem）、条件（cond）。对于满足上述八种关系之一的句子 S_1 和 S_2，本系统规定了不同的加权标准，为摘要作准备。对于段落的重要性，本系统按以下的结构模式加权。

（1）说明文结构模式如下。

分析型——总说（1）+分说（2）+…+分说（n）→

$$W(P_1) > W(P_2) = W(P_3) = \cdots = W(P_n)$$

综合型——分说（1）+分说（2）+…+分说（n–1）+总结（n）→

$$W(P_1) = W(P_2) = \cdots = W(P_n - 1) < W(P_n)$$

分说型——分说（1）+分说（2）+…+分说（n）→

$$W(P_1)=W(P_2)=\cdots=W(P_n)$$

（2）议论文结构模式如下。

归纳型——分论（1）+分论（2）+…+分论（n–1）+结论（n）→

$$W(P_1)=W(P_2)=\cdots=W(P_n-1)<W(P_n)$$

演绎型——总论（1）+分论（2）+…+分论（n）→

$$W(P_1)>W(P_2)=W(P_3)=\cdots=W(P_n)$$

演归型——总论（1）+分论（2）+…+分论（n–1）+结论（n）→

$$W(P_1)>W(P_2)=\cdots=W(P_n-1)<W(P_n)$$

分论型——分论（1）+分论（2）+…+分论（n）→

$$W(P_1)=W(P_2)=\cdots=W(P_n)$$

（3）叙述文中分总叙章、分叙章、结尾章，其中 W（总叙章）>W（分叙章），W（分叙章）<W（结尾章）。

（4）描写文中分总描章、分描章、主从章，其中 W（总描章）>W（分描章），W（分描章）<W（主从章）。

（5）复合体系无统一模式。

C. 正文生成

本过程由篇章意义机内表示生成自然语言语句，它包括以下三步。

（1）预处理阶段进行介词扩充，并处理工具格、方位格、源格、目的格、时间格。

（2）格角色指派阶段将格成分转化为语法成分。

（3）语序重组阶段对语序进行重新调整，得到自然语言语句。

2. 全信息理论

北京邮电大学的钟义信教授多年从事信息科学领域的教学和研究工作，倡导用"全信息"的理论指导自动文摘的研制开发。在他的带领下，先后实现了面向计算机病毒方面的 Glance 系统，面向新闻报道的 News 系统，以及面向神经网络学习算法领域的 Ladies 自动文摘系统。

Shannon 信息论已经将人们带入了信息时代，但新的时代也暴露了这一理论的某些局限性。Shannon 认为，通信工程的任务是复制发端所发出信号的波形，而不必关心信号所蕴含的信息内容及其价值。用信息科学的术语来说，就是不研究语义和语用信息，只研究语法信息。但是今天人们越来越清晰地认识到，信息资源的开发和利用具有决定性的意义，而 Shannon 信息论不可能理解信息。因为理解信息不仅要了解信息的形式，更重要的是理解信息的含义（语义信息）和信息的效用（语用信息），这就引出了全信息的概念。从 Shannon 的统计信息理论到全信息理论是一次大的变革。

全信息是认识论层次的信息概念，即认识主体所感知（或认识主体所表述）的事物运动状态以及状态变化的方式，包括状态/方式的形式、含义和效用。其中，状态/方式的形式称为语法信息，状态/方式的含义称为语义信息，而状态/方式的效用则称为语用信息。因此，全信息是语法信息、语义信息和语用信息的统一体。

如图 5-3 所示，任何事物的运动状态都可以用某种符号来表示，符号之间的相互关系表示事物运动状态的变化方式。因此它表征了该事物的抽象的形式化的语法信息。这种抽象的、形式化的语法信息与它所表示的事物客体联系起来，就具有了实际的含义，这就是语义信息；而这种抽象的、形式化的语法信息一旦与具体的认识主体相联系，就会对主体显示其相对于主体目的而言的效用，这就是语用信息。

全信息理论特别适合于描述自然语言。对于自动文摘系统而言，全信息包含了词的语法、语义和语用信息。语法信息涉及词的语法功能。语义信息描述词的语义内涵，它有多种特征，如语法语义特征、内在的语义特征等。语用信息反映的是作者对词语的选择性使用，即反映词语对于生成文摘的作用。全信息也包含了短语、句子的语法、语义和语用信息，它们都是以词的全信息为基础的。

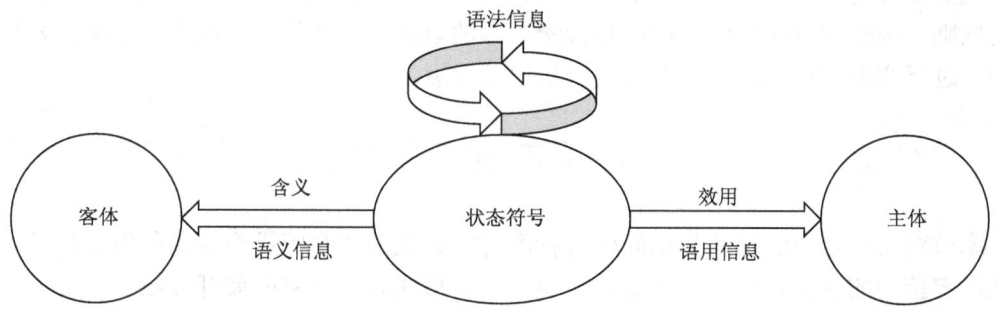

图 5-3 全信息模型化的描述

第 6 章 用户接口

信息检索系统的规模日益扩大，数量越来越多，系统结构也日趋复杂，功能和服务更是花样翻新，丰富多彩。在这样的现实背景下，检索用户在检索前和检索中不仅需要进行大量的决策分析工作，而且还要对一系列问题进行选择和判断。对此，即使是专业检索人员有时也难以应对。没有一个有效的用户接口，系统的功能就难以充分发挥作用。本章主要探讨用户接口的发展沿革、含义、组成、特征、功能、主要形式，用户接口设计的原则、内容和方法及用户接口对检索过程的启动和支持等，并以搜索引擎用户接口为例，进行实例分析。最后，介绍用户接口的发展。

6.1 用户接口概述

本节对用户接口的相关基础问题进行阐述，首先简要介绍用户接口的发展沿革，其次从用户接口的含义、组成、特征、功能和主要形式等几个方面展开介绍。

6.1.1 用户接口的发展沿革

随着现代计算机技术、现代通信技术以及存储介质的发展，计算机信息检索大体经历了脱机检索阶段、联机检索阶段、光盘检索阶段、网络化联机检索阶段。信息检索系统作为一类非常重要的计算机交互应用系统，其界面技术经历了从低级到高级、从抽象到直观的发展和进步。对于用户接口，其发展经历了字符用户接口（character user interface，CUI）、图形用户接口（graphic user interface，GUI）、直接操纵（direct manipulation）界面到多通道用户接口（multimodal user interface，MUI）等阶段，目前正处于以图形用户界面为主流的阶段。

1. 字符用户接口

20 世纪 70 年代初期，信息检索系统接口是用户与系统对话的窗口，用户主要以字符方式与计算机打交道，这时用户接口被称为字符用户接口。用户一般通过情报人员操作检索系统来获取情报。信息检索系统用户接口或人机对话方式主要是以命令语言为主，主要的交互设备是字母数字终端与键盘、行式打印机等。

在当时，用于实现用户接口的程序代码正逐渐从应用程序中分离出来，成为一个独立和专门的部分，其代码量占系统总代码量的比重也不断加大，人们开始逐渐意识到用户接口的重要性。投入商业运营的大型联机检索系统如 Dialog、BRS、Orbit 等，都拥有各自用于检索操作的较为完备的命令集合。各个系统的命令集合通常包含几十条命令，从功能上讲彼此相差不大，但每一功能命令在名称和使用上却互不相同，用户使用时必须熟悉系统命令的格式和语法要求。不过，一旦学会并掌握，这种指令接口就会允许专业检索人员控制相应的检索速度和方向，从而迅速操作相应系统开展有效的信息检索活动。但此类基于命令的接口是为机械完成任务而设计的，不利于不了解系统的用户使用。

2. 图形用户接口

大约到了 20 世纪 80 年代中期，出现了菜单选择的用户接口。在命令驱动的基础上，有些终端用户认为命令语言接口过于复杂，逐渐出现了菜单选择方式的用户接口技术。越来越多的系统如 Dialog、BRS 等，都同时提供命令和菜单两种方式，以便用户在检索过程中根据自身情况进行选择和切换。例如，BRS/AfterDark 系统提供菜单选择方式的用户接口，用户能够以此挑选相应功用的选择目录。实际的检索直接由接口进行，用户无须过多了解相应系统，但是在多数的数据库系统中，为了检索有时需要用户又必须输入相应检索主题的一个或多个检索词，命令式也是必不可少的。因此，以菜单设计为主体，辅以命令语言的接口设计方式也成为很多系统的流行做法。这种早期的菜单设计建立在图形用户接口上，自从它出现以后，菜单接口的形式逐渐活泼起来，功能也日益丰富。这种菜单式接口的检索系统，通过一系列菜单引导用户使用系统，虽然属于用户友好型，但却以更多的联机时间为代价。因而这类接口在商品化的信息检索系统中尤其是国际联机系统中很难得到发展，因为使用这样的系统要支付昂贵的通信费用。

此后的发展多为开发辅助性检索软件，这些软件介于用户与主机系统之间，因而被称为前端软件（front-end software）。这类软件的开发为用户节省了大量联机时间，用户可以在脱机情况下仔细地编辑自己的检索式，由前端软件自动联机，并可套录检索过程及检索结果，及时显示检索费用，进行检索结果的后处理等，大大改善了用户接口。该类接口的实际例子有 Easy、IT、ProSearch、SciMate、Search Helper、InSearch、MicroDisclosure 等。

3. 直接操纵界面

进入到 20 世纪 90 年代，由施乐（Xerox）公司加以普及的位图显示技术和图形用户接口广为流行，各种新型 I/O 设备投入使用。结合计算机强大的处理能力以及先进的软件技术，联机检索系统和网络检索系统中陆续出现了一批具有窗口风格的直接操纵界面，给人以耳目一新的感觉。

同时，随着人工智能理论和方法在信息检索中的应用，用户接口逐渐出现了一些基于专家系统技术、具有一定推理和学习能力的中介系统（intermediary systems）。这些"中介系统"具有一定的智能水平，但大多还没有进入实用阶段。影响较大的几个试验性智能型用户接口有 CONIT（connector for networked information transfer，网络信息传输中介)、PLEXUS、I3R (intelligent intermediary for information retrieval，信息检索智能中介)、SCISOR、IIDA (individualized instruction for data access，数据访问个性化指导系统) 等。图 6-1 介绍了一个情报检索系统智能接口的总体结构。

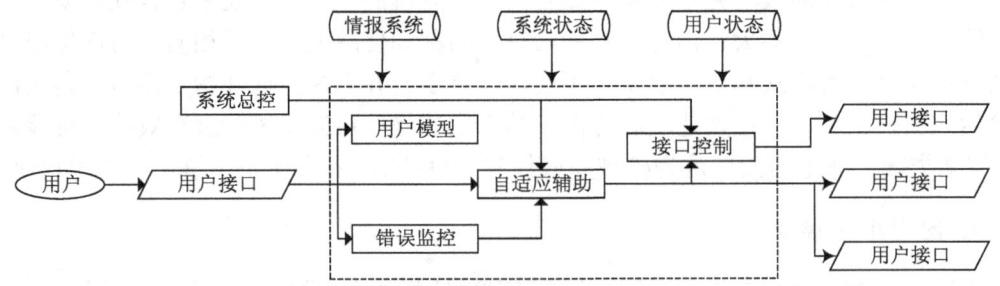

图 6-1 情报检索系统智能接口总体结构图

4. 多通道用户接口

多通道、多媒体的用户接口是用户界面的第四个阶段，其目的是充分利用一个以上的感觉和运动通道的互补特性来捕捉用户的意向，从而增进人机交互中的自然性。

通过对人工智能、认知科学等领域研究成果和方法的借鉴与运用，基于自然语言理解的用户交互方式也在一些实验性系统或某些联机系统中试用，但整体水平还不高。如适合于情报检索系统的汉语接口模型——IR-CLI 模型[①]，其总体结构如图 6-2 所示。

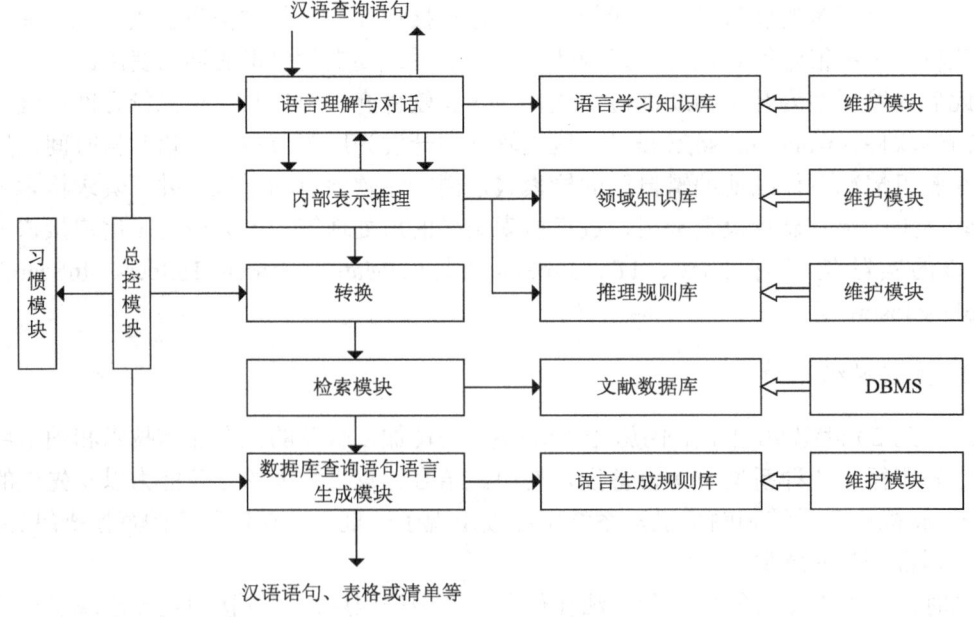

图 6-2 汉语接口模型——IR-CLI 模型总体结构图

---

① 肖诗斌，苏东庄. 情报检索系统汉语人—机接口的研究[J]. 情报学报，1991，10 (4)：265-272.

多媒体技术的快速发展为人机界面的进步提供了契机。在原本只有静态媒体的用户界面中，多媒体技术引入了动画、音视频等动态媒体，尤其是音频媒体，极大地丰富了计算机信息的形式，拓宽了计算机输出的带宽。

人的感觉通道有视觉、听觉、触觉、嗅觉和平衡等；人的运动通道有手、嘴、眼、头、足及身体等。但用户在计算机操作时，眼和手十分累，效率也不高。若将听、说和手、眼等协同动作，采用多通道、以自然方式交互，便可以实现高效的人机通信，也可以由人或机器选择最佳反应通道，从而不会使某一通道负担过重。多媒体技术的视频等动态媒体极大地丰富了计算机信息的形式，拓宽了计算机输出的带宽。同时，多媒体技术的引入也提高了人们对信息表达的选择和控制能力，增强了信息表达与人的逻辑和创造力的结合，拓展了人的信息处理能力。多媒体用户可以提高接收信息的效率，因此多媒体信息比单一媒体信息更有吸引力，更有利于人们对信息的主动探索。

多通道用户界面和多媒体用户界面共同提高了人机交互的自然性和效率。其中，多媒体用户界面主要关注用户理解和接受计算机输出信息的效率，多通道用户界面主要关注用户输入信息的方式和计算机对用户输入信息的理解。今天研究的多渠道人机界面的目标可以概括为让用户尽可能利用现有的日常技能与电脑进行交互，使人机交流信息拥有更大更丰富的吞吐量，充分发挥人机交流的不同认知潜能。它吸收了人机交互技术的成果，兼容传统的用户界面，尤其是广泛流行的图形用户接口，使老用户和专家用户的知识和技能得到利用。

可见，信息检索系统作为一类非常重要的计算机交互应用系统，其界面技术经历了从低级到高级、从抽象到直观的发展和进步。对于用户接口，早期的书目系统为用户提供的接口通常是批处理模式，新的系统采用的是图形接口，向用户呈现易于使用的交互式接口。现在，随着虚拟现实、科学可视化及多媒体技术的飞速发展，新的人机交互方式将逐渐为人们所重视。

用户接口的重要性在于它极大地影响了最终用户的使用，并促进了计算机的推广应用，甚至影响了人们的工作和生活。当前，用户接口与因特网、多媒体、信息处理并列成为 21 世纪的研究重点。

6.1.2 用户接口的含义

关于人机交互，学界目前尚没有统一的定义。美国计算机学会（Association for Computing Machinery，ACM）给出的定义为"与人机交互计算机系统的设计、评估和实现以及有关其周围主要现象的研究有关的学科。"

用户接口（user interface）的全称是"系统-用户接口"（system-user interface），又称用户界面、人机界面、人机接口（本书将它们统称为用户接口），是用户使用计算机系统的综合操作环境，它由人、计算机硬件和软件三者结合而成，承担用户与系统之间的交流功能，是两者之间实现通信不可缺少的模块。

用户接口在许多学科领域都有应用，是计算机科学、心理学、认知科学和人素学（human factors）的交叉研究领域，只是在各学科中的侧重点有所不同。在信息检索系统中,为了准确地从因特网信息空间中发现和收集用户真正需要的信息,系统与用户之间需要不断地进行交互和协作,在输入检索词、显示查询结果、提供用户相关性反馈机制等人机交互过程中,这些面向用户的部分就是用户接口。用户接口的优劣会直接影响到信息检索系统的使用效果。随着信息检索系统的自身发展和各种先进信息技术在信息检索领域的运用,用户接口技术作为连接最终用户与数据库之间的桥梁,越来越引起人们的重视和研究兴趣。

6.1.3 用户接口的组成

1. 功能组成

用户接口主要是由面向用户部分、面向系统部分和转换部分组成,如图 6-3 所示。
(1) 面向用户部分。它负责直接与用户交互,也称外部界面。
(2) 面向系统部分。它负责与系统内部各部分交互,也称为内部界面。
(3) 转换部分。它负责内部界面与外部界面之间的信息转换。

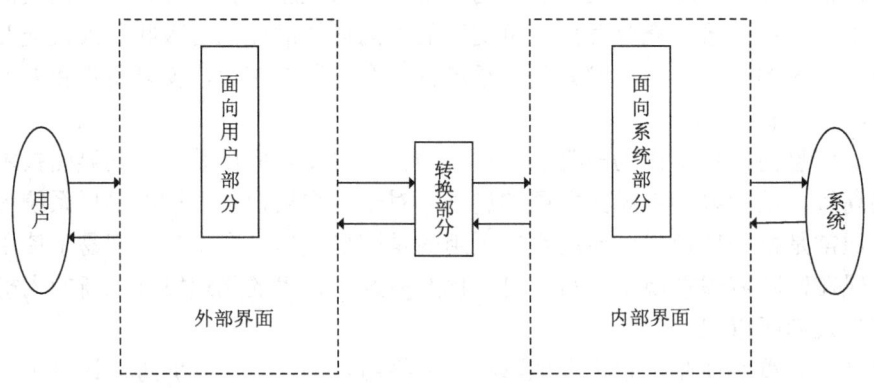

图 6-3　用户接口的组成结构

2. 逻辑组成

在信息检索系统发展的不同时期其逻辑构成不尽相同,但纵观其发展各阶段可以发现,一个完整的信息检索系统通常由五个功能模块组成:信息源选择与采集子系统、标引子系统、建库子系统、词表管理子系统、用户接口子系统。

其中,用户接口子系统的全称是"系统-用户接口",简称用户接口,是面向系统用户的一种人机接口。它承担用户与系统之间的通信功能,是二者之间实现通信不可缺少的连接系统(软、硬件),通常由用户模型、命令语言、信息显示和反馈机制等部分构成。

用户模型是系统建立的用户认知模型,即有关组成系统、人本身及外部世界的各部分的图像。它可以用来增强人-机接口的人性,使系统能够考虑不同用户的不同需要、技能、知识和经验等人类工程学因素。在研制开发智能检索系统(intelligent retrieval system,IRS)时,一般都要建立用户模型。普通情报检索系统的用户接口设计也要考虑上述因素，以便设计出更好的命令语言和菜单。

命令语言是指系统提供给用户的检索命令集，包括基本命令（如检索开始、结束、选词、组配、显示、打印等）和扩充集（如截词、位置运算、限制检索、暂存检索策略、套录等）。

信息显示是指系统对用户反馈的信息所做出的反应或操作。例如，有的用户接口采用相关反馈技术，根据用户的相关性判断来自动修正提问式。此外，直接提供给用户输入信息用的设备（如键盘、感应笔、鼠标器、触摸式显示屏）和输出设备，也是用户接口的组成部分。目前，普通计算机信息检索系统的用户接口主要有命令驱动式和菜单驱动式两种。另外，有些系统还设有中介接口、自然语言接口、智能接口、直接操纵式接口。

反馈机制是指系统和用户之间的信息交流和反馈的方式和机制。其目的是帮助用户了解系统的状态、操作结果和问题，并提供必要的指导和支持，以改善用户体验和提升系统的可用性。

3. 工作流程

根据以上所述的逻辑组成，我们可以知道在信息检索系统中，用户接口子系统负责处理用户输入的检索词或提问式，并将它们与数据库中存储的数据进行比较运算，最后将检出结果以一定的形式输出。该模块是用户与检索系统的中介，用户接口模块的流程图如图 6-4 所示。

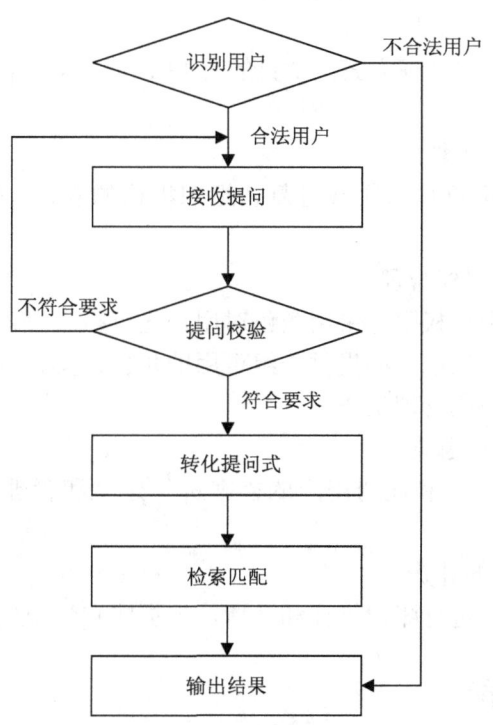

图 6-4　用户接口模块流程图

(1)识别用户。此过程只用于需要付费的系统,系统为自己的客户提供账号或是对客户的 IP 地址建立允许机制(只有被允许的 IP 才能访问系统),以此来保证只有付费用户才能使用。

(2)接收提问。负责接收用户输入的检索词,有三种界面形式:命令行方式、菜单选择方式及视窗方式。

(3)提问校验。对用户输入的检索词进行校验,包括语法检查及用词检查等。语法检查是检查校验提问式有无语法错误,如布尔运算式的组合是否正确、括号是否对称等。用词检查是指检查检验提问式的用词是否规范,是否超出数据库允许的范围。

(4)转化提问式。对用户提出的原始提问式进行解释,转化成便于计算机处理的目标提问式。

(5)检索匹配。检索是进行匹配选择的过程,将转化后的提问式与数据库中的记录进行比较,选出满足要求的记录。

(6)输出结果。系统在将结果输出时,不是简单地将匹配的记录罗列出来,而是将结果按照相关性的大小进行排序后再输出。常用的方法是计算权值法。

6.1.4 用户接口的特征

1)支持多种类型的用户

用户接口为多种用户类型提供服务,如访客用户、授权用户、管理员用户等。针对不同用户,用户接口会提供不同的访问权限和服务。

2)支持多种用户认证方式

用户接口支持多种用户认证方式,常见的有 IP 认证、IP+用户名/密码认证、用户名/密码认证、统一认证等。

3)支持灵活的机构管理

用户接口可设置多级机构,实现对复杂组织机构的管理。同一用户只能属于一个机构。

4)支持灵活的用户授权管理

用户接口支持多种用户权限,采用角色对用户进行授权管理,对一个用户可分配多个角色;用户接口为统一认证中心提供一组可用的角色;支持分级授权,下级管理员可以在相应的权限范围内完成管理工作。

5)支持灵活的用户信息管理

用户接口能对收费用户和注册用户的档案进行建立和管理,并且支持黑名单用户管理。

6)支持对收费用户的计费

用户接口对收费用户进行账户管理和计费,根据账户情况向用户发出费用通知。

6.1.5 用户接口的功能

根据使用信息检索系统的频度和熟练程度,可以将它的用户分为偶然型用户、生疏型用户、熟练型用户和专家型用户。一般而言，为了使这几类用户可以直观地、概念清楚地通过简单方式方便地操作并使用系统，系统的用户接口应满足以下用户需求。

（1）帮助用户学习系统，使之了解系统内的资源情况、构成和使用方法。

（2）为用户提供进行检索作业的通道。

（3）为用户提供描述检索问题的工具。

（4）保证在用户满意的时间内，以用户期望的方式，检索准确、完备的信息。

（5）应该尊重用户的思想方法和思维习惯。

（6）能保证用户事先不需要经过过多的培训，即使缺乏信息检索经验和知识，也能在系统自身的帮助下完成检索。

（7）能够帮助用户认清和确定自己的信息需求，并促使检索按照用户的实际需求进行。

由于各种类型的用户接口的特点有所不同，功能就必然有区别。但随着信息检索任务和要求的不断变化和发展，不同类型的用户接口划分只具有相对的意义，功能上的界限也不再明显，用户接口相互之间出现了较多的功能重复和交叉现象。具体来讲，信息检索系统的用户接口所具备的功能可分析和总结如下。

（1）自动登录功能。信息检索是向某个数据库系统申请注册的过程。信息检索最初要做的就是系统登录，登录是一项琐碎而细致的操作，稍有不慎就会注册失败。所以这种功能一般为各种接口所必备。

（2）访问多个数据库的功能。在大型的应用中，为了提高数据库的水平伸缩性，对多个数据库实例进行管理，需要配置多数据源。访问多个数据可以更好地隔离应用程序和数据库，组织数据的效果会更好，并且通过控制访问权限能够提高数据的安全性。

（3）数据库选择功能。目前，随着可供检索的数据库数量日益增多，数据库的变化又十分频繁，使得数据库的选择问题日益复杂起来。各主要接口软件在设计数据库选择功能时，普遍使用的技术是先利用菜单显示主题目录，然后提供每个主题的数据库概况。有些系统则采用提供词频表的方法，利用词在数据库中的出现频次去指示最恰当的数据库。

（4）帮助功能。用户在检索的过程中可能遇到各种问题，这时系统给予必要的帮助和指导就十分重要。目前，各种用户接口提供的帮助功能参差不齐，大致可分为三级：特定上下文求助（解释刚刚发生的事件）、有关系统命令的求助、详细的文件资料（用户手册）。个别接口还能提供如用户培训和辅导功能等主动式的帮助，它们往往会涉及如何正确使用命令、纠正错误、判断用户背景与检索习惯、建议用户重复或退出某项检索等检索过程介绍。

（5）检索式构造功能。构造检索式实际上是一种主动帮助功能，属于高级的智力劳动，一般较难实现自动化。目前的用户接口一般采用菜单选择或命令交互式对话来构造检索式。例如，在菜单驱动接口中，系统首先通过一系列菜单，引导、帮助用户把提问分解为若干个概念范畴；其次提示用户把词输入到这些范畴中，每个范畴内的词分别用"OR"连接；最后用"AND"连接这些范畴。这是"积木型"检索策略的典型应用。

（6）查询扩展。查询扩展指的是用户接口通过利用已经建立好的词典库或知识库来进行查询词条扩展,以提高信息检索系统的查全率和查准率。在对用户的初始查询特征词进行适当分析后,查询扩展将具有相同概念属性的特征词加入初始化查询词中,形成更加丰富的用户查询,如图 6-5 所示。

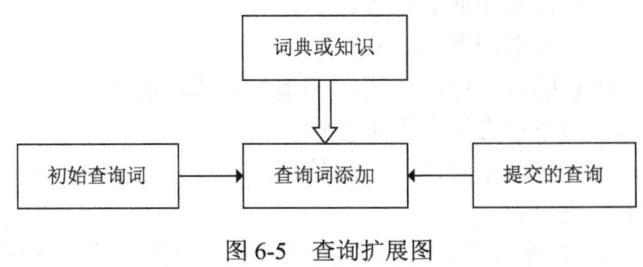

图 6-5　查询扩展图

（7）相关反馈功能。在信息检索时,我们尽量采用自动的方法。但是当自动的方法不尽满意,或对于高级用户来说,自动的方法不够灵活的时候,就需要人工干预。这里就是用户相关反馈,用户直接进入到检索的循环中去,完成计算机难以胜任的工作,即用户依据初始查询结果做出相关与否的判定,选出内容重要的文档或文档部分,反馈模块根据用户提供的相关和不相关信息,利用机器学习方法处理反馈,即修改查询条件,增加查询词,重新决定或修改查询词的权重,使用修改后的查询条件进行新的查询,如图 6-6 所示。

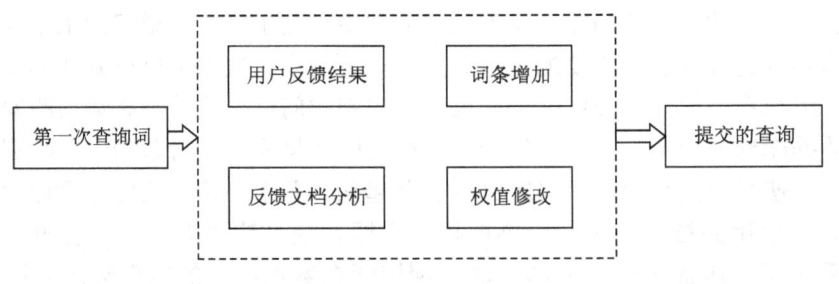

图 6-6　相关反馈功能图

（8）下载和上传功能。随着全球互联网的发展,信息检索系统用户接口的这个功能变得非常便利可行,并且得到了广泛的应用。

（9）用户视图定义功能。一个良好的用户接口应该能以比较恰当的形式将信息显示给用户。对于不同的用户,或者对于不同内容格式的资料,它能找到一种合适的形式呈现出来,让用户能从显示形式中有效、正确地理解结果。另外,系统还应该允许用户在一定程度上自行定义显示方式,以满足特殊需要。由于文档数据库较大,查询结果中所包含的结果数仍然超过用户的处理能力。为了减少用户浏览信息的时间,系统应该提供更好的视图。

（10）后处理功能。后处理是指下载完数据和完成检索作业后的数据处理和整理工作,包括目录编制、数据统计、去重、排序分析等。用户接口提供的后处理功能服务合理延伸了信息检索系统的功能,有助于吸引更多的检索用户。

除此之外，还有自然语言处理功能，多年来这一课题受到了研究者深入的研究，并已取得了一些可喜的成果。比如，在句法分析、语义理解、语言生成等方面，提出了多种基于数理语言学的有效方法。特别是近年来随着统计语言学的迅速发展，其方法不但在句法分析、语义分析、语言自动生成等方面得到了应用，而且在语音识别中也发挥了非常重要的作用。随着自然语言处理技术研究的深入，信息检索系统向用户提供自然语言查询接口成为可能。

6.1.6 用户接口的主要形式

信息检索系统的用户接口常采用命令检索、菜单检索、图像检索及超文本检索等方式。有的系统只用一种方式提供检索，而比较好的系统则兼备了多种检索方式。

对于熟练的专业用户来说，他们大多喜欢使用命令驱动方式，因为该方式更简洁、更直接。而对于一般的用户来说，大多喜欢使用图形、菜单方式，甚至是非常简便的超文本检索方式。现在的用户接口除提倡用户友好外，还需要考虑使用时的简便性和反馈机制。

目前，实用的各种用户接口的人机交互形式可以归结为以下五种类型。

1. 命令语言形式

命令语言广泛应用于计算机系统的人机对话，是各类交互式系统最早使用的一种用户接口，是用户驱动界面的代表。

命令语言界面开始于联机终端的出现，计算机用户和计算机之间借助一种双方都能理解的语言进行交互式对话。早期用户非常熟悉的 Unix、MS-DOS 等操作系统和 Basic、Lisp、Prolog 等编程语言以及数据库查询语言 SQL（structured query language，结构化查询语言）等交互式语言，向用户提供了不同级别的形式语言和具有自然语言特征的半形式语言界面。

命令语言界面的优点是功能强大、灵活、便于用户组合，对于熟练用户往往有较高的效率。但由于命令系统具有严格的语法和语义要求，且不够形象，对使用者的专业要求比较高，需要使用者具有良好的记忆力，并且进行认真的培训，因而不便于普及。

2. 菜单选择方式

菜单选择是继命令语言之后出现的一类较为直观并得到广泛应用的用户接口。例如，在 Pctools 中，可以使用菜单方式完成操作系统命令的各项功能。

对于非专业用户来说，菜单选择是比较方便实用的，因为它不像命令语言那样需要用户花费时间记忆命令、接受培训。另外，菜单选择的方法还可以减少用户的击键次数，降低击键操作的出错率，但菜单选择也有一些缺点，例如，会占用过多的屏幕空间，要求过快的显示速率，对于熟练用户来说，还可能出现菜单层次过多及选项复杂的情况，以致影响操作速度等。

另外，按照菜单项的显示方式区分，又有基于字符用户接口的正文菜单和基于图形用户接口的图形菜单之分。

3. 表格填充方式

与菜单选择比较相似的另一类界面就是表格填充。菜单选择适合于从某一给定的清单中选取一项，但有些任务如向系统送入一组数据却不易用菜单完成。当用户需要向系统送入一组数据时，较直观的方法是提供有明确数据项名称和范围的一张表格，让用户用交互方式进行填空，既可以逐项填空，也可返回修改，既有输入提示，也有语法或值域检查。

表格填空也是一类十分有用的用户接口风格，尤其适合各类数据库系统、信息管理系统及数据处理系统的数据输入。

4. 直接操纵方式

直接操纵用户接口是 Shneiderman（施耐德曼）于 1983 年首先提出的概念，其特点是以物理动作或带标记的按钮取代复杂的语法，采用特别的操作以及目标的连续显示，让用户作用在目标上的效果立即可见，同时还允许快速而可逆的交互动作。

直接操纵用户接口能够明显地提高用户的积极性。初学者只要模仿一个有经验的用户示范，就能够很快地学会用户接口的基本功能。专业人员则可以迅速地执行各种任务，甚至可以定义新的功能和特性。直接操纵用户接口可以很方便地改变动作的方向，从而系统只需要向用户提供较少的出错信息。在直接操纵方式下，用户是动作的指挥者，处于控制地位，从而在人机交互过程中获得完全掌握和控制权，同时系统对于用户操作的响应也是可预见的。

各种全屏幕正文编辑器、电子表格软件、多媒体课件、电子游戏及一些窗口系统都具有直接操纵的界面风格。

5. 自然语言的人机对话方式

上述各类风格均是经过人们精心设计、由系统予以实现的人机对话方法。它们与人们日常生活中的对话方式相差甚远，因而需要进行学习、训练，人们更希望采用日常生活中的自然语言进行人机交流，这要求计算机界面技术提高到一个新的水平。与其他查询方式相比，用自然语言查询数据库的优势在于：①用户只以应用领域的概念访问数据库，无须了解数据库的逻辑和存储结构，具有更强的非过程性；②用户不需要或者只需要很少的培训就能够直接查询数据库信息，大大减轻了用户的培训负担；③用户可以简单明了地提出查询请求。

但由于自然语言本身固有的多义性及缺乏严格定义的特点，自然语言处理还具有相当的难度。将自然语言理解的研究成果应用于人机对话中，比较成功的例子是在大型数据库的前端连接自然语言接口，这样普通用户可用自然语言来查询数据库内容。

国外有关数据库自然语言用户接口的研究可以追溯到 20 世纪 60 年代。几十年来，先后出现了许多试验性和商用系统，其中有代表性的系统有 BSSEBALL、Lunar、LIFER、the Mis、ASK、Parlance、LOQUI、Clare、System X 及微软公司在 SQL 6.5/SQL 7.0 中提供的 English Query 等数据库查询接口等。

　　Web 搜索引擎的用户接口有两个重要的方面：查询接口和响应接口。查询接口一般有基本查询和高级查询两种方式。基本查询是一个对话框，可以在里面输入一个或多个单词。高级查询接口能够执行布尔操作、词组的模糊组合、通配符操作以及相似性搜索。各种搜索引擎的查询接口的含义可能不同。用户提交一组词构成一个查询，有的搜索引擎返回的结果是至少包含其中一个词的 Web 页，而有的搜索引擎返回的结果是包含所有词的 Web 页。其他如对停用词和词干（word stem）做的处理、大小写是否敏感等都有不同程度的差异。响应接口也就是"结果－输出"的格式化程序。查询结果通常需要多个 Web 页面来显示，第一页面显示前 n 个结果的列表。在这个列表里，每条都包括了相应文档的描述。经典的信息包括：资源定位符的地址、大小、索引的日期和几行内容（标题、匹配的短语摘要等）。一些搜索引擎允许用户改变查询返回的结果数目和每页包含的文档数量。但是在大多数情况下，这些都是固定的或者限制在很少的选择范围内。用户也可以在以前得到的返回结果的基础上，通过重新构造更复杂的查询来优化查询结果。

6.2　用户接口的设计

　　用户接口的设计通过协调接口各构成要素，优化人与接口信息交流手段及交流过程，以提高人与接口交流的效率，实现用户需求的系统性设计，也被称为用户界面设计（user interface design）。用户接口设计是一个复杂的、有不同学科参与的工程，用户心理学、设计艺术学、人机工程学等在此都扮演着重要的角色。因此，本节将从用户接口设计的原则、内容和方法、在检索过程中的启动和支持等方面来探讨信息检索系统中用户接口的设计。

6.2.1　用户接口设计的原则

　　人机交互界面专家 Shneiderman 写道："设计出色的、有效的计算机系统应该让用户自信其有能力完成工作任务，能熟练地进行各项操作，并对系统情况了然于心。在一个设计优秀的交互系统中，界面几乎是不存在的，用户可以专心于他们的工作、研究或是爱好。"

　　Shneiderman 为实现这些目标制定了一些有关用户界面设计的原则。这些原则对于信息存取具有非常重要的意义，其内容包括：提供说明性的反馈信息，允许用户随时修改操作，支持内部的控制轨迹，降低工作存储器负载，并为新老用户分别提供相应的可选界面。这些原则的应用应视具体界面的运行情况而定。对于信息检索系统而言，其使用对象以非计算机专业的人员居多，使用环境相对固定。整个系统以数据库为核心，不断地追加、修改、检索、加工数据，支持大量的数据的输入和输出。下面我们针对信息检索系统来讨论用户接口的设计原则。

　　1. 易用性

　　使用方便是任何类型的设计中都必须遵守的一条通则，是界面设计主要追求的目标之一，一个操作繁复的界面会使用户逃之夭夭。界面的易用性原则包括以下要求。

（1）界面的显示信息要清晰明了、易读易懂。其中包括控制功能与操作方法的展现、结果与状态信息的显示、提示，帮助与错误信息的显示等。

（2）界面的用户操作应该简单方便、直接有效。这包括控制的启动、命令的输入、数据的输入、画面的转换、功能的执行等皆要操作方便简洁。

（3）尽量及时地向用户传递确切的信息。在执行命令中应及时地把运行的状态、执行的结果显示出来，不要让操作者感到茫然或不知所措。

（4）尽量减轻用户的负担。在操作过程中，要求用户判断或记忆的东西应该尽量少，要尽量用界面的自动与智能来让用户感到轻松。

2. 一致性

必须保证用户界面的一致性，这是最重要的。比如说，如果可以通过在某个列表框里双击其中一个条目来触发一个事件，那必须保证在所有的列表框里双击条目都会产生相似的反应。所有窗口里的按钮都应该放在同一个位置，按钮标题与提示的措辞应保持一致，还应保持一致的色彩设置。一致的用户界面会使得使用者建立起关于应用程序工作流程的正确理解，而用户对应用程序工作流程的正确理解会带来更低的训练与支持费用。用户界面的一致性原则包括以下内容。

（1）用语与用词的一致性。系统中各画面的项目（item）名、标签（label）名、功能名、提示语句、错误信息等要统一；控制与命令的名称要与流行软件和环境软件（如操作系统）尽量保持一致；实际应用的业务用语保持一致。

（2）操作方法的一致性。特别是采用的如回车键、组合键、鼠标等的操作方法的定义应尽量与 Windows 操作系统界面上的定义一致，与常用流行软件的做法尽量一致。

（3）界面格局的一致性。各画面的设计风格、控件的排列、背景、色彩、文字的字形和字体等，在同一系统中应保持一致。

（4）数据格式的一致性。维持数据的显示与输入的格式一致。

（5）系统响应的一致性。系统对相同或类似操作的响应方式应该一致。相同的信息应该以相同的方式在相同的位置显示。有良好一致性界面的系统，用户使用起来才会有一种认同感，感到好学、好用。熟悉了一部分界面的使用后，对其他部分的使用也就"无师自通"。

3. 易学性

易学性的主要内容是使软件具有直观性（intuitiveness），功能直观、操作简单、状态明了的软件才能让用户一学就懂。

4. 宽容性

宽容性就是软件防止用户错误操作的能力和承受用户操作失误的能力。防止出现如系统中关键数据被破坏、重要处理被不恰当操作等会引起严重后果的用户失误操作。

5. 有效性

界面操作的有效性是指用户能用简单快捷的操作，实现对系统的控制或实现相应的功能。用户接口的有效性原则主要是针对有经验的专门用户，他们往往是信息检索系统的长期使用者，每天都在各自的业务终端上使用系统。但是有时一个让初学者感到友好、使用方便的界面，反而却会让有经验的用户感到十分烦琐。从键盘上键下一个产品的简码来检索该产品远比首先启动显示整个库存产品一览，其次用鼠标器从一览中选取产品，最后显示产品详细信息的做法简洁得多。对用户每天都要使用的业务画面，信息系统应充分考虑其界面操作的有效性，不能太片面地追求易学性和直观性。系统应在鼠标操作与键盘操作之间、通用用户接口与专业用户接口之间做出平衡。对于这一问题，普遍采用的解决方法就是使用脚手架（scaffolding）技术，它提供给新用户的是简单式界面，这种界面易于掌握并提供基本的应用功能，但其有效性和灵活性有限。对于经验丰富的用户，我们提供的是另一种界面——折中界面，折中界面给予用户更多的控制、可选项和功能，甚至可能提供各种完全不同的交互模型。优秀的用户界面设计在简单和复杂用户界面之间提供了直接的"桥梁"。

6. 美观性

美观、漂亮是所有软件界面都追求的目标，它取决于设计者的艺术鉴赏力。信息检索系统界面与游戏软件、文化娱乐软件相比，界面的美观要求不是十分苛刻。但在程序与存储开销的允许下，美观是任何软件界面的追求目标，和谐的画面色彩、形象的三维图案、得体的文字将营造一个使用户感到舒适的环境。画面的布局、字体、颜色、背景等的选择以及按钮、工具条等控件形状等都与界面的美观性有关。其中，三维图像界面的按钮、工具条具有立体感，比二维的画面要美观得多。

7. 针对性

一个大型信息检索系统往往要在不同的操作环境中面向几种不同层次的用户。这就要求界面的设计在维持一致性的同时，对不同层次的用户有一定的针对性。

以图书检索系统来说，用户有读者、采编人员、柜面出纳、系统管理人员等，它们对系统使用的熟悉程度有很大的差别。对这些不同类型的用户而言，用户接口界面的易用性、易学性、有效性也各不相同。读者的图书查询界面应有良好的易学性，以适应读者中的初用者或偶尔使用者；图书编目画面则应强调有效性，尽量减少画面的切换次数，一个画面中显示尽量多的信息，以满足系统常用者对操作效率的要求；柜面出纳画面则用条码器与键盘，不用鼠标器，尽量减少按键次数，满足使用者对操作速度的要求。

6.2.2 用户接口设计的内容和方法

在大多数情况下，应根据用户实际需求和应用目的来决定接口的设计内容。信息检索系统的用户查询接口是一种人机接口。良好的用户接口能够使用户把精力集中在他们的检索任务上，而不是分散注意力，把过多的精力用在用户接口的操作上。

为了达到良好的信息检索效果，信息检索系统的用户接口的设计中要考虑以下几个方面的内容。

1. 用户接口需求分析

要设计好的检索系统用户接口，首先要分析用户目标，明确应用系统的功能。如果不理解用户目标和应用系统的功能，就不可能设计出一个好的用户接口。在开展这项调查之前应做好充分的准备工作，其中最重要的就是收集和分析国内外有关用户接口设计的资料，根据信息检索系统的性质、数据库内容、用户层次对这些用户接口进行归类。其次有针对性地对用户进行调查，在调查中应注意以下内容：用户的主观满意程度；用户所花费的学习或熟悉时间；对话的简单和自然；对该用户接口的意见和主要特点评价。只有根据用户情况经常调整用户接口的交互方式，才能保证系统对用户的适应性。

2. 用户接口使用的便利性

根据国外学者所做的调查，发现基于万维网的数据库用户接口的所有功能并不与方便易用画等号，用户在与数据库进行良好交互的同时也付出了其他代价，如漫长的等待和无止境的选择，这些不仅让初级用户感到眼花缭乱，也让熟练用户有些头疼。虽然数据库界面的设计者努力想做到兼顾初级用户和熟练用户的需要，但目前万维网数据库用户接口似乎更有助于初级用户迅速掌握数据库的简单方法和获得一些检索结果。熟练用户在感受到网络浏览器的便利的同时，发现自己在不知不觉中丧失了在 Windows 界面或 DOS 界面数据库中的灵活性和控制力。因此，如何做到在保证查全率和查准率的同时，进一步简化检索过程以及协调两种用户之间的不同需求，是今后信息检索系统用户接口设计应主要考虑的问题。

3. 用户向系统提交的查询方式

用户向系统提交的查询类型依赖于系统采用的是哪种检索模型。例如，全文检索系统采用的查询方式就会与基于关键词排序、超媒体模型和多媒体内容模型的查询方式不同。对于查询的方式来说，仍然要注意区分信息查询方式和数据查询方式。信息查询利用的是排序的概念，是一种相似性匹配，而数据查询并不强调排序的概念，一般是采用精确的匹配。

我们希望查询能够充分利用内容（语义）和结构（语法）来共同查找相关的信息。此外，还希望通过各种方法来增强查询的有效性，如同义词、词典和词干来扩展查询等。

4. 查询中的交互性

检索系统应该提供查询的反馈，以便用户能够及时了解查询的效果，为下次查询的形成提供参考。因为信息检索是一个交互的过程，所以查询反馈是一个重要的设计问题。信息反馈是一种相关性反馈，得到的是一些有关用户的查询说明与检出的文档之间的关系，其中主要的三种关系是用户查询与检出文档之间的关系、检出文档之间的关系、检出文档与元数据之间的关系。在用户接口中，利用这些关系可以改善检索的性能。

5. 用户查询接口的简易性和检索能力的矛盾

简易的用户接口易于掌握和使用，但是缺乏灵活性，有时效率也不高。如果要为用户提供强大的检索功能，接口操作就会复杂，用户也难以掌握。因此，一种折中的方案是提供两种类型的用户接口：缺省的用户接口是为一般的用户设计的，提供简单、容易使用的接口；专业用户可以调出复杂的但功能强大的查询接口，提交查询。

6. 多媒体查询接口的特殊性

对于多媒体来说，因为特殊的视听特性，所以多媒体信息检索也就与常规的信息检索方法有较大的不同，这也会反映到用户的查询接口上。对于多媒体数据，要求查询接口能够提交视听查询。

视觉查询针对的是图像、视频、图形等媒体，通过查询接口，用户能够向系统提出视觉感知、视觉语义方面的信息要求；而听觉查询是针对音频、音乐、语音等媒体，通过查询接口，用户能够向系统提出听觉感知、听觉语义方面的信息要求。视听查询的查询结果不是简单的列表显示，而是多媒体形式的表现。

不同的用户类型和操作环境对用户接口有不同的需求，在界面设计上应有不同的针对性。由于用户个人的心理、知识结构、经验、行为方式、工作环境甚至是特定时间的情绪的不同，其产生信息需求的原因、解决这种信息需求的方式也就不同。因此，信息检索从本质上讲是个性化的。一个友好的信息检索界面应该能够根据用户的个人特点，灵活、动态地定制检索途径、界面风格、界面内容、检索活动过程等，从而支持用户习惯的行为方式，帮助用户建立个人信息检索系统，保障用户检索的有效性和针对性。一般来说，信息检索系统界面定制至少应包括显示风格定制和检索定制。

（1）显示风格定制。它包括显示结构定制和显示内容定制。显示结构定制是指定制检索界面的各模块的布局形式，如各模块应放在界面的哪个位置，界面上的 Logo、有关图像、菜单等的位置设置，界面色彩设计等。系统应能提供若干基础模板供选择，并能在各个模板的相应指定位置允许用户选择或插入一定的内容。显示内容定制主要是对界面的模块类别和各模块类别的具体内容进行定制。一般来说，一个基于 Web 的信息检索系统至少应该包括四大模块。①系统资源。将用户最常用的有关资源作为首层列出，并提供与其他系统资源的链接，从而方便检索和获取，如"我的数据库""我的书架""我的收藏"等。②虚拟资源。通过上网搜寻、挖掘，发现一些符合用户实际需要的信息资源，为用户提供热门站点、相关站点或专业信息指南等个人网络导航服务，并通过"我的网络链接""我的搜索引擎"的方式，将用户经常需要的各类网络资源组织起来，形成个人的虚拟图书馆。③帮助功能。例如，"我的帮助""我的常见问题解答""我的图书馆员"等将用户与相应专业的图书馆员联系起来，提供针对性的一对一服务。④检索功能。纳入检索定制。

（2）检索定制。①检索表达式定制。用户可自定义默认的检索方式是简单方式还是复杂方式，自定义布尔检索式中"与""或""非"的表示符号，系统还可为用户记录最近的特定数量的检索提问，以供用户选择。②个人词表定制。允许用户写入常用词汇的自定义规范词、同义词、近义词等，当用户使用到该常用词时，系统可根据个人词表调用相应的词表优化检索。③检索结果分析定制。用户可根据个人需要对所需信息的专业、深度、语言、地域、数量、时域等进行定制，从而对检索结果进行再次分析，限制检索条件。④检索结果处理定制。用户可对检索结果的相关度计算方式、输出格式、排序方式、重合记录的处理方式、下载格式、传送地址等进行定制。但是由于用户的信息需求特点可能发生变化，因此需要允许用户屏蔽自己的检索定制，同时为用户提供进入其他系统资源的入口。并且可以在用户允许的情况下提供个人定制数据的共享，但是这并不包括用户具体身份信息的共享。

现代技术的发展为我们提供了强大的技术支撑体系，但同时还有许多心理、技术上的问题远未解决，因此用户接口设计仍然是一项非常辛苦、复杂的工作，这需要广大设计人员共同努力让用户接口向更加人性化的方向迈进。

6.2.3 用户接口对检索过程的启动和支持

1. 用户接口对检索过程的启动

面对信息检索系统，用户往往只是大概地有一个查询的目标。因此，用户接口应该为用户提供足够的帮助，辅助用户理解信息和表达信息的需求，构造出符合实际需求的查询。其中还包括如何有效地支持用户选择信息资源、理解检出的结果、管理搜索的进程。在这个过程中，信息检索系统有各种不同类型的用户接口，它们通过种种方式给予用户支持。

我们使用一个简单的、一般的软件体系结构来描述检索过程，如图6-7所示。在检索过程开始之前，要定义文本数据库，通常这是由数据库管理器完成的。文本操作转换了原始文献，生成文献的逻辑视图。

一旦定义好文献的逻辑视图，数据库管理器（使用数据库管理模块）就为文本建立索引。索引是一个重要的数据结构，通过它可以实现在大量数据中的快速查找。如图6-7所示，在检索过程中也许要用到不同的索引结构，但最受欢迎的是倒排文档。通过对检索系统的多次查询，分期释放定义文本数据库和建立索引的资源（时间和存储空间）。

文献数据库经过标引后，才发生检索过程。用户首先详细说明其需求，随后运用与文本操作相同的方法对用户需求进行分析和转换；其次在真正的查询开始之前，先执行查询操作，为用户需求提供一个系统表达式；最后通过处理查询获得检出文献。快速查询过程是通过预先建立的索引结构实现的。

在把文献发给用户之前，将根据相关度对检出文献进行排序。随后，用户检查经过排序的文献集合，查找有用的信息。就这一点来说，用户也许根据明确的兴趣查看文献，形成一个子集并且开始用户反馈循环。在这样的循环中，系统利用用户所选的文献改进查询的表达式。最后形成的查询表达式就是最接近用户需求的表达，如图6-7所示。

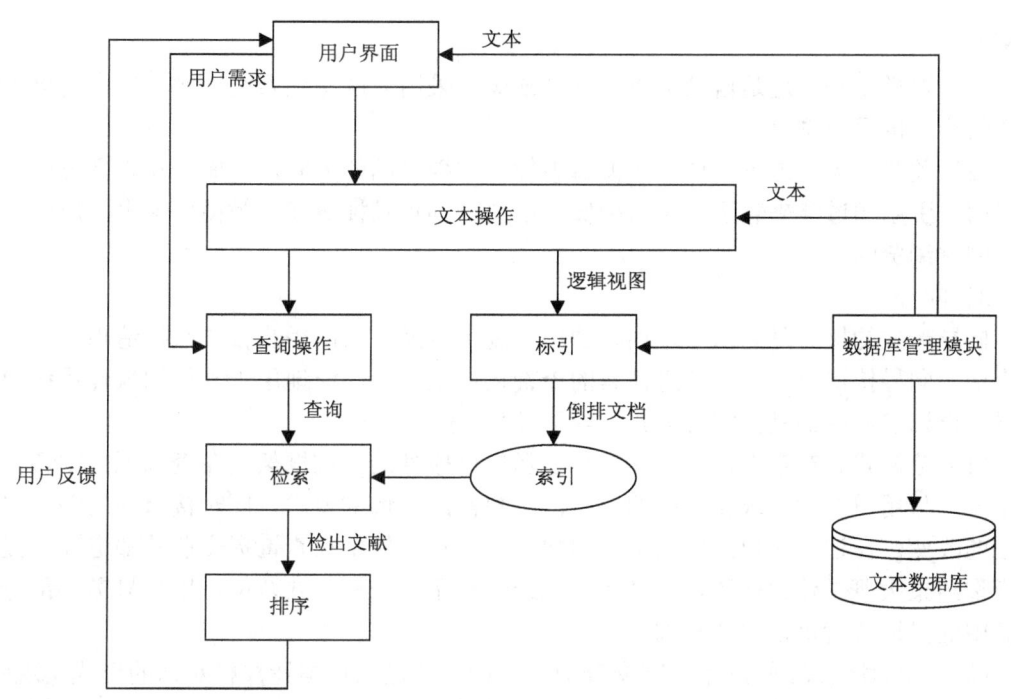

图 6-7　检索过程图

在检索过程的开始，用户如何利用查询接口来启动一个检索过程呢？研究表明，大多数用户用短查询而不是长而复杂的形式开始他们的查询。也就是说，先是用一个短查询得到一组结果，观察这些结果，然后对查询进行修改，再次提交查询。初始的查询是一次"试探"，看系统会返回什么样的结果，并由此重新构建新的查询。因此，信息查询接口的第一个任务就是帮助用户启动检索过程，即帮助用户选择用于下一步检索的信息源和信息集合。一般地，检索过程的启动形式有以下三种。

1）文档集列表选择

文档（数据）集列表方式就是向用户罗列出可以检索的全部文档集的名字，这是许多现有图书馆和数据库检索系统提供的一种接口形式。首先用户需要从中选择要查询的文档集（或者说是数据库），其次将提交的查询作用于选择的数据库。

这种接口的特点是直接、简单，但是过于简单的缺点是对用户的帮助太少。使用这样的接口，要求用户具有一定的专业水平，能够知道在哪些文档集中能够找到他们想要的信息。虽然用户可以把常用的数据集挑选出来，放在自己首选目录中，但是如果查询的要求超出了这个范围，就可能检索不到信息或者检索出来的信息不全面。为了弥补人工选择文档集的缺点，我们需要研究文档集的自动选择技术。

2）浏览

有时用户开始的查询需求并不明确，因此他们检索就是以浏览形式启动的。面对大量的文档集，如何选择一个文档开始浏览呢？文档集的梗概可以有效地支持浏览，有三种常用的梗概接口。

（1）目录梗概。这是按照主题对文档集进行分类，构成分类的主题目录，引导用户的浏览。

（2）聚类梗概。这是自动生成的一种梗概，采用多层文档聚类技术，形成文档集的层次结构，供用户浏览。

（3）关联聚类。这里强调是在梗概中加入文档之间的关联，即概念和语义方面的互相引用，引用通过链来表示。关联梗概可以结合到目录梗概和聚类梗概中去，形成更加灵活的供浏览的结构。

3）向导

向导形式的接口是为未经过训练的用户提供帮助，帮助用户很快地构造出各种类型的查询。向导接口不仅用在信息检索的查询接口上，也广泛地用于其他的软件系统中。向导在查询接口中的具体实现形式有以下几种。

（1）范例式。在查询接口中为用户显示出一般性的查询框架，在查询框架中还可以给出一个与用户查询要求相匹配的例子。用户修改查询的要求，同时接口中的例子也做相应的改变。在这种接口的辅助下，用户可以一目了然地在查询提交前就知道他们提交的查询结果大概是什么样子，并且系统已经给出了一个框架式范例，用户只需要部分修改其中的描述符就可以提交查询。

（2）文本对话式。辅助用户提交查询的过程是通过用户与计算机对话的形式实现的。这里需要设计一种有效地引导用户给出查询需求的对话模型。在限制用户表述的前提下，又给予用户足够的灵活性，使得用户可以提交各种类型的、从简单到复杂的查询要求。

（3）图形向导式。通过图形用户接口，一步一步地引导用户构造出查询要求。这其实也是一种人与计算机交互的过程，但是采用的是图形化接口，用户的输入过程直接、简单，不需要专门的训练。而上面所述的对话式，主要是采用文本的对话接口，相对来说非专业用户难以使用。

信息检索中的一个重要部分是基于相关反馈的查询重构。研究证实，相关反馈是一种有效改善检索性能的方法。

在信息检索系统中，我们努力实现并且尽量采用自动的方法。但是当自动的方法不尽满意，或对于高级用户来说，自动的方法不够灵活的时候，就需要人工干预。这就是用户相关反馈，用户直接进入到检索的循环中去，发挥计算机难以胜任的工作，即相关判别。

一般来说，相关反馈的用户接口由以下元素组成。①检出文档的标题（或略图）列表。②选择栏，位于每个文档标题的旁边，使得用户便于标记相关的文档。在用户接口上，可以设置一个或多个选择栏。如果是一个选择栏，选择它表示相关，不选择表示不相关或用户不关心。如果是两个选择栏，一个用于相关选择，一个用于不相关选择，那么不选择表示用户不关心。用户做出了相关判别之后，还有一个问题就是加权。系统可以自动进行加权，或产生一组项的列表，让用户干预加权。之后，系统重新提交查询。对于返回的结果，系统在界面中可以标记出上轮相关文档在新排序中的位置，由此显示新查询的效果。

然而，相关反馈方法依然是一个费力的任务，许多用户对相关反馈的思想还是不够熟悉。针对这个问题，Web 搜索引擎采用术语"more like this"（与此相似的……）作为一种简化，表示用户可以请求与此文档相似的其他文档。

2. 用户接口对检索过程的支持

本节围绕复杂信息系统中的信息布局来讨论设计选择，并用现有用户接口中的例子举例说明这种方法。首先用一些非常简单的检索接口来开始讨论，这些接口被应用于"查找"功能中，作为字符串检索方式；其次讨论多窗口接口和高级的工作平台；最后再讨论用户接口中的浏览、选择和查询三者的结合，以及支持保留检索过程中的历史记录这项功能。

1）字符串匹配接口

一种常见的简单检索需求是"查找"功能，这是一种访问当前已浏览过的文献内容的典型方式。通常这种功能无法产生输出排序，也不接受检索词的布尔组合，它的主要功能就是简单的字符串匹配（不具有正则表达式的能力）。一般来说，这种"查找"功能设置一个包含少量简单控件的专用检索窗口（如大小写灵敏性、正向搜索或是逆向搜索），用户在输入栏中键入查询字符串的检索方式强调了在目标文献中字符串与查询字符串的匹配。

另一种复杂的检索需求是在一个小信息集合范围内进行检索的"查找"功能，如个人计算机硬盘上的文献或一个 Web 浏览器的历史记录。这种类型的功能也是通过一种简单的字符串匹配来实现的。这种检索的"查找"功能将控制器和参数集合显示在一个专用检索窗口的顶端，并且通过校验框和输入栏设置不同的选项。这个例子与前一个例子的不同之处在于，它本身的检索接口中会显示一个结果列表。

就是在这些非常简单的界面中，仍然存在一个普遍性的问题。当用户输入新的查询或修改先前查询的时候，在显示先前检索结果的地方会产生歧义语句，这是因为用户可能错误地认为屏幕上所显示的先前命中文献就是键入的查询检索到的结果。这个问题大致有以下几种解决途径。

第一种解决途径是当用户键入一个新的查询时，系统就马上清除先前的结果列表。然而，用户可能需要显示检索结果中的词来帮助重构查询，或者也可能决定不再键入新的查询而继续先前的结果。如果键入新的查询就清除当前结果集合，那么这些目标将无法实现。

第二种解决途径是为每一个新的查询都开辟一个新的窗口。然而这就要求用户执行一项额外的命令且会导致窗口的激增。

第三种可能更有效的解决途径是自动地以压缩格式对查询和结果列表进行批处理，并允许用户在先前检索到的众多结果中前后移动。这种途径能够进行功能扩充，这很大程度上有助于构建原始查询。在此阶段，拼写错误是导致检索失败的主要原因，采用拼写检验功能为文献集合中存在的低频词提供一种替换操作。

第四种可供选择的解决途径是在输入特定查询词时，向用户提供与这个查询词相关的叙词表中的词。通常是在输入查询并检出文献后才显示这样的信息，但是当用户输入查询时，替换操作就应以查询预览的形式提供这样的信息。

2）窗口管理

由于检索任务通常要比上述的简单字符串匹配查找功能复杂得多，所以接口设计者必须解决如何在接口中安排不同选项和信息显示的问题。

传统的书目检索系统采用的是基于 TTY（全称 TeleTYpe，由虚拟控制台，串口以及伪终端设备组成的终端设备）的命令行式界面或菜单。当系统响应一个命令时，新的结果将在屏幕上覆盖先前的内容，这就要求用户记住这个环境。例如，用户通常一次只可以查看某个主题层次中的一个级别，并且必须离开这个主题视窗以便查看或查询文献视窗。在这些系统中，主要的设计在于命令或菜单的结构，以及显示可利用选项的顺序。

在现代图形界面中，窗口系统常用于把功能分成不同的、可同时进行显示的视窗。在信息存取系统中，将一个窗口显示的信息与另一个窗口显示的信息联系起来是十分有用的，用户也可以通过这种方式从一个窗口向另一个窗口剪切和粘贴信息，例如，从显示的叙词表检索词中复制一个词，并将其粘贴到查询的说明格式中。

在显示窗口中安排信息时，设计者有三种选择，即单屏显示、重叠式窗口和并列式窗口。单屏显示中的所有窗口都在预定位置列出，并且是同时可视的。人们已经进行了用户研究来比较这些选择方式应用于不同任务时的效果，通常这些研究的结果都依赖于接口应用的领域，并且对于信息存取界面还没有明确的标准作为指导。

这种单屏界面有几个优点。它允许设计者对不同选项的组织进行控制，以使所有信息同时可视，并且将这种特征安排在明显的位置上以便用户能轻易地找到。但是单屏界面也有一些缺点，只有它占用整个可视的屏幕时它的效果才最好，而且视窗的数量也受到屏幕上可利用空间的内在限制（这与重叠式窗口正好相反，与一次性显示在屏幕上的信息相比，重叠式窗口能显示更多的信息）。许多现代密集型工作的应用程序采用单屏设计，但这可能会阻碍信息存取与诸如文本修改和数据分析这样的工作之间的结合。

在所有的信息存取接口中都存在这样一个问题，即系统自身对同时可以显示多少种信息的限制。信息存取系统必须为显示一个文本区保留空间，而且这必定会占用屏幕空间中相当大的一部分，以便文本能清楚易读。例如，绘图程序中的各个工具在界面中以很小的形式显示，但需要保证清楚易读以便被识别和利用。所以许多信息通过进行压缩显示来满足信息存取系统的需要（诸如叙词列表、查询说明和保存的标题列表）就变得十分困难。良好的布局、图形技术和字体设计可以改善这种情况。例如，可以根据距离、字体和其他小的外观设置使网络检索结果有明显的改善。

重叠式窗口在排列上比较灵活，但很快又会在显示中呈现得拥挤、杂乱无章。研究人员已经认识到多数用户的行为都具有从一组有用的相关窗口向另一组移动的特点。他们认为这种类型的组织结构与单个窗口相比能够更准确地匹配用户的目标结构。重叠式窗口着眼于任务需求与所用窗口数量之间的关系，并发现当用户从一个任务向另一个任务过渡时，会用到大量的独立窗口。

基于这些观察，研究人员设计了一个系统，旨在使用户在"多虚拟工作区"之间自由地移动。这个系统采用一种三维空间"比喻"，即每一个工作区间就是一个"房间"，用户通过"移动"经由虚拟的门在工作区间之间转换。通过从一个房间到另一个房间的"旅行"，用户可以从一个工作背景变换到另一个工作背景。在每一个工作背景下，与这个背景相联系的应用程序和数据文献都是可视的,并为重新打开和阅读做好准备。他们提出的这个工作区间的概念还强调在跨时间段的情况下,会话依然具有持续的重要性。用户可以离开从事某一项任务的房间,去从事另一项工作,三天后返回第一个房间,看到所有的应用程序都保持和以前相同的状态。在工作站操作系统的界面中,这种将每一个任务的应用程序和数据捆绑在一起的概念已经被窗口管理软件广泛地采纳。

弹性窗口使二维并列式窗口结构向"工作区"或"房间"观点延伸。其中心思想是通过调整当前任务占用的实际屏幕尺寸,实现从一个角色或任务向另一个角色或任务的快速过渡。用户通过一个简单的操作就能扩大整组窗口,并且这种自动重新设定会引起工作区间剩余部分尺寸的缩减,这样它们就总是能适应屏幕的大小而无须重叠。

3)系统举例

下面的部分里,我们将讨论几个现代信息检索用户接口中应用的信息布局和管理方法。

A. InfoGrid 布局

InfoGrid 系统是信息检索界面中单屏布局的一个典型例子。这种布局假设所采用的是大型显示器,并将整个界面的布局分成左边和右边,如图 6-8 所示。左边进一步细分为上部包含一个结构化的输入格式,这个格式用来详细描述一个查询的特征,左部是一列图标式的控件,底部是保留感兴趣文献的区域,主要的中心区域用来显示检索结果,或者以缩略图的形式表示原始文献,或者分解文献的结构(如分散/集中型聚类结果)。用户可以从这个区域中选择文献并将它们储存在下面的固定区域中,或者是在右边的区域中浏览它们。右边大部分的显示空间都是用来浏览选中的文献。文献显示下方的区域用来显示先前交互的一个图表式历史记录。

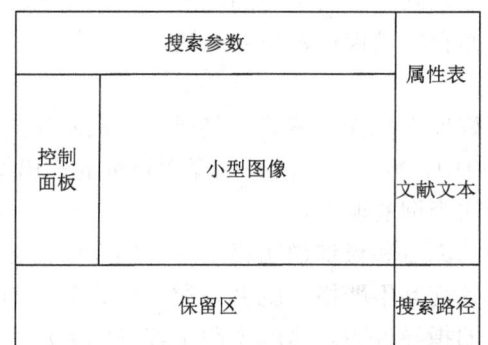
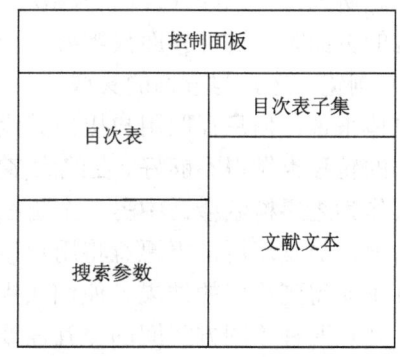

图 6-8 InfoGrid 布局

设计者必须明确在最初的浏览中应该显示哪些信息,如果将 InfoGrid 系统用于较小的显示器,那么文献浏览区域和检索结果浏览区域,都将不得不在一个弹出的重叠窗口中显示。否则,用户必须在两个浏览界面之间来回切换。如果这个系统要为相关性反馈推荐检索词,那么现存的一个窗口就必须被这个信息所覆盖,或者必须用某个弹出窗口来显示这些候选的检索词。系统不提供所选信息的细节信息,尽管在控制面板中运用一个弹出菜单就可以实现这个功能。

B. SuperBook 布局

SuperBook 系统利用某一长篇文献的结构作为上下文来显示查询词命中。一本书或一部手册的目次表以等级分类结构显示在屏幕的左侧,某一页或某一节的全文显示在右侧。用户可以通过对目录的操作来放大或缩小对各节和各小节的浏览界面。SuperBook 与 InfoGrid 布局十分相似。主要的不同在于 SuperBook 在左侧屏幕主要位置上保留了近似内容列表,这个列表与包含检索命中了多少文献的指示符,一同出现在示意图的每一个水平位置。与 InfoGrid 相同,屏幕右侧的位置主要用来显示选中的文献。查询的详细描述只是在内容列表视窗的下面进行(尽管在早期的布局中以独立的窗口出现)。与用户查询相关的检索词也显示在这个窗口中,大量的图像出现在弹出的重叠窗口中。

SuperBook 的设计人员还准备重新设计一项功能,使其界面适应较小的显示器,这种新设计的界面利用了小型的重叠式窗口。在这个更有约束力的环境中,那些有用的交互结果被综合在一起,形成了大型单屏显示的较好设计。

4)保留检索历史

用户接口应该既能在任何给定点上显示可利用的选项是什么,又能显示过去都做过哪些操作,既要有长期策略,又要有短期方法,并且可以沿用这个方法让用户对提供的选项和找到的信息进行灵活地存取和修改。还有一个引起人们关注的问题是,将个人偏好与用法等信息都合并到查询表述和检索结果的使用中。

以上绝大部分策略在当前的用户接口中都没有得到很好的支持,然而人们已经开发出一些机制来满足这些要求。能够保留先前检索历史的机制,对于这些任务来说尤其重要。过去的大部分检索系统中都应用了某种记载历史的机制,这些机制中通常包含了一系列有限执行的命令。近来,已经介绍过图表式记载,它在跟踪命令和结果方面做得越来越好。研究人员已经开发出在层次结构中显示网页存取历史的图形界面,当返回已经访问过的页面时,这种界面只需要较少的页面存取过程和极短的时间。

5)浏览、选择与查询的集成

总体来说,信息存取用户接口并没有很好地支持检索策略,甚至从一项操作向另一项操作的转移也做得不够好。在绝大多数接口中,甚至不能很好地保留查询的输出结果,并将其作为之后检索会话中另一个正在执行的查询的输入。

研究人员发现用户更愿意将用户接口中的浏览和查询说明相结合,然而使用这样的交互并不能得到更好的结果。他们认为,如果交互不严格,就会导致错误或多余的行为出现,并且两种不同方式间的交互需要更多的指导说明。这就说明了较多的灵活性是必需的,但是要在有一定约束的基础上。

用户在开始检索时通过键入一个自由文本查询访问相关目录。系统依据这个集合匹配这个查询,检索出相关文献并放置在文本格式中。当用户"打开"这个文本获取检索出的文献时,类目体系中与检出文献相关部分将会以等级层次的形式表达出来。这样,在它们的等级体系背景下将会同时显示多重交叉类目。于是,这个界面轻松地将大量复杂元数据、起点、浏览和查询结合在一个界面中,这个界面通过推荐已经检出的、与文献相关的附加类目来提供相关反馈。

6.3 用户接口实例分析

搜索引擎是随着因特网的产生而产生的，一个 Web 搜索引擎由收集器、索引器、检索器和用户接口等四个部分组成。Web 搜索引擎的用户接口有两个重要的方面：查询接口和响应接口。用户接口的作用是输入用户查询、显示查询结果和提供用户相关性反馈机制，主要目的是方便用户使用搜索引擎，高效率、多方式地从搜索引擎中得到有效、及时的信息。用户接口接收用户提交的查询请求后，搜索软件根据用户所输入的关键词，筛选索引数据库中无数的网页信息，选择出符合用户检索要求的网页，并对它们进行分级排序，然后将分级排序后的结果显示给用户。对于相同的检索表达式，不同的搜索引擎得到的检索结果可能不同，有的是得到那些至少包含一个检索关键词的网页，而有的是得到含有全部关键词的网页。

在众多中文搜索引擎中，百度是一个比较优秀的搜索引擎，它查询速度快、响应时间短、检索结果相关度高。但同 Google（谷歌）等世界知名的英文搜索引擎相比，百度仍有许多不足之处，如数据库资源类型少、信息服务种类比较简单等。本节我们以世界最大的搜索引擎 Google 为例，进行用户接口的实例分析。

6.3.1 浏览与搜索的接口

图 6-9 是 1998 年 Google 刚刚上线测试时的首页，我们可以清楚地看到，logo 右下角清楚地写着"BETA"。先看主题部分，当时还只具备简单的搜索 Web 功能，且已经有了 I'm feeling lucky 功能，在中文界面上，名字是"手气不错"。由于刚推出，所以 Google 在努力地使大家了解并使用它。有三个链接都是关于 Google 公司的，左边是一些有针对性的主题搜索，主要是侧重于技术类；右边是邮件列表（在 1998 年时，这是最时髦、有效的与浏览者沟通的手段）。整个用户接口的界面结构用色简单、功能感很强。

图 6-9 1998 年 Google 首页图

图 6-10 是 1999 年比较有代表性的一个首页，相对于图 6-9 中 1998 年的主题介绍要精炼得多。这个界面搜索主题更突出，更简洁，但是似乎显得有点小气，缺少一定的分量。

图 6-10 1999 年 Google 首页图

图 6-11 是 2001 年较有代表性的一个首页。其中有一个细节是在搜索框的底部增添了收录页面数的统计，这是在用数字来显示它的海量，对用户来说无实际用途，但海量数据会给竞争对手更大的压力。在搜索框的右手旁边放置了三个小巧高效的辅助设置（Advanced Search、Preferences 和 Language Tools[①]），很符合用户的一般习惯。另一个突出重点是 Google Web 目录。值得一提的是，它有一个针对首次使用用户的快速教程链接，并且放在了醒目的位置。这是一个人性化的链接，而且也是国内和国外的界面设计的一个重大区别，国内的用户界面把浏览者当成最聪明的人，什么都要用户自己去体会和寻找；而国外的界面把所有人都当成毫无上网和使用经验的人。在国外有很多门户，首页往往只有一个对这个站点的简短介绍，进入导航后才能看到它的海量内容。

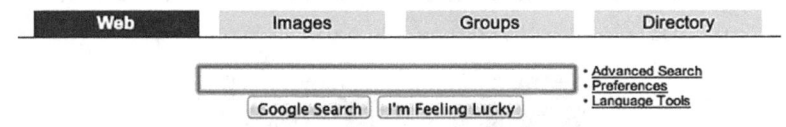

图 6-11 2001 年 Google 首页图

图 6-12 是 2004 年的首页，搜索栏上方的分类标题进一步细分，2004 年 3 月，Froogle 上线——这是 Google 购物搜索（Google Product Search）的前身，Froogle 的出现吹响了

---

① Advanced Search 表示高级搜索，Preferences 表示使用偏好，Language Tools 表示语言工具。

Google 将其搜索业务不断细分的号角。这里特别要加以说明的是，自从 2000 年加入了新元素，含义更丰富、形象更生动的 logo 已经大量出现，一成不变的 Google 标志终于成为插图设计师的创意表现舞台，给呆板的引擎界面带来每天的惊喜与快乐，到目前为止已经形成一种独特的文化。除了功能的补充外，分类栏目再次瘦身，页面整体更简洁实用。

图 6-12　2004 年 Google 首页图

图 6-13 是 2010 年的 Google 的中文首页。导航栏移到了 Google 官网左上角，分为网页、图片、视频、地图、新闻、音乐、购物、Gmail[①]、更多，共九项。

图 6-13　2010 年 Google 首页图

图 6-14 是 2023 年的 Google 的中文首页，界面简洁，提供简体中文、英语等多种语言供使用者选择，同时将所有 Google 相关应用整合，增加了界面的丰富度和有序度。如图 6-15 所示，点击图标后可以浏览所有 Google 相关应用。特别值得注意的是下面这个功能：在搜索框内输入不完整的或者模糊的信息时，搜索框会自动跳出下拉列表，显示更为接近

---

① Gmail 表示邮箱。

用户需要的信息以及可能检索到的结果数目,这一人性化的设计无疑对用户的检索策略有着积极的影响。

图 6-14　2023 年 Google 首页图

图 6-15　Google 相关应用集

Google 自 1998 年上线至今,从首页布局、支持功能、图标到支持语言等多方面发生巨大变化,以满足使用者的信息需求。

6.3.2　检索结果的呈现接口

查询结果通常需要多个 Web 页面来显示,第一页显示前 n 个结果的列表。在这个列表里,每条都包含了相应文档的描述。典型的信息包括:资源定位符的地址、大小、索引的日期和几行内容(标题、匹配的短语摘要等)。

一些搜索引擎允许用户改变查询返回的结果数目和每页包含的文档数量。但是在大多数情况下，这些都是固定的或者限制在一定数量范围内的。列表的排序通常是根据相关性进行的，但在一些搜索引擎中可以按照 URL 和日期排序。另外，大多数搜索引擎具有发现和返回与结果中相似的 Web 页的操作。用户也可以根据先前得到的返回结果，重新构造更复杂的查询以优化查询结果。

　　搜索引擎的查询结果是按顺序排列的，通常这种排列顺序是根据与查询中条目的相关统计值来进行的。在某些情况下这可能没有什么含义，因为相关性并非完全与文档集中条目出现的统计值一致。一些搜索引擎也考虑采用包括元标记、标题或 Web 页面的流行度来改进排序。用户还可以基于以前的查询应答，调整和重构新的查询。

　　一个好的搜索引擎的用户接口应该实现的功能如下。

（1）自然语言处理。
（2）查询扩展。
（3）用户视图定义。
（4）用户行为监测与反馈。

　　当前，搜索引擎的用户接口只向用户提供查询输入和结果输出。它的主要功能是将用户输入的查询要求规范化，形成可以对索引数据库直接操作的规范检索表达式，并将其提交给检索器，再将检索结果以用户习惯的视图显示给用户。一般情况下，搜索引擎会提供简单和高级检索（power search）方式，用户可以根据其语法规则输入查询词。至于其他大多数功能都没实现。

6.4　用户接口的发展

　　虽然用户接口正在朝着智能化方向发展，但由于种种主客观因素，图形用户接口仍是当前广泛流行的人机界面。信息检索系统用户接口基本上都是以 WIMP 界面（WIMP 界面又称为图形用户界面，是由窗口 windows、图标 icons、菜单 menu、指点设备 pointing device 所组成的缩写）为基础的，其中以下三种模式代表了用户接口的最新发展。

　　1. 自适应可视化用户接口

　　班尼迪克大学（Benedictine University）所开发的企业数字图书馆（corporate digital library，CDL）具有自适应可视化用户接口（adaptive visual user interface）。这种自适应可视化用户接口把基于窗体的查询（form-based query）、主题变换查询（topic map query）、基于树的查询（tree-based query）有机地统一在 CDL 主页上，并允许用户通过点击排列在底部的图标来选择喜欢的用户接口。用户接口分为三种：基于窗体的界面（the form-based interface）、主题变换界面（the topic map interface）、基于树的界面（the tree-based interface）。

　　用户选取基于窗体的界面后，需在窗体中填入某些字段，然后执行信息检索，这是用户与数字图书馆交互的典型模式。用户利用下拉式菜单可以选择要查询的文档分类，而且分类索引显示在页面的主要位置。若用户要指定某种查询，至少要在一个索引字段中插入适当的检索词。这种基于窗体的界面允许字段的组合检索，因此具有强大和灵活的检索功能，很适合于那些熟悉图书馆结构和图书馆知识的用户。

CDL 用户接口的一个新特征是它能通过主题变换，快速浏览并存储数据。这种可视化实质上是一种人机交互，它能总览一系列文档的语义内容或文档集。语义内容反映了文档集中的主题及其相互组织方式。CDL 主题变换具有浏览文档集主题、重要性、相似度和相互关系的功能，因而该接口十分有用。但只有先标识用来定义存储文档语义内容的主题集或描述符，构成 CDL 词典，才能实现 CDL 主题变换。CDL 利用向量来描述文档与关键词。CDL 采用基于彩色技术（color-based technique）使整个可视化界面更加形象化，并为数字图书馆提供足够灵活的交互机制。

基于树的界面为用户浏览 CDL 和执行信息查询提供了另一种可视化方式。这种交互方式的主要优势是每个类目的分类与索引都以树结构的方式渐进地显示出来，用户沿着树结构可以一步一步地进入 CDL。用户选取某个节点，系统就弹出一个菜单，菜单上有两项内容，一项分解所选节点，另一项说明节点含义以适应用户的选择。用户在弹出菜单中输入适当的检索词就能执行检索。

CDL 用户接口集成了上述三种界面，并且通过利用学习服务器（learning server）来实现三种界面的自适应。CDL 学习服务器是一组学习系统的成套程序，它们能被多个用户同时利用以执行几个任务，如文档分析/分类/理解、用户模式的推断。在 CDL 人机交互环境中，学习服务器可以为每种用户选择独特的可视化用户接口，即为无经验者提供主题变换界面，为专家类用户提供基于树的界面，为教师类用户提供基于窗体的界面。因此，CDL 用户接口具有如下优势：

（1）适应了不同层次、不同类型用户对数字图书馆的使用要求；
（2）能针对性地为不同用户提供个性化的快捷的检索界面；
（3）能自动实现三种用户接口的智能转换。

2．统一用户接口

数字图书馆的统一用户接口（unified user interface）是通过一个由欧洲委员会资助的合作研究与开发项目研究出来的。统一用户接口只包含一个（即统一）界面标准，但适合于所有用户类型，又被称为可变换用户接口（transformable user interface）。它由如下四个基本组件构成。

（1）用户信息服务器（the user information server，UIS）。它是一个用户信息的知识库，负责通过界面交互组件（the interactive components，IC）传达过来的交互数据来推断、执行和报告决策制定模块（the decision making module），并对其中的信息作必要的修改。

（2）关联参数服务器（the context parameter server，CPS）。它维护与交互有关关联知识，如终端机能力、环境属性等。与 UIS 相似，CPS 可以从内部界面组件或外部资源评价与它关联的监控数据，以发现和注册当前关联交互的修改。

（3）决策制定组件（the decision making component，DMC）。它基于 UIS 和 CPS 与它的信息交流，提供一个推理引擎来确定某些似能适应（plausible adaptation），并把这些决策传达给界面的交互组件。DMC 具有从交互对话的任何阶段汲取决策的能力。

（4）交互组件模块。它拥有用户接口管理系统中对话控制的功能，并包含不同种已实现的界面组件（包括设计阶段标识的各种可选的对话方式）。IC 模块还负责用一种与界面开发者透明的方式处理目标平台的各种交流。

基于上述用户接口结构，多媒体通信应用中的自适应交互项目（adaptable and adaptive interaction in multimedia telecommunications applications，ACTS-AVANTI）开发了统一用户接口浏览器，简称 AVANTI 浏览器。在 AVANTI 浏览器中，用户模块服务器履行 UIS 的作用，具有基于交互监控数据来维护和更新用户模块的功能；DMC 是个规则库，这些规则控制了所有交互层次上抽象界面组件与合适的具体实例的交流；IC 模块包括浏览器界面、页面表示与交互组件、自适应机制和监控机制；CPS 的作用不是由 AVANTI 中的单独某个软件来承担，而是被分割为某些特殊责任，这些责任分布在其他软件模块中。华盛顿大学图书馆（University of Washington Libraries）所开发的 WILLOW 也是一种统一用户接口。它可应用于多种数据库、论文索引数据库、数据集、词典数据库、名录数据库、电子期刊数据库、电子文本与文档数据库、百科全书数据库和馆藏图像数据库。

3. 拖放多媒体界面

Bergman（伯格曼）等运用人机交互的拖放方式，并综合多媒体对象结构化自然语言查询标准设计出一种新的数字图书馆用户接口，即拖放多媒体界面（drag-and-drop multimedia interface，DanDMM）。它接纳并改善了现有界面的特征与功能，实现了基于实例标准和结构查询语言的无缝结合，能为用户提供高度灵活通用的查询环境。DanDMM 规定了表示对象和词组（即查询单元）的可拖动实体，可用某些特殊词组来表示查询、对象、属性与约束，利用拖放操作实现词组的组合与查询式的构建。DanDMM 把某些约束引入查询式构造过程中，以免在对象与关系的组合中产生语法错误。可拖动组件包括文本项、多媒体对象和标准界面饰件，其中界面饰件包括：矩形框、文本标记、类型输入栏、触发器按钮、选择（下拉）表、增加/删除按钮。界面单元可根据用户行为和应用对象进行动态重构。DanDMM 能实现基于内容的文本、图像（视频）检索。所有类型的 DanDMM 都已具有以下特征：说明查询和次级查询的可复合嵌套组件；利用拖放操作来反复使用这些组件；基于用户定义或应用的动态界面更新；多媒体对象的自由格式组合；隐藏或展现可选语法。

第 7 章　信息检索可视化

在当今信息爆炸的背景下,信息检索可视化成为研究的关键领域,旨在通过图形化呈现检索系统的搜索结果,提升用户对信息结构的理解,优化检索体验。本章将对信息检索可视化概述、可视化原理、可视化模型、可视化显示技术以及可视化评价进行介绍,旨在增强用户对于信息检索可视化的认识。

7.1　信息检索可视化概述

本节对信息检索可视化的相关基础问题进行阐述,分别从信息检索可视化的发展背景、含义及特点、优势及存在问题等几个方面对信息检索的可视化展开简单概述。

7.1.1　信息检索可视化的发展背景

随着社会信息化程度的提高,信息检索手段也在不断进步,快速图形处理软件的日渐普及和高清晰度彩色显示器的出现,使得信息可视化已经成为现实。

1. 传统信息检索系统的不足

传统信息检索存在一些不足之处,其中最显著的是其结果呈线性和一维的形式,这意味着用户必须逐一浏览大量按顺序排列的文献,然后才能做出决策并进行深入阅读,这给用户带来了许多不便。

首先,传统信息检索缺乏有效的反馈机制。有时用户可能找到一篇有用的文献,但同时也想查看相关的文献,然而传统检索系统无法满足这种需求。其次,传统检索系统的设计通常只考虑了功能,而未从用户和其搜寻行为的角度出发来设计软件功能。当用户获得大量检索结果时,他们无法轻松浏览所有结果,也无法获得有关整个检索内容的总览。

此外,传统检索模型忽略了用户在浏览和选择检索到的文献时的交互作用。实际上,人们在查找信息时希望使用一个查询系统来帮助他们达成检索目标。用户在检索过程中通过浏览检索结果的标题或全文,并通过回顾提问、点击链接等方式吸取新信息。在最初的基本目标达成后,用户的检索兴趣可能会发生变化。因此,削弱最初提出的查询的优先级是必要的，但在传统检索模型下这一功能无法实现。

2. 信息检索可视化的优势

信息检索的可视化是通过将文献信息、用户提问、各类信息检索模型以及信息检索过程融入一个低维可视化空间，有效地帮助用户进行信息检索的过程。可视化的本质是将抽象概念转化为符号，从而让用户能够看到以前无法直观理解的内容。在信息检索中，可视化的目标是呈现可见的语义关系，将用户的提问与检索结果以及不同文献之间的关系可视化展示，同时提供有效的信息反馈机制。

事实上，人们获取的信息中，大约 70%来自视觉，20%来自听觉，10%来自触觉。因此，人类天生适应图像和可视信息，可视化信息检索通过提供清晰可见的结果，帮助用户更好地分析文献、判断检索词的价值、理解提问与文献之间的语义关系，以及发现新的信息检索模型。

可视化信息检索的优点在于提供更丰富、直观的信息，有助于用户更快地达到检索目标。此外，可视化信息检索可以减少用户对检索结果进行聚类或语义分析所需的时间，通过改善人机交互功能、个性化处理和文献显示方式，帮助用户理解文献之间的语义关系。可视化的文献分布图表也有助于不同语言背景的用户理解信息。

总的来说，可视化信息检索可以最大限度地发挥人的信息传输和检索能力，同时充分考虑了人的认知过程在检索中的重要性。只有计算机和人之间相互合作，才能实现最理想的检索效果。可视化信息检索已经在许多领域取得成功，如匹兹堡大学于 1991 年开发的可视化检索系统，它允许用户通过在图形空间中放置提问兴趣点来查看相关文献的分布，从而更轻松地找到感兴趣的文献。

3. 信息检索可视化的发展

可视化理论最早可以追溯到 2400 多年前的哲学家柏拉图，他认为人类通过感觉，特别是通过视觉，来认识事物，从表象逐渐认知真实世界。信息检索过程的可视化研究起源于 20 世纪 60 年代，当时开始在数据库领域进行可视化研究。到了 20 世纪 80 年代初，随着对信息检索可视化的深入研究，出现了基于布尔逻辑的检索系统，如温式图、过滤文献流和基于布尔逻辑的文献检索系统。随着时间的推移，这些系统逐渐变得更加实用和智能化。

信息检索可视化研究面临的挑战首先在于选择适用的信息检索系统，如布尔检索系统、向量检索系统、模糊查询系统、概率系统等。其次，需要确定哪些特性关系最适合在可视化对象中呈现，即哪些特征能够有效地进行投射和可视化展示，这一决策需要经过谨慎考虑。最后，需要定义或创建可视化空间，并确定如何将所有可视化对象映射到所选的空间中，以及如何在有限的空间内组织有效的信息，使检索过程可视化。

随着网络信息检索的发展，跨平台的界面逐渐成为主流。系统设计已经从以系统功能为中心的设计模式转向了以用户为中心的设计模式。因此，检索系统的用户界面设计对用户的喜好和使用体验产生了直接影响。因此，在系统设计时，需要考虑到不同用户的喜好、能力、年龄和文化背景等因素，以设计出灵活的、交互式的用户界面，以方便用户的使用。

可视化研究面临的另一个重要问题是如何评估和衡量可视化检索工具的效果。查全率和查准率常被用于评估系统的性能，但这些传统的标准并不总是适用于交互式的可视化检索系统。

尽管可视化检索技术提供了处理图像、视频和复杂多媒体内容的潜力，但目前这一领域仍面临着普及度不高的问题和技术挑战。然而，随着网络技术的发展、在线信息量的快速增加以及元数据的成熟，可视化检索研究成果将更快地实现商业化应用。

7.1.2 信息检索可视化的含义及特点

1. 信息检索可视化的含义

信息可视化是由斯图尔特·卡德（Stuart K. Card）、约克·麦金利（Jock D. Mackinlay）和乔治·罗伯逊（George G. Robertson）于 1989 年提出的。信息可视化是一个跨学科领域，其主要目标是研究如何以视觉方式呈现大规模的非数值型信息资源，例如，软件系统中的众多文件或程序代码，以及如何利用图形技术和方法来帮助人们更好地理解和分析数据。

信息可视化将数据、信息和知识转化为视觉形式，利用人类对可视模式的快速识别能力，帮助人们更好地理解和分析信息。实际上，几乎任何事物都可以视为信息：图形、表格、地图以及带有文本的流程图都可以作为信息传递的媒介，它们甚至能够传达隐喻性的信息。

因此，信息检索可视化涵盖了将抽象的数据和它们之间的语义关系转化为可视展示的过程，以及向用户呈现内部检索过程的过程。它通常包括两个主要组成部分：可视信息展示和可视信息检索。可视信息展示为可视信息检索提供执行的平台。

2. 信息检索可视化的特点

（1）信息检索可视化为浏览提供了一个理想的天然平台。在信息检索可视化环境中，浏览过程使对象的相关性判断更加直观，并能更方便地满足用户的信息需求。这种浏览过程包括各种交互式活动，旨在实现信息检索任务。这些交互式活动受到交互式可视化技术的支持，包括触联、链接、焦点、内容、淘选、缩放、概览和细节，以及一些过滤手段。

（2）信息检索可视化实现了信息空间的形象化。这是通过将抽象和不可见的信息变换为可见和可视化的空间来实现的。浏览是一个基于空间的过程，它包括一系列关注点，这些关注点可以生成一个浏览空间，通常是信息空间的子空间，这并非偶然。因此，信息空间和浏览空间共享的空间特征形成了数据集合的空间可视展示，这不仅是必要的，也是信息检索可视化的前提。

（3）信息检索可视化阐明了数据集中宏观环境下的聚集信息，使人们能够轻松获得这些信息。这些聚集信息通常包括关联环境信息、启发式信息、结构信息和全局概述信息,这些信息在传统信息检索系统中通常难以获取。

(4)信息检索可视化为寻找新的信息检索方法提供了可能的途径。一个信息检索可视化环境可以将传统信息检索模型中对称的检索轮廓线展示在信息空间中,同时也可以展示一些非传统模型中不对称的检索轮廓线。传统检索模型通常需要一个或两个参考点,但在可视环境下,涉及的参考点数量是可以扩展的,以探讨多兴趣点对信息检索的影响。

(5)信息检索可视化能够为信息分析提供一个独特的方法,是信息分析的强力工具。以传统的信息空间密度分析为例,它通常基于计算,得出的结果是一个简单的数字。然而,这种方法无法解释以下问题:文件在信息空间中是如何分布的、有多少个簇、哪些簇最大或最小、哪些簇相关、哪些簇导致了密度的变化,以及选定的词汇如何影响空间密度。这些问题对于信息分析至关重要,而在信息检索可视化环境中,这些问题可以轻松得到解答。

(6)信息检索可视化为发展新的可视展示手段开辟了广阔的空间。其中最显著的特点是其强调空间性。正是这种空间性赋予了人们在定义可视化空间、选择坐标系、采用展示语义框架的方法、确定投影算法以及聚集信息检索特性时的灵活性。这也导致了大量多样的信息检索可视化模型的迅速涌现。

(7)信息检索可视化丰富了信息检索方法并增进了用户体验。它将信息检索提升到了前所未有的水平,使信息查找变得更加直观和简便。由于信息空间的特性以及交互式浏览和可视探索的功能,信息检索不再仅仅是简单的信息查找,而是演变为知识发现和知识获取的过程。

7.1.3 信息检索可视化的优势及存在问题

信息检索可视化是将信息可视化技术应用于信息检索领域的一种方式,它具备多种优势,如增强用户的认知能力、使信息检索过程更加透明、方便信息浏览、提供良好的人机对话和交流环境,以及提高检索的查全率和查准率等。然而,值得注意的是,尽管信息检索可视化具有这些优点,但在当前的可视化技术支持下,它仍然存在一些不可避免的局限性。

1. 信息检索可视化的优势

1)增强用户的认知能力

可视化检索利用人类对图像处理的强大能力,将文本内容以空间和图形的形式呈现,以供用户以直观的方式浏览和分析,无须进行文本语言处理,从而减轻用户的认知负担。同时,检索结果的可视化也有助于揭示文档中难以直接观察到的语义关系,通过空间属性如距离、大小等来表示文档的相似性,使用户能够快速找到相关文档,并更容易理解检索到的信息之间的关联性,从而提高用户的认知能力。

2)促进用户对信息检索过程的控制

传统的信息检索系统对用户来说就像是一个不透明的黑盒子,一旦用户提交了查询,系统内部的处理过程,如查询的分解、词汇匹配、标引词匹配以及结果生成等,都对用户来说是不可见的,因此用户无法了解系统内部的操作过程,也无法对其进行控制。相反,可视化信息检索环境使整个检索过程变得透明,包括文献与查询的语义关联、文献之间的语义关联、信息发现过程以及检索结果的展示等。这使得用户会更容易、更愉快地进行检索,并显著提高用户对信息检索过程的控制能力。

3)方便用户进行信息浏览

在可视化的检索环境中,用户检索信息如鱼得水,多种可视化检索技术充分利用了人们对图像处理的能力。这些技术不仅能够呈现检索的核心信息,还能以多种方式排除或隐藏周围的细节信息。当用户点击检索结果时,他们能够快速发现感兴趣的领域,并根据检索结果的语义关联性,自然地探索相关的兴趣领域。用户可以在不同的兴趣领域之间自由切换,寻找相关信息,这是传统信息检索无法实现的。

4)提供良好的人机对话和交流环境

信息检索过程是一个多回合的人机对话和交流过程。通过可视化信息检索,将人的因素纳入系统内,使用户能够发现检索结果之间的关联性,根据自己的兴趣进行多次检索,持续获取所需信息,同时也能探索相关领域的信息。这有助于激发用户的参与积极性,促进人机对话,并改善人机交流。

5)提高查全率和查准率

信息检索可视化是将数据可视化技术应用于信息检索领域的一种方式,它提高了信息相关性的判别效率,并扩展了信息相关性判别的方法。用户可以通过图形界面与网络信息检索系统进行交互,评估每次检索的结果,优化查询或提问,从而提高检索的查全率和查准率。

2. 信息检索可视化存在的问题

1)未形成系统的研究结构

国内的信息检索可视化研究主要集中在跟踪国外的发展,研究机构包括武汉大学信息资源研究中心、中国科学院文献情报中心、中国科学院软件研究所以及一些大学的图书情报学院和计算机学院等。这些研究仍处于初步阶段,尚未形成一个完整的研究体系。

2)缺乏坚实的理论基础

信息检索可视化是一种信息的可视化方法,它缺乏内在的固有结构,因此缺乏坚实的理论基础。此外,信息检索可视化研究还存在一些挑战,包括缺乏系统的多方面研究、未充分考虑用户的检索需求和兴趣、原型系统众多但实际投入使用的产品相对较少等。

信息检索可视化缺乏内在的固有结构,导致了方法的多样性。因此,我们需要解决的一个问题是如何综合现有的可视化技术。在整合可视化手段时,它们的数据结构和属性应该是相互兼容的,并且相关方法必须能够支持共同的需求或克服共同的缺陷。虽然一套可视化技术可以从不同角度理解可视化数据,但各种可视构成可能会增加用户的认知负担。因此,一个感知性、语义性和拓扑性流畅、准确的综合方法可以减轻潜在的认知负担。

3）全文可视化存在技术瓶颈

随着可供使用的全文数据库不断增多，全文可视化变得越来越重要。与全文可视化相关的问题有很多，以下是其中一些，当然不尽列举：如何将数据集可视化和全文可视化综合到一个可视化环境中；如何实现从数据集可视化到全文可视化的平稳过渡；如何开发新的全文可视化模型；如何在全文中计算对象之间的相似度；如何构建有意义的语义框架等，这些问题都需要进行深入的研究和探讨，需要开发新的理论和技术来推动全文可视化的发展。

4）屏幕的显示面积难以平衡

理论上来说，随着检索到的信息不断增加，需要向用户展示更多的模式和趋势。然而，显示的面积大小受到电脑屏幕尺寸的限制。信息量巨大，但屏幕显示面积有限，在有限的显示区域内，显示过多的信息会导致可视化环境变得拥挤，降低画面清晰度，模糊对象之间的差异，并使对象之间的交互关系难以理解，从而对用户的信息检索产生负面影响。因此，在显示数量和易读性之间必须找到一个平衡点，这也是任何信息可视化工具都必须解决的基本问题。

5）评价标准不统一

信息检索可视化需要科学的评价准则来评估其有效性。但是，由于信息检索可视化是对抽象概念的描述，将其映射到二维空间后缺乏固有的评价准则，这对于可视化检索系统的研究是不利的。评价信息检索可视化的目的是测量人们通过它实现检索目标的效率、效果和满意度。信息检索可视化环境比一般的信息检索系统内部结构复杂得多，因为涉及多样化的语义框架、复杂的数据关系、烦琐的数据显示以及交互性和探索式查询与认知和感知能力相结合。

目前，尚未为所有的信息检索可视化环境建立通用的评价体系，存在许多问题需要解决，包括可视语义框架的效率评估、视觉空间和用户行为中隐喻的影响、模糊查询和导航中的方向障碍等。因此，建立一个实际可行的信息检索可视化评价标准是信息检索可视化领域必须面对和解决的挑战之一。

7.2 信息检索可视化原理

7.2.1 信息检索可视化的理论基础

信息检索可视化的理论基础可以从两方面来分析：一方面是信息检索的相关理论，包括信息空间与浏览的空间特性、微观信息与宏观信息，前者是信息检索可视化的前提之一，后者有助于帮助我们理解信息检索可视化的必要性；另一方面是信息可视化理论模型，这是信息检索可视化探索和发展的基础。

1. 信息空间与浏览的空间特性

信息空间是多维的、抽象的、不可见的。它具有两个基本特性：语义特性和空间特性。语义特性很明显,因为它是数据集信息组织的结果,揭示了数据之间的语义关系,便于用户研究和发现数据集中的信息。空间特性没有语义特性那么明显,抽象信息本身没有形状,因此信息本身并未构成一个空间,而是数据与信息间的语义关系构成了信息空间的结构。一个信息空间可以由内部属性(如共享关键词、主题、引文、超链接、作者)或者外部结构(如一个主题目录、一个词表系统、检索结果的有序列表)组成;也可以是内部和外部的结合。网页可以通过超链接进行链接,文档可以通过引文进行链接,并分成等级结构目录,如主题目录、分类体系或词表,编制基于布尔逻辑的一组关键词索引,还可被描述成文档项矢量模式。

浏览依赖于信息环境,并且明显与方向、距离、位置以及其他基本空间特性有关。浏览包含一系列的空间运动,如从一个关注点到另一个关注点。这个关注点可以是超链接系统中的一个网页、等级主题目录中一个节点、检索结果列表中的一个文档、表中的一个主题词或者是引文系统中的一个引用。当用户确定了一个关注点时,他们就会检查对象的内容,研究该关注点的上下文,对文档进行相关性判断,从词表中选择合适的语词定义一个潜在的趋势,分析有意义的聚类,比较有用的模式,解释有意义的信息,找到一些新的检索线索,评价检索结果或者重新设计搜索策略。

在信息空间中,浏览的空间模式由这些关注点直接形成。空间浏览运动是可控的,一系列的空间运动会产生一个对用户可见或不可见的浏览路径,开始点、结束点和关注点分别对应于浏览路径中的位置或节点。

浏览可以分为前进浏览和后退浏览,前进浏览通过添加新的关注点而增加路径的长度,后退浏览则包括重新访问或查看浏览路径中已浏览过的关注点。因此,浏览和空间有着天然的不可分割的联系。事实上,浏览依赖于一个信息空间,这个空间可以是一维空间,如返回的检索结果列表或主题词表,也可以是二维或三维空间,即浏览路径之下的空间。浏览路径实际上生成了一个由用户的浏览而产生的浏览空间。例如,在一个词表系统中进行浏览时,用户输入一个语词作为一个初始关注点。接下来的关注点可能就是同义词、反义词、相关词、广义词或狭义词。选择一个新的语词将会增加浏览路径的长度。浏览完成后,浏览路径就形成了一个由词表空间产生的子浏览空间。

信息检索可视化将不可见的抽象信息转化为可见的可视空间。一个有组织的数据集或信息空间有其内部固有的空间结构,正是这些内部固有的空间结构界定了数据集中对象的内部语义关系。信息浏览也具有基本的空间性,通常是信息空间的子空间。因此,信息空间和浏览空间共有的空间特征组成了数据集的空间可视展示,这是信息检索可视化实现的前提之一。

2. 微观信息与宏观信息

一个组织良好的数据集或数据库应该为用户提供两个层面的信息:微观信息与宏观信息。微观信息指的是独立的对象或文档,如其内容、主题索引甚至全文;宏观信息指的是数据集中对象或文档的聚集信息。聚集信息来自数据集中的独立对象或由独立对象生成,由于宏观层的聚集信息具有独特性、启发性、丰富性和实用性,因此它对于用户也是十分有价值的。聚集信息的形式和内容在很大程度上依赖于信息组织和信息展示的方法和途径。换句话说，对同一数据集，宏观聚集信息在信息组织方法和信息展示上可以是不同的。聚集信息并不是所有对象的简单堆积，而是反映了整个数据集合的特征。

传统的信息检索系统更倾向于提问搜索，只关注于查找到个别的对象/文件，浏览作为信息检索的重要手段，却不能充分发挥其作用。浏览的意义不仅在于在微观层面上识别单个对象/文件，更在于在宏观层面上关注数据的聚集信息、趋向和模式等。

宏观信息对信息检索的重要性在于它能让用户发现可能是未来发展趋势的新主题，探究那些可用于调整搜索策略和重构提问式的相关对象，揭示对象内部的结构分配模式，这些模式可以通过最小化一个数据集合的空间密度来优化内部数据结构。宏观信息还可以揭露可用于聚类分析和相关性分析的内部语义线索，并为数据浏览和数据挖掘提供基础。

由此来看，传统的信息检索系统忽视了宏观聚集信息的重要性。然而，信息检索系统的最终目的是为用户提供准确、相关且可靠的信息，这当然不仅仅只包括微观信息。为了实现这一目的，信息检索系统中这两个层面的信息对用户都应该是可利用和可访问的。

为了解决传统信息检索系统忽视宏观聚焦信息的问题，可视化检索应运而生。可视化检索可以阐明数据集中宏观环境下的聚集信息，并使人们能够获取这些信息。它可以阐明关联环境信息、关系信息、启发式信息、结构信息和全景概述信息，这些信息由数据集中的单独条目产生但其涵盖面超过这些条目。它极大地丰富了数据集的资源，使用户能够发现一些更有意义的趋向和模式，并直观地进行参考，从数据集中识别出重要的信息群或组，更好地将数据集作为一个整体来理解。通过可视化检索，用户能够更好地理解数据集的整体结构和内部模式，从而在信息空间中设定正确的查询方向。

3. 信息可视化的理论模型

Card 认为，信息可视化是从原始数据到可视化形式再到人的感知认知系统的可调节的一系列转换过程，经典的信息可视化参考模型如图 7-1 所示。在该模型中，从原始数据到用户，中间要经历一系列箭头所示的数据变化。从用户到每个变换（从右到左）的箭头，表示用户操作的控制对这些变换的调整。

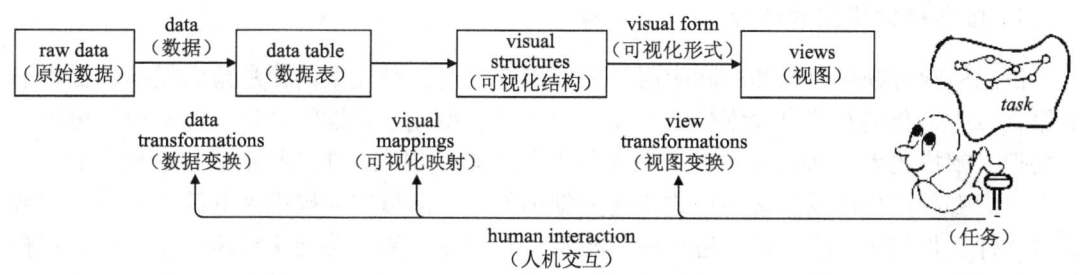

图 7-1　信息可视化参考模型

（1）数据变换将原始数据转换为数据表形式。

（2）可视化映射将数据表映射为可视化结构，由空间基、标记以及标记的图形属性等可视化表征组成。

（3）视图变换则将可视化结构根据位置、比例、大小等参数设置显示在输出设备上。

用户根据任务需要，通过交互操作来控制上述三种变换或映射。

该模型中的关键变换是可视化映射，从基于数学关系的数据表映射为能够被人视觉感知的图形属性结构。通常，数据本身并不能自动映射到几何物理空间，因此需要人为创造可视化表征或隐喻来代表数据的含义，并且根据建立的可视化结构特点设置交互行为来支持任务的完成，可视化结构在空间基中通过标记以及图形属性对数据进行编码（encoding）。

此外，信息可视化可以理解为编码和解码（decoding）两个映射过程，编码是将数据映射为可视化图形的视觉元素，如形状、位置、颜色、文字、符号等；解码则是对视觉元素的解析，包括感知和认知两部分。一个好的可视化编码需同时具备两个特征：效率和准确性。效率指的是能够瞬间感知到大量信息，准确性则指的是解码所获得的原始真实信息。

信息检索与可视化有着天然及本质的联系。可视化展示，无论其内容与形式如何，都是期望通过可视化工具向人们传递信息，人们通常采用浏览的方式接收与获得信息。从信息检索的角度来看，这就是一个信息检索过程，人们通过一个特殊的媒体来浏览和查询信息。从广义上讲，将信息从原始形式转化为可视化展示是一个主题分析和信息组织的过程。

信息检索与信息可视化相互影响、相互促进。信息空间与信息查询的立体特性奠定了信息可视化在信息检索中应用的理论基础。信息可视化具有的立体性、认知性与知觉性的优势能够以多种方式加强与改善信息检索；而信息检索可视化的探索和研究也离不开信息可视化的理论基础。正是信息可视化和信息检索之间存在的天然联系，使得信息检索可视化的出现成为一种必然趋势。

7.2.2 信息检索可视化的实现过程

1. 信息检索模型的选择

信息检索可视化研究和实际应用首先要确定使用哪种类型的信息检索模型。在本书的第 2 章中，我们对信息检索模型的发展历史和类型做了详细的介绍。信息检索可视化需要把文献描述为 N 维向量，然后在 N 维空间中显示出来，在选择信息检索模型时，有必要考虑哪种模型能以向量的形式描述文献和问题。向量空间模型及其改进模型均符合这些条件。扩展布尔模型是先进行布尔检索，对检索结果按照向量检索模型处理，可视化信息检索模型可以根据实际情况采用扩展布尔模型、向量空间模型及其改进模型。

2. 可视化接口的构造

信息检索是一个具有高度交互性且伴有大量信息处理的过程，可视化的表示方法提供了一种管理较为复杂的大规模信息结构的方法，并给出了更适合于交互式操作的接口形式。

1）确定可视化对象，形成虚拟结构

可视化对象的抽取及虚拟结构的构造是信息检索可视化的基础，要实现从不同的检索需求的角度来提供多层次的检索结果就必须有效地抽取合适的可视化对象。确定可视化对象是指分析数据集的内部特征（如语义结构、链接关系、引用关系），抽取结构化信息（如链接、引用）、上下文信息、元数据（如文件大小、作者）、使用信息（如浏览顺序、操作）和语义信息（如领域、关键词、摘要、标题）等，为选择合适的可视化隐喻形式提供依据。

根据可视化对象及对象间的关系构建虚拟结构。虚拟结构是指其不存在于原始数据本身，而是需要借助一定的抽取、分析方法加以抽象产生。虚拟结构往往可以帮助用户发现隐藏在数据中的规律及关联信息（如相似度、含有相同关键词的文档）。传统的信息检索是将检索式转换成查询向量与文档向量进行简单的词汇匹配，计算出检索式与文档间的相似度，再将相似度达到一定阈值的文档作为检索结果返回给用户，这个过程中结果文档与结果文档间的相似度不会被揭示。而要想实现对大型文档集的可视化描述，需要揭示文档与文档之间的相似度，这正是可视化显示形式与基于文本显示的重要区别所在。目前许多研究采用了数学方法，如因素分析（factor analysis）、多维尺度（multidimensional scaling，MDS）分析、潜在语义分析（latent semantic analysis，LSA）来抽取文档中的语义结构、作者互引模式等。

计算检索词与文档间的相关度是基于向量空间模型，将检索式用查询向量表示，通过计算查询向量与文档向量的余弦相似度来得到。在计算文档与文档间的相似度时也可以采用向量空间模型。潜在语义索引（latent semantic indexing，LSI）是为解决目前基于关键词检索中出现的一词多义及异形同义的"词汇问题"而提出的。它将文档的关键词向量转化为语义概念空间以提高查询的精确率。

2）构建可视化空间

构建可视化空间，就是根据生成的虚拟结构的特点，为所有的可视化对象确定有效的可视化隐喻形式，该隐喻形式能够真实有效地包含和表达信息及信息之间的关系，使观察者能够利用与生俱来的能力理解空间关系。可视化隐喻可以定义为利用人们熟悉的另一种系统的可视化特征来描述一种新的系统。人们经常说"一图胜千言"，但这并不总是正确的，如果不能正确对图片进行解码，那么这幅图就毫无意义。如果图片太小或太模糊，就很难很好地理解它。而且如果图片中的材料没有很好地组织在一起，会造成视觉上的混乱，也很难让人理解其要表达的意思。可视化信息空间的结构及创建是可视化信息检索的核心，是可视化工具的重要组成部分。

数据库中的文献及其之间的关系可看作一个抽象的信息空间，其中包含成千上万的文献，文献之间存在相关性，甚至文献的标引词之间也存在某种联系。然而，由于数据库的维度较高，使得这些关系并不可见。可视化就是要降低高维向量空间的维数，构建低维可视化空间，这是可视化检索的关键。不同的可视化检索工具构建可视化空间的方法不同。总体说来，在构建时应考虑两个方面的因素：一方面是基于信息可视化的方法，另一方面是基于其自身文献信息系统的结构。由于人类认知能力有限，我们只能感知到1-D、2-D 和 3-D 的物理对象，所以我们的可视化空间只能是 2-D 和 3-D，显示维数不同，接口的空间表达能力也就不同。

减少维数涉及的算法大概包括主成分分析（principal component analysis）、MDS 法、自组织映射（self-organizing map）技术、寻径网络算法（pathfinder network scaling）等。比较常用的方法是 MDS 法和自组织映射技术，前者构建的可视空间中，数据点间的距离分别与高维向量空间中各文献之间的相似度成一定比例；后者则是将高维数据表示到一个地图轮廓的 2-D 可视区域内，并通过区域的颜色和大小来表示文献的密度。

不同的可视化工具使用不同的可视化隐喻形式，形成不同的可视化空间。可视化隐喻与可视化空间之间存在着差别，可视化隐喻侧重于利用人们所熟悉的现实世界来呈现信息，而可视化空间则侧重于整体呈现效果。

3）可视化映射

可视化空间确定以后，就应该在相应的空间中呈现可视化对象。我们在观察世界的时候，往往会运用许多不同的视觉线索（如阴影、颜色、外观、大小、空间位置等）在大脑内部勾勒出一个三维模型。同理，在对抽象信息的可视化中，由于显示的对象主要是多维的抽象数据，需要将第一步中所确定的可视化对象及虚拟结构转换为可视的视觉属性，把概念维度（conceptual dimension）对应转换到空间维度（spatial dimension）加以呈现，这样一个转换过程即称为信息的映射。由于信息可视化中所要实现可视化的对象是不具备空间属性的抽象信息，因此，需要将抽象信息的属性特征转换为视觉属性。这样一个过程也正是抽象信息可视化的实现与科学可视化相比的难点所在。

不少研究者已总结了一些可映射的视觉属性，Card 在《信息可视化设计空间的结构》一文中指出了可视化属性的构成，包括标记（点、线、区域、表面、体积）、自动处理的图形属性（位置、颜色、大小、形状、方向、纹理等）、受控制的处理属性（如文本）。Bertin（伯廷）提出了六种信息显示中的视觉变量：形状、方位、颜色、纹理、值、大小。Ware（沃尔）就一些需要预先注意的视觉特征上的差别，如曲率、形式、大小、闭包、色调、闪烁等，进行了比较研究。对于不同的可视化对象可以选用不同的视觉属性。

4）可视化显示及用户交互

按照可视化显示方法可以分为网状展示、层次展示、表格、时间图、图解、地图、图标。其中网状展示是指展示具有实体节点以及实体间联系的可视化结构；层次展示则为展示层次型数据；表格是将可视化视图以表格的方式进行组织；时间图是将可视化视图元素按照时间轴的顺序排列；图解常常采用不规则绘制的方式对信息的内涵和结构进行自由的展示，在结构上灵活度较高；地图是将视图元素映射到地图空间或物理坐标空间中；图标是以某种图标的形式代表某种数据内容。

从用户交互的角度出发可以将可视化技术分为交互操作、视图变换。其中交互操作是指用户通过对视图、可视化结构以及原始数据进行重新设定，与可视化流程进行交互，改变可视化结果。视图变换是通过调整观察角度、空间位置、比例尺或几何形态来改变数据呈现方式的交互技术，其核心目标是为用户提供多维度、动态化的数据探索能力。交互操作可以分为三类：对图形属性的操作、对数据集合的操作以及对数据值的操作。而视图变换则涉及四类技术：视角控制、位置选取、视图缩放、视图扭曲。

在所有可视化显示方法中，网状展示和层次展示被使用的频率较高，网状展示中的常用技术：力导向图、径向图（radial graph）、寻径网络；层次展示中的常用技术：锥形树（cone tree）、双曲线树（hyper bolic tree）、树图（treemap），这三类技术将会在本章相关小节展开说明。

整个可视化检索的过程可由图 7-2 简单地表示出来。

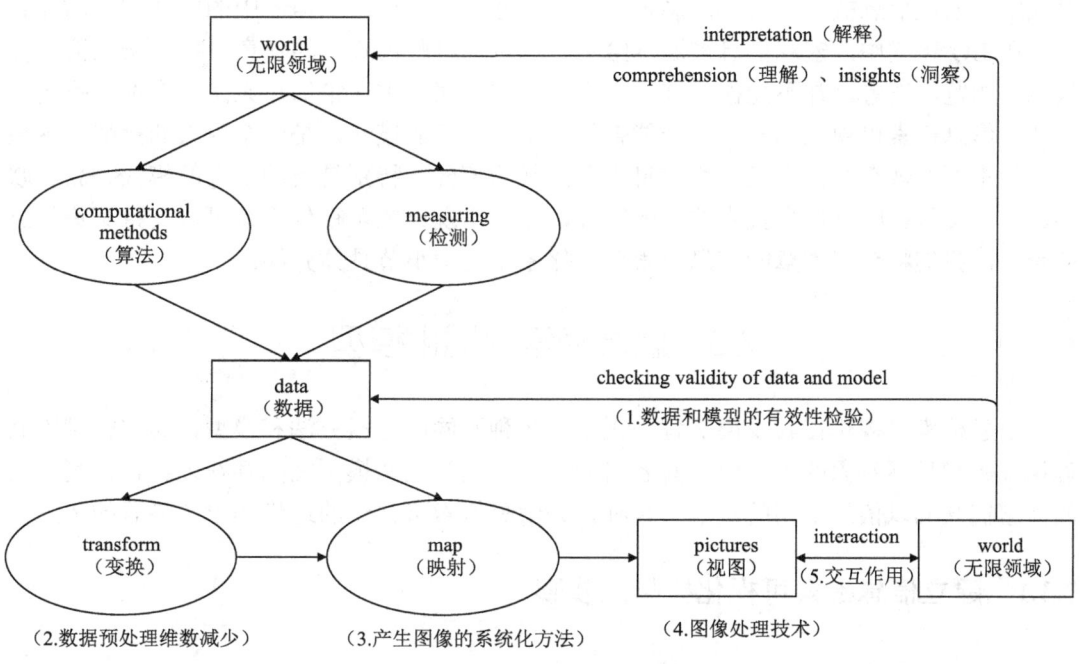

图 7-2　信息可视化过程模型

7.2.3　信息检索可视化的三种模式

对于信息检索，有两个基本并广泛公认的范例：提问搜索和浏览，这两个范例反映了两种基本的信息搜索方式。尽管提问搜索和浏览是两种不同的查询信息的方法，但是它们可以被整合到一个信息检索可视化环境中。这种整合有三种基本的综合模式。

1. QB 模式①

提交一个初始规则的提问式到信息检索系统，将搜索结果缩小至一个有限的结果集，然后将结果集可视化。最后，用户可以通过浏览在视觉空间中获取更多细节信息。

---

① QB 模式即查询搜索和浏览（query searching and browsing）模式。

2. BQ 模式[①]

首先为浏览建立数据集的可视化展示,然后用户向可视化环境提交他们的检索提问,相应的检索结果以高亮标出或在可视化展示上下文中显示。

3. 仅有浏览的 BO 模式[②]

很明显,这种模式没有结合任何提问搜索的部分。提问搜索并没有被分成一种模式,因为它是一种不需要视觉空间的、传统的信息检索模式。

综上,在 QB 模式中,微观信息被通过提问查找,然后用户再具体进行浏览;在 BQ 模式中,宏观信息被展示给用户浏览,然后再通过提问把微观信息中的关注部分高亮表示;在 BO 模式中,宏观信息被展示给用户浏览。这些模式中的任意一种,宏观信息都只能被浏览、查看,却不能被查询。换言之,这些模式中聚集信息无法被查询。找到一个新的信息检索可视化模式,一个能查找到聚集信息的模式,是一个巨大的挑战。这项工作的难度体现在如何定义聚集信息中有意义的部分,特别是自动定义的模式、簇、联系、上下文等。随着信息技术的不断发展,逐渐出现一些可视化系统可以支持聚集信息的查找,我们将会在本章的信息检索可视化系统这一小节具体介绍。

7.3 信息检索可视化模型

信息检索可视化在其发展历程中采用了多种不同的检索方法和模型,这些模型因其理论基础和目标对象的不同而具有各自的特点。尽管这些模型之间存在差异,但毫无疑问,它们共同以信息空间的展示为目标,为信息检索可视化的进步作出了显著的贡献。

7.3.1 建立信息检索可视化模型的步骤

1. 确定信息检索可视化模式

选择信息检索可视化模式将对可视化的初始资源和数据产生影响。初始数据集可以采用 BQ 或 BO 模式。如果选择 QB 模式,必须首先建立一个信息检索系统,然后将系统返回的检索结果作为初始输入数据。BQ 和 BO 模式的初始输入数据都是静态的,而 QB 模式的数据则是动态的。由于 QB 模式具有动态特性,因此可能需要不断更新其在可视空间中的可视化形式。QB 模式中的相关对象数量可能会少于 BQ 和 BO 模式。

2. 选定显示对象

选择显示对象意味着从数据集中选择要在可视化中呈现的特定对象。在数据集合中,可能会有大量条目都被认为需要在可视空间中显示,如在书目数据库中的文件关键字、

[①] BQ 模式即浏览和查询搜索(browsing and query searching)模式。
[②] BO 模式即仅浏览(browsing only)模式。

日期，或是××，或是因特网中的××页、用户、服务器。从中选出的对象应该对于数据集、用户和将来的信息检索有意义。

3. 属性的提取

一个对象的特征由一系列属性定义。这些属性不仅决定了对象的性质，还决定了它在可视化中的位置。因此，从对象中提取属性是一个至关重要且不可或缺的步骤。选定的属性应具有代表性，能够适用于所有对象，并且能够揭示对象的基本信息检索特性。这些提取的属性可以属于相同的类别，也可以是不同类别的。它们应与信息检索可视化环境的语义结构一致，并且具备可测性。通常，属性提取的结果被描述为一个对象-属性矩阵。

4. 可视空间的结构设计

可视空间的结构设计涉及确定可视空间的维度以及定义其坐标系的坐标轴。可视空间的维度可以是一维、二维或三维。为了充分利用空间结构的优势，大多数信息检索可视化模型采用二维或三维表示。坐标系可以采用直角坐标、极坐标或平行坐标，其中直角坐标系的应用最为广泛。

5. 定义可视化语义框架

定义一个可视化语义框架至关重要，因为它不仅确定了如何在这一框架中投影对象，形成信息聚合的模式，分析内部结构以及执行互动操作，还决定了有效的显示区域，以及如何将所有对象在这个区域中呈现。如果所定义的语义框架对于一般用户过于抽象，可以采用特定形式的表达和呈现，以帮助用户更好地理解。

6. 将对象按语义框架投影

将对象按照语义框架进行投影是整个流程的关键步骤，它决定了每个对象在视觉空间中的最终位置，也就是数据集的最终视觉呈现。显然，投影算法的性质由可视空间的坐标系和语义框架共同决定。不同的信息可视化模型可能采用不同形式的投影算法，使得可视化模型能够更加灵活地处理对象的位置。投影过程可以进行多次，通过不断地调整来找到对象的最佳位置。因此，通过迭代算法生成的对象位置通常不是唯一确定的。

7. 信息检索中交互手段的进展

毫无疑问，静态的视觉呈现可以提供丰富的用户信息，但交互式信息检索工具可以显著提高信息探索和知识发现的效率。有多种成熟的交互技术可用于支持可视空间的浏览。通过这些交互工具，用户能够自由地浏览从单个对象的详细内容到兴趣区域的局部上下文信息，再到整个数据集的全局概览。同时，整合查询式搜索也应纳入信息检索可视化环境，以满足用户对特定信息的检索需求。

7.3.2 常见的信息检索可视化模型

1. 多重参考点可视化模型

一个参考点就是一个检索标准。从广义的角度看,参考点不仅反映了用户的信息需求,还包含了一系列与用户需求相关的信息。这些信息可以包括用户的研究兴趣、过去或当前的检索历史、阅读喜好、涉及的研究项目、用户的从属关系和教育背景等一般性信息。此外,参考点还可以代表特定类型的信息,如来自复杂查询、文档浏览或用户提出的一组检索词等特殊信息。一个参考点可以对应单个检索词,也可以对应一组检索词。多重参考点则指的是将两个或多个用户需求信息结合,创建一个低维度的视觉空间,在这个空间中,文档可以根据其与参考点的关系被绘制成图形。

多重参考点模型是多区域计算方法中的一种简便方法,它允许我们在不同区域内采用不同的旋转速度或平移速度,将瞬态问题近似为稳态问题来求解。当区域保持不动时,方程可以转化为静止状态的形式。在计算域的分界面上,我们使用特定区域的参考坐标系来计算和传递流动变量,将其转移到相邻区域。

多重参考点可视化模型是一种代表性的可视化模型,具有许多独特的特点。通过多重参考点的应用,我们可以有效地处理用户复杂的信息需求,并实现对多重参考点的精确操作。根据参考点在视觉空间的位置,多重参考点可分为两大类:多重固定参考点和可移动多重参考点。

1)多重固定参考点模型

最具代表性的多重固定参考点模型是二维视觉模型 InfoCrystal。起初,这种模型作为一种视觉查询语言,对布尔信息检索系统的查询结果进行可视化。在布尔环境中,每个参考点等同于布尔提问中的一个语词或一个子布尔逻辑表达式。视觉空间是由参考点作为顶点的多边形来显示视觉结果。该多边形是等边多边形,所以参考点在视觉空间中是平均分布成形的。例如,有三个、四个、五个参考点,那么它们分别对应着等边三角形、正方形、等边五角形。在多边形内有两种基本的图标:参考点的准则图标和显示检索结果的内部图标。多边形被分割成 N 层,N 代表参考点的数量。每层表现为不同半径的同心圆环。每个环都定义了一个特殊的内部显示区域,在这个区域里放置了介于特定的参考点和准则图标之间的内部结果图标。换句话说,同一层的结果图标与涉及的相关参考点之间有一定的联系。第一层包含结果图标代表文档只与其内在的一个参考点相关,第二层包含结果图标代表文档与其内在的两个参考点相关,最后一层只包含一个图标表示文档与所有的参考点相关。不同的层,其结果图标的形状、方向、大小也不同,从而用户很容易分辨识别它们。结果图标的每一边都与跟其相关的一个准则图标相对。每一层结果图标的位置是固定的,满足准则的文档的数量显示在相应的结果图标上。同样,按比例分割图标并标上不同颜色就可以在结果图标上看见文档与相关参考点的相关程度。固定参考点环境下的四个参考点的图形示例如图 7-3 所示。

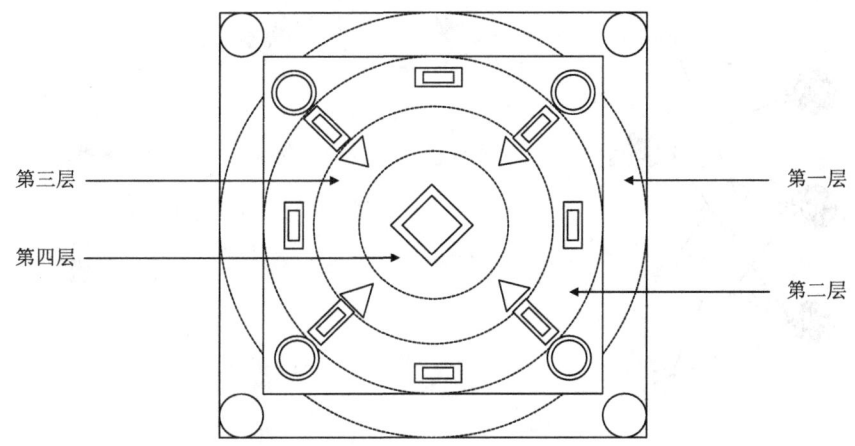

图 7-3 固定参考点环境下的四个参考点图形

2）可移动多重参考点模型

可移动多重参考点模型 ViBE（visual background extractor，视觉背景提取）的优势在于它使用了具有一定比例的相似刻度来显示对象的可移动性，同时，这些对象的语义关系仍然保持在视觉空间中。在该模型中显示对象与参考点之间的相似性不同于其他可视化模型，不能直接在任意的显示空间的笛卡儿坐标上指定出来。笛卡儿系统常用来显示可视化模型的对象。笛卡儿坐标可以是二维的，也可以是三维的，每一维度对应一个线性轴，这些轴相互正交或互相垂直，任何轴的范围都是 $-\infty$ 到 ∞。该模型揭示了显示对象和参考点的逻辑关系与它们在视觉空间的物理位置是无关的。参考点位置的改变可能会导致投影对象/文档在视觉空间里结构的重构，这就可以使用户随意将参考点置于视觉空间里任何一个感兴趣的区域中（如另一个参考点、一个感兴趣的文档、一系列文档），并观察参考点对该区域的影响。

2. 基于神经网络的自组织图模型（Kohonen）

1）神经网络介绍

A. 神经网络的定义

人工神经网络（artificial neural network，ANN）也简称为神经网络（neural network，NN）或称作连接模型（connection model），其名称和结构是受人类大脑的启发，模仿了生物神经元信号相互传递的方式。

神经网络就是由许多神经元互连在一起所组成的神经结构。把神经元之间相互作用的关系进行数学模型化就可以得到神经网络模型。它是一种模仿动物神经网络行为特征，进行分布式并行信息处理的算法数学模型。这种网络依靠系统的复杂程度，通过调整内部大量节点之间相互连接的关系，从而达到处理信息的目的。神经网络可用图形表示，如图 7-4 所示。

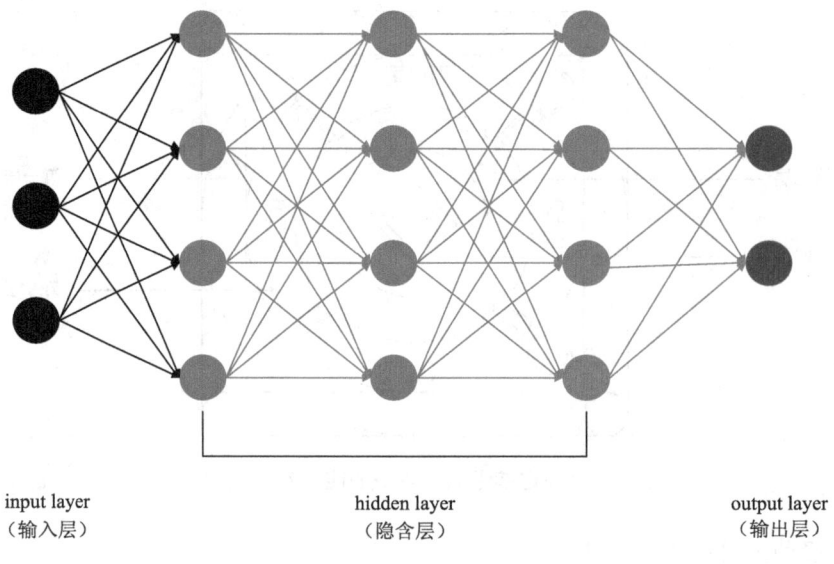

input layer
（输入层）

hidden layer
（隐含层）

output layer
（输出层）

图 7-4 神经网络图

B. 神经网络的特性

神经网络有些基本属性，它们反映了神经网络的特性。

（1）非线性。人脑的思维是非线性的，因此人工神经网络模拟人的思维也应是非线性的。

（2）非局域性。非局域性是人的神经系统的一个特性，人的整体行为是非局域性的最明显体现。神经网络以大量的神经元连接模拟人脑的非局域性，它的分布存储是非局域性的一种表现。

（3）非定常性。神经网络是模拟人脑思维运动的动力学系统，它应按不同时刻的外界刺激对自己的功能进行修改，故而它是一个时变的系统。

（4）非凸性。神经网络的非凸性是指它有多个极值，也即系统具有不止一个的较稳定的平衡状态。这种属性会使系统的演化多样化。神经网络的全局优化算法就反映了这一点，如模拟退火法。

2）Kohonen 自组织图

A. Kohonen 自组织图结构

自组织图（self-organizing map，SOM）是一种基于二维网格的人工神经网络，由 Kohonen（科霍宁）于 1982 年提出，他在前人研究的基础上进行了简化和优化，并以自己的名字命名。Kohonen 自组织图是一种无监督、可反馈的神经网络。与其说设计 SOM 的目的是进行模式识别，不如说它旨在用于数据聚类、信息可视化、数据挖掘以及数据抽象。SOM 为信息可视化提供了一种新的实现方式，其核心内容包括结构、算法和标识这三个方面。

SOM 不含隐含层，仅有一个输入层和一个输出层。输入数据代表原始信息输入神经网络系统，输出层中的属性结果由输入数据决定。所有输入数据按照输入向量空间组织和表示。输出层，也称为拓扑图、自组织图、属性图、输出网格或特征图，可以是一维、二维或三维的，但通常是二维的。为了简化计算，它通常被定义为网格结构。结构图中展示了自组织图的构成，包括输入数据向量、输出节点加权向量以及输出特征图之间的关系，如图7-5所示。

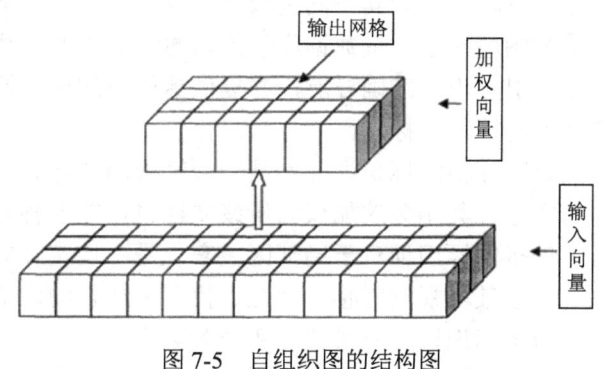

图7-5 自组织图的结构图

B. SOM算法的学习过程

SOM算法的学习过程是一种用于聚类和可视化数据的无监督学习方法。以下是SOM算法的学习过程的基本步骤。

（1）初始化神经元网络：需要初始化自组织图的神经元（也称为节点或单元）。这些神经元通常构成一个二维网格，但也可以是一维或三维的，具体结构由问题的性质和需求来确定。每个神经元具有与输入数据相同维度的权重向量。

（2）随机选择输入数据：从数据集中随机选择一个输入数据向量，这个向量通常代表了数据的特征。

（3）计算最佳匹配神经元：对于选定的输入数据，计算每个神经元的权重向量与输入数据之间的距离或相似度。通常使用欧几里得距离或其他相似性度量方法。然后选择最匹配的神经元，也称为获胜神经元（best matching unit，BMU）。

（4）更新获胜神经元和邻居：获胜神经元和其邻居神经元的权重向量将根据输入数据进行更新。这个更新过程有助于自组织图逐渐适应输入数据的分布。通常，距离获胜神经元越近的神经元受到的权重更新越大。

（5）减小邻域范围：随着学习的进行，通常会减小获胜神经元的邻域范围，以逐渐降低邻域内神经元的受影响程度。

（6）重复学习：重复步骤（1）到步骤（5），多次遍历整个数据集，以不断调整神经元的权重。

（7）学习率的降低：随着学习的进行，减小学习率，以便逐渐减小权重的更新量，使自组织图趋于稳定。

（8）完成学习：经过多次迭代后，自组织图的神经元分布将反映输入数据的结构，从而实现聚类和可视化。

SOM的学习过程使自组织图能够自适应地映射输入数据的分布，使相似的输入数据被映射到相邻的神经元上。这种算法在聚类、可视化和降维等任务中非常有用。

C. 特征图标识

毫无疑问，SOM 中最重要的部分是输出网格，也就是特征图。由于这一部分是用户所见的展示部分，因此需要对其所包含的信息内容进行适当的标注，以准确反映其信息涵盖范围。特征图的标注过程旨在为其不同区域分配合适的描述性词语，以最大程度地反映各区域的主题。特征图蕴含了大量数据库信息，通过适当的标注，用户可以更好地理解各区域的主题分布，引导用户准确导航，并提供更便捷的信息检索。从这个角度来看，标注词汇可以被视为特征图的标志。

然而，为一个节点或区域指定标识词并不是一项轻松的任务。首先，每个节点或区域可能涉及多个不同的主题，其相关的加权向量或文档也可能多种多样。其次，由于特征图的空间有限，指定过多的标识词对于局部区域来说是不切实际的，因为过多的标识词会使用户感到困惑，还会破坏视觉美感。因此，找到最适合的词语，并在特征图有限的空间内充分利用，是指定标识词时应考虑的两个关键原则。

目前，有多种方法可用于特征图的标识。例如，Lagus（拉古斯）和 Kaski（卡斯基）提出了一种词语标识方法，首先识别特征图中一个词语的两个关键特征，其次用这些特征来描述区域并定义适当的标识词。其中一个特征是该词语在区域内的主要表现，而另一个特征则是在整个数据集中的主要表现。通过综合考虑这两个特征，可以评估某个词语对于特定区域的重要性和相关性。与此不同，Kohonen 提出了一种直观的自组织图表示方法，称为最小生成树。该方法将所有节点表示为树状结构，其中每个节点或叶子代表一个输入向量。它无须多次处理输入数据向量，当一个输入特征向量被提交到树中时，它与树中的所有节点进行比较，找到最相关的节点并建立联系。此过程重复进行，直到处理完所有输入向量并将它们与最小生成树联系起来。通过这些标识方法，可以生成 SOM 特征图，如图 7-6 所示。

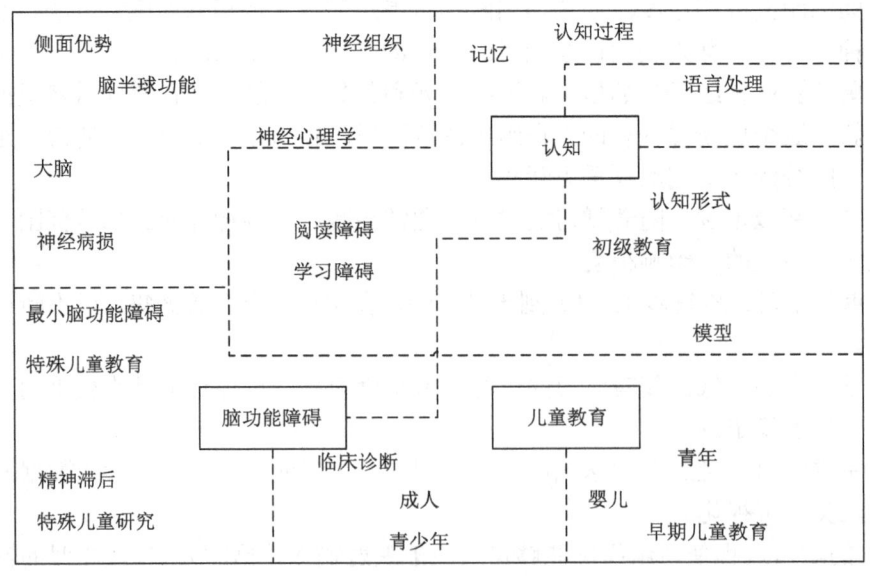

图 7-6　SOM 特征图

3）SOM 于信息检索领域的意义

（1）数据降维与可视化：SOM 可以帮助将高维数据映射到低维的拓扑结构中，从而使复杂的数据集更容易理解。这对于可视化信息检索结果和探索大规模数据集非常有用。用户可以通过观察 SOM 的拓扑结构来识别数据中的模式和趋势。

（2）文本挖掘和主题建模：在文本信息检索领域，SOM 可用于聚类文本文档，找到相似性并揭示文档之间的主题关系。通过将文本数据映射到 SOM 中，用户可以轻松地可视化文本数据的结构，并识别不同主题或话题之间的关联。

（3）信息检索结果可视化：对于信息检索系统，SOM 可以用来可视化检索结果的相似性。用户可以更容易地看到检索结果之间的关系，从而更好地理解搜索结果和做出决策。

（4）查询扩展和推荐系统：SOM 可以用于扩展用户查询和改进推荐系统。通过分析用户的查询历史和行为数据，SOM 可以帮助推荐相关查询或内容，并提供更精确的搜索建议。

（5）信息过滤与推荐：在大规模信息检索系统中，SOM 可用于过滤和推荐信息。通过将用户兴趣和行为数据映射到 SOM 中，系统可以更好地理解用户的需求并提供个性化的信息过滤和推荐。

3. MDS 模型

1）MDS 法简介

A. 度量 MDS 算法

度量 MDS（metric MDS）这种方法旨在保持原始数据中的点之间的欧几里得距离或其他度量距离在低维嵌入空间中的相对关系。它试图在嵌入空间中尽可能准确地保持原始数据点之间的距离。度量 MDS 算法在优化过程中尝试最小化原始距离与嵌入距离之间的误差。

B. 非度量 MDS 算法

非度量 MDS（non-metric MDS）算法是在我们只知道原始数据点之间的相对排序关系，而不知道确切的距离或度量这种情况下进行的。非度量 MDS 算法通过保持点的排序关系来在低维空间中嵌入数据。它使用的度量是一种序关系度量，如排名。

2）MDS 技术对信息检索的启示

（1）降维与可视化：MDS 用于将高维数据映射到低维空间，以帮助理解其和可视化数据之间的关系。在信息检索中，这有助于将复杂的检索结果或文档集合映射到一个容易理解的二维或三维空间。这种可视化有助于用户更好地理解检索结果，快速浏览和选择感兴趣的内容。

（2）相似性分析：MDS 可以用于分析文档或数据之间的相似性关系。通过在低维空间中表示文档，相似的文档将在空间中更接近，而不相似的文档将分散。这有助于构建相似性搜索引擎，帮助用户查找相关的文档或内容。

（3）主题建模：MDS 可以用于帮助用户理解文本数据的主题结构。通过在低维空间中表示文档，用户可以更容易地看到文档之间的主题关系，这对于主题建模和话题分析非常有帮助。

（4）检索结果排序：MDS 可以用于改进检索结果的排序。将文档映射到低维空间后，可以根据与查询相关的距离或相似性来重新排列检索结果。这有助于提高检索结果的质量，使最相关的文档更容易被找到。

（5）用户体验改进：MDS 可用于改善信息检索系统的用户界面。通过在用户界面中使用多维标度的可视化，用户可以更轻松地与检索结果交互，以获得更好的搜索体验。

（6）推荐系统：MDS 还可应用于推荐系统，通过在低维空间中表示用户和项目，以发现用户兴趣和推荐相关项目。这可以提高推荐系统的个性化程度。

总的来说，MDS 技术对信息检索的启示主要包括了数据降维与可视化、相似性分析、主题建模、检索结果排序、用户体验改进和推荐系统等方面。它提供了处理和理解大规模、复杂数据集的有效方法，有助于提高信息检索的效率和效果。

4. 基于欧几里得空间特征的可视化模型（ESCBM）

1）欧几里得空间及其特征

欧几里得空间是一个向量空间，也称为欧氏空间，是一个基本的数学概念，用于描述我们日常生活中所熟悉的三维空间，以及更一般的 N 维空间。欧几里得空间的基本元素是点、距离和角度，与基于向量空间的信息检索有着特殊的关联。例如，基于向量的空间中的一个文档或参考点与欧几里得空间里的一个空间点相对应，可以采用两个文档或参考点之间的欧几里得距离来指示它们之间相似性。欧几里得空间中的距离满足尺度不变性，即如果两点 A 和 B 之间的距离是 d，那么将这两点的坐标乘以任何正数 k，它们之间的距离仍然是 kd。这表示距离的大小与坐标系的比例无关。欧几里得空间中的距离通常使用欧氏距离进行度量。在二维空间中，两点 $A(x_1, y_1)$ 和 $B(x_2, y_2)$ 之间的欧氏距离

$$d(A,B) = \sqrt{(x_2 - x_1)^2 + (y_2 - y_1)^2} \tag{7-1}$$

利用欧几里得空间特征和信息检索之间的自然关联，可以为用户浏览和搜索信息构造可视化的环境。在这种关联的推动下，研究者利用距离和角度两种特殊的空间特征及它们之间的联系，构造了三种信息检索可视化模型。

2）基于距离-距离的可视化模型

在基于距离-距离的视觉空间中，合法显示区域（语义框架）是一个半无限的平面，X 轴和 Y 轴同时被指定为视觉投影距离。它与 X 轴或 Y 轴形成一个 $\pi/4$ 的夹角，平面的两个角分别与 X 轴和 Y 轴相连，且平面宽度根据两个参考点之间的距离动态地决定。GUIDO[①]是一个典型的基于距离-距离的可视化模型，其显示区域如图 7-7 所示。

---

① GUIDO，即 graphical user interface for document organization，文档组织的图像用户界面。

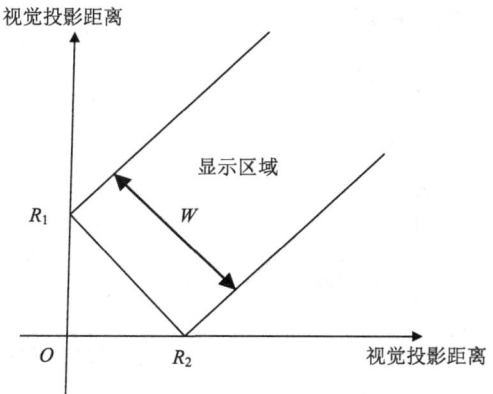

图 7-7　GUIDO 的视觉显示区域

3）基于距离-角度的可视化模型

在基于距离-角度的视觉空间中，合法显示区域（语义框架）是一个半无限的平面，X 轴和 Y 轴分别由视觉投影度和距离来定义。平面的一边与 X 轴形成一个 $t/2$ 的夹角，另一边与视觉空间中的 Y 轴重合。平面宽度恒定不变，且不受两个参考点之间距离的影响。DARE[①]是一个典型的基于距离-角度的可视化模型，其显示区域如图 7-8 所示。

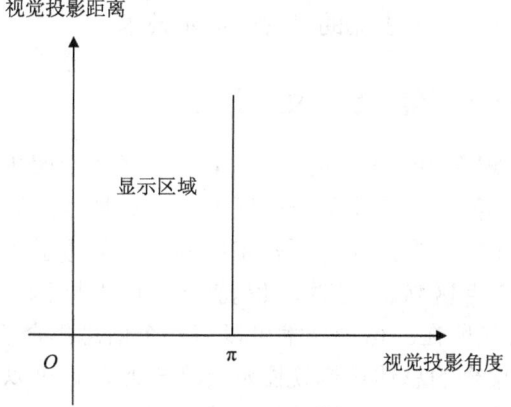

图 7-8　DARE 的视觉显示区域

4）基于角度-角度的可视化模型

在基于角度-角度的视觉空间中，合法显示区域（语义框架）是一个正三角形区域，X 轴和 Y 轴同时定义为视觉投影角度。三角形的两边长度相等，分别与 X 轴和 Y 轴重合，且不受两个参考点之间距离的影响。TOFIR[②]是一个典型的基于角度的可视化模型，其显示区域如图 7-9 所示。

---

① DARE，即 distance and angle retrieval environment，距离和角度检索环境。
② TOFIR，即 a tool of facilitating information retrieval，一种促进信息检索的工具。

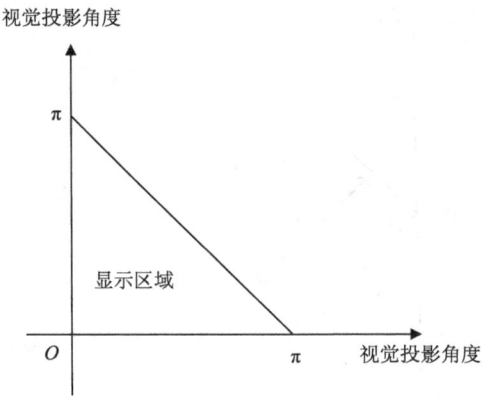

图 7-9　TOFIR 的视觉显示区域

7.4　信息检索可视化显示技术

尽管映射技术尽可能产生能够真实呈现大量数据信息结构的可视化显示形式，但是可视化显示的可靠性仍然依赖于其是否能够提供与用户经验和知识最为接近的最佳描述。研究人员已经对许多可视化显示进行了实验，包括一维、二维、三维显示，以及层次树、网络等，以下将介绍几种主流的可视化显示技术。

7.4.1　Focus+Context（聚焦+上下文）技术

Focus+Context 的思想最初源于 Furnas（弗纳斯）关于鱼眼视图（fisheye view）的研究。它是一种放大显示画面中某块小的局部区域的透镜技术，放大区域的周围退到背景显示，但仍然可见。后来有很多人在这项技术的基础上创造了一系列新技术，允许用户在观察一个小的中心焦点区域的同时，保持一个较大周围区域的可见性，这就是 Focus+Context 技术的含义所在。这种技术可以将一个信息集合的特定部分的细节视图，通过某种方式和该信息集合的总体结构视图混合在一起，也可以认为是在显示一个大的信息空间的同时，其中的一部分以更细节的方式显示。

Focus+Context 技术的理论根据是人们在现实世界中观察一个对象的时候，注重的是对象本身的细节，而对周围环境则不太在意，距离观察对象越远的周围环境引起人们注意的可能性越小。周围环境当然也有作用，它提示人们当前关注对象与周围环境的关系，同时也是转移注意的线索。Focus+Context 以忽略细节的方式显示尽可能多的周围信息，将周围信息和以细节方式显示的焦点信息结合在一起，随着用户注意的变化改变细节显示部分。这种技术的使用条件如下：

（1）用户同时需要背景信息和细节信息；
（2）在概要和细节中需要的具体信息可能不同；
（3）这两种类型的信息可以结合在一个单一的（动态）显示中。

Focus+Context 技术的核心问题是在保证细节信息正常显示的前提下，怎样才能显示更多的背景信息，以及使细节区域与背景区域方便切换。

7.4.2　Cone Tree 技术

　　Cone Tree 是 George G. Robertson、Mackinlay 和 Card 提出的一种利用三维图形技术对层次结构进行可视化的方法。其基本思想是利用三维图形技术将传统的二维树形表示法扩展到三维空间。在 Cone Tree 中，表示层次结构的整棵树以三维的形式进行组织和显示。利用三维锥形体来实现层次结构中父子节点之间的连接，层次结构的顶部放置在可视化空间的顶端，每个锥体的顶点表示该层结构的顶点，其子节点（三维）均匀排列在该锥体的底部。锥体的底面直径随着层次结构的深入逐渐减小，以保证最低层的结构也能在可视化空间中有效表示。每个锥体之间透明遮挡，可以保证每个锥体能够很容易被感知，还不会妨碍后面的锥体显示。同时辅以旋转、拖动等交互技术，可以很容易地实现对复杂层次关系的把握。

　　Cone Tree 可以比较容易地体现出树形结构的整体信息；在有限的屏幕空间中可以显示更多的节点；可以利用更多的手段来提供信息，如除了几何结构以外，还可以通过圆锥在平面上的阴影映射显示节点的分布情况。但空间分布极度不均匀，有的区域信息过于密集，而有的空间却未得到利用，尤其是在层次结构本身不平衡的情况下尤为突出，节点之间的相互遮挡情况严重。

7.4.3　Treemap 技术

　　Treemap 是 Shneiderman 等提出的一种表示层次信息的可视化模型。在这种结构中，层次结构的每个节点被表示为一个矩形，矩形的面积表示相应节点的权重。表示一个父节点的所有子节点的矩形被表示该父节点的矩形包围着。

　　Treemap 可视化结构充分利用了显示空间，通过一种空间填充策略将层次结构映射为一个矩形。它使大型层次结构能够在有限的空间中显示，并且使语义信息的表示变得相对容易。Treemap 将显示空间分割成互相包围的一些矩形，这些矩形表示树形结构。包围在某个矩形中的节点的画法完全依赖于节点的内容。每个节点的显示尺寸基于它相对于整棵树的比重。

　　Treemap 可以有效利用计算机屏幕空间，并且能够很容易实现。但它丧失了层次结构的直观性，也丧失了对处于同一层次上不同父节点的子节点的关系（准兄弟关系），而这种关系对于把握节点之间的层次关系的结构特征是非常有用的。

7.4.4　Hyperbolic Tree 技术

　　Hyperbolic Tree 是 Lamping 和 Rao 提出的一种基于双曲几何的可视化和操纵大型层次结构的 Focus+Context 技术。这种技术将更多的可视化空间用于显示层次结构中当前被关注的部分，同时又能把整个层次结构显示出来。它通过一种规范的算法将层次关系显示在一个双曲平面上，然后将这个双曲平面映射到显示区域。所选择的映射方式提供了一种鱼眼变形来支持 Focus 和 Context 之间的平滑过渡。

7.5 信息检索可视化评价

信息检索可视化已经有数十年的发展历史。在早期，研究和开发人员主要关注创新的检索可视化技术和系统的实施，而对系统和模型的评估研究相对较少。这主要是因为在初始阶段，系统的设计和开发是首要任务，没有有效的模型或系统，无法进行系统评估。然而，随着信息检索可视化技术和原理的逐渐成熟，以及商品化应用的增加，对系统的评估变得迫切。

面对这一现实，建立一个统一的评估标准成为必要。这个标准将用于评价检索可视化工具，确保其质量和性能。

7.5.1 信息检索可视化的概念与发展

不同于科学可视化，信息检索可视化是信息可视化领域的一个分支，其独特之处在于它不依赖于严格的物理结构来分析可视化空间。这一特点使得需要使用不同的信息检索可视化模型来揭示和反映众多数据中的抽象和不可视的语义关系。例如，在一个基于向量的信息系统中，用于揭示空间特征的可视化模型包括多参考点模型、自组织图模型、多维测量模型等，它们都可用于描述和可视化相同的数据，且每个模型都从不同的角度论证数据。换句话说，由于缺乏客观的比较标准，这些模型的多样性增加了评价信息检索可视化模型系统的难度。此外，数据类型、数据描述形式的多样性，以及在可视化环境中进行信息检索的复杂性，都使得信息检索可视化评价成为一项具有吸引力和挑战性的任务。除了向量信息模型之外，还存在许多其他可被可视化的数据库类型，如布尔模型、等级信息组织模型和超链接数据模型等，每种模型都具有自身独特的数据结构、特性和数据处理方式。在同一数据集中，可视化的对象具有显著的差异，而不同数据集之间的差异更大。如果可视化环境发生变化，信息的呈现和相应的检索也会随之变化，所有这些因素都在信息检索可视化评价中扮演着重要的角色。

用户在信息检索可视化环境下检索信息与传统检索方式有着显著的区别。在传统检索环境中，用户通常首先输入文本查询，其次选择其他检索参数，并选择结果的排序方式，如按字母顺序、逻辑顺序或相关性排序等，以判断相关性。而在可视化检索环境下，用户首先需要进行视觉转化，将信息需求转化为可视化空间中的形式。此外，他们还需要理解视觉陈述、图像和暗示的结构，以解释投影文献或对象的视觉呈现方式，并与之进行交互。总体而言，可视化检索环境下的检索过程比传统环境复杂得多，因此评价工作也更具挑战性。

信息检索可视化的评价通常包括两个主要方面：检索结果的评价和检索环境/接口的评价。信息的反馈和精确度被认为是评价检索结果的基本标准，但对检索环境的评价则存在不同的标准系统。

传统信息检索系统通常以信息的反馈和精确度作为评价标准，然而，这些标准并不足以适用于信息检索可视化。Veerasamy（维拉萨米）等的研究表明，与非可视化环境相比，一些现有的标准，如文献搜索、交互任务的准确性和用户互动的准确性，并不适用于可视化信息检索，特别是在面对复杂的可视化情境时。需要强调的是，在传统检索系统中，信息的反馈和精确度可以用于评估单个文献的检索效果。而在可视化检索环境下，由于可视化的构建方式，用户不仅可以在微观层面检索单个文献，还可以在宏观层面检索信息集合。然而，后者无法使用信息反馈和精确度来度量。Cugini（卡吉尼）的研究致力于对显示检索结果的视觉空间进行量化分析，他从以下几个方面评估了执行情况：在特定时间段内相关文献的出现比例、相对错误率、选择相关记录的文献、查询相关文献所需的时间以及回答特定问题所需的时间。

人们已经认识到信息可视化评价的重要性，并在这一领域取得了进展，其中包括 Shneiderman 等先驱。Shneiderman 提出了七个明确定义的通用标准，分别是获取整个数据库的总观点、放大感兴趣的对象、过滤掉不相关的对象、在可能的情况下选择一组感兴趣的对象并获取详细信息、观察对象之间的关系、保存先前用户的行为记录以及从文献集合中提取摘要。他假定这些评价标准适用于所有信息可视化环境。Wiss（威斯）等认为，这些标准一经采用，便可用于评价不同的 3D 信息可视化设计。在另一项研究中 Freitas（弗雷塔德）等指出，信息可视化技术的视觉呈现被评价时，考察了认知复杂性、空间组织、信息编码和状态转换等方面的标准；同时，也通过定位和帮助、导航和提问以及数据集合缩减等标准来评估信息可视化的交互机制。该研究还表明，这些标准同样适用于评价信息可视化应用，如 Bifocal 浏览器。此外，Winckler（温克勒）等试图从目标和任务的角度分析信息可视化，可视化技术评价原则正是这一方法的体现。他们详细列出了用户的目标，并验证了信息可视化应用是否能够实现这些目标。然后，他们鉴别了用于完成这些任务的交互机制，并使用绘图功能来呈现信息并将其与目标关联起来。这些标准可以总结为四个任务级别：目标、一般任务、交互和可视化展示。此外，从数据挖掘的角度出发，Grinstein（格林斯坦）等提出了以下信息可视化标准：可测量性、知识领域表示、错误数据处理、分类便捷性、高维度支持、可视化的灵活性、提问功能以及结果的总结性。

Komlodi（孔莫洛迪）等进行了一项调查，对信息可视化评价实验的五十个结果进行了分类和设计分析。他们将这些实验结果归纳为四个主题：比较应用设计特征的核对实验、信息可视化应用的可用性研究、比较多种工具的核对实验，以及应用的案例分析。

Morse（莫尔斯）等介绍了一种测试新信息检索可视化系统的方法。这种方法忽略了一些非重要的特征，只专注于研究一些基本特征，取代了测试所有静态和动态信息检索可视化系统特征的方法。这种策略的好处在于强调可视化显示，减少内容变量的影响，简化实验程序，并使用大量主题。

为了建立类似 TREC 的通用评价测试环境，信息可视化领域的研究人员创建了一个样本数据集，旨在推动评价基准的发展，为公众提供通用测试环境，并建立一个论坛以促进各种评价方法的发展。每个子数据集都可以描述应用领域，提供特殊任务的无限制领域。Plaisant（普莱桑）发现，即使将系统、特殊数据集和任务放在一起比较，也是一项具有挑战性的任务。

现有的研究主要侧重于信息可视化的评价，其范围远大于信息检索可视化及其他方面的评价。尽管信息检索可视化被视为信息可视化的一个关键领域，但它具有独特的特点，必须在评价系统中全面考虑并予以体现。信息可视化主要关注信息的视觉呈现和表达，而信息检索可视化则更侧重于信息检索。尽管信息可视化环境中存在交互行为，但这并不一定等同于信息检索行为。然而，信息检索可视化与信息可视化展示之间存在着内在的联系。事实上，信息检索可视化的基础是信息可视化展示，而信息可视化展示的特点和结构会对信息可视化环境产生巨大影响。正因为这些差异，信息检索可视化和信息可视化具有不同的评价标准。因此，评价可视化信息检索需要将信息检索和信息可视化相结合。

建立普遍接受的健全信息检索可视化评价标准是一项紧迫而重要的研究任务。这一评价系统的构建既有助于信息检索可视化的理论研究，又有助于实际系统的发展。这项研究对研究人员、设计师、系统开发人员和最终用户都具有益处。评价系统将指导研究人员、开发者和设计师开发最佳的信息检索可视化方法、模型和原则；评价系统将有助于他们发现潜在特性，识别可视化工具的潜在不足，避免设计缺陷；同时，它还能协助一般用户在选择信息检索可视化软件时做出明智的选择。这些优势将最大程度地促进信息检索可视化的发展，并鼓励其广泛应用。

评价标准必须适用于各种信息检索可视化环境，以确保其有效性、通用性、公正性和适用性，并为各种信息检索可视化工具和模型提供相对的评价标准。

7.5.2 信息检索可视化的基准和评价标准

1. 评价标准的影响因素

因受到众多因素和变量的影响，开发一套信息检索可视化的标准和评价系统并非一项简单的任务。必须确定对信息检索可视化评价产生真正影响的因素，这一识别过程将有助于更深入地理解评价的基准。

1）信息可视化的任务和数据

由于任务和数据常常相互交织，因此它们通常被放在一起讨论，一个系统的任务往往由数据的特性所决定。信息可视化的任务和数据非常多样化，这使得制定统一的评价方法变得非常具有挑战性。显而易见的是，没有一种通用的可视化工具能够解决所有问题。信息可视化系统通常是专门针对特定问题设计的，其任务与这些问题密切相关。因此，当用于可视化不同的数据集时，它们的性能也会有所不同。信息可视化系统的一个关键属性是其适用于特定的目标或任务。

2）可视环境下信息检索过程的交互性

进行一次查询是一个高度复杂的过程，它涉及用户与检索可视化系统之间的一系列互动。用户根据其信息需求在信息空间中进行发现和探索相关信息，这通常需要多次互动。可视化搜索环境为用户提供了一个直观、互动和便捷的信息可视化平台，丰富了用户的检索行为。然而，正是这种复杂的交互使得评价过程变得更加复杂。

3）可视化环境下动态信息搜寻

与传统信息检索系统不同，信息检索可视化系统能够将文献之间的内在关系以透明的方式呈现给用户。事实上，可视化环境中的搜索过程涉及一个复杂的信息相关性判断决策过程。这个搜索过程实际上是在动态、信息丰富的可视化环境中发现信息的过程。这个复杂的过程包括用户的学习能力、空间方向感、理解能力以及认知能力等多个因素。

4）信息检索可视化工具和模型的多样化

这种复杂性涵盖了可视化空间的多个维度，包括二维、三维、实体等；涉及了信息表述的不同语义框架，如主题目录、神经网络、层次结构或主题图；还包括了可视化空间中的不同映射目标，如文献、网页、信息、信息流以及服务器信息通信；同时也考虑了这些目标之间的语义关系，包括可视化链接、目录引用和可视语义相似性等；最后，还要考虑用于验证这些关系的不同方法，比如双曲线技术等。所有这些多样性因素都对信息检索可视化的评价产生了重要影响。

显然，这些影响信息检索可视化效果评价的因素都是相对主观的，并且取决于特定的任务。因此，识别和总结它们的特征是一项非常具有挑战性的任务，提出一个全面的评价基准体系和度量标准也同样具有挑战性。

2. 开发评价基准的原则

评估标准和基准需要是全面且详尽的。这一评估框架应该包括信息检索可视化的所有效能特征，包括视觉信息展示、用户与视觉信息系统之间的交互可控性、信息搜索和信息浏览。这个标准体系必须能够适用于所有数据类型和信息检索可视化模型/系统的任务，并且必须具备可度量性。换句话说，每个评估标准都必须具备可量化的要求。然而，实际上，鉴于信息检索可视化的复杂性，为每个评估标准建立一个可度量的标准是一项非常具有挑战性的任务。

3. 评价标准的四种类型

根据检索性质和目的，信息检索通常可分为两种类型。一种是已知详细信息查询，如用户查询已知作者的著作、已知标题的全文，或者带有特定专利号的专利。另一种是对感兴趣的主题进行的不确定信息查询。在这种查询中，查询者了解搜索主题但没有明确的查询细节。实际上，大多数用户的检索行为属于第二种类型。这一特性对于从事信息检索可视化评价和标准制定的研究人员来说是非常重要的起点。

信息浏览、提问、视觉信息展示、交互过程的可控性是评价系统的四个基本要素。信息浏览和提问反映了信息检索的评价需求。视觉信息展示决定了可视化数据的组织和呈现方式，为用户提供了一个控制和检索信息的平台。交互过程的可控性强调了信息检索可视化系统和用户之间的交互行为。它们相互依存于可视化空间中。

1）信息浏览

信息浏览过程实际上可以看作一个需求分类和定位的过程。信息检索可视化从根本上改变了人们的信息检索方式。可视化环境的交互性、灵活性和多维性使得处理第二种类型的检索变得更加复杂。换句话说，在可视化环境中，用户可以利用多种交互机制有效地浏览信息、操作可视信息空间、发现相关信息和新信息。因此，建立评价基准系统不仅需要包括对提问检索的评价，还需要对信息浏览进行评价。

在二维或三维可视化空间中，用户进行操作以搜索相关信息。由于可视化环境的多维性，用户在操作过程中需要导航机制来引导，就像在陌生领域旅行时使用指南针一样。这种导航系统不仅在可视空间中引导用户，还可以引导他们到达他们想要的适当位置。一些信息检索可视化系统采用层次结构来统一主题，以帮助用户浏览和定位信息。显示集中区域和周围区域的信息可以帮助用户决定下一步的浏览方向。在每个操作节点，它都能为用户提供有效且适用的信息发现方式，减少用户的困惑。一个包含所有特征和功能解释的设计完备且用户友好的帮助文件可以用于导航。导航功能是实施信息浏览的最基本功能。

2）提问

提问检索在信息检索可视化中是必不可少的元素。正是这个特征使其与其他信息可视化系统有所区别。在不同的可视环境下，信息检索可视化的提问方法会有所不同，而且它首先受到可视化信息呈现和可视数据的影响。

信息检索可视化接受由检索语言构成的检索提问。与传统信息检索系统不同，信息检索可视化在可视环境中将相应的结构绘制成图形，并通过加亮等方式直观地呈现给用户。在可视化情况下，用户可以观察结果、结果的分布以及提问与返回目标之间的关系。在视觉空间中，相匹配的对象以不同的颜色表示，使用户能够轻松区分它们与其他不匹配的对象。在这种情况下，信息检索可视化主要关注呈现的匹配的结果，而不是可视化内在的匹配过程。

3）视觉信息展示

信息检索可视化的一个显著特点是其可视化空间。在这个可视化空间中，呈现了一个语义框架，可视化的数据对象被映射到这个框架中，同时框架中还展示了数据之间的逻辑语义关系，并支持多种交互行为。可视的数据、语义框架以及展示数据的方法统称为可视化信息呈现。可视化信息呈现在信息检索可视化中具有基础性和必要性。在很大程度上，信息检索可视化的基础、特性、功能和特征都受制于可视化信息呈现。换句话说，可视化信息呈现的成功与否直接关系到信息检索可视化的成功与否。正是出于这个原因，评价系统必须充分考虑可视化信息呈现这一要素。

4）交互过程中的可控性

可视化信息环境为最终用户的交互行为提供了一个理想的、直观的界面，它充当了用户与系统互动的窗口，也是用户与可视化信息系统交流信息的场所。通过用户与系统之间的多次交互，用户可以浏览信息，提出查询，操控可视化空间，进行信息分析，根据个人需求自定义信息展示，深入研究感兴趣的目标等。信息检索可视化为用户提供了操控信息的控制机制，帮助他们做出决策并完成任务。因此，评估信息检索可视化的交互行为的可控性也是评价标准的一部分。可控性首要考虑缩放功能，即用户能够根据需要放大或缩小感兴趣的区域或目标。随着缩小操作，可能获得更详细、专门化的信息；而随着扩大操作，可能涵盖更广泛的信息。此外，可控性还需要考虑展示和回顾用户历史行为的功能，以及数据过滤功能。所有与信息检索可视化的交互行为都应以某种方式记录和呈现，如按时间顺序呈现。当用户聚焦在局部感兴趣的区域时，可视化信息呈现应该是个性化的，搜索结果应该局限于特定区域，或者在可视环境中只显示感兴趣的特定目标群。在这种情况下，用户可能对可视上下文或内容上下文中的某些目标感兴趣。换句话说，在保留上下文的同时，不适用或不必要的信息应该被过滤掉。例如，确定目标类型、时间限制和属性要求等都应该从上下文中进行过滤。事实上，过滤是一个数据精确的过程。

4. 基准的描述

很显然，用上述四种类型测量信息检索可视化太宽泛了，但它们形成了一个框架，这个框架可以引导人们在这四种类型之中开发更详细的基准。

1) 信息浏览

这一类型的首要标准是导航。用户在可视空间中寻找相关信息，就像在陌生领域中使用指南针导航一样。导航系统不仅引导用户在视觉空间中移动，还能带领他们到达所需的目标位置。一些信息检索可视化系统整合了主题层次结构，以帮助用户浏览和定位信息。显示焦点区域周围信息可以帮助用户决定下一步浏览的方向；在每个操作节点，系统提供有效和适当的信息发现方法，以减少用户可能的迷茫；一个包含所有功能和特性解释的完善、用户友好的帮助文档可用于导航。

第二个标准是开发。信息检索可视化允许用户观察整个信息空间，这通常是操作的第一步。更重要的是，局部信息空间应根据用户需求呈现。例如，如果用户选择浏览特定主题，那么必须提供该主题的详细信息，并允许用户自行控制详细程度。局部信息空间必须能够平滑地转换到全局信息空间，并支持从总览视图跳转到局部视图。整个区域的总览、信息空间的局部视图、浏览区域的详细程度控制以及需求对象的详细信息都是信息开发的基本要素。

第三个标准是视觉空间中对象的维度。这涉及以可视图标的形式呈现对象的信息深度和广度。视觉空间中的对象通常以图标的形式呈现，这些图标的设计必须简洁、直观且有意义。图标的大小、形状、颜色以及它们的组合应该能够传达多重信息。例如，图标的大小可以表示相关性程度，形状可以表示目标类型，颜色可以表示目标状态。例如，可视化网络系统中的图标可能由一个圆圈、几个同心环和连接箭头组成。其中，中心红色圆圈表示已印刷的材料，中心蓝色圆圈表示电子材料，同心环表示物品的大小，绿色表示物品的新旧程度。当外环显示蓝色箭头时，表示与外语相关；当只有一个蓝色箭头时，表示参考文献。

第四个标准是显示对象与视觉空间中其他对象之间的关系或联系。当对象在视觉空间中展示时，它通常不是孤立的，而是与其他对象存在关系。这些关系如何呈现和描述需要进行评估。有些系统中的关系是可视化的，有些是不能可视化的；有些只有在用户需要时才可视化；有些关系通过链接来实现，如基于双曲线技术的可视化系统 Visual Thesaurus、Inxight，或通过邻近规则、距离和方向来表示，如 TOFIR 和 DARE。ViBE 系统通过连接线的长度来表示两个相关对象之间的关系程度。主题树的结构显示了同属关系和所属关系。

2）提问

提问搜索对于信息检索可视化来说是至关重要的，是不可或缺的。正是这一特征，使其与其他信息可视化系统区分开来。在不同的可视环境中，信息检索可视化的提问方法各有不同，并且首先受到视觉信息呈现和可视化数据本质的影响。

第一个标准是提问搜索方法。信息检索可视化接受由搜索词构成的搜索提问。与传统信息检索系统不同，信息检索可视化在可视环境中将相应的结构呈现为图形，并通过加亮突出显示在用户面前。在可视环境中，用户可以观察结果、结果的分布以及提问与返回对象之间的关系。在视觉空间中，相匹配的对象以不同颜色标示，使用户能够轻松区分它们与其他不匹配的对象。在这种情况下，信息检索可视化主要展示匹配结果，而不可视化内部的匹配过程。例如，一些系统如 Visual Thesaurus、Inxight 提供搜索查询窗口，其中搜索结果根据不匹配的对象使用不同颜色标记，并且可视化呈现是可调整和可重建的，以满足新用户对搜索结果的需求。在 ViBE 系统中，提问和搜索结果对象之间的相关性也用不同颜色表示。

提问搜索机制分为两个层次：全局搜索和局部搜索。前者涉及整个数据库的搜索，而后者仅在特定局部区域进行。当用户在局部区域执行操作时，如浏览特定主题树分支或特定浏览区域的分文图时，他们可能只对该局部区域进行搜索，这时局部搜索更加有用。

第二个标准是信息检索模型的可视化。信息检索不仅仅是关键词匹配，它还包括使用用户可以控制和操作的强大信息检索模型。信息检索模型多种多样，如布尔检索模型、余弦模型、相关性模型、分离模型、距离模型、椭圆模型等。在视觉环境中可视化这些信息检索模型要比仅可视化搜索提问的结果更具挑战性。这是因为可视化信息检索模型实际上是可视化信息检索的内在过程。用户能够操作信息检索过程和信息检索结果，这使得信息表达和信息检索都在最终用户面前变得透明。例如，椭圆模型决定了在高维向量空间中的高层椭圆轮廓，这个轮廓在高维空间中是不可见的。高层椭圆轮廓的位置由两个用户兴趣点决定，用户兴趣点包括用户背景、阅读习惯和以前的提问。在信息空间中，一个提问式由多个兴趣点组成。轮廓中的对象被认为是检索对象。用户可以控制轮廓的大小以改变检索对象的数量，或在兴趣变化时改变轮廓的位置。在 DARE 中，椭圆信息检索模型可以进行可视化。当椭圆轮廓从高维空间投影到低维的二维空间时，它可以被人们观察到，但当它被转换到低维空间时，在高维空间中的椭圆形状就不再可见，取而代之的是一个波浪曲线。这种转换使得原本在高维空间中不可见的超椭圆轮廓变得可见，用户可以控制和操作可视化轮廓，以控制低维空间中的信息检索。另一个例子是 Filter/Flow 系统。在这个系统中，文献被定义为"水流"和布尔逻辑操作（如逻辑 OR 和逻辑 AND），被认为是控制"水流"（文献）的阀门。用户可以通过添加阀门来包含相关文献并排除不相关文献，从而操作"水流"系统。在可视空间中，用户可以观察"水流"的变化。

上述两种标准的不同之处在于前者仅能够可视化搜索的最终结果，而后者能够可视化搜索的最终结果和内部搜索过程。

第三个标准是提问的重构。信息搜索过程是动态的，受到对信息需求理解程度、对信息检索系统的熟悉程度、搜索者的背景和经验的影响。基于这些原因，多步骤搜索需要调整搜索策略以提高精确率。换句话说，用户需要根据原始搜索结果重新构建提问。信息检索可视化必须为用户提供反馈机制，以调整搜索提问。例如，一些系统如 DARE 和 GUIDO 允许用户在视觉空间内获取替代现有提问的任何文献或文献组合，或将它们添加到当前提问中，或修改它们。用户可以改变参考点的角色以改变检索的重点，因为大多数用户的兴趣点是基于环境的，这些兴趣点会随着用户需求的变化而不断改变或修订。

3）视觉信息展示

视觉信息展示在信息检索可视化中扮演着至关重要的角色，实际上是该领域的核心要素。总结来说，关于信息检索可视化有七项重要标准。

第一个标准是视觉空间的多维性。视觉空间可以是二维、三维或虚拟现实环境。用户在二维和三维环境中的表现截然不同。三维视觉空间为呈现更多信息提供了额外的维度。然而，将二维空间升级至三维并非如"2+1=3"般简单。第三个维度的引入远不止如此，它赋予了信息检索可视化信息呈现更丰富、对象之间语义关系更详尽、视觉信息呈现更直观、信息展示更全面等特性。然而，值得注意的是，引入额外维度也带来了技术上的复杂性和操作上的挑战，增加了系统的实施难度。

第二个标准涉及视觉信息展示的语义属性揭示。语义属性的揭示在某种程度上有助于详细描述视觉空间。很显然，每个对象都具备多重属性，这些属性详尽地解释了对象的特征。在视觉环境中，并非所有对象属性都适合用来展示对象，而是要选择并突出展示一些有用、有意义、显著、必要的属性，并将其他属性排除在视觉环境之外。对象属性的辨识和呈现对于视觉信息展示具有重要性，而所选择的属性通常被分配到 X 轴、Y 轴或 Z 轴等维度上，或者以其他方式呈现，为可视化框架的建立奠定了基础。例如，DARE 中对象的距离和方向属性、TOFIR 中的方向属性、GUIDO 中的距离属性、CHEOPS 中的层次属性、ViBE 中的相似率、GRIDL 中的时间和主题属性都详细地展示在它们的视觉空间中。在二维 GRIDL 空间中，视觉空间的属性能够被一些属性，如分类、出版年份、作者、题目、方位、参考文献的位置所重新定义和取代。

第三个标准是视觉空间的语义框架。语义框架通常与对象所揭示的属性相关联，一个对象投影的语义框架决定了其视觉空间的结构。这些语义框架可以采用多种形式，如格子、层级、地图、网状、圆形、三角形、矩形等，而且语义结构必须在信息检索上具有丰富的意义、简洁的结构和美观的视觉呈现，包括对称性。

第四个标准涉及视觉信息展示的直观性。直观性包括了简单易懂的信息传达和视觉信息理解。视觉信息展示必须以一种直截了当的方式来表达信息，以便用户能够轻松适应环境。然而，由于数据库的复杂性，必须保留和展示特定属性，同时也需要在高维度信息中进行缩减，因此找到一种既简单又直观的视觉信息展示方式并不容易。毫无疑问，用户更倾向于直观的视觉信息展示，并且更愿意与简单直观的界面进行互动。信息可视化的研究人员和设计者正在寻找适用于视觉信息展示语义框架的合适且可行的方法。在现实世界中，相同的概念、对象或环境可以帮助用户理解视觉信息展示，缩短用户学习系统的时间，减轻用户的担忧，从而提高效果和效率。包含隐喻的系统随处可见，如水流式的 Filter/Flov、日光系统式的 Web Star、地理图式的 Web Map、鱼眼式的 Fisheye menu 等。

第五个标准涉及聚类和分类。在视觉环境中展示的对象并不是孤立的，它们之间存在关联，从语义的角度来看，它们在某种程度上是相关的，它们在语义框架中的位置通常会提供一些线索。邻近的投影表示这些对象具有相似的特征，这是因为它们按照相同的规则被投影到相似的位置。这种现象有助于用户进行聚类和分类分析。这些分析可以解决一些问题，比如，一个聚类中包含多少个对象；不同聚类之间的对象有何关联。基本上，对象属性的识别在很大程度上决定了聚类和分类的性质。聚类和分类可以用于支持搜索反馈，执行对象相似性分析，理解文献在数据库中的整体分布等方面。例如，在 DARE 中，如果所有聚类对象在兴趣点上具有相似的距离和角度，它们就可以被归为一组。语义相关的对象也可以被聚类在一起，语义地图中相关的主题也通常是相邻的。

第六个标准涉及视觉信息展示的个性化定制。一个数据库的信息空间通常需要呈现所有可用的数据观点。然而，与整个数据库相比，用户的兴趣通常更加集中在特定主题上。这意味着信息检索可视化需要同时支持整个信息空间和个性化的局部视图。在回应用户的查询时，必须提供详细且专注于用户兴趣的局部视图。显然，基于用户兴趣的局部视图是动态的，会因用户的不同和相同用户在不同搜索步骤中的不同需求而变化。这种视觉信息展示的个性化定制与简单的缩放界面不同。当可视化信息呈现被个性化定制时，不需要始终遵循相同的规则，因为通过一系列放大和缩小操作产生的视图会保留层级关系。在将高维信息空间转化为低维视觉空间时，相同的局部区域可能因突出不同的重点而对应于不同的视觉展示。

第七个标准涉及消除歧义的机制。歧义是信息可视化中的一种特殊情况，它在高维度信息空间向低维度信息空间转换时出现。简而言之，歧义指的是高维度信息空间中不同位置的对象被投影到低维度视觉信息空间的相同位置。这种投影的歧义明显会误导用户，因为在高维度信息空间中，不同位置的对象本应被投影到低维度视觉信息空间的不同位置。需要注意的是，在高维度向低维度空间的数学投影过程中，投影歧义是无法避免的。当数据以特定方式投影到视觉空间时，必须对数据进行个性化定制，以保留某些特性、删除某些特性，或对一些特性进行修改。关键在于，一旦出现这种情况，信息检索可视化必须提供一种机制来消除歧义。例如，在 DARE、TOFIR、GUIDO 和 ViBE 等系统中，它们建立了基于向量的文献空间，其中视觉空间的一个点对应于多个文献，而这些文献在向量空间中是完全不同的。在这些系统中，通过调整用户兴趣点、重新配置受影响的用户兴趣点、增加或删除视觉空间兴趣点等方式，都可以有效地消除这些歧义现象。

4）交互过程中的可控性

第一个标准涉及扩大和缩小功能。最初的缩放概念源于相机的操作，允许用户扫描场景、在近距离观察或从远处查看更广泛的景象。这一理念与信息可视化相结合，允许用户以不同的层次和精确率探索信息。为实现这一目标，所有呈现的数据必须按照详细程度进行组织和分类。用户可以根据需要自由扩大或缩小兴趣区域或对象。随着缩小，用户可以获取更详细和专门的信息；随着扩大，用户可以获得更广泛的信息。在进行缩放操作时,保持缩放路径的连贯性和整体内容的一致性至关重要,这有助于用户避免方向错误,并提高扩大和缩小操作的可控性。此外,需要考虑缩放的级别和程度。

第二个标准涉及历史行为的记录和呈现。传统的信息检索系统具有相对简单的用户交互,而信息检索可视化的交互行为更加丰富、多样且复杂。这些交互行为包括提问搜索、导航、浏览、消除歧义以及视觉展示的个性化定制等,它们按顺序排列,从用户提问开始,所有与信息检索可视化相关的交互行为都必须以某种方式记录和呈现,通常是以倒序的方式。根据用户的请求,先前的交互行为必须能够被追溯、重放或重新查看,这是非常重要的,因为在视觉空间中开发信息的过程有时涉及试验和错误。用户通过尝试不同的方法,直到成功减少错误并获得满意的结果。记录和呈现交互历史可以减轻用户回忆所有先前操作的负担。

第三个标准是过滤。当用户关注特定兴趣区域时,视觉信息展示应该是定制的,即仅显示与用户关注的上下文或对象相关的信息。换句话说,在保留上下文的同时,应该过滤掉一些不相关或不必要的"噪声"。这些可能需要过滤的内容包括特定类型的对象、特定时间段内的对象以及具有特定属性的对象等。实际上,过滤是一个精细化数据的过程。

第四个标准是选择。选择涉及在视觉空间中选择感兴趣的对象和区域。在视觉空间中进行选择对于用户操作至关重要。选择允许用户检查焦点对象或区域、探索它们的内容、区分可能重叠的对象,并做出关于对象的决策。一旦选择了对象,就必须提供有关选定对象的详细信息,并提供与之相关的操作选项。

7.6 信息检索可视化系统

信息检索系统在功能上应该给用户提供更大的方便,使用户能够用最直观的方式获得所需信息。随着文献规模的急剧增长和检索功能的增强,这一点显得尤为重要,因此把可视化技术引入到信息检索系统受到了用户的关注。

利用可视化技术将隐藏在信息资源内部的、复杂的、抽象的语义以直观的图形方式呈现给用户,一方面能够使用户以最直观的方式获得需求信息。检索结果的可视化展示,可以为用户提供更快捷、更人性化的检索体验,同时能够将检索数据中大量隐藏的关系信息展示给用户,这是传统的信息检索过程所无法做到的。另一方面,基于海量文献数据进行检索结果可视化尝试,不仅对于检索技术本身是一个发展,同时也将数据挖掘的思想与成果应用其中,为检索结果增添了许多知识化显示。

7.6.1 信息检索可视化系统概述

信息可视化在 20 世纪 90 年代成为国际上研究的热点问题。国际电气与电子工程师协会、美国计算机学会每年都组织重要国际会议发表信息可视化的研究成果,如信息可视化会议、人机交互国际会议等。此外,国外期刊定期发表信息可视化的研究进展,如《信息可视化》(*Information Visualization*)、《IEEE 计算机图形学与应用》(*IEEE Computer*

Graphics and Applications)等。随着信息可视化研究与实际应用的不断深入，它在信息检索中的应用也越来越多，并且逐步深入。研究信息检索可视化系统的发展可以从信息检索系统、可视化系统到信息检索可视化系统的变迁着手。

1. 信息检索系统

信息检索系统是指为了满足用户的信息需求而建立的存储经过加工了的信息集合，拥有一定的输入、匹配、输出的技术装备，提供一定的检索服务功能的一种相对独立的实体。在信息检索实际工作中，人们所接触的是具体的、现实的信息检索系统。

典型的检索系统如引文检索系统 Web of Science（科学网络）。Web of Science 是全球领先的跨学科引文数据库。1997 年，在科学计量学家尤金·加菲尔德（Eugene Garfield）博士指导下，美国科学信息研究所（Institute for Scientific Information, ISI）推出了 Web of Science，它是目前功能较强大的典型的基于引文的信息检索系统。截至 2020 年 10 月，其中收录了 34 586 种世界权威的、高影响力的学术期刊、书籍、论文集、专利和数据集及全球 220 000 多个国际学术会议录，内容涵盖自然科学、工程技术、生物医学、社会科学、艺术与人文等领域，最早回溯至 1900 年。Web of Science 涵盖了全球最权威的三大引文索引数据库，包括自然科学引文索引（Science Citation Index，SCI）、社会科学引文索引（Social Sciences Citation Index，SSCI）和艺术与人文引文索引（Arts & Humanities Citation Index，A&HCI）。该系统收录的数据范围广，内容权威且影响力高，为用户提供了全面的索引及各种独特的检索服务，但也只是局限在检索功能上，并未提供检索可视化服务。

2. 可视化系统

可视化是利用计算机图形学和图像处理技术，将数据转换成图形或图像在屏幕上显示出来，再进行交互处理的理论、方法和技术。可视化技术可以将科学数据变为直观的、以图形图像信息表示的、随时间和空间变化的物理现象或物理量呈现在研究者面前，使他们能够观察、模拟和计算。

典型的可视化软件如 CiteSpace 软件。CiteSpace 是 Citation Space 的简称，译为"引文空间"，是用于分析和可视化文献资源关系的可视化原型系统。2003 年，美国德雷赛尔大学计算机与情报学教授陈超美博士基于 Java 语言开发出了基于引文分析理论的信息可视化软件。该软件可呈现科学知识的结构、规律和分布情况，分析出来的图形称为"科学知识图谱"，主要用于综述类论文写作，理论观点、演化路径、发展趋势、学术史等梳理，学术研究领域热点扫描等方面，是一款定量分析的实用型文献分析软件。该软件是面向知识域分析开发的，可视化分析功能强，可视化形式丰富，但也只是对选定的数据集实施可视化，并没有将可视化技术运用到检索领域。

3. 信息检索可视化系统的概念

信息检索可视化指的是将数据集中抽象的数据及其语义关系转化为可视展示，以及将内部检索过程展示给用户的过程。信息检索可视化系统包括信息检索过程可视化与信息检索结果可视化。传统的检索方式基本都是提问式检索模式，整个中间的检索过程对于用户来说是完全封闭的。而信息检索过程可视化模式，将整个检索过程尽可能地呈现在用户面前，用户可以通过可视化图标的操作方法，与系统平台在一个可视化界面中进行交互式发送请求，使检索行为更人性化、直观化；同时，从用户发送检索命令到结果的呈现，各个检索步骤都在可视化界面中得到很好的揭示，从而帮助用户更加准确、方便地发送检索请求。对于检索结果的可视化，通过设计信息检索的接口，进行检索结果的分面统计、聚类、共著、共引等方法的深度挖掘，利用可视化技术，将数据集中看不见的抽象数据和数据之间的语义关系以一种可视化的方式呈现在用户场景中，让用户充分发掘信息资源中潜在的价值资源，帮助用户更好地组织、分析与利用信息。

典型的信息检索可视化系统如学术知识可视化检索系统 AMiner、可视化搜索引擎 WolframAlpha 等。AMiner 提供学者检索和论文检索的可视化检索功能，以直观的形式展现用户最关注的特征——在检索学者时会以数值、图表的形式展现作者简介、研究兴趣、发表论文、统计层面、合作情况；在检索论文时会以数值、图表的形式展现作者信息、期刊水平、所属机构、引用量、浏览量、引用与被引情况等。WolframAlpha 可以实现检索过程和检索结果的可视化，能根据问题直接给出标准化答案，除了强大的数学计算功能外，还涉及物理、化学、人文、金融、日常生活等诸多领域。

7.6.2 信息检索可视化系统的设计

信息检索可视化系统设计时要先明确两个问题：可视化对象的确定和可视化表示形式的选择。可视化对象是指将要在可视化空间显示的内容，主要有文档、数字图书馆、网站和超链接等。可视化表示形式是指在可视化空间中以何种形式来代表可视化对象，主要有层次关系、时间序列形式和图标形式等。分析信息检索可视化系统想要呈现的效果，在此基础上确定信息检索可视化系统的目标、设计原则和组成模块。

1. 信息检索可视化系统的目标

信息检索可视化系统是具有个性化服务特色的，集信息检索、可视化及统计分析功能于一体的信息检索可视化系统。具体建设目标如下。

1）以用户为中心

整个人机交互的过程由用户控制，充分发挥用户在检索过程中的主导作用，充分适应不同类型用户的认知能力，以满足不同背景用户的信息需求。

2）个性化服务定制

用户可根据自己的信息需求进行个性化内容、个性化检索、个性化界面等服务定制，选择、组合相应的个性化信息服务。

3）网络的实时动态构建

系统根据用户的初始需求，在数据库中把相关资源提取出来，根据资源的特征选用合适的数据挖掘技术提取出所描述的资源的特征词（如主题词、机构、作者等），并通过二维可视化网络的形式显示出相关特征词及它们之间的关系。通过用户与系统的实时交互实现网络的动态更新。

4）优化用户信息需求

系统在检索界面以可视化形式显示各种特征网络，用户通过检索界面交互式地浏览相关网络，根据网络中各节点间的关联，获得对相关领域知识的较深入的理解，更好地表达其需求。

5）实时信息检索可视化

系统根据用户的检索需求在数据库中检索相关信息，并以网络可视化的方式把资源之间的关系显示出来，用户根据对资源内容的理解吸收，修正信息需求，系统根据用户反馈信息，动态更新检索结果，并以网络可视化的方式显示新的资源关联。以新的视角为用户提供信息检索，将检索系统中不可见的内部操作过程可视化，由用户控制浏览过程。

6）统计分析功能

在用户检索过程中，系统可以随时为用户提供每次根据检索结果所生成的各种矩阵数据及相关统计数据，并通过系统与用户的交互，由用户控制预生成的矩阵的特征词粒度，辅助用户进行相关统计分析。

2. 信息检索可视化系统的设计原则

结合相关技术特点及对信息检索系统的分析，针对信息检索可视化系统的设计目标和网络发展趋势，信息检索可视化系统的设计原则如下。

1）用户与系统实时交互

通过设计可视化、个性化的用户界面，在用户和系统间建立沟通的桥梁，从而有效地利用用户反馈信息来明确、精化和扩展检索。

2）用户认知负担最小

充分发挥信息可视化技术在减轻用户认知负担方面的作用。在用户构造检索词及检索结果显示方面给予用户帮助。

3）实时信息检索可视化

对检索结果进行预处理，并将文献或检索词之间的关联可视化显示。其实时性体现在关联矩阵实时生成及可视化映射在秒级完成。

4）与现有搜索引擎有效协作

通过与搜索引擎之间的协作获取相关信息。利用现存的功能强大的搜索引擎可以获得各种数据库的海量相关资源，从而提高系统效率、优化系统性能。

5）可视化处理与数据库关联最小

利用信息可视化技术处理相关文档信息所耗费的资源要比采用文本信息处理技术多得多。检索可视化系统是对满足用户需求的相关资源进行可视化处理，而非对全部数据库资源进行可视化处理。这种局部资源可视化处理实现了与数据库关联最小。

6）开放性、可扩展性、标准化

系统设计时应当满足资源共享、系统升级等需求。遵循通用标准和协议，并选用与平台无关的开发工具，基于模块化进行系统结构设计。

3. 信息检索可视化系统的组成模块

1）数据管理模块

该模块主要用于系统基础数据的生成。

（1）数据导入。系统相应的数据集文件夹中应导入大量的现有的基础数据。

（2）数据转换。为了使系统独立于信息资源数据库，具有灵活的系统接口，系统应将数据集转换成标准的格式。

2）系统管理模块

该模块包括权限管理子模块、需求选择模块及系统帮助页面。

（1）权限管理子模块将用户注册信息存储到用户信息数据库中，系统以此来验证用户名及密码，确定合法用户，此模块包括用户注册页面及系统主页。

（2）需求选择模块将用户需求选择组合以多个参数形式传递给用户检索页面，为检索服务提供数据基础。

（3）系统帮助页面介绍系统的基本功能，提供方便用户使用该系统的操作手册，指导用户了解全部的系统功能。

3）数据检索模块

该模块主要是接收用户检索需求参数，通过检索页面实现对资源的检索，是系统的核心模块。

主要提供文档检索和基于概念空间的概念检索，并利用可视化技术，将检索过程及结果实时呈现给用户，支持用户与系统的交互反馈。文档检索主要包括初级检索和高级检索（在高级检索中除支持基于摘要信息检索外，还支持基于关键词、题名的检索，在检索结果中再次检索等），支持同义词扩展检索，支持对用户输入的检索词进行初步处理功能，支持检索结果排序功能。概念检索负责与映射处理模块、可视化构建模块协作，对检索结果文档集中文档的摘要信息进行共词分析，形成概念空间图展现给用户。进而用户可基于概念空间图来明确、调整信息需求，发现新的检索词，重构查询式，可通过词共现关系并结合用户背景知识来推理词的语义关系，在一定程度上实现了概念检索、语义检索。

4）处理与分析模块

数据处理模块主要功能是为可视化模块生成基础数据。该模块体现了本系统的另一特色，即利用共词分析及相关情报分析方法基于检索结果及可视化概念空间图分析主题、领域、概念间语义关联等，以期发现概念间潜在关联、学科热点、学科结构等，为用户更进一步的情报需求提供帮助。

信息检索可视化系统是一个有机整体，各子模块如图 7-10 所示。

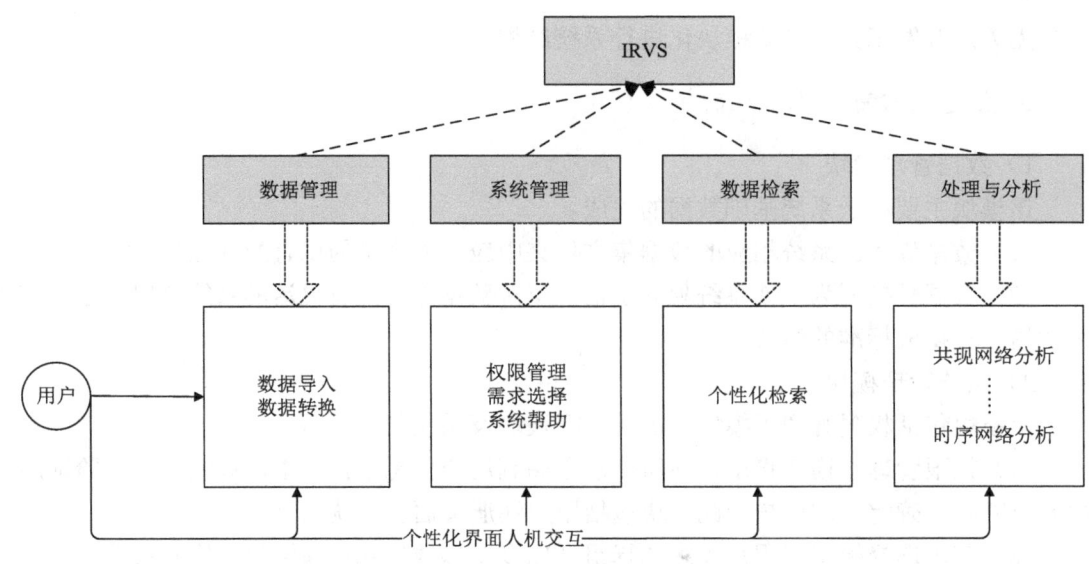

图 7-10　信息检索可视化系统体系结构

信息检索可视化系统（information retrieval visualization system，IRVS）

7.6.3　典型的信息检索可视化系统

1. 学术知识可视化服务平台 AMiner

AMiner 由清华大学计算机科学与技术系唐杰教授率领团队建立，是拥有我国完全自主知识产权的学术科技情报大数据挖掘与服务系统平台。该平台包含了超过 3.2 亿学术论文/专利和 1.33 亿学者的科技图谱，利用数据挖掘和社会网络分析与挖掘技术，提供研究者语义信息抽取、面向话题的专家搜索、权威机构搜索、话题发现和趋势分析、基于话题的社会影响力分析、研究者社会网络关系识别、即时社会关系图搜索、研究者能力图谱、审稿人推荐在内的众多功能，为研究者提供更全面的领域知识和更具针对性的研究话题与合作者信息，为科研的更好发展提供服务。

本节将从功能简介、可视化检索两个方面进行介绍，其中功能简介包括个人主页和首页功能，可视化检索包括学者检索、论文检索和专利检索。

1）平台功能简介

A. 个人主页

使用 AMiner 之前，需要注册账号，可以选择手机号或邮箱进行注册、微信登录。个人主页中含关注内容（学者、期刊会议、机构等）、收藏论文和浏览历史。用户可以在个人主页界面进行个人内容编辑、关注与收藏，进行个性化内容定制。

B. 首页功能

a）对话功能

ChatGPT、文心一言、讯飞星火等的出现给各网络平台增加了新思路。AMiner 的对话模块提供智能科研问答服务，为用户提供高效检索信息、文献理解分析、获取创新思路等的服务,包括但不限于查询已有成果、解读论文、期刊推荐、优化文本表达、英文润色、生成题目等功能。对话界面如图 7-11 所示。

图 7-11 AMiner 对话功能

b)排名功能

AI Open Index 是一个基于指标的排名系统,可以选择人工智能领域的各个细化分支进行排名,包括 AI 2000 全球人工智能学者、会议/期刊排名、全球人工智能最具创新力城市、机构排名、人工智能全球女性学者、美国高校军事排行榜,排行指标及排名列表均在系统界面显示。

以期刊排名为例,将"数据库/数据挖掘/内容检索"领域下的期刊按 CCF(China Computer Federation,中国计算机学会)等级降序排列,该领域期刊排名如图 7-12 所示。

图 7-12 AMiner 排名功能_期刊

点击期刊名称后，该平台将展示期刊已发表论文的主题分布、国家或地区分布、论文量&引用量及变化趋势、作者机构分布情况，也会展现历年高引作者；页面最下方会以列表形式展示高引论文、高引作者、高引机构，点击后可以跳转到相应主体显示详细信息；AMiner 平台会根据数据特征选择多种形式的图表，包含词云图、百分比图、条形图-折线图、列表等。

c）期刊顶会功能

首页界面下点击"期刊顶会"后，可以按学科分类、出版社和体系分类选择目标范围的期刊，也可以按字顺方式浏览期刊类别，这是了解领域期刊概况的快捷方式，如图 7-13 所示。点击具体的期刊名称后，形式可参考图 7-13。

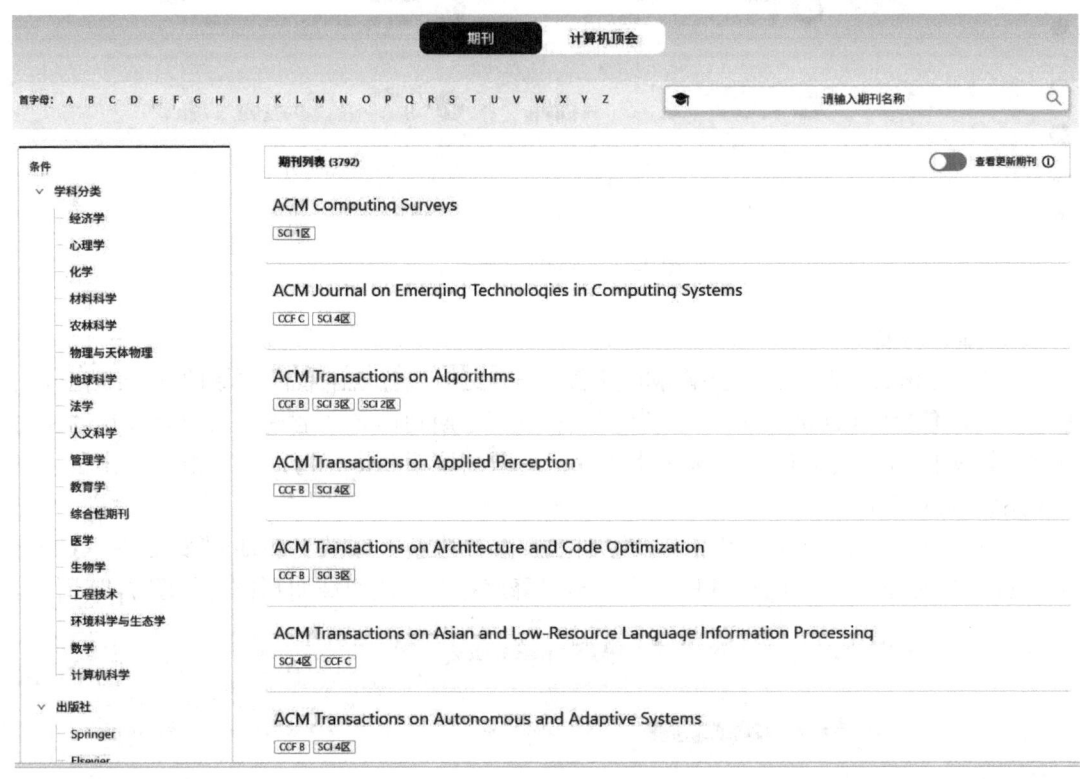

图 7-13　AMiner 期刊顶会功能

d）必读论文功能

必读论文是帮助用户了解某领域、机构、期刊、会议的学术专辑，包括必读论文和代表学者，由 AI 初筛及学者复核后提供给用户，用户可以初步浏览后，筛选收藏为自己的论文清单并编辑。选择研究领域后，可以按照不同的检索类目板块浏览对应主题、机构、期刊或会议板块的必读论文，同时可以选择按时间、浏览量、论文、点赞量进行升序或降序排列论文。必读论文界面如图 7-14 所示。

第 7 章 信息检索可视化

图 7-14　AMiner 必读论文功能

e）热点功能

热点功能可以帮助学者实时追踪科研动态，推送热点话题、热门论文、热门帖子等，供学者了解 AI 领域的最新资讯、AI 报告（如 AI 发展月报、年度全球最具影响力 AI 学者等）、博硕论文、会议论文、人才智库和趋势分析。

2）可视化检索

AMiner 网站作为信息检索可视化系统，是科研数据的可视化检索平台，提供学者、论文、专利维度的搜索功能，并以可视化形式展现搜索结果。

A. 学者检索可视化

学者检索功能含作者简介、研究兴趣、发表论文、作者统计、合作情况等信息，以河流图、雷达图、柱状图等形式结合文字和数字标签可视化展现相关信息。"作者简介"含职称、所属机构、教育背景、工作经验；"研究兴趣"以可视化形式展示年份变化的基础上学者的研究兴趣变迁趋势；"发表论文"展示作者已发表论文列表和发表总数，可以选择年份、引用量、主题、期刊级别等的排序方式；"作者统计"展示作者的论文数、被引次数、h 指数、g 指数等信息计量指标；"合作情况"可以选择合作学者、合作机构和 D-Core 进行显示[①]。

B. 论文检索可视化

检索特定论文时，AMiner 提供用户友好型的论文呈现方式，含作者信息、期刊水平、所属机构、引用量、浏览量、引用与被引情况等客观信息。

---

① h 指数，指科学家至少发表了 H 篇至少被引用 H 次的文献；g 指数，指如果科学家至少发表了 n 篇文献累积被引次数至少 n^2 次，则该科学家 g 指数为 n；D-Core，指作者从参与的最密集的引文图中提取出的一种新的共同代表作者权威和写作态度的影响矩阵。

2. 可视化搜索引擎 WolframAlpha

WolframAlpha 是开发计算数学应用软件的沃尔夫勒姆（Wolfram）研究公司开发出的新一代的搜索引擎，是能根据问题直接给出答案的网站，于 2009 年 5 月 15 日晚 7 点（美国中部当地时间，北京时间 5 月 16 日上午 8 点）上线，用户在搜索框键入需要查询的问题后，该搜索引擎将直接向用户返回答案，而不是返回一大堆网页链接。它是基于 Wolfram 早期旗舰产品 Mathematica 开发的，Mathematica 是一款囊括了计算机代数、符号和数值计算、可视化和统计功能的计算平台和工具包。其数据来源包括学术网站和出版物、商业网站和公司、科学机构等，例如美国中央情报局出版物《世界概况》、康奈尔大学图书馆出版物 All About Birds、Chambers Biographical Dictionary、道琼斯公司、Crunchbase、百思买、美国联邦航空管理局、美国地质调查局等。

WolframAlpha 功能强大，能根据问题直接给出标准化答案，除了强大的数学计算功能外，还涉及物理、化学、人文、金融、日常生活等诸多领域。WolframAlpha 网站中含有大量功能示例，供初学者了解网站的使用方式。

1）数学运算

在数学方面，WolframAlpha 具有广博的知识和深厚的计算能力。WolframAlpha 可以胜任算术、代数、微积分、微分方程等数学范畴内的各种问题，可用于辅导数学、解决具体的数学问题或查找有关数学科目和题目的信息，求解的同时，会展现函数图像、转换过程、求解步骤等所有相关计算过程与结果。

以求积分为例，求正弦函数 0 到 π 的积分，在输入栏中键入公式 $\int_0^\pi \sin(x)\,\mathrm{d}x$ 后，如图 7-15 所示，检索结果界面将展示运算结果、图像表示等所有相关计算过程及结果。

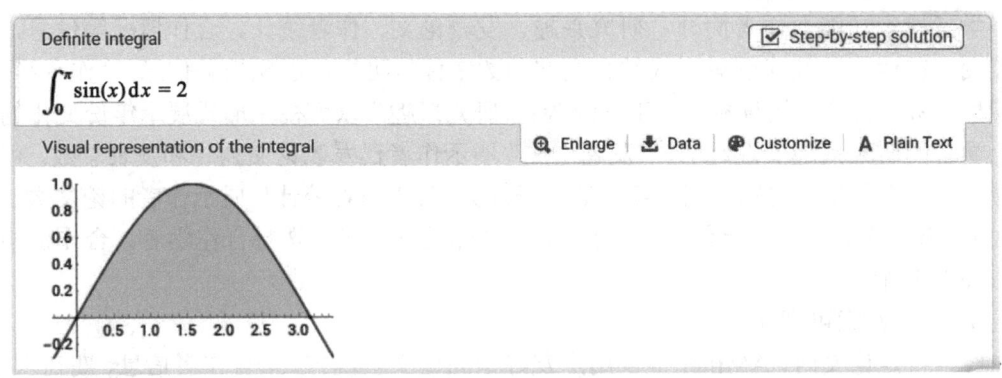

图 7-15　数学运算_积分求解及图像

2）科学技术知识可视化

WolframAlpha 拥有丰富的与科学技术相关的知识。利用 WolframAlpha 背后的计算能力，可以解决涉及物理、化学、工程、计算科学等诸多领域的问题。解答此类问题时，WolframAlpha 会以最具美学原理的动态生成方法形成树形结构、图形布局及其他图形，同时可以自动生成报告，自动进行布局、色彩选择、尺寸调整和排版，为计算结果的输出提供最优化的视觉效果。

3）社会文化

WolframAlpha 利用历史上关于人、地点和事件的全面数据，可以计算出关于过去的无数复杂问题的答案，如生成历史时期和著名事件的习俗时间线，在古代数字系统之间转换数字，计算货币随时间变化的价值或探索和比较有关发明、人民、军事冲突等方面的事实。

从历史层面来说，从《大宪章》的签署到万维网的发明，WolframAlpha 可以计算出成千上万历史事件的问题的答案，查找重大历史事件的详细资料，发现历史上发生在这一天的事情等。

4）日常生活

WolframAlpha 内含强大算法和大量的知识库，凭借对流行文化、个人理财、营养、健康等无数话题的深入了解，WolframAlpha 可以回答生活、学习、工作场景下的复杂事实问题，如查找奥斯卡获奖者、计算膳食的营养价值、了解股票信息、查询天气；也可以用于日常娱乐，如查询书籍、电影、电视剧的相关信息。

WolframAlpha 可以查阅、比较、分析成千上万种食物的营养信息，以"red grapes, pear, pineapple"为检索词，可以检索三种水果的营养信息并进行对比，如单位食物营养成分、卡路里、碳水化合物、脂肪和脂肪酸、蛋白质、维生素、矿物质、胆固醇、物理性质（质量、体积、密度）等，部分结果如图 7-16 至图 7-23 所示。

		mean value	% daily value	range
total calories	grape, red	104 Cal	5%	104 Cal
	pear	96 Cal	5%	(80 to 111) Cal
	pineapple	80 Cal	4%	(74 to 84) Cal
fat calories	grape, red	2 Cal		2 Cal
	pear	2.8 Cal		(1.9 to 3.7) Cal
	pineapple	1.7 Cal		(1.5 to 1.8) Cal

图 7-16 日常生活_单位食物卡路里

		mean value	% daily value	range
total carbohydrates	grape, red	27 g	9%	27 g
	pear	25 g	8%	(20 to 30) g
	pineapple	21 g	7%	(20 to 22) g
dietary fiber	grape, red	1.4 g	5%	1.4 g
	pear	6.4 g	26%	(5.9 to 6.9) g
	pineapple	2.3 g	9%	2.3 g
sugar	grape, red	23 g		23 g
	pear	16 g		(14 to 19) g
	pineapple	16 g		(14 to 17) g

图 7-17 日常生活_单位食物碳水化合物

		mean value	% daily value	range
total fat	grape, red	242 mg	0%	242 mg
	pear	335 mg	1%	(230 to 441) mg
	pineapple	198 mg	0%	(182 to 215) mg
saturated fat	grape, red	82 mg	0%	82 mg
	pear	17 mg	0%	(12 to 23) mg
	pineapple	15 mg	0%	15 mg

图 7-18　日常生活_单位食物脂肪和脂肪酸

		mean value	% daily value	range
protein	grape, red	1.1 g	2%	1.1 g
	pear	843 mg	2%	(0.73 to 0.96) g
	pineapple	891 mg	2%	(874 to 908) mg

图 7-19　日常生活_单位食物蛋白质

		mean value	% daily value	range
vitamin A	grape, red	4.5 μg	0%	4.5 μg
	pear	0.96 μg	0%	(0 to 1.9) μg
	pineapple	5 μg	0%	(4.9 to 5) μg
vitamin C	grape, red	16 mg	27%	16 mg
	pear	7.7 mg	13%	(7.3 to 8.1) mg
	pineapple	67 mg	111%	(28 to 93) mg

图 7-20　日常生活_单位食物维生素

		mean value	% daily value	range
calcium	grape, red	15 mg	2%	15 mg
	pear	12 mg	1%	(7.7 to 17) mg
	pineapple	21 mg	2%	21 mg
iron	grape, red	544 μg	3%	544 μg
	pear	163 μg	1%	(0 to 326) μg
	pineapple	451 μg	3%	(412 to 479) μg

图 7-21　日常生活_单位食物矿物质

		mean value	% daily value	range
cholesterol	grape, red	0 g	0%	
	pear	0 g	0%	
	pineapple	0 g	0%	

图 7-22　日常生活_单位食物胆固醇

mass	grape, red	151 grams
	pear	192 grams
	pineapple	165 grams
serving volume	grape, red	237 mL (milliliters)
	pear	282 mL (milliliters)
	pineapple	237 mL (milliliters)
serving density	grape, red	0.64 g/cm³ (grams per cubic centimeter)
	pear	0.68 g/cm³ (grams per cubic centimeter)
	pineapple	0.7 g/cm³ (grams per cubic centimeter)

图 7-23　日常生活_单位食物物理性质

随着信息技术的迭代更新与可视化形式的丰富，会有很多信息检索可视化系统出现在大众视野中，本节仅介绍了典型应用场景、典型的信息检索可视化系统。

无论是学术知识类检索可视化系统，还是可视化搜索引擎，都是以"信息检索"和"可视化"思想为内核，运用信息检索可视化原理，结合可视化的热点工具或技术，选择最能凸显数据特征的图表形式展现数据、信息、知识或情报的特征，向用户提供最优的信息服务，提升用户体验。

第 8 章 信息检索系统的评价

自计算机信息检索问世以来，对检索系统的研究就一直是一个热门话题。在长期对检索系统的评价实践中，已经形成了一些比较合理的评价指标和评价方法，检索系统评价研究的可行性明显增强。当前，随着信息资源的爆炸性增长，信息检索所扮演的角色越来越重要，检索评价也进一步发展成为一项专门技术。本章主要介绍评价的目的及意义、历史沿革、理论基础、评价步骤及指标，并介绍一些信息检索系统评价实验。

8.1 信息检索系统评价概述

本节对信息检索系统评价的相关基础问题进行阐述，首先简要说明对信息检索系统评价的目的及意义，再从系统评价历史沿革、系统评价的理论基础、系统评价的步骤等几个方面进行展开。

8.1.1 信息检索系统评价的目的及意义

从信息检索系统诞生以来，对检索系统的评价就一直是推动其研究、开发与应用的一种主要力量。概括而言，信息检索系统评价的目的是完善系统功能，全面提高系统效益。通过对信息检索系统各个不同方面的评价，比如资源的收录状况、数据的质量、检索的功能与效率、系统的功能以及检索结果的反馈形式等，可以提高系统资源分布的合理性，找出系统存在的缺陷及其原因，以便加以改进；比较各种检索技术的优劣；有助于新系统的设计；丰富信息检索理论等。换句话说，信息检索系统评价的目的是准确地掌握系统的各种性能和水平，找出影响检索效果的各种因素，以便有的放矢，改进系统的性能，提高系统的服务质量，保持并加强系统在市场上的竞争力。

作为评价活动的一种类型，信息检索系统的评价工作一直是信息检索领域的一项重要研究内容，多年来人们进行了大量的评价试验以及多角度的探索和分析。信息检索系统的评价工作对研究者验证检索系统效益、比较各种检索技术的优劣、改进现有检索系统、开发新的应用程序领域等多方面都发挥着不可替代的作用。另外，作为系统生命周期中一个不可缺少的环节，评价工作也是判断是否对各种使用检索系统实施有效管理的重要依据。

8.1.2 信息检索系统评价的历史沿革

自 20 世纪 50 年代信息检索系统开始进行有计划的评价活动以来，信息检索系统的评价活动经历了一系列的发展，并逐步完善。根据检索评价研究活动及其发展过程中呈现出来的阶段性特点，可以将信息检索评价研究的发展历史分为以下四个阶段。

1. 信息检索系统评价的初期

20 世纪 50 年代初期至 20 世纪 60 年代中期，是信息检索系统评价的初期，在这一阶段信息检索系统的评价开始出现并取得了初步发展。20 世纪 50 年代初期，计算机的信息检索试验获得成功，到 20 世纪 60 年代中期，信息检索处于脱机批处理（off-line batch processing）发展时期，磁带是信息存储的主要载体，检索提问则用穿孔纸带或卡片来表示，检索处理的结果一般不能立即获得，必须等待成批或定期的检索匹配。

据记载，第一项检索评价研究是美国文献公司（Documentation Inc.）于 1953 年进行的，1956 年由 Gull（格尔）提出报告。该项研究主要针对元词系统和 ASTIS（Armed Services Technical Information Agency，美国武装部队技术情报局）编制的字顺主题目录进行评价比较，并根据以这两种方法标引的 15 000 篇文献以及 ASTIS 用户的 98 个问题进行了试验。实验结果并没有形成定论，既没有把检出的文献交给实际提问者进行评估；同时，对文献与提问的相关性判定，评价者自身也没有取得一致意见。1954 年，C. W. Cleverdon（克莱弗顿）和 R. G. Thorne（索恩）对元词索引进行了一项小型试验。虽然该项研究没有取得具体的成果和特别的结论，但它对随后进行的一项非常重要的评价研究奠定了基础。这一时期的其他评价研究活动还有 1960 年 Swanson（斯旺森）进行的常规主题标引与计算机全文检索的比较报告，他的研究以 100 篇核心物理方面的文献以及 50 个问题为基础；另外，荷兰国防部的研究人员 Schuller（舒勒）在同一选择中对单元词系统与 UDC 系统的效率进行比较试验，试验结果是在这两个系统之间并没有发现重大的性能差别。

可以说，第一阶段的检索评价研究工作主要集中在对各种检索语言和标引方法的比较和评测上，所取得的研究成果主要反映在 Cranfield（克兰菲尔德）项目中。前后两期、历时近 10 年的 Cranfield 检索评价试验，初步摸索、提出并形成了一套检索性能评价的指标体系，为后来的相关研究工作奠定了方法论基础。

2. 信息检索系统评价的发展阶段

信息检索系统评价的发展阶段主要集中在 20 世纪 60 年代中期至 20 世纪 70 年代中期。20 世纪 60 年代中期以后，信息检索开始进入联机实时（on-line real time）检索时期，信息检索中心的主机开始借助于电话线与远距离终端相连，用户通过检索终端与系统进行人机对话，并且可以在检索屏幕上迅速浏览到检索结果。这一时期诞生了一批影响深远的联机检索服务系统，例如美国的 Dialog 系统（1972 年）、ORBIT 系统（1973 年）和 BRS 系统（1977 年），欧洲航天研究组织（European Space Research Organization，ESRO）的欧洲航天局信息检索服务（Europe space agency information retrieval system，ESA/IRS）

系统（1973 年）等。

这一阶段检索评价的研究对象主要集中于实用或试验性检索系统。著名的评价研究项目有 F. W. Lancaster（兰开斯特）等主持的 MEDLARS 系统（MEDical literature analysis and retrieval system，医学文献分析与检索系统）评价（1966~1968 年）、Salton 领导的 SMART（system for the mechanical analysis and retrieval of text，文本自动分析与检索系统）系统评价研究（1968 年）、P. Leggate（莱盖特）等对 SDI（selective dissemination of information，定题服务）的评价（1970~1972 年），以及凯斯西储大学（Case Western Reserve University）系统比较实验室进行的检索实验和评价研究等。SMART 研究计划的名称为"文本自动分析与检索系统"，其研究结果表明就检索性能而言，文摘好于篇名，但全文好于文摘未能得到证实，计算机处理明显好过人工处理。MEDLARS 项目评价了美国国家医学图书馆建立的"医学文献分析与检索系统"，这是在运行系统上进行的一个大型评价研究。

与初级阶段相比，这一时期的检索评价活动取得了很大的进步，主要表现在不仅评价对象有所转移和扩展，而且在评价试验设计水平上也有了明显的提高，评价指标较以往更为合理、完善，并且新增加了新颖率、费用效益等评价指标。另外，在评价方法上也更趋于多样化。

3. 信息检索系统评价的辉煌发展阶段

从 20 世纪 70 年代中期，随着信息技术的飞速发展，信息检索进入了一个辉煌的发展时期——网络化与多元化检索时期，这一发展时期一直持续到 20 世纪 90 年代初。此时的联机检索系统利用世界上主要的数据通信网，已发展成为国际性的联机检索系统，联机网络和检索服务市场逐渐从北美地区和欧洲扩展到世界各地。另外，随着 PC 机的出现和光盘的应用，检索服务行业竞争加剧，呈现出多元化的发展趋势。

在 20 世纪 80 年代中期以前，检索系统的评价研究主要集中在联机检索系统方面，并提出了一些有关联机系统的检索语言、数据库、检索软件、检索费用等方面的评价指标；而在 20 世纪 80 年代中期以后，新出现的光盘检索系统等开始进入评价指标的范围。除此以外，最重要的变化是评价研究的重点逐渐从系统方面转移到检索者方面，即开始注重研究检索用户的特性与检索成功率之间的关系。

至此，"以用户为中心"的观念逐渐影响并实际应用到检索评价活动中来，长期以来一直占据评价研究主要地位的 Cranfield 评价模式也不断被研究人员反思和质疑。在此基础上，如何摆脱 Cranfield 模式基于实验室环境的封闭式评价，将真实的检索用户引入并让他们参与到检索评价过程中来，创建一些面对用户的检索评价指标，成为这一时期乃至未来相当长时间内检索评价研究工作面临的主要挑战和急需解决的问题。这一阶段出现的检索评价活动以 IBM 公司对大型全文信息检索系统开展的评价活动 STAIRS 为代表。

4. 信息检索系统评价的完善阶段

20 世纪 90 年代初期到现在的 TREC 时代，从总体上看，检索评价研究的范围在不断扩大、评价水平不断提高、评价指标体系也日趋合理和完善。但是，已有的检索评价活动还是存在着一些缺陷和问题，主要表现在检索评价项目多是为了个别的测试计划而设计，并且是分散进行的，彼此之间各有不同的测试对象和评价规则；使用的试验数据量较小，其规模及特性与真实的检索环境之间存在着相当大的差异；等等。这样的评价研究造成评价结果的可比性差，其有效性也受到许多质疑，因而很难证明其实用价值。

如何解决检索评价研究中存在的这些问题？建立一个共同的、一致性的评价平台（或环境）势在必行，而 TREC 的出现无疑顺应了这样的研究要求。TREC 是一项致力于对文本信息检索技术进行大规模评价研究的试验活动。作为国际文本检索领域最具权威性的一项年度测评活动，TREC 的参与者不仅必须拥有自己研究、开发的检索系统，而且必须使用由 TREC 主办方提供的统一测试语料库和检索提问，在自己的检索系统上进行试验，最后通过提交试验结果数据，由主办方统一进行检索系统的性能评价和排名。

TREC 检索评价的研究有效克服了以往评价研究中的诸多缺陷，多年的实践和事实也进一步证明，TREC 活动为理论检索模型和试验检索系统提供了公平、定量以及具有实用价值的性能评价机会。随着 TREC 活动的持续进行，不仅让可供评价研究的测试项目越来越丰富，而且吸引了越来越多国家和地区的研究人员及开发设计的检索系统的积极参与，这在很大程度上促进了对信息检索系统评价的完善。

除 TREC 外，在检索系统评价研究新时期，研究人员对其他的信息检索系统也有很大关注。随着各个检索评价试验的不断发展与完善，信息检索系统的评价也将不断发展、完善。

8.1.3 信息检索系统评价的理论基础

在对信息检索系统进行评价的时候必须依据一定的理论，信息检索的相关性（relevance）理论就是信息检索系统评价的理论基础，我们通常认为，数据检索是"确定性"的，信息检索是"相关性"的。对于信息检索来说，检索系统并不直接解答用户所提出的问题，只提供与之"相关"的文档资料。从检索系统的设计、检索算法的研制，到用户对检索结果的判断以及检索效果的评价，几乎所有环节都离不开"相关"，因而信息检索系统评价是以相关性为理论基础的。

那么，什么是相关性？相关性概念的本质特征是什么？相关性判断标准有哪些？其影响因素又有哪些呢？下面我们对这些问题逐一进行分析。

1. 相关性的基本含义

英国 Lancaster 提出的"相关性是两个集合中两个实体之间的关系"这一观点已经成为学术界的共识。相关性是信息检索中一个非常基本的概念，这一概念的使用在各类研究文献中也是随处可见。简单地说，信息检索的相关性主要是指检索系统针对用户的信息需求从文档集合中检索出的文档与用户需求之间的一种匹配关系。当然，这只是对相关性概念的一种粗泛描述。对相关性概念的讨论，可以追溯到 20 世纪 50 年代末，但直到现在，人们还是难以给相关性下一个公认的、全面性的定义。不过，在 60 多年的研究过程中，研究人员对相关性概念的本质有了越来越多的认识和理解，并在一定程度上形成了某些共识，这些共识集中反映在对相关性概念以下本质特征的确认上。

（1）关系（relation）。关系是相关性最核心的本质特性。虽然传统的观点认为"相关"是对系统与用户之间连接有效性的判断，但新的研究观点则认为，它是对信息与用户需求之间关系性质的判断。

（2）直觉的（intuitive）。Saracevic（萨拉切维奇）于 1996 年提出"没有人能够想到信息检索系统的用户解释相关性是什么，尽管他们总是努力去寻找相关的信息。用户靠直觉来理解相关性"。的确，正如集合论中认为"集合"概念有直觉性一样，信息检索中的相关性也具有直觉性。对任何学科而言，要给某个直觉概念下精确定义都是很困难的，而且无论何种定义都会存在商榷的余地。

（3）多维的（multidimensional）。相关性是一个多维的认知概念。首先，相关性概念涉及多个不同维度的匹配要素，如匹配双方、匹配动因、匹配标准、匹配环境等；其次，相关性判断存在着一个由简单到复杂、不同层次的相关匹配水平，例如形式相关、语义相关、语用相关等。事实上，相关性概念不是单一的，而是包含了成族的各种各样的相关性。

（4）动态的（dynamical）。相关性的动态特性是非常明显的。经验表明，受用户的知识水平、检索经验、信息需求的动机、情景及任务等众多因素的影响，对于同一批文档不同用户基于同一检索提问，通常会做出不同的相关性判断；即使是同一用户，随时间、地点、自身知识状态的变化，对同一检索系统输出的有关同一提问的结果文档，其相关性判断结果也会有一定的差异。另外，文档之间的关联和相互依赖，也会影响到它们的相关性判断；对先阅看的文档的相关性判断可能会影响到对后面其他文献的相关性判断。如此种种情形，无不体现出相关性的动态性、不确定性。

目前，对相关性概念的讨论仍在进行中，很多著名的学者针对自己的研究体会，表述了对这一重要的概念的研究认识和总结。

（1）Saracevic 在 1975 年提出"目前，我们对相关性的认识已经比第二次世界大战刚结束时的认识更好、更清楚、更深入，也更宽泛了。但是我们在这个问题上仍然有一段很长的路要走"。

（2）Schamber（沙姆伯）在 1990 年提出"我们认为，对相关性的定义是信息科学领域里面的一个最激动人心但也最具有挑战性的问题，它的解决过程将一直延续到 21 世纪"。

（3）Schamber 在 1994 年提出"相关性是理解人类信息行为的一个必要成分，我们应该鼓励各种观点之间致力于达成共识，而不要被分歧所吓倒。相关性问题为我们提供了一个困难的、容易引起争议的，同时也是非常丰富的相关研究领域"。

从这些表述中不难看出，相关性作为信息检索的一个基本概念和理论基石，对相关性问题深入研究和认识的重要性和艰巨性。

2. 相关性判断的标准

相关性判断是指信息检索中判断者在某一时刻对某种相关性的一种赋值操作。目前，主要存在以下三种不同的相关性判断标准。

（1）二元的判断标准（binary measure）。二值相关性判断标准是一种最简单的评价判断模式，目前检索性能评价研究基本上建立在二值相关性判断标准的基础之上，即

1　相关文献——接受；

0　不相关文献——放弃。

（2）多元的判断标准（n-ary measure）。若以 $n=5$ 为例，则有

4　definitely relevant（绝对相关）；

3　probably relevant（可能相关）；

2　barely relevant，neutral，or not judged（中立或没有判断）；

1　probably not relevant（可能不相关）；

0　definitely not relevant（绝对不相关）。

（3）多维的判断标准。这里介绍意大利学者米扎罗（Mizzaro）提出的一个四维相关性模型来说明多维相关性判断问题，模型中的四个维度如下。

第 1 维：信息资源。

$$InfRes=\{Surrogate, Document, Information\}$$

其中，

Surrogate（替代物）——文献的某种逻辑表示或片段；

Document（文档）——系统用户在信息查询过程中获得的物理实体；

Information（信息）——阅读文献过程中用户接受或者说创造出来的东西（非物理实体）。

以上三个元素还具有以下排列顺序：

$$Surrogate<Document< Information$$

第 2 维：用户需求。

$$Repr=\{RIN, PIN, Request, Query\}$$

其中，

RIN——用户真正的信息需求（real information need）；

PIN——被感知到的信息需求（perceived information need）；

Request——用自然语言表达出来的信息需求；

Query——所提交的检索表达式。

第 3 维：时间。

时间维是指从用户的 RIN 产生到它被满足期间的一些时间点的集合，具体可以表示为

$$Time=\{t(rin0), t(pin0), t(r0), t(q0), t(r1), t(q1),\cdots, t(pink),\cdots, t(rm),\cdots, t(qn)\}$$

第 4 维：组件（components）。

组件维是进行相关性匹配的一些标准或准则，其内容主要由前两维中的实体分解而得到，具体包括：

Topic——用户感兴趣的主题领域；

Task——用户执行文档检索活动的任务；

Context——不能包括在 Topic 和 Task 中的其他所有内容。

因此，组件集合 Comp 可以定义为

Comp=P(Topic, Task, Context)—Φ

={{Topic}, {Task}, {Context}, {Topic, Task}, {Topic, Context}, {Task, Context}, {Topic, Task, Context}}

3. 相关性的不确定性表现[①]

尽管众多学者研究相关性的视角不尽相同，但是目前学术界对相关性研究已基本达成如下共识，即相关性具有系统性、主观性、认知性、情境性、多维性、动态性等。显然，这些性质都是相关性的不确定性表现。在此，我们不打算从这些性质出发一一列举其不确定性表现，而是结合信息检索过程中所体现出来的不同相关性来阐述相关性的不确定性。

将信息检索过程中的主要实体大致分为系统、中介、信息和用户。从本质上来说，信息检索是检索过程中所涉及的各个实体之间，甚至是实体内部的各种事物、状态、信息等的匹配（图 8-1）。

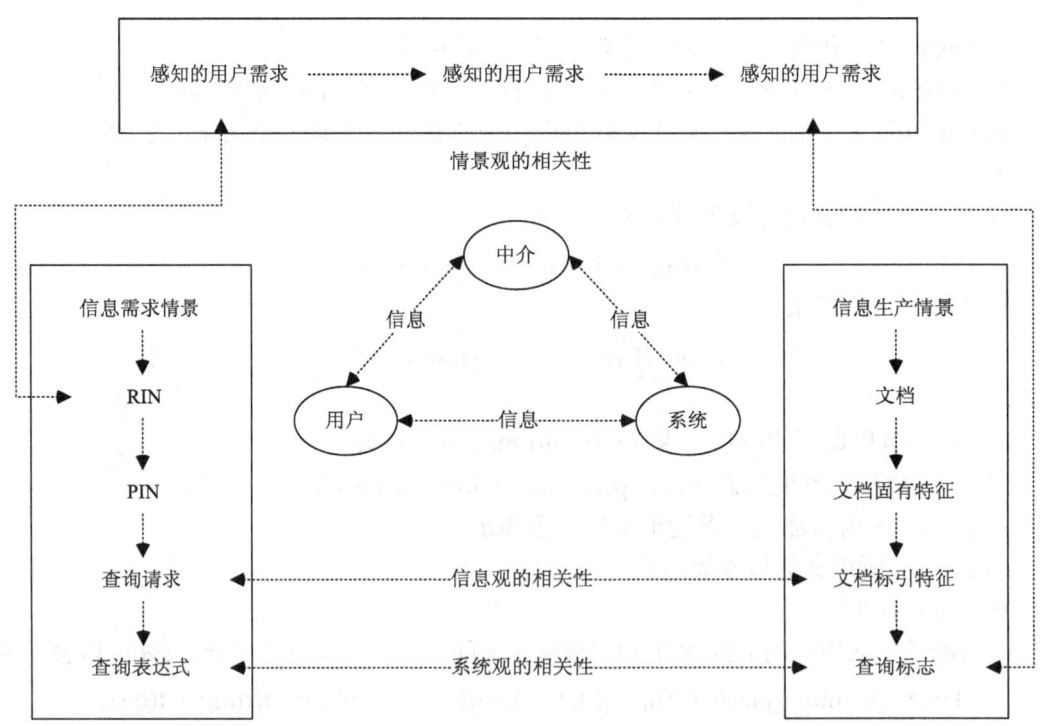

图 8-1　信息检索过程中各相关性观点及不确定性表现

---

① 王知津，卞丹，王文爽. 信息检索中"相关性"的概念、类型及其不确定性[J]. 山东图书馆学刊，2011，（1）：1-5.

图 8-1 的中心部分包含信息检索过程中所涉及的四个主要实体，分别是系统、中介、用户和信息，其中信息贯穿于整个检索过程。图中双向虚线箭头表示的是各实体之间的匹配类型，三个方框表示的是每个单一实体的内部运作情况，方框内单向虚线箭头表示的是实体内部的各种匹配。

4. 相关性的影响因素

（1）信息源。信息源即用户所需要的对象，包括文档、文档的表示、信息。文档是检索系统检出结果的实体；文档的表示包括主题、关键词集、作者姓名等结构化的信息；信息指用户在阅读已经被检索的文档时所获得的非实体性的东西。

信息检索系统的开发人员对原始信息源进行加工，提取出标题、关键词、文摘等信息，以供匹配过程中比较使用，因此实际被检索的对象是进行了二次加工的文献表示形式。它们是信息检索的对象，对人的相关性判断有直接影响。我们比较题名、题录、文摘和全文对相关性判断的不同影响，分析文献风格、内容专指性与相关性判断的联系，发现文献的主题内容是影响相关性判断的最重要的因素。文献内容越具体越有利于相关性判断。对同一文献分别根据其题名、题录、文摘、全文来判断与特定提问的相关性，判断的结果有差异。

（2）信息需求的表示。信息需求的表示分四个层次，分别为真正的信息需求、感觉到的信息需求、查询请求、查询表达，它们的关系是：真正的信息需求＞感觉到的信息需求＞查询请求＞查询表达。

也就是说，用户不一定意识到自己实际上想查询什么信息（真正的信息需求），他所表达出来的需求，即查询请求也可能与真正的需求或感觉到的需求有一段距离。由于查询表达式只是这种表达出来的需求的形式化表示，也许与前三者都可能存在差异，这种差异自然令搜索引擎最终难以表达出真正使用户满意的查全率和查准率。

信息需求表示往往通过用户提问表现出来，提问促使文献作为答案输出。提问的专指性、用户判断者在不同研究阶段的知识状态以及提问的措辞等方面对判断均有影响。对提问本身了解越多，对提问与答案的推断越深，判断的一致性就越高。提问文本与相关文献文本间似乎存在着较多的相似性和关联性，而在提问与非相关性文献文本之间却未发现这种相似性。此外，用户判断者对提问本身知道得越少，判断文献为相关的倾向性就越大。

用户心中希望查找的信息或者希望解决的问题，经过用户选择一定的词语表示，之后又将转化为系统语言的表示。经过这样一个处理过程，真正进行匹配的是系统语言构造的表达式与文献表示之间的匹配，两者匹配程度称为"查询相关度"，这一指标受到检索系统性能以及信息加工过程中对信息表示工作质量高低两方面的限制。因此这种相关度实际上并不能代表信息实体与用户真实潜在需求的相关性，同样这样的相关性不能令检索系统真正表达满意的查全率和查准率。

（3）时间与环境。特定文档相对于某一查询来说，有可能在某个时刻是相关的，但在另外某一时刻又可能是不相关的，这充分说明了相关性的动态性。它主要表现于人的主观判断，即用户在判断时的知识状态等主观因素往往影响着判断结果。由于用户拥有的知识及其感觉到的信息需求都会随着时间推移而变化,因此他对文档相关性的判断必然不是恒定不变的。一些实验表明,实验条件的变化可能导致判断的变化,不同的检索行为在主题、任务和情景方面都会呈现出差异。相关性判断的直接意义是被检索出的文档是否"满足需求",判断的结果往往以是否"成功""满足需要""完成检索任务"为标准。例如,判断环境中的压力,时间紧迫感越大,会导致将文档判断为相关的概率越大。

(4) 判断表达方式。在检索过程中,系统和用户对被检索文献的相关性评估有三种不同的相关性判断方式,即形式相关、语义相关、语用相关。形式相关评估由系统硬件和软件完成,只考虑检索词或提问与文献标识在形式(包括词形、句法)上是否匹配,若匹配则作为命中文献输出。语义相关评估要考虑命中文献与用户信息问题之间在语义或内容上是否匹配,若匹配则是相关文献,这种评估一般由检索中介完成。语用相关评估要考虑命中的相关文献是否有实用价值(如新颖性、内容深度等),它最终只能由用户完成。

(5) 用户判断者的特性。随着检索系统日益广泛的应用,特别是由于近几年来互联网络的急剧发展,研究者投向用户的目光越来越多,人们开始更多地思索人机交互过程中人的因素,得出用户的认知过程与信息需求的用户角度相关的结果。系统要达到真正"领会"用户要提交的查询所表达的真正需求,很大程度上取决于判断者的教育程度,特别是专业教育水平和身份。判断者的专业知识越高深,相关性判断的一致性就越好。据统计,高级专业人员的判断一致程度为0.55~0.75,信息检索者为0.45~0.60;专业知识越少,相关性判断的标准就越宽松,非专业人员如信息检索者倾向于赋予较多的相关性比例。文献信息利用目的的不同,会产生判断差异;判断相关不同于判断非相关,判断相关的一致率低于判断非相关。相关性是一个多维的认知概念,它的含义依赖于检索系统和检索者对信息需求的感知和理解;它又是一个动态概念,依赖于检索者或最终用户在某一时空上对信息集合与信息需求之间关系的实质判断。

8.1.4 信息检索系统评价的步骤

任何评价工作都依据一定的步骤和过程,对信息检索系统的评价也不例外。一项完整的检索系统的评价过程一般是分为以下四个步骤来进行的。

1. 确定系统评价对象及目的

评价工作一般针对特定的对象而进行,因此开展一项评价工作首先需要明确评价的对象、范围和目的,以便据此制定相应的评价方案及指标体系。

对于检索系统的评价来说,评价委托人(一般是检索系统管理者或评价项目资助者)要通过一定的方式明确告知或确认本次检索评价的目的和范围等信息。例如,评价的目的是检测检索系统的性能还是费用/效果水平?或者是检验某种假设与某种算法效率?评价范围是多个系统、一个系统或者是其中的某些子系统?是全面性评价还是局部性评价?等等。

2. 选择系统评价方式

检索评价研究可以通过多种不同的方式来进行。例如，针对试验性系统采用的实验室受控试验评价法；针对实用系统采用的问卷调查法、调查分析法等。一般地，在实验室中采取模拟仿真的方法来测定系统性能，评价结果的可信度主要取决于系统仿真的水平，失误原因与性能指标之间的因果关系较易判断；而选择面向运营中的实用系统进行评价，由于不可控的因素较多，评价难度大，但评价的可信度和实用价值也可能较大。

在具体选择评价方式时，要注意考虑不同方式所需要的评价经费、时间要求和环境限制等因素。

3. 制定系统评价方案

这是评价工作成功的关键所在。在制定或设计评价方案时，主要需要考虑的问题有需要获取哪些数据、设定与选择哪些变量、采用哪些评价指标、采用什么方法去获取有关检索系统的定性描述和定量描述、使用何种工具（或软件）分析各种性能与特定数据（或变量）之间的关系等。

评价方案的制定必须确保评价结果能准确反映检索系统的性能或满足评价项目的预期目标。

4. 实施系统评价方案

评价方案经过充分论证并得到认可后，即可进入方案的具体实施阶段。下面以检索试验评价法为例，介绍其实施过程。

（1）抽样。选取供试验用的语料（或数据）集合和提问集合。样本可以来自实用系统，也可以是纯试验性和模拟性的。抽样方法要科学。

（2）测试。由试验者根据给定样本进行检索和查询，并得到相应的检索结果。为利于评价和比较，测试操作可以在不同时间、使用不同的检索策略重复进行。

（3）评价数据的收集和记录。可预先设计出一定的表格来记录测试数据，以方便后来的数据处理和分析。数据记录要真实、全面、完整。当测试数据量非常大时，可以考虑只收集与试验目的相关的主要数据。

（4）数据处理与分析。收集和记录下来的测试数据需要进行认真的整理和分析，以便形成有效的评价认识。一方面，需要对各种原始数据进行整理，计算或推算出有关评价对象的各种性能数据，例如查全率、查准率、新颖率等；另一方面，还可以用坐标图或列表法等方式来表示评价结果，例如查准率-查全率曲线图就可以非常直观地反映系统检索性能的变化情况。

需要注意的是，不同的数据形式适用于不同的处理方法。例如，对于代码数据，可以使用某种统计分析法或推理法；对于自然语言数据，则可使用描述性方法，或者进行必要的编码和分类后，再使用统计分析法。

（5）评价结果生成评价。研究的最后步骤是对本次评价活动进行认真的总结和分析，具体包括评价结果的解析、评价方案存在的问题与失误、评价报告的撰写、对评价对象的优化或改进建议等。

8.2 信息检索系统的评价指标

对任何对象或事物进行评价都需要有一套合理、有效的评价标准，标准中涉及的各项指标也必须定义明确，并且最好能够量化或计量，使其具有较强的可操作性。从广义上讲，信息检索系统的评价具有不同的评价研究类型：功能分析（functional analysis）、检索效益评价（benefits evaluation）和检索性能评价（performance evaluation）。功能测试与分析主要侧重于关注测试系统的软件功能是否存在错误与缺陷、是否符合预期的设计目标，该项评价往往不具备具体的评价标准，难以计量。检索效益评价主要用来测定检索系统提供的服务或系统本身投入使用所获得的效益（包括经济效益和社会效益），效益评价往往很难或不能直接计量，并且具有某种潜在、滞后和不确定性，因此具体的评价工作难度较大。一般对信息检索系统进行评价时都不将这两种评价纳入主要评价范围。

衡量系统检索效果的两个最基本、最经典的指标是查全率和查准率，查全率和查准率的概念最早由 Perry（佩里）和 Kent（肯特）在 1955 年提出，查全率是指结果集中的相关文档在系统总相关文档中占的比例，而查准率是指结果集中相关文档在系统所有文档中占的比例。除此以外，20 世纪 90 年代以来，针对不同的环境和评价目标，在查全率和查准率的基础上派生出了一系列评价指标。

信息检索系统的评价主要从其性能评价着手，它是各种评价研究的重点与核心。本节主要围绕性能评价问题，从三种不同角度介绍一些比较常用或是有效的检索系统评价指标。

8.2.1 系统角度的性能评价指标

从系统角度来考察检索系统的评价通常是以相关性为标准的。系统角度的相关性（system-oriented relevance）是把信息检索定位成一种单方向的信息处理过程，系统根据用户的提问输出检索结果，用户是信息的接收者。这种理解把相关性看作系统方面的属性，用户提出的查询请求只是被拿来与已确定的文档相比较，二者之间匹配、比较的主要标准就是文档内容与提问的"主题性"。系统相关性是对复杂的相关性概念采取的一种简化处理，只有做出这种简化，信息检索及其评价才能在一种相对"客观"的相关性标准下顺利进行。相应地，评价指标也比较容易观察或测度。在系统角度的性能评价指标中，最著名的指标主要派生于表 8-1 所示的检索系统性能评价用 2×2 表。以下将具体介绍系统角度的性能评价指标。

表 8-1 检索系统性能评价用 2×2 表

分类	相关文献	不相关文献	总计
被检出文献	a	b	$a+b$
未检出文献	c	d	$c+d$
总计	$a+c$	$b+d$	$a+b+c+d$

1. 表派生的指标及算法

1）查全率和查准率

查全率（recall ratio，R）是衡量系统在实施某一检索作业时检出相关文献能力的一种测度指标，其计算方法为

$$R=检出的相关文献量/检索系统中的相关文献总量=a/(a+c) \qquad (8\text{-}1)$$

注意，由于在系统的数据库中，针对某一提问的全部相关文献数量不能精确获知，所以 R 的计算结果一般都是近似值。

查准率（precision ratio，P）是衡量系统在实施某一检索作业时检索精确度的一种测度指标，其计算方法为

$$P=检出的相关文献量/检出的文献总量=a/(a+b) \qquad (8\text{-}2)$$

查全率和查准率作为检索系统性能评价中的两个重要而经典的指标，它们结合起来共同描述了系统的检索成功率。

2）非相关检出率和囊括值

非相关检出率和囊括值是研究人员根据 2×2 表派生出来的另外两个评价指标。

非相关检出率（fallout ratio，F）主要用来衡量检索系统对非相关文献的检出比率，其计算方法为

$$F=检出的非相关文献/检索系统中的非相关文献总量=b/(b+d) \qquad (8\text{-}3)$$

囊括值（generality，G）用来表示与某一提问相关的文献在系统文献集合中的分布密度，其计算方法为

$$G=检索系统中的相关文献总量/检索系统中的文献总量=(a+c)/(a+b+c+d) \qquad (8\text{-}4)$$

2×2 表中所形成的上述四个评价指标相互之间存在着以下关系：

$$RG(1-P) = FP(1-G) \qquad (8\text{-}5)$$

这意味着，其中的任何一个指标都可以用其余的三个指标来表示，例如

$$P = RG/(RG+(1-G)\ F) \qquad (8\text{-}6)$$

$$R = (1-G)\ FP/(1-P)\ G \qquad (8\text{-}7)$$

3）漏检率和误检率

2×2 表还派生了另外两个评价指标，即漏检率（omission ratio）和误检率（error ratio，也叫检索噪声，noise factor），它们的计算方法分别是

$$\text{Omission}=未检出的相关文献量/检索系统中的相关文献总量=c/(a+c) \qquad (8\text{-}8)$$

$$\text{Error}=检出的非相关文献量/检出的文献总量=b/(a+b) \qquad (8\text{-}9)$$

显然，漏检率、误检率与查全率、查准率之间存在以下关系：

$$\text{Recall}+\text{Omission} = 1 \qquad (8\text{-}10)$$

$$\text{Precision} + \text{Error} = 1 \qquad (8\text{-}11)$$

事实上，查全率和查准率指标的使用隐含着一个主要的前提条件：一般用户都期望检索出大量的相关性文献（即得到高的查全率），而同时又尽量拒绝大量的不相关的文献

（即高的查准率）。

2. 查全率和查准率的互逆关系

查全率和查准率之间具有密切的关系，即互逆关系反映了某一检索结果集合的不同方面的特性。美国学者 Cleverdon 在他著名的 Cranfield I 试验中首次将查全率与查准率作为信息检索系统效率的评价指标，又在他的 Cranfield II 试验中发现了查全率与查准率之间的互逆关系。由此，查全率与查准率之间究竟是互逆关系还是互顺关系在情报界引起了广泛的研究与争鸣，到目前为止仍没有一个统一的结论或者有说服力的理论，但多数研究仍倾向于互逆关系的结果。

从查全率与查准率的定义上很难推出两者的变化关系，但从感性角度，许多实例证明了两者的互逆关系。一般说来当选用比较精确和专指的词作为检索词时，所检出的数据信息往往比较符合检索需求，但数量有限，使检索者担心有许多数据被过滤掉了。当扩大检索范围，选用广义的词做检索词时，准确率会大大降低，检索结果会很庞大，使检索者不得不再次进行人工筛选。

现今，二者之间的互逆趋势越来越明显。一方面是学者对查全率与查准率关系的讨论日趋激烈；另一方面则是两者无法同时优化给数据库建设带来了相当大的困难。随着计算机和网络的推广普及以及人们对网上资源的需求日益增长，网上数据库建设蓬勃兴起并发展，数据库建得越来越大、越来越全，大家都想以大而全说明自己的实力，吸引更多的用户，组织大量数据已不成问题，但检索效果成了数据库发展的瓶颈。数据库越大越全，相对于某主题的数据集合所占的比例就越小，查全率与查准率都会受到影响。一般是查全率上升了而查准率却大大下降。很常见的一种现象就是，联机检索的一次检索会输出几百或上千条数据信息，也就是说检出的不相关数据量的值会很大，常常超出检索者可以忍受的范围，使检索者不得不放弃该次检索。这样将降低数据库的有效使用率，也给检索者带来了许多烦恼。

现实中，在检索系统无法达到理想的状态上，检索者一般比较强调一方面，而对另一面要求很低。例如，进行专利检索或者申报科研项目时就要求高度的查全率，以避免不必要的人力、物力浪费；或者当某位学者要写一本专著、一篇综述或着手一项长期研究计划时，他需要这一领域所有的信息资源，这时他会花大量时间从检索结果中去粗取精，去伪存真，查全率是他首先要考虑的。反过来，如果时间很紧，比如近期的会议需要某一领域最新动态的一些情况，或需要某类产品的大致描述，这时检索者要求只要有相关资料就可以，不必太多，因此查准率成为较重要的测度。有的检索者则需要取中，他们需要在比较全的基础上接受一种"合理"的查准率。不同用户对查全率与查准率的要求不同，人们往往采用扩大和缩小检索范围来调节两者关系，以满足不同的需求。

3. 查全率和查准率的替代性指标

目前，评价试验在 R 和 P 的基础上经常采用的一种方法是将 R 和 P 结合在一起形成某种单一指标或平均指标，以对它们进行替代。常见的查全率和查准率的替代性指标主要如下。

1）平均查全率和平均查准率

平均查全率（average recall）和平均查准率（average precision）的具体计算方法有 3 点平均值计算和 11 点平均值计算两种方式。其中 3 点平均值计算方法是选择查准率值分别为(0.25, 0.50, 0.75)或(0.2, 0.5, 0.8)时，对这 3 点上的查全率值求平均；11 点平均值计算方法是将计算平均值的点扩展为(0.0, 0.1, 0.2,…, 0.9, 1.0)等 11 个，其方法与 3 点平均值的求法相同。后面将介绍到的著名的 TREC 评价试验就是采用 11 点平均值的指标计算方法。

2）调和平均数 F

调和平均数 F（the harmonic mean F）的计算公式为

$$F = 2/(1/R + 1/P) \tag{8-12}$$

由式（8-12）计算出来的 F 值，其取值区间一般为[0,1]。

3）E 测度指标

E 测度指标（the E measure）的计算公式为

$$E = 1 - (1+b)/(b/R + 1/P) \tag{8-13}$$

其中，b 表示参数，用以反映或调整 R 和 P 的相对重要性。注意：当 $b=1$ 时，$E=1-F$；当 $b>1$ 时，意味着 P 的重要性要大于 R；当 $b<1$ 时，意味着 R 的重要性要大于 P。

4. 影响查全率与查准率的因素

查全率与查准率的变化关系是一个相当复杂的课题，不仅因为两者本身的关系不确定，而且研究中会发现许多影响因素，这些影响因素也存在诸多不确定性。其影响因素表现在如下几个方面。

（1）相对值的影响。对于某个数据库的某次特定检索纯属一次随机事件，从哲学上讲就是"偶然性"，没有人可以准确预言检索结果的查全率与查准率。一个性能很强的系统出现失误或一个性能较差的系统表现出色一次都是有可能的。我们研究查全率与查准率的关系，只是作为一种普遍意义上的规律来研究。我们要做大量的统计，经过整理分析，得出统计的平均结果作为建立数学模型的基本依据。因此这是相对值的研究，其本身就具有一定的不确定性，其结论也不能是绝对的。

（2）检索方式的影响。检索方式有委托检索与非委托检索之分。委托检索是指检索者向检索专业人员提出提问，由检索专业人员操作系统进行检索，然后将检索结果传递给检索者；非委托检索是指由检索者亲自使用检索系统进行的检索活动。两种方式各有利弊，用户更清楚自己的检索主题和具有更多的专业知识，检索员更熟悉检索系统的指令和运作情况。采用的方式不同，其查全率与查准率受到的影响因素也不同。

（3）时限的影响。研究查全率与查准率的关系时还要考虑时限的限制，要在时限相等的范围内取样。例如，就两个系统的检索效果进行评价，就某一主题分别检索两个数据库，其中一个查全率很低，只检出 5 篇相关文献，远远达不到检索者的要求，检索效果不好；另一个的查全率很高，共检出 100 篇文献，但经检索者判别，其中有 70 篇不符合要求，检索者又为此额外花掉半小时分辨这些"垃圾"。那么评价检索效果时要将这"半小时"的时间因素考虑进去，不能单单用 5/30 来评判查全率与查准率的高低。

（4）检索过程中的影响因素。数据库中数据信息的组织和标引的科学程度也会影响查全率与查准率。标引得越深，需要与之匹配的检索词越专指，这样查准率可能会升高；而标引词使用得越多，入口就越多，这样查全率可能会升高。同样，检索时检索策略的组织、检索者对被检主题的理解程度、检索者的词语转换能力都会得到不同的检索结果，成为我们定量研究中的不确定因素。此外，检索系统的构成模型和检索过程的逻辑化都使数据库性能有所不同。综上所述，在对数据库的查全率与查准率的研究中存在许多的前提，而这些前提包含着多种不确定性。

5. 查全率与查准率的适用性

目前，查全率与查准率已经广泛地应用于评价检索算法的性能。然而，随着研究的深入，我们也发现了这两种测度的一些问题。第一，查询最大查全率的合理性估计一般需要了解集合中的所有文献，对于大型的文献集来说，是无法对查全率进行准确的估计的。第二，查全率和查准率是相互关联的测度，它们评价检出文献的不同方面，在很多情况下，把查全率和查准率结合在一起形成单个的测度可能更适合些。第三，查全率、查准率测度的是批处理模式下查询集合的性能。但对于现代信息检索系统来说，交互性（而非批处理）是检索过程的一个重要特征。因此，那些量化检索过程信息性（informativeness）的指标可能会更适合。第四，当对检索到的文献进行线性排序时，查全率、查准率的计算会比较容易。可是对于那些并不需要排序的系统来说，查全率和查准率可能就不能充分满足要求了。

8.2.2 用户角度的性能评价指标

随着检索系统日益广泛地运用，各类检索模式越来越由专家模式向最终用户检索模式转换，检索评价研究开始更多地思考相关性判断中人的因素和影响。事实上，信息检索不应是一个单向的处理过程，而是一个不断迭代、交互的人机对话过程。在检索性能评价过程中，脱离用户谈相关是不现实的。一篇检出文档是否具有相关性，很大程度上取决于用户的主观判断，往往涉及用户的知识状态、待处理（解决）的问题、任务及所处的情境或者用户的目标、动机等众多因素。用户角度的性能评价对检索结果的评价非常关键且不可缺少，那么用户角度的性能评价指标主要包括哪些呢？以下的一些面向用户角度性能评价指标是研究人员在最近的研究中提出的，其中有些指标还比较模糊，如何规范其含义并进行测评尚需完善。

1. 涵盖率

假定对于某一特定的用户检索请求，系统中存在一个与其相关的文档集合，这里不妨用 R 来表示。若执行这个检索请求，在检索系统中会得到一个实际的命中结果集合，该集合考虑用 A 来表示。通常情况下，R 和 A 是相交的，二者关系如图 8-2 所示。进一步地，若用 U 来表示用户检索前已知与自己检索请求相关的文档集合，则 U 为 R 的子集合，图中用矩形框表示。在此基础上，令 $R_k = A \cap U$（A 与 U 的交集），代表已经检索出的、用户以前已知的相关文档集合；$R_u = (A \cap R) - R_k$，$A \cap R$ 表示检索出的所有相关文档，因此 R_u 表示已经检索出的、用户以前未知的相关文档集合，如图 8-2 所示。

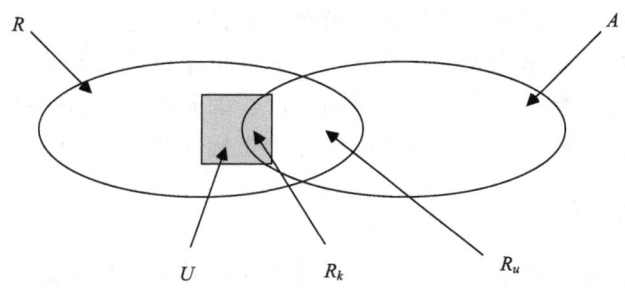

图 8-2　文档集合 R、A、U、R_k 和 R_u 之间的关系图

根据图 8-2 所表示的集合关系，涵盖率（coverage ratio，C）定义为在用户已知的相关文档集合中被检索出的相关文档所占比率，其计算公式为

$$C = |R_k|/|U| \tag{8-14}$$

其中，$|R_k|$ 和 $|U|$ 分别表示集合 R_k 和 U 中文档数量。

2. 新颖率

新颖率（novelty ratio，N）定义为已检索出的相关文档中用户以前未知的相关文档所占比率，其计算公式为

$$N = |R_u|/(|R_u| + |R_k|) \tag{8-15}$$

其中，$|R_k|$ 和 $|R_u|$ 分别表示集合 R_k 和 R_u 中文档数量。显然，高的涵盖率意味着检索系统可以为用户发现大多数他期望得到的相关文档，而高的新颖率则意味着检索系统在一次检索中可以为用户发现或提供更多以前未知的新的相关文档。

3. 相对查全率

相对查全率（relative recall ratio，RR）可以定义为检索系统检出的相关文档数量与用户期望得到的相关文档数量的比率。当用户已经获取他希望得到的相关文档数量后检索过程终止，此时相对查全率的值为 1。

4. 查全效果

查全效果（recall effort，RE）定义为用户期望得到的相关文档数量与为了得到这些相关文档而在检索结果中审查文档数量的比率。

可以看出，以上指标的设计和计算都与特定用户及其相关性判断结果有直接关系。此外，还有一些基于用户相关性（user-oriented relevance）判断的评测指标，例如，期望查找长度（expected search length，ESL）、满意度（satisfaction）、挫折度（frustration）等。由于用户相关性判断的不确定性，这些指标在目前的评价试验中使用还比较少，需

要进一步观察、检验其合理性与价值。

8.2.3 搜索引擎的性能评价指标

从前面的介绍中不难看出，无论是系统角度的评价指标，还是用户角度的评价指标都存在一定的局限性。正是因为信息检索传统的评价指标存在缺陷，难以对现代网络信息检索工具——搜索引擎进行客观、科学的评价，因此需要克服传统评价指标的缺陷，从而建立一套科学、合理、有效的搜索引擎评价指标体系。

1. 建立评价指标的原则

要建立一套搜索引擎主要性能的评价指标体系，就必须探讨建立搜索引擎评价指标体系的原则，以保证我们建立的搜索引擎评价指标体系有一个客观、统一的基础。我们认为搜索引擎评价指标体系的建立应该符合以下三原则：科学、合理、有效。

（1）科学，就是指新建立的搜索引擎评价指标体系能客观、真实、全面地反映搜索引擎的主要性能及其内在联系。

（2）合理，就是指搜索引擎评价指标体系是对传统的信息检索评价指标体系的扬弃，继承信息检索传统评价指标体系中有用的部分，摈弃信息检索传统评价指标中存在严重缺陷的部分，增加新的适合互联网上信息检索评价需求的内容。使搜索引擎评价指标体系既继承传统评价指标体系，又符合当代科学技术发展的客观要求。

（3）有效，就是指搜索引擎评价指标体系既能比较准确地区分各搜索引擎的主要性能，又能简单易用、方便操作。

2. 评价指标涉及的方面

搜索引擎的性能优劣直接关系到网络信息资源检索效果和对网络信息的管理控制水平。对搜索引擎的比较和评价研究既能促进搜索引擎研发人员改进技术，也能指导用户选择最适合自己的搜索引擎，同时，对传统的信息检索理论研究也会起到促进作用。目前，研究人员对搜索引擎的性能评价问题已进行了广泛的探讨，其中常用的性能评价指标主要涉及以下八个方面。

（1）数据库规模与内容。具体的考察因素（或指标）包括：收录范围、数据库内容、更新频率、重复率、死链接率等。

（2）索引方法。主要考察的内容包括：索引方式（自动还是人工）、索引范围与深度等。

（3）检索功能。主要包括两大方面：基本检索功能（如布尔检索、截词检索、位置/短语检索、限制检索等）和高级（或辅助）检索功能（如概念检索、相似检索、多语种检索等）。

（4）检索结果处理。主要考察指标包括：排序方式、显示内容/格式、后处理功能（如摘要、聚类、翻译等）。

（5）分类功能。主要涉及的内容包括：分类类目体系的深度、数量、合理性等。

(6) 用户界面。主要考虑的因素包括：界面布局、联机帮助、界面定制、界面广告量等。

(7) 汉字处理。需要考虑的具体方面包括：词语切分、多内码处理/转换、中英文混合检索等。

(8) 其他。例如，响应时间、系统稳定性等。

3. 目前评价活动面临的问题

由于搜索引擎的生存环境及其搜索对象——网络信息资源等方面都不同于传统的联机数据库检索服务系统，简单沿用以前的评价方法对搜索引擎的性能进行测评并不合适。虽然已在这方面进行了大量的评价测试，但研究人员发现，目前的评价活动还面临着很多现实的困难与问题，例如以下几种。

(1) 搜索引擎提供（或公开）的信息有限，很多搜索引擎不愿把一些重要的评价指标，如数据库规模、更新周期、索引方式等公布在网上，即使公布，其数字的可靠性也值得怀疑；或者由于所使用的数据单位、前提条件等不尽相同，数据失去可比性。

(2) 某些指标客观存在，但实际上无法准确获得，如查全率等。

(3) 各个搜索引擎之间差异较大，测试结果数据的可比性较低。

(4) 有些评价指标涉及的评价者的主观因素较多，或完全取决于评价者的主观判定。

4. 搜索引擎的相关评价指标

美国研究人员 H. Vernon Leighton（弗农·莱顿）等提出了"相关性范畴"和"前 X 命中记录查准率"的概念，相关性范畴给出了一种判断检索结果与检索课题相关性的标准；而前 X 命中记录查准率则是在相关性范畴标准的判断下计算查准率。这两种从搜索引擎角度出发的评价指标在一定程度上弥补了传统评价指标的缺陷。

1) 相关性范畴

相关性范畴是指按照检索结果与用户需求的相关程度，把检索结果分别归入四个不同的等级范畴中，每个范畴的具体内容如下。

范畴 0——主要包括重复链接、死链接、不相关链接；

范畴 1——技术上相关的链接，意指检索仅在技术上满足用户提问式但与用户的需求没有相关性，或者有相关性，但是内容太少或不充分；

范畴 2——潜在有用的链接，如与用户需求某个方面有关但不详尽，或者仅给出了指向属于范畴 3 页面的链接；

范畴 3——十分有用的链接。

上述相关性范畴概念的提出，主要借鉴了多值相关性判断思想，并结合网络信息资源搜索的特点进行了相应的细化和改进，这对搜索结果分类具有一定的实用价值。

2) 前 X 命中记录查准率

前 X 命中记录查准率记为 $P(X)$，该指标主要用来反映信息检索系统在前 X 条检索结果中向用户提供相关信息的能力。下面以 $X=20$ 为例，说明 $P(X)$ 的含义与计算方法。

首先，对前 20 条命中结果记录进行相关性判断和检验，并对每条结果赋予相关系数

0 或 1，即判断为相关的结果赋值为 1，判断为不相关的结果赋值为 0。对应前面的相关性范畴概念，凡属于范畴 3 的结果记录均是相关的，凡属于范畴 0 的结果记录均是不相关的，属于范畴 1、2 的记录结果则可能相关，也可能不相关。

其次，把前 20 条命中结果记录分成 3 组：1～3、4～10、11～20，并分别赋予它们不同的权值。搜索引擎在对检索结果输出或显示时，都采用了某种相关性排序方法，排在前面的结果记录在理论上应具有较大的相关性。因此，这里指定第一组（1～3）的权值为 20，第二组（4～10）的权值为 17，第三组（11～20）的权值为 10。

最后，计算 $P(20)$ 的值。和真实的查准率（P）一样，$P(20)$ 也是一个比值，取值范围在[0,1]实数区间。

计算 $P(20)$ 的分子值，公式为

$$R(1\sim3)\times 20 + R(4\sim10)\times 17 + R(11\sim20)\times 10 \qquad (8\text{-}16)$$

其中，R 表示各组结果记录中被判断为相关的记录数。例如，某搜索引擎的某次检索结果中，第一组有 2 个相关记录，第二组有 6 个相关记录，第三组有 7 个相关记录。则 $P(20)$ 的分子值为 2×20+6×17+7×10=212。

$P(20)$ 的分母计算方法如下：若返回的检索结果记录数超过 20 条，分母值为 3×20+7×17+10×10=279；若返回的结果记录数不超过 20 条，分母值调整为 279–(20–N)×10，这里，N 为命中记录总数。例如，某次检索只返回 18 条记录，其 $P(20)$ 的分母值为 279–(20–18)×10=259。

以上介绍的 $P(X)$ 计算方法，其最大的优点是可操作性强，搜索引擎的评价人员可根据自身的经济、时间、精力等情况灵活选择 X 的具体值。理论上，X 越大，$P(X)$ 就越接近真实查准率，不过这同时意味着评价试验成本的增加。

8.3 信息检索系统评价实验

本节主要介绍几个重要的信息检索系统评价实验。信息检索系统评估实证研究虽从 20 世纪 50 年代就已经开始，但直到 1957～1966 年 Cleverdon 完成 Cranfield 研究后，才算是完成了第一个真正大型的系统评估实证研究。Cranfield 评价实验率先揭示了检索评价工作中的许多基本问题，其评价方法和指标为后来的研究工作奠定基础，并成为检索系统评价的事实标准。之后，Lancaster 进行了 MEDLARS 系统评价实验、Gerard Salton 进行了 SMART 系统评价实验，它们分别反映和代表了对实用系统和自动标引系统的评价研究。最后，本节还分别对 TREC 和 INEX（initiative of the evaluation of XML retrieval，XML 检索评价计划）的评价实验进行相关介绍和分析。

8.3.1 Cranfield 评价实验

Cranfield 评价实验即"Cranfield Research Project"，在信息检索评价历史上是一件"家喻户晓"的事。它开创规范化评测研究的先河，开创了以测试集配合测试标准（measures）来评估系统的新模式。测试集是一种在规范化环境中测试系统性能的机制，包括测试问题（queries）、测试文件集（document set）以及相关判断（relevance assessment）三个部分。Cranfield 评价实验的研究设计概念是假设在给定的查询问句与文件集中，某些文件是与查询问句相关的。系统的目的是检索出相关的文件，并拒绝不相关的文件。它由英国情报学家 Cleverdon 主持完成，其研究共分为前后两期，而研究时间分别为 1957 年及 1966 年，一般将前期的研究称为 Cranfield I，而将后期的研究称为 Cranfield II，前后两期的目的都是为了找出较佳的索引语言。

1. Cranfield I 评价实验

Cranfield I 即 Cranfield 评价实验的初期阶段，开始于 1957 年，结束于 1962 年。该阶段在 Cleverdon 的指导下，在英国克兰菲尔德航空学院图书馆进行。

本项评价试验的主要评价对象是 4 种不同的标引（或检索）语言，即标题语言、单元词语言、《国际十进分类法》和一部分面分类法。评价目的旨在考察、比较上述各种标引语言的性能，并对其中涉及的一些相关问题，例如标引时间、标引深度、标引人员素质等进行试验分析。

评价试验使用的文献集合主要来自该学院图书馆，共 18 000 篇（其中一半为研究报告，一半为期刊论文），文献内容涉及航空学（大类）和高速航空动力学（更专指的小类）两个方面。

试验首先选择了 3 名资历（专业知识、标引经验）不同的标引员，分别使用上述不同的标引语言在不同的时间范围内实施标引作业，并将全部标引结果按不同的语言组织成不同的索引文档，供检索试验用。其次使用预先由文献的作者根据特定的文献拟定的检索提问对标引结果进行检索查询。对于给定的 1200 个检索提问，4 种标引语言的检索结果如表 8-2 所示。

表 8-2 Cranfield I 评价试验的检索结果

标引语言类型	检索课题数/个	成功课题数/个	失败课题数/个	成功率
《国际十进分类法》	1157	875	282	75.6%
标题语言	1154	941	213	81.5%
分面分类法	1047	773	274	73.8%
单元词语言	1146	940	206	82.0%

上述数据说明，这 4 种标引语言的检索成功率大致相同，总体在 80%左右。进一步对全部的失败课题进行分析，发现主要由以下 4 个方面的因素造成：提问、标引、检索和系统，它们所占比例分别为 17%、60%、17%和 6%，其中出现在检索和标引两阶段的错误达 77%。在这 77%的错误中，又有 55%是由人的因素造成的，其余的 22%则是由没有足够的标引时间而带来的。

此外，Cranfield I 试验活动还得到了一系列的试验发现，其中最有意义的发现是查全率和查准率之间存在的互逆关系，在一个正常运行的系统中，查准率每提高 1%，查全率就会降低 3%。这一关系的发现为检索者调整和优化检索结果奠定了基础。

CranfieldⅠ试验首次比较清楚地揭示了会对检索系统性能产生影响的一些重要因素，首次提出并采用了一套比较可行的评价方法，包括对查全率和查准率两个评价指标（参数）的使用。不过，CranfieldⅠ试验总结报告提交后，研究人员也提出了不少批评和质疑，其中对试验设计方面存在的问题的批评比较多，这些批评成为下一期评价试验（即CranfieldⅡ）的研究动力。

2. CranfieldⅡ评价实验

CranfieldⅡ评价实验于1963年启动，仍由Cleverdon主持，1966年整个试验全部结束。CranfieldⅡ评价对象还是标引语言，这次选用的标引语言分别是单元词、受控词（取自《工程师联合会叙词表》）、自然语言短语、题名与文摘中的关键词等4种。试验目标是研究这些标引语言的不同控制模式（或手段）对检索效果的影响，待检验的控制模式（或手段）主要有词形控制、同义词控制、等级控制、相关参照、各种概念组配方式以及它们的不同组合，共计33种。

试验采用的文献语料由该学院图书馆收藏的1400篇研究报告组成，内容属于高速航空动力学和飞行器结构领域。文献语料的标引是对每篇研究报告分别用4种不同的语言各标引一次，并把标引结果填写在工作单上。而在试验检索时，相关性匹配在多个不同的控制模式上分别进行，并对每次检索都记录下命中结果数量和非相关检出量。

检索提问集合共包含221个提问，它们主要由一些研究报告的作者根据文献集合的内容提出并拟定。针对1400篇文献使用221个提问进行检索，该试验最后获得了每种标引语言不同控制模式的性能数据（包括查全率和查准率）。经过汇总，再计算出规范查全率指标（计算时考虑了查准率因素）的值。主要试验结论如下。

（1）通常情况下，单元词检索性能最好，受控语言次之，自然语言最差。

（2）使用单元词法时，引入词形和同义词控制有一定效果，但若进一步加强控制，检索性能则会变得更差。

（3）对于受控语言，在受控词之外，若再引入上位词或上、下位词或相关词等，系统性能变差。

CranfieldⅡ的试验结果和CranfieldⅠ的某些结果一样，同样出乎人们意料，报告公布后，再次引起广泛反响和很大争论。

8.3.2 MEDLARS系统评价实验

1. MEDLARS的数据库

MEDLARS是美国国立医学图书馆研制、开发的当今世界上最具权威性的医学文献数据库检索系统。20世纪50～60年代《医学索引》的编辑和出版工作正式进行，20世纪70年代初正式建成世界上第一个医学文献计算机联机检索系统。现在MEDLARS系统已拥有30多个数据库，是一个检索功能齐全，包括书目、题录、声像资料、毒理学和化学数据、癌症治疗方案以及其他卫生和疾病特殊领域情报的世界性联机检索网络系统。

MEDLARS 的数据库如下。

（1）MEDLINE（MEDlars online）医学文献联机数据库 MEDLINE 是 MEDLARS 系统中最大的数据库，它的相对应的印刷本就是国际上最常用的《医学索引》，但数据库内容多于印刷本。除以《医学索引》内容为主外，还包括了《牙医文献索引》和《国际护理索引》的全部内容。

（2）SDILINE（Selective Dissemination of Information Online）定题检索联机数据库。

（3）MESH VOC（MeSH vocabulary file）医学主题词文档。

（4）BIOTECHSEEK（Biotechnology Seek）生物技术联机数据库。

（5）CANCERLIT（CANCER Literature Online）癌症文献联机数据库。

（6）AIDSLINE（AIDS Information Online）艾滋病联机数据库。

（7）AIDSTRIALS（AIDS Clinical TRIALS）艾滋病临床试验联机数据库。

（8）AIDSDRUGS（AIDS Drugs Online）艾滋病药物联机数据库。

（9）TOXLINE（Toxicology Information Online）毒理学情报联机数据库。

（10）TOXLIT（Toxicology Literature from Special Sources）毒理学特种文献数据库。

（11）CHEMID（Chemical Identification）化学物标识联机数据库。

（12）CHEMLINE（Chemical Dictionary Online）化学辞典联机数据库。

（13）DENTALPROJ（Dental Ongoing Research Projects Online）牙科进行中研究项目联机数据库。

（14）BIOETHICSLINE（BIOETHICS Online）生物医学伦理学联机数据库。

（15）HEALTH（HEALTH Planning & Administration）卫生计划和管理联机数据库。

（16）POPLINE（Population Information Resources Online）人口情报联机数据库。

（17）HISTLINE（History of Medicine Online）医学史联机数据库。

（18）CATLINE（Catalog Online）馆藏目录联机数据库。

（19）SERLINE（Serials Online）连续出版物联机数据库。

（20）AVLINE（Audio Visual Online）视听资料目录联机数据库。

（21）NAF（name authority file）著者典据文档。

（22）DIRLINE（Directory of Information Resources Online）情报源指南联机数据库。

（23）DOCUSER（Document Delivery USER）图书馆用户指南联机数据库。

（24）PDQ（Physician Data Query）医生咨询数据库。

（25）CCRIS（chemical carcinogenesis research information system）化学致癌研究信息系统。

（26）RTECS（Registry of Toxic Effects of Chemical Substances）化学物质毒性作用登记数据库。

（27）GENETOX（Genetic Toxicology）遗传毒理学联机数据库。

（28）EMICBACK（environmental mutagen information center BACK file）环境致突变物情报中心数据库回溯文档。

（29）ETICBACK（environmental teratology information center BACK file）环境致畸

情报中心数据库回溯文档。

（30）DART（Developmental and Reproductive Toxicology）发育和生殖毒理学数据库。

（31）HSDB（Hazardous Substances Data Bank）危险物质联机数据库。

（32）IRIS（Integrated Risk Information System）综合性危险情报系统数据库。

（33）TRI（Toxic Chemical Release Inventory）有毒化学品释放报表联机数据库。

（34）DBIR（Directory of Biotechnology Information Resources）生物技术情报源指南数据库。

2. MEDLARS 系统评价实验结果

1966～1968 年，由美国著名情报学家 Lancaster 主持，对 MEDLARS 系统进行了评价实验。该实验的主要目的是研究用户的检索需求，确认 MEDLARS 满足用户需求的程度，分析、鉴别影响系统性能的不利因素，以寻找改进系统性能的途径。作为一项面对运营中使用检索系统的大规模评价研究，该项工作取得了积极的进展，并产生了较大的影响。最后，反映该项评价实验结果的总结报告——《MEDLARS：工作效果评价报告》荣获 1969 年度美国最佳文献工作报告奖。整个 MEDLARS 评价实验过程主要由以下步骤组成。

（1）MEDLARS 各服务中心工作人员分别对各自接受（或负责）的检索课题在 MEDLARS 系统的磁带上进行检索。

（2）将检索结果用计算机打印出来提交给用户。

（3）用户根据原文进行相关性判断，并填写"相关性评估表"。

（4）对返回的"相关性评估表"进行统计处理，并作初步分析。

（5）利用用户提交的近期相关文献目录，结合其他信息，估计被遗漏的相关文献量。

（6）综合步骤（4）、（5）获得的数据，进行最后的分析及查全率、查准率的计算。

MEDLARS 系统评价实验的数据主要包括两个方面：检索对象数据和检索提问。其中，检索对象数据主要使用当时 MEDLARS 系统中拥有的 70 万条生物医学书目记录；而检索提问则是通过分层抽样方法，从该系统的 5 个服务中心所服务的 20 个机构在 1966～1967 年实际受理的真实检索课题中选取，共有 302 个。对于这 302 个检索课题，通过对检索用户的个人访问和通信联络（以得到用户的充分协助），让用户对每一个检索课题给出尽可能详细的描述（包括检索目的、范围、相关解释及限定等），并提供有关的专业词汇。然后，再由 MEDLARS 系统服务中心的工作人员利用 MeSH 词表为检索课题编写相应的检索提问式。通过对这 302 个提问检索结果的详细分析，评价小组求出了 5 个服务中心的平均查全率和平均查准率，它们分别为 57.7%和 50.4%。在整个试验共 302 次的检索处理中，共发现有 797 个查全报告。报告认为，MEDLARS 系统的检索失误主要由以下几方面的因素造成：索引语言、标引、检索、用户/系统交互，它们所发生的次数及所占比例如表 8-3 所示。

表 8-3　MEDLARS 系统失误分析

失误原因（因素）	查全失误	查准失误
索引语言	81（10.2%）	1094（36%）
标引	298（37.4%）	393（12.4%）
检索	279（35.0%）	983（32.4%）
用户/系统交互	199（25.0%）	503（16.6%）
其他	11（1.4%）	78（2.5%）

8.3.3　SMART 系统评价实验

SMART 系统是著名检索专家 Salton 于 1964 年在美国哈佛大学建立的一个试验性检索系统。该系统后来移至康奈尔大学。SMART 试验在 Salton 的主持下于 1968 年进行，试验以 SMART 系统作为试验工具，在小型文献数据库上对多种不同的文献自动分析技术和方法进行测试和比较，目的在于对某些自动标引技术做出评价。

SMART 系统是一个基于向量空间模型的试验系统。不同于标准的布尔逻辑检索，在 SMART 这一系统中，文献通过自动标引技术处理后用文献向量表示，用户的检索提问也经过自动分析而形成提问向量，检索匹配则是通过计算文献向量与提问向量的相似度来完成。检索结果可以按照相关度大小排序输出。

试验所用的文献是来自图书馆学、文献学领域的 1268 篇文献（内含 131 500 个英文单词），它们选自 1963 年和 1964 年的 *American Documentation* 以及其他相关领域的期刊。检索提问共有 48 个，它们是由 8 个比较熟悉文献学领域的图书馆员和学生提供的，每人负责构造 6 个提问式，每个提问式都代表真实的信息需求，并且表述的语言无语法错误，语言清楚无歧义。

收到每个人的检索提问之后，将含文摘的文献集合分发给每个人，并让他们针对自己构造的检索提问式进行相关性判断。相关与否的判断标准为如果文摘中直接出现了检索式中的信息，或者从文摘中能直接推导出该文摘中含有与检索式相关的信息，就判定为相关文献。

上述相关性判断为 A 类判断，收到 A 类判断后还要再进行 B 类判断。B 类判断是由另外 6 个不同的人完成的，使用同样的相关判断标准，但这次的判断者不是检索表达式的作者，并且他们预先对 A 类判断的结果也不知情。

于是，每个检索式就对应着四组不同的相关文献集合，分别为

A 集合——检索表达式作者判断的相关文献集合；

B 集合——非本领域专家判断的相关文献集合；

C 集合——A 或 B 判断为相关的文献集合，即 C=A OR B；

D 集合——A 和 B 都判断为相关的文献集合，即 C=A AND B。

A、B、C、D 这 4 个相关文献集合将作为后面试验中评价不用自动标引方法检索性能的基础和依据。

将测试文摘集合和用户检索提问在 SMART 系统中进行自动标引和自动分析，并将两者进行检索匹配。其中运用的自动语言分析法主要有三种，分别称为词形法、词干法和词表法，它们的具体含义如下。

（1）词形法：删除文摘和检索式文本中的通用词和词尾字母"S"，并对剩余的词形加权，然后将处理后的两类文本（向量）进行匹配，并获取文献-检索式之间的关系因子。

（2）词干法：整个处理过程与词形法相同，但对于文本中的词语不是去除词尾，而是将整个后缀都去除掉，从而将文本简化成加权的词干。

（3）词表法：将词干法中生成的每个词干都在词表中进行查找，识别出同义词；然后将生成的加权概念标识符分别赋予检索式和文献，并进行比较和匹配。

SMART 试验的最后结果主要是用查准率-查全率曲线来表示的，对于词形法、词干法和词表法三种不同的自动分析处理方法来说，具体有如下发现。

（1）四个相关性判断集合（即前面的 A、B、C、D）用以上三种不同处理方法得到的查准率-查全率曲线排序结果是一样的。其中，词干法不如另外两种方法有效，而词表法效果则略优于词干匹配法。

（2）查准率-查全率的最佳结果来自 D 组的判断，而且具体数据显示：在低查全率水平上，D 组的查准率要高于 A、B、C 三组 20%以上。

显然，SMART 的评价结果没有随着相关性判断的变化而变化。在解释查准率-查全率结果为何在这一文献集合中没有大变化的原因时，Lesk（莱斯克）和 Salton 认为，虽然不同的判断人员认为相关的文献集合之间有很大的不同，但仍有相当数量的文献是与检索式极为相似、被各方认可的，并早已在检索过程中被检索出了。他们总结道：如果 SMART 试验中所使用的由检索式作者做的相关性判断足以代表实际的普通用户群，那么"所获得的平均查准率、平均查全率值就是一个稳定的系统性能参数，能反映出实际的检索效果。"

8.3.4 TREC 检索评价实验

1. TREC 的诞生和发展

有计划的信息检索评价研究开始于 20 世纪 50 年代初期。从早期利用手工系统模拟或实验室方法对检索语言和标引效果的分析、比较，到后来对脱机、联机等各类实用或试验检索系统性能的测试、评价，以及对不同信息用户群体的教育背景、检索行为与习惯等进行的调查、对照等，信息检索评价问题一直为研究人员所关注，其间建立、摸索出的一套研究方法不仅促进了信息检索技术的发展，也丰富了情报学的理论内涵，使情报学从描述性和思辨性的研究模式开始转向以实验为基础的研究道路。

截止到 20 世纪 90 年代初期，从总体上看，检索评价研究的范围在不断扩大，评价水平不断提高。主要表现在：检索评价项目多是为了个别的测试计划而设计并分散进行，彼此之间各有不同的测试对象和评价规则；使用的试验数据量较小，其规模及特性与真实的检索环境之间存在着相当大的差异；等等。这样的评价研究，不仅造成评价结果的可比性差,其有效性也受到许多质疑,因而很难证明其实用价值。

如何解决检索评价研究中存在的这些问题?建立一个共同的、一致性的评价平台(环境)势在必行,而 TREC 的出现无疑顺应了这样的研究要求。作为国际性的文本检索试验及评价活动,按照主办者的设想,TREC 活动的主要目标在于以下几个方面。

(1) 通过提供大型的语料库、统一的测试程序及系统整理评测的结果数据,来促进信息检索技术的发展。

(2) 强调检索技术的先进性与实用性的有机结合。

(3) 倡导以大规模数据为基础的信息检索研究。

(4) 为学术界、工业界、政府部门等提供交流研究思想的公开论坛,促进各部门之间的合作与交流。

(5) 便利从实验室研究成果到商品化产品的技术转换。

秉承这样的活动宗旨,基于 TREC 平台的检索评价研究将能够有效克服过去评价研究中的诸多缺陷。大量的实践和事实证明,TREC 活动为理论检索模型和试验检索系统提供了公平、定量、具有实用价值的性能评价机会。目前,随着 TREC 活动的持续进行,不仅可供评价研究的测试项目越来越丰富,而且吸引了越来越多国家和地区的研究人员及其开发设计的检索系统的积极参与。TREC 在国际检索界的影响力越来越大,并逐步成为集中展示各种最先进信息检索技术的大舞台。

2. TREC 的组织形式

TREC 评价活动每年一次,整个活动差不多持续一年时间。评价活动的具体安排如下。

每年年初(约在 1~2 月),NIST(National Institute of Standards and Technology,美国国家标准与技术研究院)会通过各种方式向有关机构、研究部门发出或发布参加新一届 TREC 评价活动的通知或邀请,并开始接受参加者提出的参评申请,确认参加 TREC 活动的会员名单,然后将这些会员增加到"活动参与者"邮件列表中,通过网站向他们发布参与 TREC 活动需要的新密码。

随后,主办者向会员发送参加试验需要使用的标准实验数据和检索提问式,一般通过光盘方式邮寄。收到实验数据后,各参会会员按照试验要求对自己的检索系统进行测试,把使用标准测试语料库和检索式得到的检索结果数据返回给 TREC 主办方。提交测试结果数据的最后期限一般在 8 月份,当然,不同的测试项目也可能会规定不同的截止日期。参加评价的会员如果希望在 TREC 大会上发言,需要在提交结果时向 NIST 说明,或按照 NIST 的要求另行提出申请。

9~10 月份,NIST 邀请、组织联邦政府部门的职业信息分析员对各个检索系统获得的结果数据进行统一的定量分析和评价,并按试验结果进行系统排名,同时将评价结果反馈给每个参与者。

年底(一般在 11 月份)TREC 大会举行,参加评价活动的会员可以根据各自情况,选择会议发言或会下交流等形式,对检索系统涉及的技术、合作、商业化等问题进行讨论与沟通。

至此，一年一度的 TREC 活动宣告结束。

在 TREC 评价活动过程中，还有一个问题需要进一步说明，那就是参与者的资格及其申请材料。TREC 强调，每一个申请参加 TREC 评价活动的研究人员或团队，必须拥有自己开发、设计的检索系统，否则将不接受其申请。对于符合参与申请资格的申请者，还需要提供以下四个方面内容的相关资料。

（1）个人或团队主要负责人的联系信息，包括通信地址、电话和传真、E-mail 地址等，最好还能提供第二个 E-mail 地址，以便将与 TREC 相关的邮件信息集中发送过去。

（2）系统使用的检索方法描述，用一个段落进行说明。

（3）参与方式，有两类参与方式可供选择——A 类（全面参与）和 B 类（部分参与）。

（4）参与项目列表，说明准备参加的具体项目。

3. TREC 的试验数据集合

作为一项国际性的大型检索试验与评价活动，TREC 主办者从一开始就致力于建设并不断完善一个大规模公用测试数据集合，以弥补过去评价研究活动中存在的试验数据量小、试验结果没有比较基础的缺陷。目前，TREC 已拥有一个动态更新、来源多样、类型与语种多样的试验用文本数据集合，数据集合的规模也在逐年稳定增长。众多机构和部门都向 NIST 免费提供其具有知识产权的文档资料，也有少数采取象征性收费策略提供 TREC 需要的语料，而 TREC 活动的成员只要是用于试验目的，即可无偿使用。

TREC 的试验用数据主要包括三个不同部分：测试文档集合、检索问题集合和检索问题的正确答案集合。所有这些资料数据，不妨看作 TREC 试验活动所必需的"基础设施"（infrastructure）。

1) 测试文档集合

测试文档集合要能反映现实检索系统的主题多样性，这就要对文档主题词语的选择、文献的风格、文献的格式等方面综合考虑，不能顾此失彼。TREC 测试文档集合的内容主要来自新闻和报纸，同时也有政府文献（如专利、国会报告）等其他来源。

TREC 测试文档集合分"英语文档集合"和"非英语文档集合"两类，其中以英语类集合为主。具体来说，英语文档集合的资料主要包括以下一些内容。

（1）*The Wall Street Journal*（1987～1992 年，全文文献）

（2）*The Associated Press*（1988～1990 年，全文文献）

（3）*The Federal Register*（1988 年、1989 年、1994 年，美国联邦法规全文文献）

（4）Ziff-Davis（齐夫-戴维斯集团）出版的 Computer Select disks（1989～1992 年，全文文献）

（5）*Department of Energy*（DOE）Abstracts（美国能源部的文摘）

（6）U.S.Patents（1983～1991 年、1993 年）

（7）*San Jose Mercury News*（1991 年）

（8）*Financial Times*（1991～1994 年）

（9）The Congressional Record of 103rd Congress（1993 年）

（10）*Los Angeles Times*（1989 年、1990 年）

为方便 TREC 试验项目的参与者解析其内容，每篇文献都用 SGML（standard generalized markup language）标记语言进行标记，并赋予一个唯一的文献号（DOCNO）。为与现实保持一致，NIST 还决定尽可能多地保留各自原有的结构信息，以使语料更接近真实文本文档处理环境。

TREC 的非英语文档集合涉及汉语、西班牙语、法语、德语、意大利语等语种，其中比较重要的有来自《人民日报》和新华社电讯稿的中文全文资料，来自墨西哥报纸的西班牙文语料以及来自法新社的法语电讯稿语料等。

2）检索问题集合

在 TREC 试验的术语集中，用户的信息需求被称为"检索问题"，它们一般用自然语言描述，以区别于检索系统中采用某种检索语言形成的结构化的"检索问题"。针对不同领域的测试语料，TREC 专家会形成不同的检索问题集合，并且采用同样一种简单的、SGML 风格的标签对每一个问题进行标记。通常，检索问题的陈述形式也会随主题领域的不同而有微小的变化。一般地，一个检索问题的陈述由四个部分构成，即序列编号，以唯一地标识该检索问题；检索问题的标题；对检索问题的简短描述；对检索要求的说明。完成检索问题陈述的人员也是最后进行相关性判断的评价人员。

一般情况下，参加检索试验的系统需要自行把用自然语言描述的"检索问题"转换成符合自己系统要求的检索提问式，具体的提问式可以是一个检索词的集合、一个布尔表达式或者一个问题向量等。这种转换被看作参加评价活动的一个有机组成部分，其转换方式可以是自动方式的（如完全让系统从检索问题中派生出来），也可以是其他的手工方式的。一个检索问题可以允许使用多种多样的检索式构造方法，研究人员可以据此调查和比较不同的检索式对于检索性能的影响以及各种提问式扩展技术的检索效果。

3）检索问题的正确答案集合

对检索问题得到的检索结果进行相关性判断，即可获得并确认该检索问题的正确答案。目前，TREC 检索试验采用的是一种二值判断（binary judgment）模式，并认为如果一篇文献的任何部分或片段（不管这个片段是多么小）与某检索问题相关，那么这篇文献就被判断为相关文献，并列入该问题的正确答案列表中。

由于 TREC 的测试文档集合非常庞大，不可能进行逐篇判断以获取正确答案。例如，对于 80 万篇文献，如果 30 秒判断一篇，判断整个文档集合对一个检索问题的相关性将需要 6667 小时。为此，TREC 采取一种称为"Pooling"（缓冲池）的相关性判断技术，来创建一个检索问题的相关文献集合（称为"Pool"），也即正确答案集合。

Pool 的创建方法是：首先，每个试验参与者要向 NIST 提交他们针对某一提问的多个检索轮次（runs）的检索结果，并进行排序；其次，NIST 从中选择若干轮次的检索结果，并将每一检索结果的前 X 篇文献（通常 $X=100$）加入到该问题的 Pool 中。由于检索结果是按照与检索表达式的相似度降序排列的，排在前面的文献一般是与课题最有可能相关的文献。汇集这些文献，去除重复部分，即可得到一个完整的 Pool。注意，由于许多相关文献在多个检索结果的前 X 篇文献范围内都能被检出来，所以，Pool 的规模要远远小于其理论上的最大值。一般情况下，Pool 的实际文献量约为其最大值的 1/3。

TREC 评价按照检索到的相关文献的数量来评价系统的有效性，主要就是测量查全率和查准率。这样一来，Pool 文献集合的形成，使查全率和查准率的计算具有了可操作性。

4. TREC 的主要评价试验项目

TREC 评价试验对项目采取动态管理，目前已形成了一个非常丰富的测试项目集合。在 TREC 试验活动的初期（从 TREC-1 到 TREC-3），检索评价主要围绕以下两项不同的检索任务来进行。

1）Ad hoc Retrieval

Ad hoc 检索任务的含义是使用不同的提问式，在同一文档集合（语料库）中进行检索。这非常类似于在图书馆中发生的用户检索情形——新的检索请求，静态的文档集合。一般参与 Ad hoc 检索任务的系统在评价试验前只拥有指定的文档数据库，所使用的检索问题是在开始试验后才获得的。参评系统可以先对数据库做各种各样的分析研究（包括建立词表），并做好检索式构造准备。

2）Information Routing

Routing 检索任务的含义是使用同样的一批提问式，在不同的文档集合（语料库）中进行检索。这种检索评价任务类似于后来设立的"过滤"项目——不变的检索请求，动态的文档集合。参加 Routing 检索任务的系统在评价试验开始后，会得到一个检索提问集合和两个试验用文档集合，其中一个文档集合用于训练和调整系统的检索算法，另一个文档集合则用于对调整后的检索算法进行测试，以获得检索问题的检索结果。

目前，Ad hoc 和 Routing 两个早期的检索任务已经分别于 1998 年和 2000 年被终止。从 1995 年的 TREC-4 开始，检索任务被进一步细化，引入了更专指的检索"子任务"（secondary tasks），即现在所说的评价"项目"。

TREC 已经进行过的评价项目有十余个，下面列举的是一些比较重要的项目，更详细的评价项目信息，可访问 TREC 的官方网站 http://trec.nist.gov。

A. Cross-Language

这是 1997 年设立的跨语言检索项目。针对一个检索问题，测试检索系统发现相关文档的能力，通常文档是用不同于检索问题的自然语言书写的，属于 Ad hoc 检索任务。

2003 年，TREC 不设立该项目的评测。但有关跨语言检索问题，研究界还有其他一些相关的检索试验平台。例如，有关欧洲语言的跨语言检索评价 CLEF（Cross-language education and function）平台，其活动网址为 http://www.clef-campaign.org；有关亚洲的跨语言检索评价 NTCIR（NII Testbeds and Community for Information access Research，NII 信息访问研究测试平台与社区）平台，活动网址为 http://research.nii.ac.jp/ntcir/index-en.html。

B. Filtering

过滤检索项目，用户的信息需求是固定的（即检索提问式不变），面对不断出现的新的文档集合，检索系统进行二元判断，决定每一新文档是否与提问相关（或是否检出）。

过滤项目于 1997 年开始设立，属于 Routing 检索任务，并从 1998 年开始正式取代了 Routing。2003 年，TREC 不设立过滤项目的评测。

C. Interactive

该项目研究文本检索系统的用户交互情况，于 1997 年设立。项目参与者需要利用一个共同的测试数据集合和用户提问集合，对真实用户进行检索试验研究。2003 年，该项目已不作为一个独立的测试项目。

D. High Accuracy Retrieval Document（HARD）

该项目是 2003 年新设的评价项目，目的在于通过调节检索者和（或者）检索的上下文环境（如利用段落检索技术，与检索者有针对性的交互等），来达到或实现文档检索的高准确率。除标准的评价方式外，该项目将鼓励检索系统开发或探索其他新的方法。

E. Query

提问式项目，于 1998 年设立。该项目的主要测试目的是，对于同一个检索问题，创建不同版本的检索提问式，以观察和检验这些不同提问式的检索结果及相应检索策略的性能。

F. Question Answering（QA）

该项目是一个更接近于信息检索而非文档检索的测试项目，要求系统能针对检索问题提供具体而明确的答案。2003 年，该项目将会在系统进行检索测试时，要求混合使用各种不同类型的检索问题，例如，简单的仿真陈述问题、列表问题、定义问题等。

G. Very Large Corpus

该项目是 1997 年设立的一个 Ad hoc 检索任务，旨在检验检索系统处理 100 GB[①]规模以上测试语料的检索算法能力。

H. Web

该项目是致力于对 WWW 文档快照（snaps）集合进行检索的试验评价项目，通常有两类不同的评价子项目：网页入口定位和特定信息查询。其中，网页入口定位是指用户已经知道（或猜测）有某一个网页，但不知道其具体的 URL，用户需要关心如何找到该网页的入口地址；而特定信息查询则涉及用户如何查找某一主题的信息。

Web 测试项目追求使用更大规模的测试数据集合，2001 年，用于 Web 试验的数据集达 10 GB，约含 169 万个网页；2003 年，该项目将继续使用 2002 年创建的测试语料，并继续进行对检索问题进行主题提取（topic distillation）的任务测试，尤其是对交互式的问题摘要技术的探讨。

I. Genomics

Genomics 是 2003 年新设立的评价项目，在 2002 年，它曾是 TREC 的预项目，研究生物基因数据的检索问题，这里基因数据含义广泛，不仅包含基因序列方面的数据，也包含相关的基因研究论文、实验报告等信息。目前，已有大量可公开获取的基因数据资源，其中最著名的资源来源于美国国家生物技术信息中心（National Center for Biotechnology Information，NCBI）。

J. Robust Retrieval

该项目是 2003 年新设立的项目。该项目任务与传统的 Ad hoc 检索任务相同，但试

---

① GB，即 gigabyte，吉字节。

验焦点集中在单个检索问题的有效性方面（而非平均有效性）。

K. Novelty

该项目是一个测试系统在检出集合中发现新的（不冗余）信息能力的项目，需要 Ad hoc 检索和过滤技术的结合，类似于传统的 SDI 服务，即用户有一个问题，查找信息集合，并随时间推移不断要求提供新的附加信息。

2003 年 TREC 已设立这个项目，并将它规范化。

L. Spoken Document Retrieval

口语文档检索项目，于 1997 年设立，目前已结束。项目要求参与者用文字提问来检索电台新闻广播的录音片段，以检测演讲识别错误对检索过程的影响。

M. Video

该项目是一个研究数字视频信息基于内容检索的测试项目。2003 年起，该项目将在不影响 TREC 活动整体框架和原则的基础上，进一步探索并扩展其独立的系列性评价试验工作。

为便于研究人员交流思想和研究成果，TREC 要求每一个测试项目都建立一个邮件列表（mailing list）系统。通过邮件列表提供的交流窗口，研究人员（不只限于 TREC 的参与者）可以就特定项目的检索技术、方法等问题展开讨论。此外，有些项目还设有相关的 Web 页，用以提供和该测试项目有关的历史、背景资料等信息。

8.3.5 INEX 检索评价实验

INEX 是于 2002 年 4 月由 DELOS Network of Excellence for Digital Libraries（DELOS 数字图书馆卓越网络）组织创建，该项目最初的负责人主要有德国多特蒙德工业大学计算机科学系的 Norbert Fuhr（诺伯特富尔）教授和英国伦敦玛丽女王大学计算机科学系的 Mounia Lalmas（穆娜拉姆斯）。该项目自 2002 年首创以后于每年的 4 月到 12 月举行。

1. 创建 INEX 的背景及意义

INEX 之所以得以创建并发展，主要原因如下。

（1）XML（extensible markup language，可扩展标记语言）的出现及发展。随着互联网的迅猛发展和逐渐普及，人们可以通过计算机与互联网连接，从世界各地实时地接收和发送大量的、最新的信息。但在信息交换的过程中存在着一个突出的问题，就是多种多样的数据格式给信息的有效使用带来了障碍。所以在信息时代，如何以最便捷、最可靠、最有效的方式获取所需的信息是一个很大的困扰。人们期待着能够找到一种可以描述任何逻辑关系的数据格式来统一电子数据的存储，从而不再因为数据格式的不统一而苦恼和困惑。目前，能够担当此任的就是 XML。可以说，XML 的出现给数据交换带来了一场革命；XML 的出现是至今为止最聪明的一种符号化语言；XML 成为下一代网络发展的基石。

XML 的出现是以 SGML 和 HTML 的出现为基础的。它是由 W3C（World Wide Web consortium，万维网联盟）于 1998 年 2 月发布的一种标准。它同样是 SGML 的一个简化子集，它将 SGML 的丰富功能与 HTML 的易用性结合到 Web 的应用中，以一种开放的、自我描述方式定义了数据结构。在描述数据内容的同时能突出对结构的描述，从而体现出数据之间的关系，这样所组织的数据对于应用程序和用户都是友好且可操作的。之后，W3C 又用 XML 设计出一个与 HTML 4.01 功能等价的语言，称为 XHTML 1.0（extensible hypertext markup language，可扩展超文本标记语言），使之与 HTML 相兼容。

（2）XML 的广泛应用。XML 被广泛应用于各个领域范围，尤其在科学数据处理、数字图书馆及 Web 的应用上更是取得了巨大发展。按照 XML 工作组的 Bosak（博萨克）的看法，XML 的应用范围可分为四大类：①要求 Web 客户机在两个或多个不同的数据库之间传递信息的应用；②希望将 Web 服务器的大量处理负荷转移给 Web 客户机的应用；③要求 Web 客户机把同一数据以不同的表现方式提供给不同用户的应用；④适应特定用户需求的智能 Web 工具应用。

XML 能够应用于各种领域的原因，就是 XML 具有到目前为止其他方法所不具备的数据描述特点，控制信息不是采用应用软件的独有形式，而是采用谁都可以看得懂的标记形式来表现，所以 XML 最适合作为数据交换的标准。其优点主要表现在以下几个方面。①XML 允许各种不同的专业（如音乐、化学、数学等）开发与自己的特定领域有关的标记语言。这就使得该领域中的人们可以交换笔记、数据和信息，而不用担心接收端的人是否有特定的软件来创建数据。②XML 具有较好的保值性。2000 年以前的大多数计算机数据都丢失了，不是因为自然损害或是备份介质的磨损，而只是因为没有人来写出如何读取这些数据介质和格式的文档。以不常用的格式保存的二进制数据，数据也许会永远地消失了。XML 在基本水平上使用的是非常简单的数据格式，可以用 100%的纯 ASCII（American standard code for information interchange，美国信息交换标准代码）文本来书写，也可以用几种其他定义好的格式来书写。ASCII 文本是几乎不会"磨损"的。③应用间交换数据。由于 XML 是非专有的并易于阅读和编写，成为在不同的应用间交换数据的理想格式，且不受版权、专利、商业秘密或是其他种类的知识产权的限制。XML 的功能是非常强大的，无论是对于人类或是计算机程序都容易阅读和编写，因而成为交换语言的首选。

（3）测试评估 XML 的必要性。虽然 XML 具有其他标记语言所无法比拟的优越性使得它能够广泛地运用于各个领域，但它也有些不足之处，比如，XML 作为数据描述语言是非常优秀的，但是并不是所有的电子数据都是转换到 XML 是最有效的。XML 的文本表现手法、标记的符号化等会导致 XML 数据比二进制表现方法数据量增加，尤其当数据量很大时，会成为很大的问题。也就是说，XML 的导入要根据具体需求比较其优缺点，在充分发挥XML优点的领域进行。尽管 XML 具备了作为通用数据描述语言的优秀特征，但是 XML 不是编程语言，说到底它是一种数据描述的技术。因此 XML 文件的显示、文件结构的变更、应用程序的操作等 XML 相关技术也是非常重要的。正是由于 XML 的广泛运用及它的缺点，我们必须对其检索功能进行相关方面的测试，以确保其更为科学合理地运用。INEX 就是在这种情况下应时代的要求出现的。

作为一项大规模的评估，INEX 致力于提高信息检索和数字图书馆查询的效率，它为促进基于内容的 XML 检索提供了一个国际性、固定的交流平台。INEX 评价测试的目的就是为 XML 文档的评估提供一种测试汇集的形式及评分方法。INEX 为参与者对其检索方法的评估提供了一种统一的评分规则，使得他们之间可以很直观地比较分析，以找出自身的缺陷。

2. INEX 的工作流程

每年所举办的 INEX 评价试验会议几乎都有一个固定的工作流程，从每年的 4 月到 12 月其工作流程大体如下。

（1）4 月初（一般是 3 月 31 日），参与者申请参与的截止期限。

（2）4 月中旬，向参与者分发 XML 文档集，并签署数据处理协议的收据。同时，参与者必须提供参与评价测试所备用的主题或提问式，并且给予详细的说明和标准化的格式处理。

（3）6 月中下旬，提交备用主题的截止期限。将最终确定的主题集分发给参与者，并将最终要提交的正式检索结果所需要的详细的格式要求一并告知。

（4）8 月底，提交正式检索结果的截止期限。

（5）9 月上旬，将最终的结果分发给参与者，结果包括相关性评估及详细的评估指南。

（6）10 月中旬，提交相关性评估的最后截止期限。

（7）11 月初，将最终完整的 INEX 测试集合分发给参与者，包括各种评估，并将评价的得分情况一并告知参与者。

（8）12 月中旬，在 http://www.dagstuhl.de/ 上进行相关的讨论研究。

3. INEX 评价试验的内容

INEX 评价试验的主要内容是一个测试汇集，即 INEX test collection，它主要包括以下几个方面。

（1）INEX 文档（INEX document）：测试汇集所选用的文档都是以 XML 格式标注的，公开出版在 IEEE 计算机社会上的、科学性的文章，文章涉及的范围主要是计算机科学。

（2）主题/提问式：参与者将以组为单位提供一套备用主题/提问式，代表了测试汇集了用户的实际需求范围。提问式有两种形式：内容式（content-only，CO）和内容-结构结合式（content-and-structure，CAS）、广义或狭义主题提问式。与 TREC 类似，CO 是自由文本提问式，检索系统必须检索出不同维度里 XML 的元素，而 CAS 则有明确的结构限制。从这些所有的主题内容中，最终选取 50 篇作为测试汇集的收录。

（3）测试任务/Ad hoc 检索：测试最基本的任务就是确定数据及最终题目集合，这也是对 XML 文档的 Ad hoc 检索。同信息检索一样，我们认为 Ad hoc 检索是一个如何使用图书馆，以及在文档统计集合里使用新的检索提问的综合。Ad hoc 检索最大的特点就是在 INEX 里，图书馆是由 XML 文档组成，提问式有内容的和结构的两种形式。为了回答一个检索提问，任意一个 XML 元素都可能从图书馆反馈出来。比如在 2004 年的 INEX 测评中，其任务主要包括相关性反馈测试、自然语言测试、异构集合测试、交互式测试等。

（4）相关性评价（relevance assessments）：相关性评价将通过各参与小组使用 INEX

的网上评价系统来实施。各参与者将选择 1 或 2 个题目来进行判断，他们所选的题目要么是自己最初所创建的，要么是被排除在最终所确定的主题名单以外，与自己最初的检索提问相似的主题。每个主题的评估要耗费一个人一周左右的时间。只有完整地完成评价任务的参与者才能参与到全部的 INEX 测试评价中来。

（5）评估：参与者要对 XML 搜索引擎的检索效率进行评估，主要依据所建立的测试汇集以及统一的记分方式，包括查全率和查准率的计算，这就需要考虑 XML 文档的结构特征，包括可能出现的答案重复。所有的参与者测试的方法及最终结果都会刊登在 INEX 事先选定的相关网站上。

第 9 章 网络信息检索

随着计算机技术和网络技术的飞速发展，网络上的信息资源呈现出爆炸式的增长趋势，互联网不仅成为世界上最大的计算机网络，而且是全球最大的信息资源网。与传统的信息资源一样，网络信息资源涉及人类生产、生活以及其他社会生活的方方面面，但是在网络这个信息海洋中高效准确地获得有价值的信息，往往比较困难，这也正是信息工作者所要关注的问题。为了有效利用网络信息资源，一种新型的检索模式——网络信息检索应运而生。

9.1 网络信息资源

9.1.1 网络信息资源的概念

网络信息资源的定义目前尚不统一，存在多种定义。

（1）有的将其定义为以电子数据的形式将文字、图像、声音、动画等多种形式的信息存放在光、磁等非纸质介质的载体中，并通过网络通信、计算机或终端等方式再现出来的信息资源。

（2）也有人将网络信息资源理解为"通过计算机网络可以利用的各种信息资源的总和"。

我们认为，网络信息资源是指以数字化形式记录的，以多种媒体形式表达的，分布式存储在互联网不同主机上的，并通过计算机网络通信方式进行传递的信息资源的集合，是从计算机技术、通信技术、多媒体技术相互融合而形成的、在互联网上可查找、利用到的资源。

9.1.2 网络信息资源的种类

网络信息资源包罗万象，广泛分布于整个网络之中，有多种划分标准，按照不同的标准可分为不同的类型，较典型的有以下几种。

（1）按人类信息交流方式将网络信息资源分为：非正式出版信息、半正式出版信息和正式出版信息。①非正式出版信息是指流动性、随意性较强的信息量大且信息质量难以保证和控制的动态性信息，如电子邮件专题讨论小组和论坛、电子会议、电子布告板新闻等工具上的信息。②半正式出版信息，又称"灰色"信息，指受到一定产权保护但没有纳入正式出版信息系统中的信息，如各种学术团体和教育机构、企业和商业部门、国际组织和政府机构、行业协会等单位介绍宣传自己或产品的描述性信息。③正式出版信息，指受到一定的产权保护、信息质量可靠，以及利用率较高的知识性、分析性信息，如用户一般可通过万维网查询到的各种网络数据库、联机杂志、电子杂志和电子图书报纸等。

（2）按时效性互联网信息资源可分为：①网上出版物，包括报纸、期刊，其中很多是免费的；②动态信息，如政府机构发布的消息、政策法规、项目进展报告、产品目录、出版目录、广告等；③联机馆藏书目数据库，涵盖了众多公共图书馆、大学图书馆及学术机构的馆藏资源，网上存在大量电子图书馆和馆藏书目数据库；④国际联机数据库，许多国际联机检索系统如 Dialog、STN 以及 Ei Village 等都可通过远程登录或万维网进行付费检索。

（3）IDG Books Worldwide1996 年出版的《WWW 指南》则将网络资源进行混合分类，但主要标准也是学科领域，共分出农业、人类学、天文学、艺术、航空航天科学、生物学和商业等 57 个类。

（4）日本的户田慎一把网络信息资源分成 7 类：①电子期刊、电子通信期刊、图书的文本；②论文的抽印本、技术报告；③法律文件、判例、政府出版物；④数值数据、统计资料、实验数据；⑤软件；⑥图像数据、声音数据；⑦数据库。

户田慎一的分类实际上是沿用了图书情报学对非网络环境中的文献资料的分类方法，只是把它延伸到网络环境中去了，但它并未充分体现网络资源分类的特点。

（5）根据互联网信息资源的组织应用形式可以划分为：互联网上的 WWW 信息资源、电子邮件信息资源、FTP 信息资源、Telnet 信息资源、Usenet/Newsgroup 信息资源、Listserv/Mailing List 信息资源、Gopher 信息资源、WAIS（wide area information system，广域信息服务系统）信息资源等。①WWW 信息资源。迅速发展的 WWW 信息资源现已成为互联网信息资源的主流。②电子邮件信息资源。电子邮件是互联网最基本的功能之一，用户能通过互联网与其他用户进行方便、快捷、价廉的通信联系和信息交流，是目前使用最频繁的信息交流手段。③FTP 信息资源。文件传送，即允许互联网上的用户将一台计算机上的文件传递到另一台计算机上，能实现庞大程序或数据文件（如文本、图像、声音、多媒体、数据库等）的发送和接收。④Telnet 信息资源。远程登录，即用户的计算机通过互联网成为某个互联网主机的远程终端，从而使用该主机对外开放资源。⑤Usenet/Newsgroups 信息资源。新闻组，是互联网上的讨论小组或电子公告板，也称电子论坛。用户可以发布公告、新闻及各种文章，组织讨论；可阅读他人发送的各种类型的新闻，也可发送自己的见解，还可以参加讨论或提出自己的问题以求得别人的帮助和解答。⑥Listserv/Mailing List 信息资源。互联网特有的一类信息资源，是伴随着人们利用互联网便捷的交流条件进行交流活动而产生的。⑦Gopher 信息资源。Gopher 将网上的信息组织成联机的菜单系统，以方便用户浏览感兴趣的题目。这是一种交互式、菜单式的信息查询工具，提供面向文本的信息查询服务。⑧WAIS 信息资源。广域信息服务系统是用户查询互联网上各类数据库的一个通用信息检索工具。

9.1.3 网络信息资源的组织形式

网络信息组织是指人们根据网络信息本身的特征（或属性），运用各种工具和方法，对网络信息进行加工、整理、排列和组合，使之有序化、系统化、规律化，从而有利于网络信息的存储、传播、检索和利用，以满足人们的网络信息需求的活动过程。

有的研究者结合网络信息资源组织方式的现状，将网络信息组织方式归纳为超文本方式、搜索引擎方式、指引库方式、元数据方式、图书馆编目方式等。

从结构上看，网络信息资源的组织方式可以划分为三个层次：网上一次信息、二次信息和三次信息的组织与管理。其中，网上一次信息的组织方式主要包括文件方式、超媒体方式、数据库方式；二次信息的组织方式主要有搜索引擎方式、主题树方式、图书馆编目方式、数字图书馆与虚拟图书馆方式等；至于三次信息，其开发的规模目前还相对有限，主要采用超文本说明的形式辅助用户掌握并利用网络检索工具，以便进一步获取一次信息。本节将对这些信息组织方式进行分析比较，以便更好掌握网上信息的检索方法。

1. 文件方式

文件方式是网上数字化信息资源的一种主要存储形式，以文件方式组织的网上数字化信息主要有文档文件、图像文件、音频文件、视频文件等四种类型，常见的文件格式有：HTML、PDF、PS、DVI、SGML、XML、WDL、DCP、O0x、S2、TXT、DOC、WPS、RTF、BMP、GIF、JPG、PNG、PSD、TIF/TIFF、3DS 等。

以文件方式组织网络信息资源具有以下优势。

（1）简单方便。计算机有一整套用于文件处理的理论与技术，在组织网络信息资源时可以非常容易地利用这些现成的技术和方法。

（2）文件是存储非结构化信息的天然单位。由于计算机处理的所有最终结果都能以文件的形式保存下来，因而对于图形、图像、图表、音频、视频等非结构化信息，可以方便地利用文件系统来管理。正是由于以上优点，以文件方式管理信息资源的方式仍然广泛使用。互联网也提供了诸如 FTP 一类的协议来帮助用户利用以文件形式保存和组织的信息资源。

但是，以文件方式来组织网络信息资源也有其难以克服的弱点。

（1）随着网络信息资源利用的不断普及和信息量的不断增多，以文件为单位共享和传输信息会使网络负载越来越大。

（2）对结构化信息的组织与管理显得软弱无力。文件系统只涉及信息的简单逻辑结构，当信息结构较为复杂时，就难以实现有效的控制和管理。

（3）随着以文件形式保存和管理的信息资源的迅速增多，文件本身也需要作为对象来进行管理。因此，文件只能是网络信息资源管理的辅助形式，或者作为信息单位成为其他信息组织方式的管理对象。

2. 超媒体方式

超媒体技术是超文本与多媒体技术的结合，它将文字、表格、声音、图像、视频等多媒体信息以超文本方式组织起来，使人们可以通过高度连接的网络结构在各种信息库中自由航行，找到所需要的任何媒体的信息。

采用超媒体方式组织信息资源的优势主要有如下几点。

（1）以非线性的方式组织信息，符合人们思维联想和跳跃性的习惯。

（2）节点中的内容可多可少，结构可以任意伸缩，具有良好的包容性和可扩充性。

（3）可组织各类媒体的信息，方便地建立和描述各媒体信息之间的语义联系，完全超越了媒体类型对信息组织与检索的限制。

（4）通过链路浏览的方式搜寻所需信息，将信息控制机制融合进系统数据之中，避免了检索语言的复杂性。正是由于超媒体的种种优点，它已成为互联网上占主流地位的信息组织与检索方式。

当然，利用超媒体方式组织网络信息资源也有如下缺陷。

（1）采用浏览的方式进行信息搜寻，当超媒体网络过于庞大时，很难迅速而准确地定位于真正需要的信息节点上。

（2）很难保存遍历过程中所有的历史记录，难以在需要时能立即返回到曾经浏览过的某一节点，即难以避免"迷航"现象。

3. 数据库方式

数据库方式就是以固定的记录格式存储网络信息资源，并提供若干检索入口。用户通过这些检索入口，能找到他们需要的信息线索，并利用超链接功能直接链接到相关站点或一次信息本身。这种组织方式利用数据模型对信息进行规范化处理，并利用关系代数理论优化数据查询，从而大大提高了数据操作的灵活性，因而成为一种被广泛使用的网络信息资源组织方式。

利用数据库技术组织网络信息资源具有如下优势。

（1）对大量的结构化数据的处理效率有了很大提高。数据库技术利用严谨的数据模型对信息进行规范化处理，利用成熟的关系代数理论进行信息查询的优化，从而大大提高了信息管理的效率。

（2）数据的最小存取单位是信息项（字段），可根据用户需求灵活地改变查询结果集的大小，从而大大降低了网络数据传输的负载。

（3）基于数据库技术，已建立了大量的信息系统，形成了一整套系统分析、设计与实施的方法，这为人们建立网络信息系统提供了现成的经验和模式。因此，数据库方式是当前普遍使用的网络信息资源组织方式，尤其是在处理大数据量的环境下，其优点更为突出。

但该方式也有明显的不足之处。

（1）对非结构化信息的处理难度较大。对网络环境中日益增加的多媒体信息及表格、程序、大文本等非结构化信息的组织，采用该方式可能会面临诸多困难。

（2）无法有效处理结构日益复杂的信息单元。网络信息单元的结构日益复杂化，导致关系数据库难以表达出复杂信息对象的语义。

（3）缺乏直观性和人机交互性。关系数据库系统的检索结果以记录集合的形式出现，必须由应用程序对其进行适当处理，方能以较直观的方式提供给用户。因而，该方式缺乏灵活易用的界面机制。

4. 搜索引擎方式

搜索引擎是互联网上组织网络二次信息的主要方式，其实质是一种报道、存储网络一次信息的检索工具。搜索引擎是指互联网上专门提供查询服务的一类工具。搜索引擎通常利用被称作 Robot（机器人）、Spider（蜘蛛）的自动代理软件，在网络上定期或不定期地爬行，通过访问网络公开区域的每一个站点，收集网络信息资源，然后利用索引软件对收集的信息进行自动标引，创建一个详尽的、可供用户进一步按关键词查询 Web 页面的索引数据库。

这种方式的优点在于：数据库由自动索引软件生成，其收录、加工信息的范围广、速度快，能及时地向用户提供新增信息；在检索时，用户只需直接输入关键词或词组、短语，无须判断类目归属，比较方便。

这种方式的缺点在于：由于标引过程缺乏人工干预，其准确性较差；检索软件的智能化程度不高，导致检索误差较大；尽管一次检索能输出大量的信息，但会包含许多重复、虚假信息，即检索噪声较大。

5. 主题树方式

主题树方式就是将所选定学科领域的所有已获得的信息资源按照某种事先确定的概念体系结构，分门别类地逐层加以组织，用户通过浏览的方式逐层加以选择，层层遍历，直到找到所需要的信息线索（即相关站点链接），进而通过信息线索直接找到相应的网络信息资源。

这种方式的优点在于：简单易用，屏蔽了网络信息资源系统对于用户的复杂性，提供了一种基于树形浏览方式的浏览界面；信息检索按照特定的体系结构逐层查看，因此对于用户而言，目的性强，查准率高。

这种方式的缺点在于：体系的结构不能过于复杂，每一类目下细分的主题不宜过多，这无疑限制了其所能容纳的网络信息资源的数量。

6. 图书馆编目方式

目前，图书馆编目已成为一种组织网络信息资源的方式，它用传统的机读目录（machine-readable catalog，MARC）格式来组织整理网络信息资源。OCLC 互联网资源编目计划 InterCat 是较为成功的典型事例。

图书馆编目就是图书馆人员搜索、识别和注释那些对读者有用的资源，再根据针对网上资源的选择政策进行选择，然后编目成基于机读目录格式的记录，使之成为图书馆集成管理系统的一部分。

这种方式的优点在于：保证为读者所提供信息的质量和可靠性；通过联机编目可以为用户提供多种检索途径；由于受控词和规范系统的使用，现存的图书馆主题规范系统能为读者提供一贯的、合理的检索途径；能为用户提供统一的检索界面；记录具有共享性，这些记录可以像传统的书目记录一样被其他图书馆或机构共享。

这种方式的缺点在于：成本昂贵，编目的速度慢，远远赶不上网络信息资源的增长速度。

7. 数字图书馆方式

数字图书馆是高技术的产物，具体来说，其涉及数字化技术、超大规模数据库技术、网络技术、多媒体信息处理技术、信息压缩与传送技术、分布式处理技术、安全保密技术、可靠性技术、数据仓库与联机分析处理技术、信息抽取技术、数据挖掘技术、基于内容的检索技术、自然语言理解技术等。

数字图书馆的含义很广，它不是简单的互联网上的图书馆主页，而是一整套面向对象的、分布式的、与平台无关的数字化资源的集合。数字图书馆实际上是通过互联网连接起来的数字资源库群，是实行分布式管理的信息和知识共享的计算机系统，其主要特征是多媒体数字化资源，跨平台、跨语种、网络化存取，计算机系统分布管理和智能化服务，主要目的是实现信息和知识资源的共享。

这种方式的优点在于：数字化信息载体容量大，体积小，为图书馆节省大量空间；数字化信息对保护古籍等文献资料起到重要作用，能为图书、文献、音像资料提供比较精确完美的拷贝；数字化图书馆不受时空限制的远程高速特点及强大的检索查询功能使资源共享成为现实；数字化图书馆避免了资料的数量限制，也不受图书馆导读的个人影响，提高了利用效率，扩大了使用范围。

这种方式的缺点在于：随着数字图书馆的发展，版权和知识产权在网络时代的运用问题日渐突出。

8. 虚拟图书馆方式

虚拟图书馆指的是多个图书馆之间为了实现资源的最大利用，通过图书馆协议和联合组合等形式，将各图书馆的核心能力和资源通过信息网络集成在一起，形成一个临时性的开放的组织形式，来共同完成某项任务。虚拟图书馆的本质在于把不同地区、不同图书馆的现有资源迅速组合成一种无界限、超越时空约束的组织形式。这是一种依赖电子网络手段联系实际统一指挥的实体，能以最快的速度推出高质量的产品和服务，而这种产品和服务是任何单一图书馆无法实现的。

这种方式的优点在于：虚拟图书馆的发展丰富了传统图书馆信息资源，拓展了服务形式，它为用户提供了一个友好的、可随时随地访问的虚拟界面，在一定程度上缓解了图书馆经费紧张的问题；虚拟图书馆提供的服务更便利，服务的区域更广阔，服务的项目更多，质量也更高。

这种方式的缺点在于：虚拟图书馆依赖高性能服务器、网络设备及专用软件系统，但现有技术存在明显短板；虚拟图书馆需依托高速网络实现资源调用，但在发展中国家，网络带宽不足、延迟高等问题仍制约服务效率；数字化载体（如光盘、硬盘）物理寿命仅 20~30 年，远低于经过防腐处理的纸质文献（百年以上）。

9.1.4 网络信息资源的特点

与传统信息资源相比，网络信息资源在数量、结构、分布、传播范围、类型、载体形态、内涵、控制机制、传递手段等方面有明显的差异，呈现出许多新的特点。这些特点包括：

（1）信息存储与传递的数字化和网络化；
（2）数量巨大，增长迅速；
（3）内容丰富，形式多样；
（4）变化频繁，价值不一；
（5）结构复杂，分布广泛。

网络信息资源具有大数量、多类型、多媒体、非规范、跨时间、跨地域、跨行业、多语种等特点，文本、数据、图形、声音和视频等均列在其中。因此，从整体上看，网络信息资源尚处于一种无序状态，具有全球性的分布式结构，分布式存储成为互联网信息资源存在的主要形式；网络信息资源分布和构成缺乏结构和组织，信息发布具有很大的自由性和任意性，信息质量缺乏必要的控制；信息资源管理的复杂性和多样性空前增加。

9.2 网络信息检索工具

网络上蕴藏着丰富的信息资源，要想从这个庞大的信息库中快速而准确地获取自己所需要的信息，需要有专门的网络信息检索工具。网络信息检索工具是指在互联网上提供信息检索服务的计算机系统，其检索对象是存在于互联网信息空间中的各种类型的网络信息资源。

9.2.1 网络信息获取方法的演变

1. 早期互联网的信息存储和获取方法

（1）Telnet，它是互联网的远程登录协议。
（2）FTP，其作用就是让用户连接上远程计算机，查看远程计算机有哪些文件，然后把文件从远程计算机上拷到本地计算机，或把本地计算机的文件送到远程计算机去。
（3）电子邮件，人们主要利用互联网电子邮件系统互相通信。
（4）专题论坛，专题论坛并非互联网的专利。

2. 对早期互联网信息存储和获取方法的改进

（1）Archie 实际上是一个大型的数据库，以及与这个数据库相关的一套检索方法。

（2）Gopher 与 Archie 一样，Gopher 在最初的时候也是为解决查找 FTP 文件的难题而被研制和开发的。

（3）WAIS 与 Archie、Gopher 有点类似，WAIS 亦提供了一种检索互联网信息的方法。

3. 基于 WWW 的信息检索方法

FTP、Telnet、Archie 等信息获取方法，不但功能单一，在操作时还需要使用者熟悉一系列操作命令，并提供所访问信息资源的互联网地址。这使得不熟悉计算机的用户在利用这些方法查询信息时困难重重。后来出现了基于菜单驱动的 Gopher 和基于关键词检索的 WAIS，把互联网提供的信息分类连接，大大提高了互联网信息检索的友好性和易用性，但它们仍属于基于文本的信息检索，提供的信息范围仍然有限。在这种情况下 WWW 应运而生。

WWW 的最大特点是它为用户提供了良好的信息查询界面，它能把各种形式的信息，如文本、图像、声音、视频等无缝地集成在一起，用户只需提交自己的查询要求，具体到什么地方、如何取回信息都由 WWW 自动完成。其原理如图 9-1 所示。

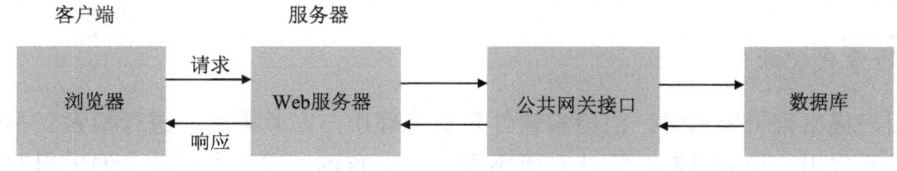

图 9-1 WWW 系统原理图

WWW 迅速普及的另一个重要原因是，它的核心技术并不仅限于支持 WWW 自身的信息构建。浏览器是围绕着名为超文本传输协议和超文本标记语言而设计的，但它也支持其他互联网协议，如文件传输协议、新闻组以及电子邮件（SMTP、POP、IMAP[①]）等。此外，浏览器对 Gopher 和 WAIS 协议的兼容，使得互联网上早期发布的信息能够在 WWW 环境下被访问，进而实现了 WWW 站点与早期网络信息资源的共存。

9.2.2 网络信息检索工具的结构

网络信息检索工具一般由自动索引程序、数据库和检索代理软件组成。有些检索工具还拥有自己的维护管理软件。不同的检索工具在具体的实现机制上又各有不同，从而决定了不同检索工具的特色。

1. 自动索引程序

互联网上的信息资源众多，且每天都有成千上万的新信息加入。据粗略估计，截至

---

① SMTP，即 simple mail transfer protocol，简单邮件传输协议；POP，即 post office protocol，邮局协议；IMAP，即 internet message access protocol，因特网信息访问协议。

2023年12月31日，互联网的网页数量总数已经超过了11.3亿个。人工来收集、加工、整理这种数量级的网页是几乎无法完成的任务。现在大多数网络检索工具都是采用一种称为Robot（又称为Spider、Crawler、Worms、Wanders等）[①]的网络自动跟踪索引程序。它实际上是一种在网络上检索文件、自动跟踪文件的超文本结构并循环检索所有被参照文件的软件。不同的自动索引软件所采用的搜索、标引策略不同，自动索引软件搜索、标引网页的方式对信息检索的质量有直接影响。

2. 数据库

自动索引程序将采集和标引的信息汇集成数据库，作为该网络检索工具提供检索服务的基础。不同网络检索工具的数据库收录范围不一样，有的收录Web及图像、有的收录Web、FTP、Flash、新闻组等资源类型。不同网络检索工具的标引方式也不同，有的索引软件标引主页全文，有的则只标引主页的地址、标题、责任者、特定的段落和关键词。一般而言，数据库的内容有网站的名称、标题、网址URL、网页的长度、网页的时间、相关的超文本链接点、内容简介或摘要等。不同数据库的规模差异也很大。例如，Google自称已收录了数千亿个网页索引。数据库规模的大小决定了检索到的信息是否全面。

3. 检索代理软件

当用户提出查询要求时，由检索软件负责代理用户在数据库中进行检索。不同网络检索工具所采用的检索机制、算法有所不同，其中布尔逻辑检索是较普遍采用的一种机制，即按照检索项间的逻辑关系使用布尔逻辑符AND、OR、NOT等来组合检索项，形成检索式来提交查询。除了布尔检索外，许多网络检索工具还提供了一些其他的检索机制，如截词检索、概念检索、模糊检索、词组检索、字段检索、位置检索等。

检索软件可根据检索机制构建的检索提问式来进行分析和判断，形成检索策略。然后，综合运用某些检索模型对检索结果进行处理，根据检索结果与检索要求的相关程度进行计算和评估比较，根据计算结果对文档进行排序，将最相关、最重要的信息排在较前面的位置，这就是相关度排序。

有关各网络检索工具的收录范围、标引方式、数据库的规模、其所采用的算法、检索式的组织和处理等，不同的检索工具都各有自己的特点。用户可以在相关检索工具的主页上点击"About us""FAQ"（frequently asked questions，常见问题解答）等地方获得信息。

4. 网络信息检索工具的原理

网络信息检索工具的工作原理可以概括为，首先通过自动索引程序Robot（或人工）来广泛搜集网络信息资源数据，其次经过一系列判断、选择、标引、加工、分类、组织等步骤后，形成可供检索的数据库，并创建目录索引。大多数工具以Web页面的形式向

---

① Spider，即蜘蛛；Crawler，即爬虫；Worms，即蠕虫；Wanders，即漫游者。

用户提供相关资源导航、目录索引及检索界面。用户可以根据自己的需求查找信息，按照该检索工具的句法要求等，在检索界面输入检索项、提问式。在接受用户提交的检索提问后，系统检索软件按照本系统的句法规定识别和判断用户输入的字符串、运算符、标识符、空格等，然后代理用户在数据库中检索，并对检索结果进行评估比较，按与检索提问的相关程度排序后提供给用户。

下面，以 Google 为例分析网络信息检索工具的结构。

网络检索工具一般由搜索软件、索引软件和查询软件三部分组成。搜索软件用来在网上收集信息，目前大致有 Robot、Spider、Crawler、Wanderer、Worm 等自动代理软件，定期或不定期地在网上爬行，通过访问网络中公开区域的每一个站点，对网络信息资源进行收集。然后，网络检索工具利用索引软件对收集的信息进行自动标引，创建一个详尽的可供用户按关键词等进行查询的索引数据库，查询软件通过索引数据库为用户提供查询服务。网络检索工具 Google 的结构如图 9-2 所示。

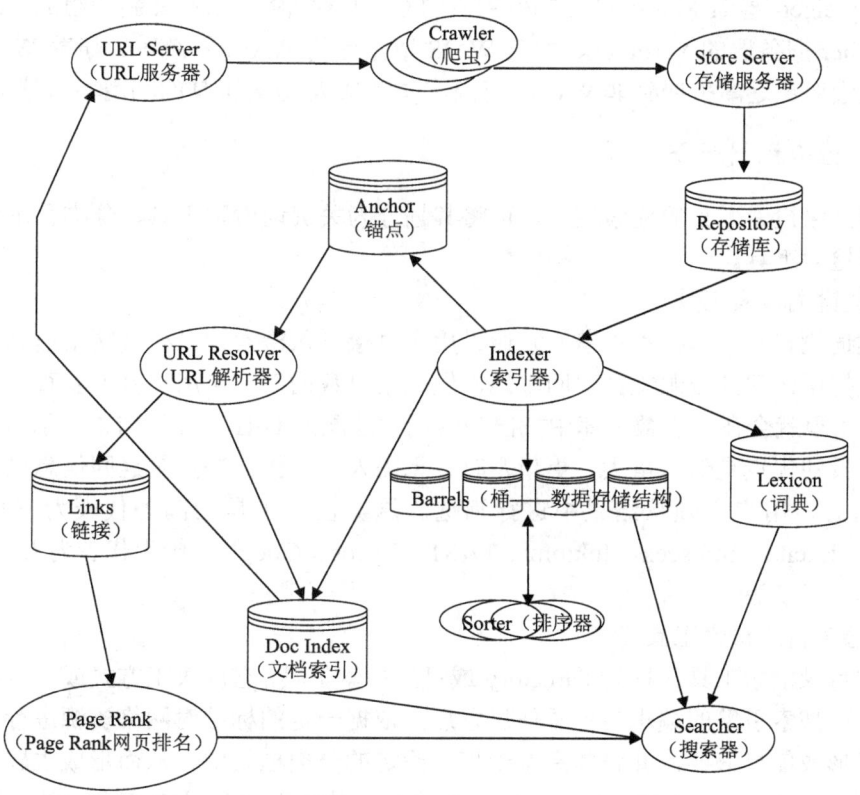

图 9-2 网络检索工具 Google 的结构图

9.2.3 网络信息检索工具的类型

互联网上的网络信息检索工具成千上万，要有效地利用好这些检索工具，必须了解它们的类型，各自适合什么样的信息资源。网络信息检索工具按照不同标准可以分为以下几类。

1. 按网络信息资源类型划分

根据网络检索工具针对的信息资源类型，可将网络检索工具分为 WWW 检索工具和非 WWW 检索工具。

1）WWW 检索工具

WWW 检索工具是指以 WWW 信息为主要检索对象，又以 WWW 形式提供检索结果的检索工具，通常被称为搜索引擎，其检索结果被称为网页。它代表着网络信息检索的较高水平，目前已经发展成为网络信息检索的主流工具。

2）非 WWW 检索工具

非 WWW 检索工具是指以非 WWW 信息资源，如 FTP、Telnet、Usenet、Gopher、WAIS 等信息资源为检索对象的检索工具。例如，检索 FTP 文件的 Archie、检索 Telnet 系统的 Hytelnet、检索 Mailing list 邮件列表的 CataList、检索 Usenet 新闻组的 DejaNews、检索 Gopher 服务器的 Veronica、检索 WAIS 数据库的 WAIS 系统等。随着 WWW 检索工具的检索对象逐渐扩展到非 WWW 资源，非 WWW 检索工具的利用率将越来越低。

2. 按检索机制划分

根据网络检索工具的检索机制，可将其划分为关键词检索工具、分类目录检索工具和混合型检索工具。

1）关键词检索工具

关键词检索工具即搜索引擎，它通过用户直接输入检索词来检索网络信息。这种检索工具先把所访问的资源文件取回本地，做成索引数据库，当用户键入要查找的关键词时，搜索引擎就会在索引数据库中找出与该词相匹配的 URL，并将结果显示给用户。该类检索工具的优点是信息量大、更新及时、无需人工干预；缺点是返回信息过多，有很多无关信息，用户必须从结果中进行筛选。这类检索工具的国外代表为 AltaVista、Northern、Excite、Infoseek、Inktomi、FAST、Lycos、Google；国内代表为天网、悠游、OpenFind、百度等。

2）分类目录检索工具

分类目录检索工具又称为 Directory 或目录检索工具，它以人工方式或半自动方式搜集信息，由搜索引擎的编辑员查看信息之后，依据一定的标准对网络资源进行选择、评价，人工形成信息摘要，并将信息置于事先确定的分类框架中，从而形成主题目录。用户通过浏览分类目录来检索网络信息[①]。分类目录检索工具往往拥有自己的一套分类体系、分类类目及分类代码，也有少数是采用传统图书分类法。该类检索工具因为加入了人的智能，所以信息准确、导航质量高；缺点是需要人工介入、维护量大、信息量少、信息更新不及时。这类检索工具的国外代表为 Yahoo！、LookSmart、Open Directory、GoGuide 等；国内代表为网络指南针、搜狐网络目录等。

---

① 黄如花. 信息检索[M]. 3 版. 武汉：武汉大学出版社，2019，53.

3）混合型检索工具

混合型检索工具即兼有关键词和分类目录两种检索方式的检索工具。用户既可以直接输入检索词，又可以浏览目录来了解特定领域范围的资源。实际上现在大多数检索工具都同时具有关键词检索和分类目录检索的功能，提供多样化的服务，以吸引更多的用户。

3. 按包含检索工具数量划分

根据包含的检索工具数量可划分为单一型和多元型检索工具。

1）单一型检索工具

单一型检索工具是互联网上最常见的一类检索工具，它一般拥有自己的索引数据库，可向用户提供基于自身索引库的查询服务，并根据数据库的内容反馈出相应的查询信息或链接站点。目前常见的搜索引擎如 AltaVista、Google、Excite、FAST 等均属于单一型检索工具。

2）多元型检索工具

多元型检索工具允许一次检索多个搜索引擎，检索的覆盖面非常广。这种检索工具通常自身不进行 WWW 的遍历和索引，也没有自己的索引数据库，只向用户提供一个查询界面，实际则将用户提交的查询转送给其他多个搜索引擎去检索，并将反馈的结果经过筛选和组织后，作为自己的结果送交给用户。这类检索工具的优点是返回结果的信息量更大、更全；缺点是不能够充分发挥所使用的搜索引擎的功能，用户需要做更多的筛选。

4. 按检索内容划分

根据检索工具所针对的检索内容，可将其划分为综合型、专题型和特殊型检索工具。

1）综合型检索工具

综合型检索工具又称为通用检索工具，即检索内容不限，适用对象广泛，用户可利用它检索几乎任何学科和生产生活的各个领域的信息资源，如 Yahoo!、AltaVista、Excite、搜狐、悠游等均属于这类检索工具。

2）专题型检索工具

专题型检索工具又称为专业检索工具，即检索内容为某一个或几个学科或主题范围的信息资源，如检索医学信息的工具 MEDLINE、检索法律信息的 Lawcrawler、检索教育信息的 ERIC、检索社会科学信息的 SOSOIG（social science information gateway，社会科学信息网关）等。

3）特殊型信息检索工具

特殊型信息检索工具即检索内容为某一特定类型信息或数据的检索工具。例如，查询人物的 FOUR11、查询地址的 IAF（internet address finder，互联网地址查找器）、查询电话的 555-1212、查询地图的 Mapblast、查询图像的 Visual-SEEK、查询视频的 Blinkx 等。

9.2.4 网络信息检索工具的功能

互联网信息检索工具的核心是其检索功能。从现有的检索工具来看，它们都已具备诸如布尔检索、截词检索、邻近检索与短语检索、字段检索、区分大小写检索这些基本检索功能。

1. 基本检索功能

1）布尔检索

布尔检索指通过标准的布尔逻辑关系词来表达检索词与检索词间逻辑关系的检索方法。布尔检索在网络信息检索中使用得相当广泛。除 Archie 之外，所有网络检索工具都具备布尔检索功能。布尔检索功能主要是通过布尔逻辑关系词实现的。布尔逻辑关系主要有逻辑与、逻辑或、逻辑非三种。

逻辑与：用关系词 AND 表示（可写作 "and" 或 "*"）。逻辑与表示 AND 所连接的两个检索词必须同时出现在结果中才满足检索条件。如果用 AND 连接检索词 A 和检索词 B，则检索式为 A AND B（或 A*B）：表示包含检索词 A 的结果集与包含检索词 B 的结果集的重叠部分，如图 9-3（a）中两个圆交叉部分。

逻辑或（逻辑加）：用关系词 OR 表示（可写作 "or" 或 "+"），逻辑或表示 OR 所连接的两个检索词中任意一个出现在结果中就算满足了检索条件。用 OR 连接检索词 A 和检索词 B，则检索式为 A OR B（或 A+B），表示包含检索词 A 的结果集与包含检索词 B 的结果集之和，如图 9-3（b）中所有部分。

逻辑非：用关系词 NOT 表示（可写作 "not" 或 "–"），逻辑非表示 NOT 后面的那个检索词一定不能在检索结果中出现。用 NOT 连接检索词 A 和检索词 B，检索式为 A NOT B（或 A–B），表示包含检索词 A 的结果集中不包含检索词 B 的结果集的部分，如图 9-3（c）中左圆被切割后的部分。

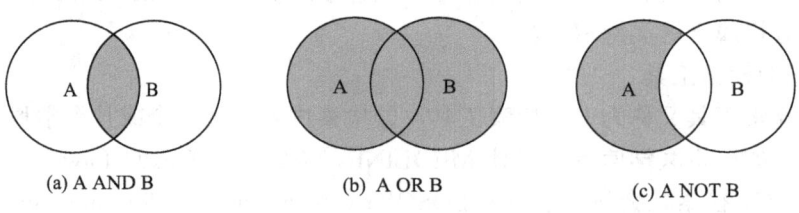

图 9-3 布尔逻辑检索

2）截词检索

截词检索指在检索式中用专门的截词符号（一般用*表示）表示检索词的某一部分允许有一定的词形变化，因此检索词的不变部分加上由截词符号所代表的任何变化形式所构成的词汇都是合法检索词，结果中只要包含其中任意一个就满足检索要求。例如，检索式 comput* 将检出包含 computer、computing、computerised、computerized、computerization 等词汇的结果。

截词检索的类型有右截词，又称后端截词、前端一致，允许检索词尾部有若干变化形式，如前例所示。中间截词，允许检索词中间有若干变化形式，例如，wom*n 就可同时检索到含有 woman 和 women 的结果。左截词，又称前端截词、后端一致，允许检索词的前端有若干变化形式，例如，检索式*physics 就可检得包含 physics、astrophysics、biophysics、chemophysics、geophysics 等词的结果。

截词检索可以扩大检索范围，在一定程度上提高信息检索的查全率。尽管网络检索结果的信息量已是以多为"患"，但是绝大多数网络信息检索工具都支持截词功能。有的是自动截词（如 Lycos），有的是在一定条件下才能截词（如 AltaVista）。在允许截词的检索工具中，一般是指右截词，部分支持中间截词（如 Archie），左截词比较罕见。

3）邻近检索与短语检索

在网络信息量相当庞大的今天，单纯的关键词检索和布尔检索已难以满足多种检索需要。为此，许多检索工具引进了邻近检索功能，通过检索式中的专门符号来规定检索词在结果中的相对位置。目前应用广泛的主要是"(nW)"和"(nN)"这两个关系。

(nW) 关系要求它所连接的两个检索词在结果中相互距离不超过 n 个词（在中文情况下不超过 n 个字），而且前后顺序不能颠倒。例如，检索式 Second（W）World（W）War 就只检索出那些包含词组"Second World War"的结果，而不会检索出包含"the second war in the world"。

(nN) 关系的用途略逊一筹。(nN) 关系也要求它所连接的两个检索词在结果中相互距离不超过 n 个词（在中文情况下不超过 n 个字），但前后顺序可以变换。例如，检索式 environment（2N）protection 就可检索出包含"environment protection""protection of the environment""protection of water environment""protection of forest environment"等内容的结果。

实际上，(W) 关系主要用于词组检索和短语检索。许多检索工具允许使用更直接的方法来进行这类检索。例如，要检索有关北京大学的信息，可在检索式中用引号将其引起，表示结果中必须包含"北京大学"这个词组，而那些包含"北京的清华大学""许多位于北京的大学"等内容的结果应该排除在检索结果之外。

总的来说，(W) 和 (N) 关系对改善网络信息检索的查准率有着不可低估的功用。如果网络信息检索工具能百尺竿头，更进一步，支持更多其他邻近检索关系，如联机数据库服务公司 DIALOG 的 (L) 和 (F) 关系，网络检索结果的查准率有望更上一层楼。

4）字段检索

虽然网络信息实际上不分字段，但是以万维网为用户界面的网络信息检索工具设计了类似于字段检索的功能，我们不妨称其为"准字段检索"。依据这类功能，用户可把查询万维网信息时的检索范围限制在标题、URL 或超链接等部分。例如，"TITLE：北京大学"这一检索提问可以查得网页题名中含有"北京大学"字样的网页。同样，在查询用户网信息时，可将检索范围限制在特定部分，如"来自"、主题或网络讨论小组类别。当然，这种准字段检索不能与联机或光盘信息检索环境中的著者、篇名或主题等字段检索同日而语，而且，问题的渊源是在于占网络信息量多数的万维网页实质上是不分字段的。不过，鉴于近年来人们对于元数据（metadata）以及相应标准的探讨和研究，有可能在不远的将来出现含有字段的网页。

5）区分大小写检索

西文的一个最大特点就是有大小写的区别。在查找西文信息时，区分大小写这一检索特性有助于提高查准率，为此，许多网络检索工具可让用户选择是否要求分辨检索词的大小写。例如，"Web"专指万维网，而"web"表示蜘蛛网。这一检索功能尤其有助于对专有名词的查询。

2. 高级检索功能

除了简单检索外，很多网络检索工具还提供了高级检索入口。高级检索也称为进阶检索。在高级检索中，可以采用某些更高级的检索手段更准确地进行信息定位。

1）加权检索

在现有的网络信息检索工具中，最先支持加权检索的网络信息检索工具是 Excite，它用符号"∧"表示给某个检索词指定了权值。后来，相当数量的网络检索工具采用"+""−"来表示检索词在检索提问中的分量。在某个检索词前面带上"+"，表示该检索词必须在检索结果中出现，反之，若某个检索词前面带上"−"，则表示该检索词一定不能出现在检索结果中。

严格说来，这还不是一种真正意义上的加权检索。目前加权检索在网络检索工具中的运用还很不完善。如果在一个检索提问中使用了表示加权检索的"+"或"−"，其余未加符号的检索词在检索过程中的作用将被大大减弱。另外，目前网络检索工具的加权检索也仅仅只能控制某个语词是否一定要在检索结果中被包含或被排除，尚不能根据用户的需求来确定某一个具体语词的权值大小从而确定它对检索结果的影响程度。

2）自然语言检索

在词形、词汇、句法层次上，自然语言检索是指用户可以输入自然语言作为检索入口词。这种检索的基本处理过程是检索工具在接收到用户提问后，首先利用一个停用词表从提问中剔除那些没有实质主题意义的词汇，例如各种副词、介词、代词、常用请求词（please、help、would、may 等）、检索提问词（find、search、locate、check、information、materials 等），其次将余下的词汇作为关键词进行检索。

由于自然语言表达概念的自由度很大，又存在着大量的同义和近义现象，再加上自然语言标引不用词表，无法对有属分关系和相关关系的概念进行显示，因而会造成一定程度上的漏检。目前解决这一问题的方法一般是采用后控词表。但是，自然语言仍然存在着一定的局限性：首先，解决大量的同义现象必须依赖于利用受控词表进行逻辑或的运算，需要不断重复操作，降低了检索效率；其次，选定受控词要符合文献保证与用户保证原则，而词表又具有一定的凝固性，因此又会影响查全率。这些问题有待进一步研究解决。

为了弥补这些局限性，人工智能技术可以协助实现语义和语用层次的自然语言理解。

自然语言理解是语言文字信息处理的一项高层次技术，是人工智能的一个分支学科，是指研究能够实现人与计算机之间用自然语言进行有效通信的各种理论和方法。自然语言理解在信息检索中的应用可以体现在一个或多个语言处理层次上，既可以仅应用于查询，也可以同时应用于查询和被检索的文本。由于语言的各个层次都包含了一定的含义，能够传递一定的信息，所以每个层次上的自然语言理解都能对提高检索效率有一定程度的帮助[①]。

语义层次上，自然语言理解是对自然语言文本意义的识别、理解和表示，它涉及各级语言单位（单词、词组、句子和句群）所包含的意义及其在语言使用过程中所产生的意义。

语用层次上，自然语言理解涉及上下文和语言交际环境以及背景意义和联想意义的语义分析。

在语义和语用层次上的自然语言检索，以文档文本的语言结构分析和语义分析为特色，将信息处理的层次深入到了文档中文本的内容，而非仅依据文本中索引词的统计信息。另外，用户可以不受控制地输入查询语言，表达自己的查询请求，其优势表现在符合客观需求，标引简便、快捷，检索方便、简单，查准率高，具有通用性等多个方面。

3）相关信息反馈检索

在检索过程中人们会发现某个结果非常符合自己的需要，因此希望能进一步检索到与该结果类似的结果，我们称之为相关信息反馈检索。我们可以人工进行这种检索，从已检得的信息中选取与检索提问相关的词语，作为下一轮检索的检索词。在网络环境中，相关信息反馈检索可由检索工具自动进行，如 Excite 的"Search for more documents like this one"检索以及 Lycos 的"More Like This"检索。利用相关信息反馈检索，人们获得的检索结果似滚雪球一般，越来越多。

相关信息反馈检索的基本原理是检索工具将用户所选定的结果网页中的关键词识别出来，并根据它们在网页中的出现频率和位置等因素来计算各自在该网页中的相关度。然后，选出那些在该网页中最重要的词汇（即相关度最高的词汇）用作下一步检索的检索词。当然，各个检索工具的具体运作机制会有所不同，且属于技术秘密，用户不得而知。但由于词汇选择主要只考虑了词汇出现的频率和位置，没有考虑用户对各个词汇重要性的主观判断，所以其结果并不一定非常合适。

4）模糊检索

简单地说，模糊检索允许被检索信息和检索提问之间存在一定的差异，这种差异就是"模糊"在检索中的含义。例如，用户想查询有关"中药使用"的信息，但不肯定这一提问在数据库中究竟以什么标引词表示，究竟是"中药的使用""使用中药"还是其他。如果用户以"中药使用"作为检索词，而数据库中的信息是以"中药的使用"作为标引词，这时，检索提问和被检索信息之间就存在着差异。假如检索工具支持模糊检索，上述提问能够达到预期检索效果。

模糊检索中所指的差异一类往往来自用户在输入检索提问时的输入错误，如少键入一个字，打错一个字母等。另一类差异来自某些词汇在不同国家的不同形式，如"catalog"和"catalogue"。我们希望检索工具在这时能估计到这些词汇的正确形式或其他变形，使我们能够检索到用正确词汇或其他变形形式标引的结果，而不是简单地告

---

① 王知津. 信息存储与检索[M]. 2 版. 北京：机械工业出版社，2015，202.

诉"输入错误"或"没有结果"。目前的网络信息检索工具还只能进行纠正输入错误的模糊检索。例如，用于检索地图信息的 Mapblast 可在用户输入错误的街道名的情况下，仍然检索出正确的地图信息。

5）概念检索

概念检索是指当用户输入一个检索词后，检索工具不仅能检索出包含这个具体词汇的结果，还能检索出包含与该词汇同属一类概念的词汇的结果。概念检索实现了受控语言的一部分功用，即考虑到了同义词、广义词和狭义词的使用。例如，运用概念检索，如果输入检索词"automobile"，不仅可以得到包含"automobile"的结果，还可以得到包含有"car""truck""van""bus"等任一词汇的结果。又如，在查找"公共交通"这一概念时，有关"公共汽车"或"地铁"的信息也能随之检得。至今为止，Excite 在概念检索方面取得了比较明显的成就。

6）智能化检索

智能化检索的核心是网络信息检索工具必须具有智能化的人机接口和系统推理能力，要求其能够准确判定用户检索提问与数据库文档之间的关系，并能对用户的潜在需求做出比较准确的分析与判断。这要求网络检索工具在用户输入检索要求时，能对检索结果进行分析，检索出那些真正与检索问题相关的网页（至少将它们排在前面）。这一功能可通过以下三种途径实现：一是对用户的检索行为进行观察和搜集，将所有输入同样检索词的用户选择浏览网页的情况进行累计及统计，从而分析出对应于该检索问题的最有用的网页；二是采用基于检索结果中某网页出现频率统计的智能化软件（如 popularity engine），该软件能区分相似的网页，并综合考察网页的名次、声望和可用性等因素，从中挑选出并显示与检索提问最匹配的检索结果；三是选择网址的过程中依据网址的权威性为其进行排序，这实际上相当于传统检索中的引文分析方法，被引用得最多、最频繁的文献往往是具有权威性的。同样，在网络信息资源中，被其他网页或网站链接得最多的网页一般具有较高的权威性，因此，在检索时，与检索提问相关的权威性网页应是首要目标。

可以说，前两种方法基本上是一种基于"用户评价机制"的方法，而第三种方法则是一种基于"专家评估机制"的方法。若能将这两种机制结合起来，将对提高网络信息资源检索的查准率大有裨益。

3. 与检索相关的功能

随着网络信息检索技术的发展，在网络信息检索领域又陆续出现了一些与检索相关的功能，它们包括以下几个方面。

1）检索提问的修改与限制

（1）用户输入检索提问之后，网络信息检索工具显示出一系列相关词语，然后，用户通过对相关词语的选择[如"应纳入修改后的检索提问中"（include）或"不应纳入修改后的检索提问中"（exclude）]，进行检索提问的修改。AltaVista 和 Excite 等都具备这样的功能，而功能的优劣则取决于网络信息检索工具在自然语言方面分析和处理方面的能力。

（2）用户可以在键入检索提问之前或获得检索结果之后，从语种（如英文或中文）、日期（如前一周或上个月）、地理范围（中国或美国纽约州）、域名范围（如.edu 或.com）、网络信息类型（如万维网或用户网）、信息媒介类型（如文本信息或图像信息）等方面进行限制，以检得更确切的信息。HotBot、AltaVista 和 Infoseek 等都在这方面做了有效的尝试。

（3）网络用户在得到检索结果之后，可选择把新的一轮检索范围限制在已检得的结果之内，以提高检索效益。如今，包括 Infoseek 在内的许多网络信息检索工具都支持这种限制机制。

然而，尽管网络信息检索工具已具备上述对检索提问进行修改和限制的功能，但它们还不能够支持类似于联机和光盘检索中的"集处理"（set manipulation）。凡是联机结果就生成一个"结果集"，随后，用户可通过布尔关系或其他检索方法对这些检索结果集再做进一步的修改和限制。遗憾的是，这种在联机或光盘检索中的"家常便饭"，至今对网络信息检索而言，仍是可望而不可即的。

2）按相关度排列结果

当我们检索到大量结果时，我们知道其中有些结果与检索要求很相关，有些比较相关，有些可能相关性非常小。这时我们自然希望最相关的结果能排在前面，次相关的结果排在其后，相关性很小的结果排在最后。为此，各种检索工具都在检索中计算检索结果的相关度，并按相关度顺序从高到低排列结果，许多还在每条结果旁给出相关度值。

多数检索工具是通过计算检索词在各个结果中的出现次数和出现位置来计算相关度的，因此如果一个网页中包含的检索词越多、出现的位置越重要（如出现在网页标题中、网页元数据中、网页内容标题中），则这个网页的相关度就越高。有的检索工具还采用了其他辅助方式，如 Google 就考虑了网页被链接程度。在 Google 计算网页相关度时，如果有大量网页链接到某一网页或有一些非常重要的网页链接到该网页，该网页的重要性会增加。

3）检索与浏览相结合

检索和浏览在信息查询过程中各有其功用。一般地说，检索便于有的放矢，直接获取检索结果；浏览利于边查边看，发现未曾预料的结果。鉴于现在网络信息检索工具都既罗列供浏览用的网络信息类别，又配备功能可观的检索机制，因此，把浏览和检索进行有机地结合的确是轻而易举的事。Yahoo!在这方面捷足先登，允许用户在浏览过程中，随时在当前所处的类别中进行检索。许多其他网络信息检索工具后来也开始陆续支持检索与浏览的并行。

4）检索结果的翻译和多语种检索

AltaVista 依靠其在自然语言分析和处理方面的优势，率先推出了翻译网络检索结果的功能。翻译的语种现只有西文，如英文、法文、德文、西班牙文等。英文和其他几种语言可以对译，如英文译法文，法文又译成英文。检索结果的翻译自然极大地方便了网络用户，但翻译质量的进一步提高还有待于机器翻译研究成果的进展。

在网络信息多种检索方面领先的有 AltaVista 和 Yahoo!。其中 Yahoo!已在中国建立了"中文雅虎"网站，AltaVista 在其主页上设置了中文检索、日文检索和朝鲜文检索等超链接接点。Lycos 和 Webcrawler（网络爬虫）等最近也开始支持以西文为主的多语种检索。

网络信息检索工具的检索功能已取得长足进展，但遍览现有的网络检索工具，没有一个可支持上述所有功能。换言之，网络检索工具作为一个整体，已经具备了相当齐全和复杂的检索功能，然而具体到单个检索工具，它们的羽毛尚待丰满。另外，与联机和光盘环境下的检索工具（如 Dialog，SilverPlatter）相比，网络信息检索工具的功能还有待于进一步改进，尤其是在提高查准率方面。

9.3 网络信息检索工具展望

9.3.1 网络信息检索工具的局限性

1. 搜索引擎对信息的标引深度不够

目前，搜索引擎检索的结果往往只提供一些线性的网址和包括关键词的网页信息，与人们对它的预期存在较大的距离，特别是对特定的文献数据库的检索显得无能为力。Robot 搜索引擎根据单词、短语在页面中出现的频度和位置来筛选、描述、标引页面，从而形成索引数据库供用户查询。现有的搜索引擎大都忽略了"Meta"标签（页面创建者提供的关键词和描述）和注释（描述页面内容结构），把它们与所有页面信息同样对待。还存在页面上的图像不能被标引以及动态生成的 Web 页面，由于其动态性和结构瞬时性也不能被标引等问题。

2. 搜索引擎的信息占有量不足

作为搜索引擎，必须占有相当大的信息量才能具有一定的查全率和实用性，可以说信息占有量的大小是评价搜索引擎性能的重要指标。目前还没有一种能覆盖整个互联网信息资源的搜索引擎。

3. 搜索引擎的查准率不高

利用搜索引擎找到的往往是一大堆网页地址，用户只有逐个浏览，才能从中筛选出一部分能满足需求的信息。影响搜索引擎查准率的原因主要有以下几个方面。

1）网上信息的质量

由于网上信息数量巨大、内容庞杂、良莠不齐、缺少严格的管理和审查机制，数量巨大的信息源处于无政府状态，信息质量得不到保障，信息的生产、变更和消亡无法预测和控制，从而影响检索结果的查准率。

2）人为因素的干扰

大多数搜索引擎的索引工作由程序自动完成，根据网页中词频及词的位置等因素确定关键词，有的网站为了提高点击率，将一些与网页主题并不相关的热门词汇以隐含方式放在页面上，并重复多次，或将其放在 MetaTag 中，从而导致查准率低。

4. 搜索引擎自身的技术局限

基于 Web 页的信息检索技术其匹配算法不同于传统的信息检索。搜索引擎依据单词、短语出现频度和位置来筛选、标引关键词的做法，存在自身难以克服的局限性，它总是倾向选择那些用户查询请求术语出现频率高的网页，或者根据"回顾站点"列表，提高那些多次被光顾站点的"相关度"，而对于那些故意在网页的敏感位置设置多个相同、常用的与他们的网页内容无关的词汇，以希望提高网页的点击率或相关度的做法，大多数搜索引擎往往难以识别。另外，目前部分搜索引擎还不能对多媒体信息进行检索。

5. 检索功能单一、缺乏灵活性

与发展完善的计算机检索工具相比，目前许多搜索引擎的查询方法较为单一，一般只提供分类查询方式和关键词查询方式，不能从文献的多个方面对检索提问进行限制，只能就某一关键词或概念进行笼统的检索。又如，在处理查询时，多数搜索引擎没有考虑到地域性问题。另外，搜索引擎只能根据给定的检索词和相应的程序设定在指定范围内进行检索，而不具备人的主动性和灵活性。

6. 索引数据库更新困难

尽管 WWW 数据库的更新日期通常都很短，一般为按"时"更新，更新最长的一般也不会超过一周。但是，搜索引擎一般都有庞大的索引数据库，这使它不能有效地解决更新问题，并且索引数据库越大，其更新周期越长，索引失效问题越突出。此外，互联网的各种资源和信息被频繁地转移保存地点和更名，致使索引数据库存在错误、遗漏及失效性等问题，从而造成检索结果无法找到信息资源的错误。

7. 大量挤占昂贵的网络带宽和 CPU 资源

搜索引擎必须将大量资源站点的内容传至搜索站本地，然后进行分析、索引。这种大批量、大规模的资源文件的传递和处理无疑增加了网络传输的负担，使有限的带宽变得更加拥挤，同时使用户访问得不到系统及时的响应。

8. 搜索引擎的分工协作有待加强

目前大多数搜索引擎各行其是、缺少合作。一方面造成因重复劳动而产生的资源浪费，另一方面也给用户的查找利用造成困难，而那种指望通过一次查找就能达到目的的想法，在目前 WWW 检索中还难以实现，用户在第一搜索引擎中没有找到满意结果时，就不得不在第二、第三搜索引擎间奔波。若能把不同搜索引擎集成化，形成多元搜索引擎，就能较好地解决用户网络信息检索问题。有人预测，具有人工智能的计算机将会按照我们的意愿处理信息，实现更高水平的人机协同，从而实现大规模高质量动态资源的

有效利用[①]。

9. 对自然语言提问的理解能力有限

传统的信息检索方法或搜索引擎，无论是关键字符的匹配，还是结合布尔逻辑运算提供更为复杂的查询表达方式，都是以关键词匹配为基础的。这种方法有两种缺陷：首先，检索结果只是在字面上符合用户的要求，实际内容往往偏离用户的需要。其次，用户输入的查询稍有偏差，检索系统就无法确定用户的真正需要，因而无法提供正确的结果。

9.3.2 网络信息检索工具的发展方向

1. WWW 检索工具主流化

为了帮助人们充分和有效地利用互联网的信息资源，网络工作者先后开发了多种信息检索工具，如 FTP、Telnet、Gopher、WAIS 等。与上述几类检索工具相比，WWW 检索工具的出现，使用户获取信息的手段有了跳跃性的进步。由于具有联网简单、超文本链接、格式标准、规格大小可伸缩、多媒体、浏览界面、易用等优点，WWW 检索工具已成为目前互联网上最先进的网络信息检索工具。WWW 检索工具的发展速度和规模，是其他现有互联网检索工具所不能比拟的。

2. 搜索引擎的集成化

最初出现的 WWW 搜索引擎为独立搜索引擎，独立搜索引擎也叫单一搜索引擎，是指只能在自己搜集的信息或数据库中查找用户所需的资料和信息的搜索工具，如 Altavista、Yahoo! 等就属于这一类。独立搜索引擎的缺陷是检索范围狭窄、无法利用别的工具搜索信息。随着独立搜索引擎数量的不断增加，它们各自使用的检索方式也日益复杂，其缺陷暴露也越来越明显，于是集成化的搜索引擎应运而生。

集成化的搜索引擎也叫多元搜索引擎，它是多个独立搜索引擎的组合。它在检索时要调用其他多个独立搜索引擎，并能将从多个独立搜索引擎检索到的结果进行不同程度的处理。运用集成化搜索引擎，用户可以同时对几个搜索引擎进行检索，从而避免了在不同搜索引擎上所做的重复劳动，节省了检索时间。

3. 服务区域的全球化

互联网上的信息检索工具最初主要是针对美国国内用户以及使用英语的用户而设计的，它们对检索网上其他语种的信息无能为力，而其他国家及语种的用户在使用这种工具时也感到十分不便。随着互联网的迅猛发展，网上其他语种的站点和信息越来越多，其他国家和地区的上网人数也大幅度增加，这就使原来存在的这种矛盾暴露得更加突出。

---

① 陆伟，刘家伟，马永强，等. ChatGPT 为代表的大模型对信息资源管理的影响[J]. 图书情报知识，2023，40（2）：6-9，70.

而网络通信设施以及检索工具自身性能的日益提高，则为解决这些矛盾提供了技术等方面的保证，于是，就促使了网络检索工具向全球化发展的趋势。例如，Infoseek 除了在美国本土设有站点外，又在巴西、丹麦、德国、意大利、日本、英国、墨西哥等 11 个国家分别设立了 Infoseek 的国际站点。另外，著名的网络检索工具 Yahoo!除了它最初的英文版外，在五大洲都设有其相应的子站点。尤其值得提出的是，随着网上中文信息影响力的增强，很多检索工具如 Infoseek、Yahoo!及 AltaVista、Globepage 等都推出了中文版本。

4. 服务领域的两极化

从服务领域与内容上看，互联网信息检索工具呈现出两极分化的发展趋势，即综合化与专业化。

互联网上最初出现的检索工具，如 Gopher、WAIS、Archie 等，只是单一的信息检索工具，并不能提供其他的信息服务。发展到万维网检索工具后，则除了提供信息检索服务以外，还能够进行软件下载、免费电子邮件申请、新闻浏览等，可以从多方面为用户提供便利，实际上它们已经演化为以信息检索工具为主的综合性网站。另外，为了进一步增强自身的实力，谋求更大的发展，提高自己的竞争能力，许多检索工具网站开始与别的公司合并与联盟，并进而扩大服务领域，开拓其他方面的业务。如 Infoseek 与著名的电信巨人 AT&T 签订了协议，在主页上加入了 AT&T 链接，既提供传统的电信服务，也包括一系列基于互联网的语音服务等。

在一些检索工具服务领域综合化的同时，另一些互联网信息检索工具的服务领域则向专业化方面发展。这是因为，随着网络信息的迅猛膨胀，检索工具无法做到面面俱到，它不可能收齐每个学科的信息；另外，每个学科都有自己独特的词汇及用语，同一术语在不同的学科中具有不同的定义，通过综合性的检索工具检索到的信息在准确度和专指度方面是难以保证的。于是，一些专业性的网络检索工具在工程、哲学等几个领域应运而生。

5. 检索语言的一体化

网上信息数量与种类的剧增、用户检索行为的自助化、检索模式从"提问检索式"向"浏览检索式"的转变以及信息检索技术的提高，给传统环境下的各种信息检索语言带来了很大的冲击，使它们原来那种自立门户、各自为政的局面很难维持下去，促使它们向一体化、兼容化方向发展。这种一体化主要体现在分类语言与主题语言的一体化、自然语言与受控语言的一体化、各语种检索语言的一体化等。

与传统检索系统划分为分类检索与主题检索一样，网络检索工具也分为按范围层次检索和按词语检索两种。为了弥补各自的不足，实现功能互补，现在越来越多的范畴层次检索开始加上关键词索引，而越来越多的词语检索也带有范畴层次索引，如 Infoseek 就同时支持导航和查询两种方式，很好地将分类检索和主题检索结合到一起。由此可以看出，实现分类语言与主题语言的完全兼容，发挥最佳的整体效应，是网络信息检索工具发展的必由之路。

随着自动翻译软件水平的提高,检索工具所使用的不同文种的语言将可以互相转换,这样有助于用户克服检索工具的语言障碍。

6. 检索功能的多样化

针对网络信息分布无序、难以规范化和结构化、内容特征抽取复杂等特点,网络信息检索工具的功能也将进一步向多样化方向发展。检索功能的多样化具体体现在以下几个方面。

1)检索角度的多样化

目前网络信息检索工具提供的检索点主要有文件名、文件标题、作者、网址名、日期等可检字段。从这些角度还不足以充分满足网络信息检索的需要,目前,专家正尝试着从信息的表现形式(如图表、图形、声音、影像等)、内容性质(如理论、实验、产品综述、方法、新技术的应用等)、数字符号(如温度、频率、化学符号等)等角度进行网络信息检索。

2)检索途径的多样化

其检索途径的多样化是指既可以满足一般用户的浏览检索,又可以满足专业用户的专指检索。

3)检索手段的多样化

作为一个整体,网络信息检索工具具有的检索手段主要有布尔检索、短语检索、截词检索、字段检索、概念检索、邻近检索、区分大小写等。当前,检索工具普遍支持的是布尔检索和截词检索。

4)检索结果输出形式的多样化

为了满足用户的不同需要,检索结果趋向多样化的输出形式,它可以按照详简程度、相关程度、词语顺序等多种形式排列,也可以在返回的结果中进行二次检索,还可合并返回结果、删除重复的链接等。

7. 检索内容的深入化

在现阶段,网络信息检索工具大多实行的是相关性检索,其检索结果多数不直接指向某条相关文献,而是指向某个相关的网页。网页下有众多的文献及指向相关网页的超链,用户可以根据自己的需求,按照线索,找到自己需要的信息。这种检索模式在某种程序上符合人们的思维习惯。但由于网上的海量信息,用户有可能会沉溺其中,不断误入歧路而背离了原来的检索目的。为了避免这种情况的出现,需要我们在保持非线性检索优势的基础上,提高检索深度,由对文献线索的检索发展到全文检索,由相关性检索发展到直接性检索,由文献整体检索发展到信息单元检索。

8. 系统维护的动态化

网络信息资源具有很强的动态性特征,其产生、更新、消失往往不易预测,这就要求网络信息检索工具系统本身也要有很强的动态性。

每个网络检索工具都是由索引及检索机制两个基本部分构成的。索引的更新频率决定了检索结果的时效性。目前,大多数索引为每周更新一次,也有每月甚至更长时间更新一次的。为了提高检索结果的时效性,现在很多检索工具都在准备进一步加快索引的更新频率,以便尽可能缩小检索工具信息库与网上信息的时差,用最短的搜索周期将已经发生变化的网页信息加以标引,追加到数据库中,并及时剔除已成死链的链接。另外,为了适应网上信息的快速变化,一些专家正在研究如何更及时地将检索工具构建的知识组织体系和术语系统进行动态性的更新维护。

9. 检索技术的智能化

互联网的飞速发展,对检索工具的智能化程度提出了更高的要求。智能化程度高的检索工具在竞争中将明显地处于有利的地位。目前,除了新兴的自动标引、自动文献、自动跟踪、自动漫游等智能化检索技术正在逐步走向完善外,网络专家又推出了智能浏览器、学习智能体、知识共享智能体等最新的网络信息高度智能化检索技术。

智能检索系统把现代人工智能的技术与方法引入情报检索系统,使后者具有一定的智能特征,在更高的层次上完成其查询功能。智能检索系统融合了专家系统、自然语言理解、用户模型、模式识别、数据库管理系统以及信息检索等领域的知识和先进技术,可以代替人类完成繁杂的信息收集、过滤、聚类以及融合等任务,在信息系统中引导用户进行更为有效的检索[①]。

10. 用户界面的友好化

由于互联网是一个开放的网络,网络上的信息检索工具也越过了传统的检索中介(如图书管理员)等而面向所有终端用户。在这种情况下,用户界面的易用性成为评价检索工具性能的极其重要的指标。一个友好的用户界面要能支持用户多种语言、多种逻辑方式、多种角度等进行提问检索,尽可能使用户付出最小的努力就能掌握对检索工具的使用。在这方面,许多网络检索工具都有许多工作要做,如配备详细、通俗、查询方便的关于自身的介绍帮助文件等。

---

① 王知津. 信息存储与检索[M]. 2版. 北京:机械工业出版社,2015,197.

第 10 章 数字图书馆的信息检索

数字图书馆是现代高新技术所支持的数字信息资源系统,是新一代因特网信息资源管理模式,是收藏、服务、集成的信息环境。对于信息检索用户而言,可以将数字图书馆看作联合背景和多媒体背景下一个扩展化的信息检索系统。本章介绍数字图书馆的跨库检索、跨语言信息检索、基于内容的检索,以及知识检索等关键检索技术的相关内容。

10.1 数字图书馆的跨库检索

随着数字图书馆建设的蓬勃发展,图书馆信息资源的种类和数量越来越多。然而,由于不同数据库往往拥有不同的检索界面和使用方式,用户在进入各个数据库时需要进行不同的身份认证。频繁地登录和退出,加之因对不同系统的陌生而产生的恐惧,使得即使是那些对于图书馆资源十分熟悉的用户,在面对数字图书馆这个信息海洋时也望而却步。因此,如何准确选择数据库,减轻用户学习与操作的负担,以及如何有效利用多个数据库的集成资源与检索能力,从而保证数字图书馆已经拥有的分布式、异构型的信息资源得到充分和有效的利用,已成为数字图书馆建设进一步优化和发展的既重要又关键的问题。正是为了解决这一问题,数字图书馆建设者设计和开发了跨库检索系统。

10.1.1 跨库检索的概念

跨库检索也称联邦检索(federated search)、多数据库检索(multi-database search)或集成检索(integrated access),是以多个分布式异构数据源为对象的检索系统,这种系统向用户提供统一的检索接口,将用户的检索要求转化为不同数据源的检索表达式,并发地检索本地的和广域网上多个分布式异构数据源,并对检索结果进行整合,在经过去重和排序等操作后,以统一结果呈现给用户。跨库检索的发展不仅方便了用户的信息获取,而且还在一定程度上提高了数据库的利用率,促进了资源共享。

10.1.2 跨库检索的必要性

随着计算机和因特网技术的飞速发展,数字图书馆已经成为当前各种信息机构的研究热点,各种各样的数据库资源的使用改变了读者的检索方式和检索习惯,大大提高了读者的检索效率，节约了读者的时间。但是，随着网络的发展，通过互联网提供服务的数据库种类日渐丰富。图书馆或科研机构购买的数据库资源也越来越多，且其增长速度较快。数据库中的电子资源以其便于传递、共享等特性，成了图书馆资源的重要组成部分，很好地满足了读者的信息需求。但是，由于提供商的多方性，产生了数据库标准和结构的异构性，导致用户使用极不方便，极大地降低了资源使用效率。因此，数字资源的分布式存储管理和集成式检索利用的需要，是当前数字图书馆建设中存在的一对重要矛盾，是亟待解决的问题。

1）数字资源数量的增加，增加了读者选择和熟悉数据库的时间

目前的很多图书馆，尤其是一些大馆，提供给读者使用的网络数据库少则几十种，多则上百种，甚至几百种。读者面对如此众多的数据库资源有一种眼花缭乱的感觉，不知道在哪些数据库中才能找到自己需要的资源。各个数据库数字资源描述和表达方式的不同，导致了检索途径和方法的不同，再加上使用不同的检索软件而造成的数据库检索接口不同，风格迥异，同样的查询题目，读者需要频繁登录与退出各个数据库，在不同的数据系统中重复输入检索词，重复查找。在这个过程中，读者需要根据自己查找内容的学科方向，选择涵盖该主题的数据库，选择了数据库以后，还要逐个熟悉各个数据库的用户界面和检索规则等。这些无疑都会增加读者检索的时间，降低其检索效率。读者数量比较多的时候，还可能造成系统端口的堵塞，降低数据库的访问效率。

2）数据库内容的交叉重复，增加了读者信息鉴别和去重的时间

由于数据库的建设目前缺乏统一的规划，数据库信息内容的收集完全由数据库商自己来决定。各个数据库商为了提高自己的市场占有率，尽力将数据库做大做全，这就造成了不同的数据库产品内容交叉重复的现象比较严重。由于收录范围、回溯年限等方面的限制，各数据库很难将自己侧重领域的文献收录全面，读者要想获得自己需要的信息，就必须查找多个数据库，但各数据库之间内容的交叉重复，又使得读者必须花费大量的时间去鉴别和去重，检索效率也因此大大降低。

3）数据库知识的关联度较低，增加了读者知识衔接的负担

人类知识原本是一个联系非常紧密的有机整体，而现有数据库系统内的数据对象大都是孤立存在的，无法体现学科知识的内在联系。比如，书刊目录信息和电子全文之间缺乏必要的联系，论文引用文献和被引文献之间也缺乏有效的关联等，同一主题的内容很难按照知识组织的形式紧密地联系在一起。因此，读者需要通过馆藏书刊目录，了解纸质文献的情况，还需要到电子数据库中查找期刊全文或电子图书的全文，看到文后的参考文献后，还需要利用其作为检索词，重新检索浏览那些文献。要想将这些知识有效地衔接起来，读者需要在不同的网络环境之间穿梭漫游，在不同的信息空间来回切换，并掌握不同检索软件的使用方法，这无疑增加了读者获取有效信息的时间成本。

综上所述，从某种意义上讲，数据库资源的数量越多，给读者造成的负担也就越重，因此，就有不少的图书情报界人士提出能不能开发一个兼容各种数据库的无所不包的检索和阅读平台，这样既方便了图书馆，又方便了读者，一举两得。由此，促进了跨库检索的形成和发展。

10.1.3 跨库检索的基本原理

跨库检索是以多个分布式异构数据源为对象的检索系统。这种系统向用户提供统一的检索接口，将用户的检索要求转化为不同数据源的检索表达式，并发地检索本地的和广域网上的多个分布式异构数据源，并对检索结果加以集成，在经过去重和排序等操作后，以统一的格式将结果呈现给用户。跨库检索具有的优点：提供统一的检索接口，能够减轻用户学习检索不同数据源的负担；并发检索，能节省用户总的检索时间；结果集成，大大方便了用户的浏览和选择。

由于各种跨库检索系统的实现技术不尽相同，所以跨库检索的基本原理也各不相同。目前，跨库检索的技术模式与基本原理主要有以下几种。

（1）运用元搜索引擎的基本原理，即利用数据库的 Web 客户端进行统一检索。现有的数据库大都提供 Web 客户端接口，因此可以运用元搜索引擎原理实现跨库检索，即把用户的查询请求转换成其他数据库能够接受的命令格式，并行地访问多个数据库来查询。这种方式不需要获得数据库供应商的授权，但是需对各个数据库的接口进行分析，且稳定性较差，各数据库的接口如发生变化则需重新设计。

（2）通过数据库接口软件与不同的数据库直接连接，即通过数据库接口软件直接访问异构数据库。以 JDBC（Java database connectivity，Java 数据库互连）为例，JDBC 是 Java 程序连接和访问各种数据库的应用程序接口，它由一组类和接口构成，通过调用这些类和接口所提供的方法，提供 Java 程序与各种数据库服务器之间的连接服务，它实现了从 Java 程序内调用标准的 SQL 命令对数据库进行查询、插入、删除和更新等操作，为跨库检索提供了强有力的技术支持。但这种方式需得到数据库接口，然而很多时候，数据库供应商都会为了其自身利益而不愿公布数据库接口，这就给跨库检索的实现带来现实的阻碍。

（3）不同数据库间的格式转换，即将不同数据库导入一个新的集成数据库中并提供服务。这种方式检索速度快、效率高，不会因为某一数据库访问失败而影响整体检索效率。但如果未获得数据库提供商的授权，容易引起版权纠纷。

（4）建立索引库，即将多个数据库的索引数据整合到一个索引库中。读者通过索引库进行检索，同时利用索引库所提供的 URL 定位到所需要的源数据库当中。

（5）利用 SFX 实现数据库的无缝链接。SFX 是一个网络电子资源无缝链接整合软件系统，它可以将不同来源、不同协议的信息完全融合，使不同类型、不同结构、不同平台的数字资源实现无缝链接，进而使跨库检索得以实现。目前，国外多家公司的数据库都采用了 SFX 技术。

10.1.4 跨库检索的相关技术

面对当前信息资源和网络环境的复杂性，要实现异构数据库的跨库检索，传统的数据库管理系统已经很难解决。近几年许多新的相关技术相继推出，综合应用这些技术可进行异构数据库之间的连接和数据转换，接受用户对这些数据库的并行交叉访问和查询，对查询结果进行融合处理并反馈给用户端。纵览近年来的进展，主要包括以下相关技术。

1. 公共网关接口技术 CGI

利用 CGI（common gateway interface，通用网关接口）可实现 Web 与数据库的连接。CGI 是最早的 Web 程序设计方式，它提供一个外部应用程序与 Web 服务器交互的标准接口，遵循 CGI 标准编写的 Web 服务器端的可执行程序称为 CGI 程序。CGI 最大的用处之一是其与浏览 Web 站点的用户之间的交互能力，使信息网关、反馈机制、访问数据库、查询等一系列灵活复杂的操作得以实现。利用 CGI 实现与数据库的连接，最大的优点在于其通用性。目前几乎所有的 HTTP 服务器都支持 CGI。

2. 开放式数据库互连技术 ODBC

ODBC（open database connector connectivity，开放数据库互连）是由 Microsoft 推出的基于 C 语言的开放数据库互连技术，主要针对客户端/服务器结构的数据库。它包含访问不同数据库所要求的 ODBC 驱动程序及驱动程序所支持的函数，应用程序通过调用不同的驱动程序所支持的函数来操纵不同的数据库。若想使应用程序操作不同类型的数据库，就要动态地连接到不同的驱动程序上。

3. Java 数据库互连技术 JDBC

JDBC 是 Java Soft 公司设计的 Java 语言的数据库 API（application programming interface，应用编程接口），主要针对浏览器/服务器结构的 Web 数据库。JDBC 的出现是 Java 编程中最重大的突破之一，它使得 Java 程序与数据库服务器的连接更加方便。与其他的数据库存取技术相比，JDBC 继承了 Java 语言的所有特点，不仅具有独立于平台运行、面向对象、坚固性好的优点，而且具有多线程、内置检校器来防止病毒入侵等功能，更加适合网络应用。JDBC 的这些特点也特别适合于实现对 Web 异构数据库的访问。JDBC 是连接因特网上异构数据库的最好方法，使用 JDBC 能够方便地向任何关系数据库发送 SQL 语句。浏览器从服务器上下载含有 JDBC 接口的 Java Applet，由浏览器直接与数据库服务器连接，自行进行数据交换。JDBC 完成三项工作：①建立与数据库的连接；②发送 SQL 语句；③处理查询结果。应用 Java 语言和 JDBC 编写具有统一的用户查询界面的应用程序，可实现在浏览器端对多个位于不同数据库服务器上的异构数据库的选择查询。

4. ASP 技术和 JSP 技术

ASP（active serve pages，动态服务器页面）是 Microsoft 公司于 1997 年推出的一个功能强大的 Web 应用程序开发技术，ASP 在 Web 服务器上解释脚本，可产生并执行动态交互式、高效率的站点服务器应用程序。ASP 可以胜任基于微软 Web 服务器的各种动态数据发布。ASP 脚本是在 Web 服务器端解释执行的，当遇到访问数据库的脚本命令时，ASP 通过 ActiveX 组件 ADO（activeX data objects，activeX 数据对象）与数据库对话，通过 ODBC 与后台数据库相连，由数据库访问组件执行访库操作。并将执行结果动态生成一个 HTML 页面，返回 Web 服务器端，以响应浏览器的请求。在用户端浏览器所见到的是纯 HTML 表现的画面，例如用表格来表现的后台数据库表中的字段内容。由于 ASP 结合了脚本语言，可以通过编程访问 ActiveX 组件，并且具有现场自动生成 HTML 的能力，所以它成为建立动态 Web 站点的有效工具。在结构关系上，ASP 是通过 ODBC 与数据库打交道。因此，可向上层兼容各类数据。

另一种相似的动态网页技术 JSP（Java server pages，Java 服务器页面）由 Sun 公司于 1999 年发布，JSP 支持的是完全的 Java，可以充分发挥 Java 面向对象编程的强大功能，可以使用 J2EE 标准服务，使用大量的 Java API，如 JDBC API。

5. CORBA 技术

CORBA（common object request broker architecture，公共对象请求代理体系结构）是由 OMG（object management group，对象管理组织）提出的应用软件体系结构和对象技术规范，其核心是一套标准的语言、接口和协议，以支持异构分布应用程序间的互操作性及独立于平台和编程语言的对象重用。目前也有许多基于 CORBA 中间件的异构数据库互联的研究。

6. XML 中间件技术

目前网上有很多信息格式是半结构化或非结构化的，其来源极端异构。利用 XML 作为中间件对这些信息进行元数据搜索，提供一个统一界面的检索系统是一个较好的应用方案。XML 最大的优点在于它的数据描述和传送能力，具备很强的开放性。为了使基于 XML 的数据交换成为可能，必须实现数据库的 XML 数据存取，并且将 XML 数据同应用程序集成，进而使其同现有的规则和技术相结合。开发基于 XML 动态应用（如动态信息发布、动态数据交换等）的前提是所支持的数据库必须能支持 XML。XML 提供描述不同类型数据的标准格式，例如，数据库记录、图形、声音等，并且可以一致而正确地解码、管理和显示信息。

10.1.5 跨库检索的基本过程

虽然跨库检索的基本原理与技术模式各不尽相同，但是其检索实施的基本过程却大同小异。

1. 用户构造并提交检索式

检索式是用户在确定检索项后所制定的既能反映用户信息需求，又能被计算机识别的提问式子。用户检索式构造的好坏会直接影响检索的查准率与查全率。

2. 提问等待过程

提问等待的过程即系统依据用户的检索式对各异构数据库进行查询的过程。由于各跨库检索系统的技术模式各不相同，这个过程也就各不相同。因为各数据库对检索式的要求不一样，则他们对检索的要求就不同，所以利用元搜索引擎原理的跨库检索系统须将用户的检索式转换成各异构数据库所能识别的形式，然后才将转换后的检索式分发给各异构数据库。而利用其他技术模式实现的跨库检索系统则不需转换检索式。但无论采用何种技术模式，跨库检索系统在提问等待的过程中，都是依据用户检索式对异构数据库进行查询检索的过程。

3. 返回结果的加工策略

首先，去除表面相关而本质上不相关或相关度不大的数据，以提高检索的精确度。其次，去除重复信息。最后，对返回的不同格式、结构的数据进行处理，并按照统一的、符合用户需求的方式呈现给用户。

10.1.6 跨库检索策略

尽管跨库检索系统具有便利、高效、易用等优势，但由于其与单库检索有很大区别，单库检索的检索方法和检索策略不能适用于跨库检索。跨库检索策略应该注意下面几点。

1. 分析检索目的

跨库检索并不适用于所有的检索目的。概括而言，跨库检索一般起到帮助用户发现资源、选择资源的作用，主要适用于以下情况：用户不熟悉具体信息资源，不知道哪些信息资源合适；通过跨库检索系统了解某一主题大致的资源情况；确定某一单个资源不能满足检索需求，必须检索多个资源；没有十分明确的检索目的，只是进行知识发现和学习。因此，在检索之前必须分析检索目的、浏览资源列表、了解资源能否满足检索需求，确定是否需要进行跨库检索。

2. 选择信息资源

正确的资源选择是成功检索的前提条件。不同信息资源在收录内容、组织方式、检索机制等方面存在很大差异，因此，用户必须在分析检索目的和信息需求的基础上进行信息资源选择。

（1）如果用户对信息资源的了解不够全面深入，为避免选择资源时出现偏差，可以利用跨库检索系统的资源推荐技术。在正式检索之前，系统根据用户输入的检索词，推荐相关的资源，可以降低检索盲目性，减轻系统负担，提高检索效率。

（2）很多跨库检索系统还将信息资源按主题、文献类型等方式分类或导航，用户可充分利用这一功能，选择最适合的资源。

（3）用户要根据资源的收录内容、类型、检索方法，结合检索课题特点，尽量选择使用与信息需求结合紧密、专业对口的资源。

（4）不要同时选过多的资源，否则会加重系统负担，并且有些跨库检索系统支持的资源数量是有限制的。

3. 确定检索词

在跨库检索系统中选择合适的检索词并不容易。不同信息资源在表达同一概念时可能使用不同的语词或不同的表达方式，而同样的词语或表达方式可能从不同的角度反映了同一概念的不同内涵，具有不同的深度和广度。因此，检索词不仅要能够准确表达检索课题的主要内容，而且要符合所检资源的用词规则。

（1）由于跨库检索系统集成了众多资源，很多系统都提供了通过词表规范检索词的功能或术语发现功能。可以对检索词进行前期规范或查找术语的定义、同义词以及相关术语。这种对检索词的解释和前期规范有助于提高查准率。

（2）检索词的含义尽量不要太宽泛，否则会产生大量无关结果。用户应注意控制所选检索词的全面性、专指性、一致性，以正确表达用户的检索需求。检索词越具体、越专指，找到所需信息的可能性就越大，查准率就越高；检索词专指度越低，其概念外延越广，反映信息的详尽程度和精确程度就越低，但查全率就越高。

（3）为避免漏检，用户需要使用检索词的同义词、近义词，尽可能全面覆盖检索范围，以增加命中文献的数量，提高查全率。

4. 构造检索表达式

跨库检索系统为用户提供了从统一界面访问图书馆所有资源的便利，使用户不必再学习不同检索平台的功能和检索规则，但由于资源的异构性，原有检索平台的功能在跨库检索中不能得到充分发挥。因此，如何利用跨库检索功能构造检索表达式将直接影响检索效果。

（1）在构造检索表达式时，要确定检索词之间的概念关系或位置关系，完整而准确地表达检索课题的主题内容，灵活使用各种算符，编制成检索表达式。恰当的检索式构造是建立在用户对跨库检索系统和所选资源的检索句法、运算规则、检索标识符号的了解与运用基础上的。因此，对用户的信息检索知识和技能提出了更高的要求，用户有必要借助系统提供的帮助信息，更合理地构造检索式。

（2）由于缺乏信息检索技能等因素，很多用户构造检索式时过于简单，倾向于浏览式检索。这种情况下宜先确定一个相当大的范围的文献初始集，然后提高检索式的专指度，得到一个较小的命中文献集，直到得到用户满意的命中文献集合。这种方法首先使用一个比较简单宽泛的检索式，其次根据检索结果逐渐提高检索式专指度，符合一般用户的思维方式，比较容易实现。

（3）跨库检索所设置的检索项与单个信息资源不同，以各库中所有的共性检索项为基准。选择不同数量的资源，检索项数量和名称也可能不同。检索时要注意对检索项的选用。

（4）逻辑检索、前方一致检索、字距词距检索、序位检索等功能需要用户根据系统的检索语法编制检索式来实现，适合熟练掌握检索技术的用户使用。

（5）利用系统提供的个性化服务功能保存检索历史，以方便用户再次检索。

5. 检索策略的转换

由于用户需求的随机性很大，用户对信息需求的分析与表达也因人而异，加之跨库检索系统的复杂性，使得制定检索策略的过程中必定会存在一些产生检索失误的因素，因此必须采用各种调节方法对检索策略进行修改完善。用户需要根据检索结果和检索过程中出现的问题及时调整检索策略，检索策略的转换包括重新选择信息资源、增减或改变检索词、重新选择检索功能、检索式的重新构造等。通过不断改进检索策略，达到用户满意的检索效果。

6. 个性化服务功能

跨库检索系统的个性化服务功能一般包括资源定制、检索历史和检索结果的存储、信息推送等，有些系统还集成了馆际互借系统和原文传递服务。充分利用系统提供的服务功能，不仅能够帮助用户提高检索效果，更有助于多角度地满足用户信息需求。

10.1.7 跨库检索实例分析

1. 清华同方统一检索平台

清华同方统一检索平台（TTOD union search platform，USP）采用了类似于检索界面整合的方法来向用户提供数字资源整合检索的服务。USP 系统是清华同方光盘股份有限公司经过多年的技术攻关与反复锤炼开发出的统一检索平台，它能够高效地整合网络数据库资源、提供对不同结构数据库的统一并发的检索；检索结果在统一的界面中输出；检索方便快捷，结果准确。该统一检索平台能够大大提高用户对信息资源获取的效率。

1）USP 的特点和功能

（1）通用性好。无须数据库提供商提供接口，因此 USP 的覆盖面很广，可以配置大多数网络数据库。

（2）具有快速响应特性和结果缓存、预取功能。用户对多个库进行检索时，速度快的库的检索结果会优先显示给用户，在界面显示不下时系统将随后获得的检索结果存入结果缓存。在用户不断对数据库检索结果进行翻页时，系统会预先获取数据库的检索结果并缓存，大大提高了翻页的速度与效率。

（3）支持高级检索和二次检索。用户可以输入多个检索条件进行逻辑组合检索，并且提供二次检索功能。

（4）具有检索日志功能。USP 记录了用户检索的记录，可以在日后很方便地进行检索的统计。

2）USP 的检索过程

（1）配置。为进行自动检索，统一检索平台需要预先对每个库进行配置。配置内容主要是对拟整合检索的数据库做一次模拟检索。主要包含以下几个内容：数据库的登录、检索词的输入、检索字段的匹配、检索条件的设置、检索结果页面的分析等。整合系将记录登录时的用户名和密码、检索字段及条件的映射关系、检索结果页面的结构等信息，以备以后检索时使用。

（2）整合检索过程。当图书馆用户选择好要检索的数据库、检索项（如"篇名"），并输入检索词（如"computer"）后，点击"开始检索"，USP将把用户检索提问分别转换成符合所选数据库搜索引擎要求的格式，启动搜索并接收它们返回的查询结果。

2. 其他跨库检索系统

美国WebFeat公司的WebFeat Prism系统也可以实现跨库检索，它采用联合检索技术为图书馆所有的数字资源提供一个统一的检索入口，包括公共联机检索目录、书目信息型数据库、全文数据库、参考文献等。与USP平台一样，WebFeat Prism系统也必须根据每个数据库的特点，预先为每个数据库量身定制"翻译器"。WebFeat声明无论规定需要使用哪种浏览器的数据库，WebFeat Prism都可以支持；WebFeat Prism本身已经内置了1200多种翻译器，而且WebFeat的技术专家还可以按照用户的要求来定制其他的翻译器。其检索过程和USP系统类似，也是经过三个步骤。

（1）选择多个或全部资源，这些资源可以是Web资源、Z39.50资源、商业性资源、免费资源等。

（2）进行检索，图书馆可以定制WebFeat Prism的检索界面，如检索方式、字段地图（field maps）、界面装饰、使用帮助、检索结果记录显示效果等。可实现关键词检索、高级布尔检索。

（3）结果记录显示，用户点击记录，WebFeat Prism将根据源数据库显示全文记录。

我国北京拓尔思（TRS）信息技术股份有限公司推出的TRS资源整合门户也能实现异构资源跨库整合检索。其主要目标是消除资源孤岛，有效实现异构、分布多样化电子资源的跨库检索和开放链接。其主要特点和功能是支持多种异构资源的整合，包括HTTP Server、Z39.50 Server等，几乎可整合图书馆所有数字资源种类；只需要通过管理员配置工具即可完成对多个资源的添加和修改；可以按资源的不同分类属性进行资源组织；提供资源评估和统计功能，为资源采购提供决策支持。其具体使用过程和清华同方USP平台相似：事先为每个数据库进行配置；用户可以选择自己感兴趣的检索目标，提交检索请求；整合检索系统将这些请求提交给后台目标资源，并接收检索结果，分析后以统一的格式返回给用户。相对于USP平台来讲，TRS资源整合系统在功能设计上有一个先进的地方，即它可以由用户为所选数据库设定不同的检索项进行检索，而USP只能选择相同的检索项。目前TRS相关产品在我国图书馆界的应用比较广泛，如于2004年4月通过专家鉴定的我国首个省级实用化数字图书馆"广东数字图书馆"，该图书馆利用TRS资源整合门户平台，实现了安装在20多台服务器上的存储容量达10 TB[①]以上的海量数字化资源的异构平台跨库检索，包括电子图书90万种，期刊论文1500万篇，博硕士论文12万篇，学术会议论文17万篇，各种类型的数据库30多个。此外，国防大学图书馆应用TRS资源整合门户实现了十几个资源数据库中的统一检索，沈阳师范大学图书馆利

---

① TB，即terabyte，太字节。

用 TRS 资源整合检索系统实现了 8 个数据库的跨库资源检索等。

3. ISI Web of Knowledge 的跨库检索实例

ISI Web of Knowledge 简称 WOK，是美国科学信息研究所（Institute for Scientific Information，ISI）凭借其独特的引文机制和 Web 链接等特性，推出的学术信息资源体系。该体系不仅有效整合了其自身出版的一系列数据库，还建立了与其他出版公司的数据库、原始文献以及日益增多的信息资源之间的相互链接，构建起了一个强大的以知识为基础的全球性学术信息资源整合平台，从而为科研人员和研究机构创造了一个科学研究的数字环境，促进了知识与技术的创新与发展。该体系的跨数据库检索整合了不同类型资源，揭示了学科间的相互联系，保持了知识体系的完整性。

1）整合的外部内容

Web of Knowledge 平台还可以提供跨库检索的 13 种外部资源，内容涉及生物医学、农业科学工程计算、物理科学、社会与行为科学等研究领域。

2）跨库检索特点

（1）检索功能强大。Web of Knowledge 不仅可以进行单个数据库资源检索，还可以实现跨库检索。为了更有效地整合这些资源，Web of Knowledge 开发了跨库检索软件 Cross Search，实现对平台中的所有数据库的一站式检索。Cross Search 可根据需要选择参与交叉检索的数据库，一次可以检索多个数据库，且对命中结果做了查重处理，重复收录的文献集中在一个记录中列出。并且可以根据需要选择浏览不同数据库的全记录信息，节省了检索时间。强大的跨库交叉检索能力，将来源于学术期刊、技术专利、会议记录、化学反应、网站资源及其他高质量信息资源整合在同一系统内，提供了自然科学、工程技术、社会科学、艺术与人文等多个领域中高质量的学术信息，兼具知识的检索、提取、管理、分析与评价等多项功能，从而大大扩展和加深了信息检索的广度和深度。

（2）建立了动态的学术信息门户。Web of Knowledge 以 Web of Science 为核心的跨库体系改变了过去使用的各种数据库的存在方式。过去的数据库都是以一种零散的、孤立的状态存在着，即使若干个库捆绑在一起，也仅仅局限在使用同一界面层次上，体现不出文献内在相互联系的检索局面。该体系利用论文之间相互引证的关系，建立起不同类型资源之间的关系，最大限度地保持知识体系的完整性，使之成为一个有机的整体，从而消除了由于数据库收录范围有限而造成的知识体系的割裂。这种对资源的整合构成了一个动态的学术信息门户，可以全方位地为科学研究提供文献信息保障，使科研作者得以了解与其研究领域相关的各种类型文献，以及学科过去、现在和将来的脉络发展与交叉。

（3）提供了一站式服务，方便用户获取原文。Web of Knowledge 提供了各种途径协助用户获取全文，这些途径包括：一次点击获取全文，可以直接链接到机构有权限访问的各种全文数据库（无论是图书馆采购的全文数据库，还是互联网上免费的全文学术期刊）。Web of Knowledge 目前可以提供超过 300 家出版社、1 万多种期刊的全文链接，其中包括被 ISI 收录的近 200 种 Open Access（开放获取）期刊的全文；与图书馆 OPAC（online public access catalog，联机公共查询目录）系统或联合编目系统连接。目前 ISI Web of

Knowledge 可以为每一个机构定制多达 8 个此类系统的连接，帮助用户充分利用馆藏的信息资源。

3）跨库检索方式

（1）简单跨库检索。在 Cross Search 检索框中输入一个词、词组或一句短语即可进行简单跨库检索。输入的检索词允许使用布尔逻辑运算符、通配符、位置算符，用于规定其前后连接的两个词在检索记录中出现在同一句或同一个词组中。然后点击 SEARCH，即可查到 Web of Knowledge 平台上机构已购买的所有数据库的检索结果，完成跨库检索。

（2）复杂跨库检索。Web of Knowledge 推出的增强的跨库联合检索功能不仅可以同时检索所在机构订购的基于 Web of Knowledge 平台上的所有资源，而且可以通过 Cross Search 检索不在 Web of Knowledge 平台上但对研究者来说非常重要的学术信息资源。检索界面提供了主题、著者、期刊名称、著者地址四个检索入口。

10.2 跨语言信息检索技术

随着因特网的快速发展，因特网成为人们获取信息的重要来源。网络语言的多样化和用户所掌握语言的差异性与有限性导致自由获取信息困难。为了消除信息资源利用中的语言障碍，跨语言检索技术已成为数字图书馆信息检索技术的重要组成部分。

10.2.1　跨语言信息检索概念

跨语言信息检索（cross-language information retrieval，CLIR）是指用户以自己所掌握的某一种语言构造检索提问式，计算机根据用户的检索要求在其他不同语种的信息（包括文本、语音、图像等）中进行自动搜索，得到的检索结果甚至可以翻译成用户指定的语种。例如，用户用中文表示的检索条件，检索出来的文档集不仅有中文，而且有英文、俄文、日文等，检索结果用描述检索条件的语言（即中文）表示。跨语言信息检索结合了传统文本信息检索技术和机器翻译技术，不仅使检索更加容易，还可以提高查全率。

跨语言信息检索中，用户用以表达自己的信息需求、构造检索提问式的语言称为源语言，被检索的信息资源所使用的语言称为目标语言（target language）。要实现跨语言的信息检索，就必须实现两种语言的翻译，而要实现翻译就必须制定相应的翻译策略、构造相应的翻译知识。

跨语言信息检索允许用户以他们熟悉的语言构造检索提问式，然后使用该提问式检索以系统支持的任一种语言写成的文献。跨语言信息检索的类型主要有以下几种。

（1）双语言信息检索（bilingual information retrieval）：指用户用某种语言从另外一种语言表达的文献信息集中检索出所需文献信息的方式。

（2）多语言信息检索（multilingual information retrieval）：指用户用某种语言从另外多种语言表达的文献信息集中检索出所需文献信息的方式。

（3）跨语言的特定领域信息检索（domain-specific-information retrieval）：指检索对

象设定为某一学科或某一主题领域的跨语言信息检索。

（4）跨语言的多媒体信息检索：如跨语言的口语文档检索（spoken-document retrieval），其内容不仅包括文献信息检索技术、跨语言翻译技术，还有语音识别技术。

10.2.2 跨语言信息检索在数字图书馆应用的必要性

数字图书馆是建立在多项高新技术相结合的基础上，这些技术在数字图书馆中合理有效地应用，使得在数字图书馆中有必要使用跨语言信息检索技术来扩大检索范围，提高检索深度，提供更全面的检索服务，而随着跨语言信息检索研究的深入，该项技术不断发展并逐步走向成熟，使得它在数字图书馆中的实际应用成为可能。

1. 数字图书馆信息资源的多样性

随着数字化技术的发展，数字图书馆大量的文献资料被数字化，越来越多的数字化信息可以存储在数字媒体（digital media）中，而完善的数据库技术则可以对海量的数字数据实行有序的组织与管理。在数字图书馆的数据库中，信息资源非常丰富，不仅包含各领域的知识、文化信息，还包含同一主题不同语种的信息。多语种信息数据库的存在，使得用户使用传统的检索技术检索某一主题的信息时，往往无法得到全面的信息。在这种情况下，跨语言信息检索技术被引入数字图书馆中，以解决在数字图书馆中检索信息的全面性问题。目前，数据库技术完全可以实现对海量全面多语种信息的组织与管理。而正是信息资料的多语种化，使得有必要在数字图书馆中引入跨语言信息检索。

2. 信息形式的多样性

数字图书馆的另一特点是包含各种形式媒体的数字化信息，如数字化的文本、声频和视频等。在各种形式的信息数据中，也必然会存在多语种现象，如在数字图书馆数据库中存储了大量不同语种的声像资料，要在数字图书馆中实现同一主题不同语种声频资料的检索，就需要在数字图书馆中应用跨语种声频信息检索技术。

3. 用户的广泛性

数字图书馆中的信息数据被分布式地存储在不同地域，因此完整的数字图书馆数据库是通过计算机网络有机地连接在一起的。数字图书馆的网络性和开放性决定了数字图书馆用户的广泛性，因为不同地域、使用不同语种的用户都可以通过网络实现对整个数字图书馆分布式数据库的信息检索。用户的广泛性不仅表现在用户的数量上，还表现在用户的文化程度、使用语种等特点上。多语种用户的特点使得有必要在数字图书馆中应用跨语言检索技术，以方便不同语种用户对信息检索的需求。

4. 服务的便捷性

数字图书馆不仅是一个提供数字化信息资料的分布式数据库，同时也是一个提供各种服务的机构，如定题服务、查新服务等。为了提供方便快捷的服务，数字图书馆需要收集、处理、存储、检索和应用不同语种的信息,而在整个过程中都有可能涉及跨语言检索技术。例如,可以使用跨语言检索技术收集同一主题不同语种的信息以扩充数字图书馆资源的规模等。

10.2.3 跨语言信息检索的主要方法

一般来说,解决查询条件与查询文档集之间的语言障碍有五种不同的技术路线:同源匹配(cognate matching)、提问式翻译(query translation)、文献翻译(document translation)、中间语言技术(inter-lingual technique)、不翻译(no translation)。

1. 同源匹配

同源匹配根据两种语言的语词拼写形式或读音相似度来判断其中一种语言语词的语义,不进行任何翻译。例如,康奈尔大学的 Buckley(巴克利)等开发了一个英语/法语匹配程序,它将英语单词视为可能拼错的法语单词,以此来实现英语提问式与法语文献的匹配。这种简单方法的效果不错,检索效率可以达到单语检索的 60%,而且几乎不需要任何词典知识。然而这种方法只适用于具有相同词源的语言,比如英语和法语,但对于中英文来说则不通用。同源匹配可以单独使用,而多数情况下是与其他策略结合使用,比如在中英文跨语言信息检索中可以用于外来语的音译或反向音译。

2. 提问式翻译

提问式翻译是指将用户提交的查询请求翻译成系统支持的多种语言,然后对不同语言的信息集进行查询。这种转化方式是目前实现跨语言检索的主流思想,它可以很容易地与传统的单语种信息检索技术紧密结合,并且仅对检索提问式翻译,对翻译系统的要求不高。但弊端显而易见,系统返回的信息,仍用目标语种表达,可以认为提问式翻译是一种不完全的跨语言检索,但如果系统对提问式的翻译较准确,用户可以借助辅助翻译工具,浏览相关的信息,提问式翻译对用户仍然是十分有帮助的。目前提问式翻译模式有以下几种。

(1)基于词典的模式。主要是利用机读词典,将用户提交的检索式翻译成目标语种,然后进行检索。其中心思想是基于双语字典或词典,找出提问式中的所有检索单词(提问语种)对应匹配的由信息语种描述的单词;每个检索单词在信息语种中经常会有一个以上的单词与之对应,在这种情况下就会形成不同的由信息语种描述的单词组合。对于单词组合的选择通常有两种方法:①在信息语种的语料库中对出现的单词组合进行统计,根据常用词组和习惯用法出现频率比较高的特点将统计值低的单词组合排除,从而净化翻译结果;②直接使用这些单词组合进行检索,根据满足常用词组和习惯用法的单词组合得到的结果信息将是构成检索结果中的主要部分的这一特点来筛选单词组合和检索结果。解决一词多义的方式,主要选择第一个词义、前 N 个词义、所有词义等。对于专有名词(人名、地名),可以采取不翻译的方法;而新词汇可以通过及时更新词典的方式来解决;对于专业名词的处理,一般是通过普通词典与专业相结合的方式来解决。由于用户提交的查询提问式通常很短，缺乏必要的语境，因此提问式翻译的准确性尚不能令人满意。

（2）基于语料库模式（corpus-based method）。它从大规模的语料入手，从中抽取所需的信息，自动构建与应用有关的翻译技术。语料库是将同一信息或同一主题的信息，用两种或多种语种进行描述，并由人工或计算机建立不同语种间信息联系的集合。语料库可以分为平行语料库（parallel corpus）和比较语料库（comparable corpus）。平行语料库是指同一信息用不同的语言进行描述；比较语料库是指同一主题的信息用不同的语言进行描述。基于语料库方法的中心思想是通过语料库中不同语种同一信息的对应关系对提问式进行翻译并且过滤提问式翻译后产生的非正常翻译结果。当提问式中的单词经过翻译后有多个结果与之对应时，在相关领域的对应语料库中，统计源语种中该单词出现的概率和目标语种中各翻译结果各自出现的频率，然后根据在源语种语料库中的相关单词或词组在相应的目标语种中也会有同样的表现（即所出现的概率相近），来选择较佳的翻译结果。

（3）字典-语料库混合方法（hybrid method）。这种方法结合了基于字典和基于语料库方法各自的优点。使用字典对提问式进行翻译，在翻译过程中可能会出现多个结果或翻译含糊不清的情况，此时利用专业语料库中相关术语的对应关系来净化翻译结果。字典翻译的方便性和语料库翻译的准确性、专业性在这种方法中得到了最充分的体现。

（4）提问式构造方法（query structuring method）。在基于字典翻译方法中，对提问式的翻译往往选择字典中多种释义的第一种释义作为提问式的译法，然而选择第一种译法存在一定的不合理性，选择全部的译法然后进行筛选又大大降低了检索的查准率。提问式构造方法的实质是利用同源词、复合词或 N 元匹配分析提问式中各个词的权重：只有一种或两种释义的词的权重最高，而有多种解释的词用同源词符、复合词符或 n 元匹配符连接以降低其权重。

（5）提问词再赋权方法（query term reweighting method）。该方法分以下三步。①使用双语字典将提问式翻译成扩展提问式（一对多），对扩展提问式中单词赋权重并组成扩展提问式向量（query vector）。②根据由共现（co-occurrence）技术确定的提问式-文献相似度标准将由扩展提问式向量检索得到的文献进行排列，无论什么语种，一词多义现象都是普遍存在的。对提问式来说，确定提问式中检索词的确切含义是查询扩展的基础；对于被检索信息来说，明确信息中出现的检索词的含义，是提高检索准确率、确定信息相关性的关键。若两个有一定关联的词共同出现在某一篇文献或者文献的某一个部分，就可以非常容易地确定其含义。③基于相关性反馈技术，统计上述结果的前 n 篇文献中的扩展提问词出现的频率，根据频率对扩展提问式向量中的提问词重新赋权重，最后根据重新赋权重的扩展提问式向量检索得到相关文献。该结果将更符合用户的需求。提问式翻译只是提问式处理的一部分，还要对原始提问式进行扩展，形成扩展提问式，这种技术称为查询扩展。查询扩展即在用户输入原始的提问式后，自动地根据用户的语义，加入新的查询提问式，扩展的词汇应该是基于原提问词的同义词典以及相关词词典。查询扩展技术可以减少翻译错误，部分地解决"词汇问题"中"多词同义或近义"的问题。查询扩展可分别在提问式翻译前或翻译后进行，也可在提问式翻译前和翻译后都进行。

3. 文献翻译

文献翻译与提问式翻译正好相反，是指先将多语言的文献信息集转换成与查询相同的语言，再进行单语言信息检索。其主要优点是有以下几点。①由于具有完整的文献语境，因此可以提高翻译质量；②可以离线执行。缺点是速度很慢，且需要将文献库中的文献翻译为系统支持的每一种语言，这使得文献库的规模不可能很大。目前实现文献翻译方法的技术主要有机器翻译系统（machine translate system，MTS）和基于字典翻译文献索引词方法。通过文献翻译方法实现的跨语言信息检索返回给用户的检索结果是用源语言描述的，用户能够方便地选择利用。文献层次的翻译相比于提问层次的翻译其语境更加宽泛，能够利用上下文消除翻译的歧义性，但是文献翻译要求所有被检索信息改变语种符号，而现有的大多数机器翻译系统的正确率还难以达到令人满意的程度，无法达到实用水平而且将数据库中全部文献从目标语种翻译到源语种工作量巨大、代价昂贵，此外，重新构造大范围的被翻译的索引数据其代价也不小。

4. 中间语言技术

在跨语言信息检索中，解决语言障碍的基本方法是两种语言之间的翻译，然而所有的翻译方法都离不开机器翻译、双语词典、语料库等作为翻译的语言基础。但是，在跨语言信息检索中可能会碰到这样的情形：两种语言直接翻译的语言资源不存在，如在 TREC 中很难找到德语和意大利语之间直接对等的语言资源。为此研究人员提出了一种利用中间语言或中枢语言进行翻译的方法，该方法将源语言翻译成中间语言（可以是一种或多种），然后再将中间语言翻译成目标语言（利用多种中间语言时需要合并）。一般认为，选择中间语种应该是计算机容易处理的语种，如英语等，这样可以解决两种语言之间无法直接翻译的问题。

5. 不翻译

目前不通过翻译进行跨语言信息检索的典型技术是潜在语义索引（latent semantic indexing，LSI）。该技术形成于 1990 年，是一种基于内容概念的检索技术，它提供了一种不需要翻译就能使一种语言的文本片段与具有相似内容概念的另一种语言的文本片段进行匹配的方法。LSI 使用了一种向量空间模型，在该模型中文献和查询都由 K 维的语词向量表述。前提是需要双语（dual-language）文献作为训练文档建立一个语词矩阵，矩阵中包括了每个词在每篇文献中的出现次数，理想的情况是同一语义的词在一对双语文献中的出现次数是一样的。以此矩阵为基础利用数学公式 SVD（singular value decomposition，奇异值分解）导出 K 维的语义向量空间，实际上是从许多不同的词和文献中抽取出的相同语义成分。基本的语义向量空间建成后，新文献就可以加入了，它在向量空间中的位置通过计算它所包含的词语向量的平均值而得。查询也作为文献以同样的方法来处理，检索时查询与文献的相似性通过计算它们向量的余弦值来测量。

LSI 技术的优点：不需要翻译，从而避免了其中的一系列技术难题，如消歧等；应用于新的语言比较方便，只要有相应的双语文献作为训练文档，不需要词典、词表、机器翻译系统等这些昂贵的资源。

LSI 技术的缺点：SVD 的计算比较花费时间，需要相当数量的训练文档，这些双语文献并不容易得到；K 值只能通过反复尝试来确定，没有自动的方法，实践中既能包括重要语义又能最大限度去除干扰的 K 值范围是 100～300。

10.2.4 跨语言信息检索存在的主要问题

除去传统单语种信息检索可以解决的问题，跨语言信息检索还存在许多由于"翻译"所带来的很多问题，主要包括：原始询问的歧义性（source query ambiguity）和目标询问的多义性（target query polysemy）、提问中词的切分、检索结果的合并（merging）、专有名词的翻译、语言识别（language identification）、检索结果的充分显示等。

1. 原始询问的歧义性和目标询问的多义性

这些是询问和翻译涉及的基本问题，翻译歧义来自原始询问，词义消歧是解决如何在给定上下文语境中确定多义词的义项问题，而目标多义则来自翻译后的目标询问。以中英信息检索为例，中文检索词"银行"本身没有歧义性，但其对应的英文翻译"bank"则有九种意义。当采用基本的询问翻译模式，"银行"很直接地被翻译成"bank"后，送入英文信息检索系统，因为"bank"的多义性，可能会有不相关的文献被提出来。反过来当"bank"作为英文中信息检索系统的检索词时，就必须首先解决其歧义性。翻译歧义性和目标多义性交织在一起挑战性更大，如"运动"有如下的意义：①sport；②exercise；③movement；④motion；⑤campaign；⑥lobby。而每一个对应的英文词可能有一个以上的意义，如"exercise"有"a question or set of questions to be answered by a pupil for practice""the use of power or right"等意义。

2. 提问中词的切分

由于一些语言（如中文、日文、韩文等）词与词之间没有明显的分隔符号，因此，词的切分问题成为此类语言的跨语言检索研究要点之一。

3. 检索结果的合并

跨语言信息检索最终呈现的结果是用户所不熟悉的，为减轻用户利用结果的负担，提高查准率，精减检索结果是必要的。而在多语言信息检索领域，如果组成检索对象的不同语言文献的组织结构是分布式的（即不同语言文献被分别标引和检索，有各自的索引文件，与其相对应的是集中式的结构），那么此目标的实现还需要对各语言检索结果进行合并，按相关性由高到低的顺序呈现在使用者面前。

合并技术的难点在于缺乏对不同语言的检索结果进行比较的指标，因为不同的原始结果来自不同的文献集（different collections），另外语言不同，各检索结果与查询提问相关性的衡量也存在差异。

4. 专有名词的翻译

由于词典覆盖度的限制，未收录词一直是询问翻译的重要问题，而其中专有名词的翻译更具挑战。目前采用机器音译来处理这个问题。音译可以根据处理的方向，区分成正向音译（forward transliteration）与反向音译（backward transliteration）。当一种语言的专有名词，因为没有适当或是不容易以意译来表示时，会采用正向音译，将其音呈现出来。例如，英文名"Arnold Schwarzenegger"，中文就音译成"阿诺施瓦辛格"；反过来，当看到一个中文的音译人名"阿诺施瓦辛格"，如果想要找出原文 Arnold Schwarzenegger，就是反向音译。

5. 语言识别

对于网络上的多语言文献信息检索系统，对检索对象所用语言的了解和识别有助于提高索引质量，是对其进行深入加工的必要条件，检索中很多技术的有效发挥也有赖于对处理对象语言的识别，进而改善检索效果，然而作者一般都没有标明其所用语言，因此需要特定的语言识别技术。目前该技术主要是 N-gram 算法：首先，给系统中的每种语言建立一个语言模型，即该语言中 300 个最经常性的 n（$1\sim n$ 个字符）元，按它们在训练文献中出现的频率进行排序。其次，辨别某文献的语言时让该文献中最经常性的 n 元的频率与存储在系统中的每个语言模型进行比较，差异最小的语言模型所用语言即为当前文献所用语言。

6. 检索结果的充分显示

它是指给用户提供尽可能多的关于查询结果的信息，帮助用户快速准确地判断某一检索结果的相关性，如提要的生成。提要生成是通过选择能较好地反映一条文献信息内容特征的句子来完成的，这些句子可能是完整语法意义上的句子，也可能不是，而只是一些能反映有关文献的主题内容的词语。提要有两种：一种是独立于查询的中性提要，另一种是依赖于查询的特制提要。

10.2.5 跨语言信息检索在数字图书馆的应用

数字图书馆是一个庞大的信息系统，它不仅涉及数据库、多媒体、网络等多种高新技术，还收集存储了海量的信息资料。数字图书馆包含有世界各国的信息资料数据，因此其信息资料库是一个标准的多语种多媒体信息数据库。随着跨语言信息检索技术的进步，研究人员开始将跨语言信息检索技术应用于数字图书馆以解决其多语种信息检索问题，相信由于数字图书馆系统的信息资料丰富性和跨语言信息检索技术的先进性，两者的结合必定会开创一个新的研究领域，体现出跨语言信息检索技术实在的价值。

1. 常见的跨语言信息检索系统

目前已经出现很多跨语言信息检索系统，如一些示范系统：Aport 系统、Arctos 系统、

Eric 系统、Mulinex 系统、Mudial 系统等。还有一些投入使用的商业系统，如 Cindor 系统、Rotondo 系统、TextFinder 系统等。

Cindor 系统是 MNIS 公司的一个产品，它目前所支持的语言有英、法、德、意、日和西班牙语，对于中文的支持正处于研究之中。该系统的特点是统一的字符编码标准、自然语言检索、查询自动扩展、申请专利的跨语言检索技术等。它有三项核心技术，即概念中间语言、语言分析、搜索管理。

Keizai 是美国新墨西哥州立大学计算研究实验室开发的一个系统，它是一个跨语言的交互检索和摘要系统。它使用了统一字符编码检索体系和交互文档摘要方法。它提供了自动和用户帮助两种方法，以构建和提高跨语言查询的效率。在 Keizai 提供的示范系统中，有英文查询输入框、新闻源选择框、翻译查询按钮、提交查询按钮、存储查询按钮等。它目前所提供的新闻源有英文、法文、德文、西班牙文、意大利文、中文、日文、韩文的新闻，支持以上几种语言的跨语言翻译和检索，不过查询只能是英文的。

还有一些跨语言搜索引擎，如 Google，在进入它的中文简体主页面之后，其查询框右边有三个链接，即高级搜索、使用偏好、语言工具。在高级搜索页面，可以指定搜索网页的语言。在使用偏好页面，可以设定界面语言和查询语言。而在语言工具页面，除了可以指定搜索用特定语言编写的网页外，还提供了在线翻译的功能，可以在线翻译用户输入的词、句子或者网页。Google 所支持的语言种类达到了 110 种。在要求检索特定语言的网页时，如果所用计算机不支持该语言，它会提示安装相关的软件，以便可以正确显示那些网页。

2. 基于跨语言检索技术的数字图书馆

在一般数字图书馆系统结构的基础上嵌入跨语言检索模块，可以实现基于跨语言检索技术的实用型数字图书馆。

数字图书馆中的跨语言检索系统模型共分为六个模块，即用户查询服务模块、资源调度模块、跨语言检索模块、信息资料数据库模块、信息数据加工模块以及元数据库模块。该模型特点如下。

（1）元数据库相对集中，提供数据标准协助各模块完成相应的功能。

（2）数据加工系统实现对原始图书文献资料的采集、整理、数字化、标准化，最后将标准化多语种数字数据存储到信息资料数据库中，形成有序的组织。

（3）信息资料数据库中数据采用分布式存储，可以根据信息语种的不同将整个多语种信息数据库划分为下一层各语种信息库，各语种信息库又可以根据学科或研究领域进一步划分形成更下一层信息库。

（4）用户查询服务系统则可根据用户提交的检索请求（提交检索提问式）或服务请求（提交定题或查新等服务要求），实现数字化信息资料的发布和利用。

（5）资源调度系统则实现网络环境下用户（或图书管理员）提问式和数据库中信息资料数据的识别或统一调度。

（6）跨语言信息检索系统通过资源调度系统得到源自用户查询服务系统的检索提问式，首先实现提问式源语种的辨析，并选择合理的翻译器（如 MTS 或双语字典或语料库等）将提问语种检索式转化成信息语种（包括多种语种）提问式，其次在资源调度系统的调度下根据信息搜索引擎从多语种信息数据库（通过数据加工系统建立）中得到符合要求的结果提交给用户，最后根据用户的反馈进一步提高翻译的准确性和完整性，进而得到更有效、更能满足用户需求的结果（数字化信息资料）。该系统子模块与数据加工系统、数据库系统、资源调度系统、用户查询系统等子模块都有着直接或间接的联系。

将跨语言检索技术应用于数字图书馆是可行的而且也是必要的，当跨语言检索技术与数字图书馆技术结合运用时，会出现原来两者独立使用时没有的问题。数字图书馆中存有海量的多媒体信息，当在此基础上使用跨语言检索技术时，可能会严重影响检索效率，在跨语言检索系统中，源语种与目标语种之间的关系一般是一对多（将提问语种翻译成为多种信息语种），然而在数字图书馆中，信息资料是多语种的，用户也是多语种的，即存在多种提问语种和多种信息语种，是多对多关系，语种间相互转化变得非常复杂，使跨语言检索面临更加严峻的挑战。

10.3 基于内容的检索技术

基于内容的检索是一种新的检索技术，主要是利用媒体对象的语义、媒体的视觉特征或听觉特征进行检索，它利用图像处理、模式识别、计算机视觉、图像理解等学科中的一些方法作为部分基础技术，直接对图像、音频、视频内容进行分析，抽取特征和语义，利用这些内容特征建立索引并进行检索，是多种技术的合成，具有广泛的应用前景。

10.3.1 基于内容的图像检索原理

基于内容的检索系统一般由数据库生成子系统和查询子系统构成，每个子系统由相应的功能模块和部件组成。主要包括如下几个方面。

（1）图像的预处理。图像的预处理包括图像格式的转换、尺寸的统一，图像的增强与去杂等功能，为图像的特征提取打下基础。

（2）特征的提取。特征的提取即从包含大量信息的图像中分解出不同种类的特征信息，主要包括视觉特征和统计特征。视觉特征是指具有直观意义的图像的形状与颜色特征，统计特征是指图像像素、纹理等特征。特征的提取的对象可以是整幅图像，也可以是图像某个区域或具体的内容对象。

（3）数据库系统。数据库系统由图像库、特征库和知识库组成。图像库为数字化的图像信息；特征库为图像的内容特征和客观特征；知识库包含专门和通用知识，有利于查询优化和快速匹配。

（4）查询和浏览界面。用户通常可以通过示例查询和模糊描述等方式，使用整幅图像、特定对象以及各种特征的组合等形式进行查询。查询时需要通过浏览界面来确定查询要求，而且查询后返回结果也需要浏览。

（5）匹配引擎。检索是利用特征之间的距离函数来进行相似性匹配，模仿人类的认知过程，可以从特征库中寻找匹配的特征，也可以临时计算对象的特征。匹配引擎中包括一个较为有效的、可靠的相似性测度函数集。

（6）索引过滤器。对于大型的基于内容的检索图像数据库，还需要寻找有效的方法来加快检索。常用方法包括过滤和索引，在进行向量运算之前先滤除那些不符合要求的图像，过滤出的数据集合再用高维特征匹配来检索。

10.3.2 基于内容的检索的主要特点

与传统的检索方式比较，基于内容的检索具有以下特点。

（1）直接从图像中提取语义线索和特征，并根据这些线索从大量存储在数据库的图像中查找、检索出具有相似特征的图像数据来。它突破了传统的基于字符表达式检索的局限。传统的图像检索主要是通过给图像赋予一组特征描述数据，用来表达图像数据的内容，将对图像本身的检索转化为对特征数据的检索，根据字符的匹配查找到相应的图像。显然这个转换过程妨碍了有效的交互，被称为"转换障碍"，难以满足用户各种各样的需求。对于建库者来说，要准确地对图像进行特征描述比较困难，往往会因个人的知识、经验、理解不同而有所差异，而且并不是所有的图像对象的特征都能用字符描述出来。基于内容的图像检索直接对图像内容进行分析，抽取特征和语义，把检索过程与语义提取直接联系在一起，使得检索过程更加有效，适应性更强。

（2）以相似比对取代吻合比对。在字符检索中，因为一字一码，因此通常采用匹配比对方式，以精确匹配为主。在基于内容的图像检索中，由于相同内容的图像有不同的表现方式，如同一场景的照片就有远景和近景之分，因此通常采用相似匹配方式，以获得类似结构，不断缩小检索范围，直至定位于所要求的目标，这是一个迭代过程，与常规数据库检索的精确匹配不一样。

（3）采用直观的可视化提问方式。基于内容的图像检索通常采用示例查询法，当用户不清楚检索提问要求，或不熟悉图像信息结构类型时，可通过浏览选择例子或自己绘制图形，作为查询条件，并可以通过浏览结果检视查询方式的好坏，从而做必要的修正，然后再次进行提问。

（4）交互性强。用户参与检索过程，可对检索方式不断改进，反复提问，直至找到满意的结果为止。这种把检索结果的全部或部分内容再做进一步细化检索的过程称为相关反馈，可以弥补相似比对时一些没有或无法考虑到的因素，能引导查询方向，以便满足用户的特定需求。

（5）能满足多层次的检索要求。基于内容的图像检索系统通常包括了图像库、特征库和知识库，可满足多方面的检索要求。例如，常规的基于客观属性（关键词）的检索、基于内容的检索、对象关联检索以及概念查询检索等。

（6）检索效率较高。能从大型分布式数据库中以较快的速度查找到有关图像，可以不用去理解和识别图像中的对象，所关注的只基于内容，从而快速地发现相关信息。

10.3.3 基于内容的静态图像检索技术

基于内容的图像检索是建立在特征分析和模式识别基础上的相似查询，所涉及的主要问题是对数据模式的描述和判别,查询过程是根据给定的模式对输入的模式进行匹配,判断的关键是相似度。基于内容的图像检索方法,可以概括为以下几个方面。

1. 基于颜色的检索

在传统的注重几何特征的计算机视觉研究中,颜色在传统的图像理解中未能受到普遍重视,然而相对于几何特征而言,颜色具有与生俱来的旋转不变性(rotation-invariance)和尺度不变性(scale-invariance)。在基于内容的图像检索中,颜色是使用最广泛的特征之一。IBM 的 QBIC(query by image content,基于图像内容查询)系统把颜色作为缺省的检索手段,同时,在许多情况下,颜色是描述一幅图像最简便而有效的特征。例如,在需要检索海滨景物图像时,指定图像中的主要颜色(如蓝色,对应海水;黄色,对应海滩)的大致比例后即可以此为依据查找与此颜色分布类似的图像,而此时其他检索特征往往难以奏效。所有这些,都促使颜色成为基于内容检索所采用的主要手段之一。

基于颜色检索的基本思想是将图像间的距离归结为其颜色直方图间的差距,从而图像检索也就转化为颜色空间直方图的匹配,采用的颜色空间和匹配方法因不同算法而异。

单纯的基于颜色直方图的图像检索方法没有保留原图的空间信息,这无疑是不够准确的。两幅颜色直方图非常相近的图像其内容可能毫无相似之处。因此在基于颜色的图像检索中引入空域信息对于确保检索精确率是十分必要的。颜色特征的优点在于对尺度、旋转的不变性,而一般的与空域信息相关的算法都没有这种好的性质,因而在引入空域信息的时候要兼顾不变性的问题。

2. 基于形状的检索

形状是刻画物体的本质特征之一,因此利用形状来检索无疑可提高检索的准确性和效率。从广义的角度来说,基于形状的检索不仅包括传统意义的基于二维形状的检索,还包括在三维图像(立体数据,如医疗成像设备获得的检测图像)中的基于三维形状(shape by volume)的检索。

基于图像内物体形状的检索,首要问题是采用合适的图像分割算法把不同对象从图像中分割出来,关键是寻找符合人眼感知特性的形状特征。传统的基于形状的检索是基于形状特征构成的形状特征矢量。对象的几何特征包括大小、位置、形状。图像分析中经典的形状描述是矩不变量、圆度、主轴方向等。其他表示形状的特征有伸长度、孔数、角点数、对称性,其中伸长度(即偏心度)一定程度上描述了对象的紧凑性,另外一种常用的形状描述是傅里叶描述子,其主要思想是使用傅氏变换后的边界作为形状特征。除了这些采用全局性特征进行描述的方法外,还有人用一系列局部特征,如直线段、圆弧、角点、高曲率点等来描述形状的方法以解决遮挡问题。

虽然很多图像检索系统已经建立起来了,很多特征提取方法(基于颜色、形状、纹理等)也已经被采用,但以下两个问题仍旧存在:①基于图像的空间分布或形状特征的检索技术还不成熟;②平移、尺度、旋转变换不变性的问题仍没有得到很好的解决。

3. 纹理检索

作为物体的一个重要特征，纹理也是基于内容检索的一条主要线索。纹理检索和纹理分类技术有着密不可分的关系，针对不同系统的应用要求，在纹理检索的实现中往往采用不同的纹理识别技术。

早期的纹理识别技术可分为三类：结构方法、统计方法和频谱分析方法。结构方法主要对规则的结构纹理，采用句法分析方法识别。从 20 世纪 70 年代开始，基于二阶灰度统计特征的统计方法得到了广泛的研究。基于频谱分析的方法实际上是统计方法的一个分支。QBIC（IBM 公司 20 世纪 90 年代开发制作的图像和动态景象检索系统）提出三种启发式纹理描述子：粗糙度（coarseness）、对比度（contrast）、方向性（directionality），这些特征是从人对纹理的感觉的生理学研究中得到的。

进入 20 世纪 80 年代后，随机场模型也用于纹理的分类和识别。Kashyap（凯夏普）采用了基于圆对称自回归随机场模型的特征，用于自然纹理的分类，并取得了 91% 的正确率。用 Gabor 小波模型表示纹理也是纹理分析的一个方向。

10.3.4 视频检索

动态视频信息一般用场景、镜头和帧来描述。其中帧对应一幅静态的图像，是视频信息的最小单位；多个帧组成镜头，镜头对应一段视频，它描绘的是同一场景中的连续动作；场景由多个镜头组成，针对同一批对象，不断变换拍摄角度。与静止图像检索相比较，活动视频检索含有更复杂的内容，不同应用系统的视频检索也往往有不同的要求。目前视频检索的主要技术包括片段检测、图像拼接、主运动估计和层描述。

1. 片段检测

对于连续的视频流，常需要根据要求（如镜头切换等）将视频信号划分为不同的视频片段（clips）。片段可以根据不同的要求来划分，比如可以把某一物体在图像中的出现和消失定义为片段的头和尾，但在实际应用中，多是以镜头场景的切换（分镜头）作为片段检测的内容，从这个意义上说，片段检测即摄像机运动连续性中断的检测。

对最简单的直接切换来说，一般通过对不同图像度量的比较得出，采用子窗口直方图比较的方法对于切换检测性能最佳。窗口的选择是影响性能的一个主要因素，大窗口算法对运动具有较好的鲁棒性，但在景物改变具有类似颜色或灰度分布时可能漏检，而小窗口算法则对于运动过于敏感，因此在实现中往往需要将二者结合使用。由于大量视频信号都以压缩形式存储，因此对压缩视频流的直接片段检测也是今后研究的一个方向。

2. 图像拼接

图像拼接的目的是对获得的片段生成一个全景的拼接图像（mosaic，在 QBIC 中叫代表帧 r-frame，representative frame）来代表本片段内容，一般用于在用户访问片段的视频信号之前提供给用户片段的内容信息。尽管可以选用片段中的某一帧来作为代表，但在许多情况下通过拼接融合多幅图像的背景信息而生成一幅全景图更能充分代表片段的内容。图像拼接的生成包括三个步骤：图像对准（image alignment）、图像整合（image integration）、残差估计（residual estimation）。

3. 主运动估计

在多数视频图像中，往往有一个相对固定的背景，背景前面是运动的物体。此背景占据了大部分图像，其在图像平面中的变化是摄像机操作和运动（如聚焦、平移、追踪等）的结果。在这种情况下，主运动（即此背景的运动）估计无疑对图像的对准和拼接效果起着重要的作用。

不同算法所依据的运动模型不同，在背景景深变化不大的情况下，可以把整个背景作为二维平面来考虑，这样就得到了摄像机的二维运动模型。对于背景景深变化较大的情况，此时单个二维运动模型已不能描述背景的运动，而必须考虑景深的影响。Hanna（汉纳）针对校准过的摄像机，提出了三维运动结构模型。在模型参数的计算方面，为了去除前景运动的影响，在参数估计时一般不采用最小均方差（minimum mean-square error）方法。

4. 层描述

在许多情况下，景物中存在多个运动物体，且需要对这些运动物体根据其在图像序列中的变化建立描述。层描述即对图像序列建立描述的方法，它一般包括三个部分：①一个运动描述符的集合；②对每个运动描述符在图像序列中与之对应即满足其约束关系的"层"（layer）；③根据①和②及原始视频图像建立的对每个"层"建立的描述。

在 QBIC 的实现中，就是根据 2D 运动模型，通过不同物体（由于在景物中远近不同所引起）的仿射变换的参数的不同，将景物划分为不同的层，每一层具有自己的 2D 仿射运动参数以及在每一帧中的对应区域，这样，就对整个片段建立了一个运动的分层表述（layered representation），供检索时使用。

10.3.5 基于内容的图像检索在数字图书馆中的应用

基于内容的检索技术在数字图书馆建设中具有一定的意义，尤其是在以图像为主，或图像是必不可少的资源的学科，如地理、天文、生物、医药、建筑等方面，可以帮助用户从多途径找到图像内容信息，从更深层次对图像媒体进行理解与控制，可以帮助文献部门更充分地开发和利用信息资源。基于内容的检索技术还有利于产生新的应用，创造新的概念，如对图像类信息的数据挖掘等。随着电子出版物、数字图书馆与互联网络日益结合，基于内容的检索技术应用范围将越来越广。美国"数字图书馆创始"研究项目中，有许多内容是关于图像处理的。例如，加利福尼亚大学伯克利分校数字图书馆计划中，就有对大量加利福尼亚州水资源方面的照片、加利福尼亚州的野花图片进行数字化处理并进行基于内容查询的研究，主要包括以下几个方面。①检索照片上的对象。开发允许用户查找照片上包含的内容（如人物、动物、建筑、树木等）的检索工具。②用颜色斑点或颜色比例进行检索。例如，使用"至少25%绿色和25%浅蓝色"的语句提问，可得到一半蓝天一半绿色的草的照片。此外，还可进行以"任何中等的或大的红色斑点的花朵"提问的检索。③图像局部检索和分类。可对图像中局部内容通过颜色、纹理提问进行检索。此外，他们还进行了图表对象、街道、地址等地理信息系统方面的基于内容的检索研究，已取得一定的成果并开始提供服务。加利福尼亚大学圣巴巴拉分校的"亚历山大数字图书馆"提供图像和空间参照信息的综合服务，包括地图、卫星图片遥感资料等数字化信息，可以通过颜色、纹理、形状和外观等特征检索图像，并且和传统的全文和相关数据库检索结合起来。"坐标检索"以经纬库为目标，计算机划出一个方形区域，可将方形区域细分成几十个或几百个小方块，再放大并检索这些小方块地图或地形地貌情况图。

10.4 数字图书馆的知识检索

知识检索是为了解决目前信息检索中存在的诸如查准率低等问题而提出的一种新型的信息检索理念。

10.4.1 知识检索概念

在国内文献中出现了知识检索概念的多种表述，但到目前为止还没有一个权威的、统一的定义。这些定义大致可以分为两类，一类以图书馆学、情报学领域的专家观点为代表，代表人物主要是武汉大学信息管理学院的张玉峰教授，另一类以决策支持系统领域的专家观点为代表。

（1）第一类定义包括如下观点。

"所谓知识检索，就是综合应用信息管理科学、人工智能、认知科学及语言学等多学科的先进理论与技术，基于知识和知识组织，融合知识处理和多媒体信息处理等多种方法与技术，充分表达和优化用户需求，能高效存取所有媒体类型的知识源，并能准确精选用户需要的结果。"

"知识检索是传统信息检索的发展，它利用语义分析的结果，对知识源进行概念级的检索，对用户提出的问题给出准确度和相关度最高的检索结果。"

"知识检索的实质是把借助语义知识库理解、分析和规范后的检索请求与经过语义知识库分析的信息源索引库进行语义匹配，并提交给界面主体的过程。"

"知识检索是针对信息检索中存在的语义性较差、智能性低、知识性较弱等现状提出的一种基于语义和知识关联，运用知识处理技术和知识组织技术，实现信息查询语义化、智能化的一种高级信息检索方式。"

"知识检索强调的是基于知识的、语义的匹配,知识检索的对象是定义完善的本体。"

显然，第一类定义依然将信息库或信息资源作为被检索的对象，信息检索系统提供给用户的检索结果是不同类型的文件或者这些文件所包含的元数据信息，这种检索结果一般不可直接用于解决实际问题，用户往往需要阅读并分析检索结果才能从中获得有价值的信息。在第一类知识检索系统中，知识的作用渗透到信息检索过程的各个环节，包括利用知识充分表达和优化用户的信息需求，利用知识充分表达和优化检索对象的替代物，利用知识提高信息资源和用户需求匹配的准确程度，利用知识优化检索结果的输出方式。第一类定义认为知识检索是一种高级的信息检索方式，是传统检索技术的继承和发展。

（2）第二类定义包括如下观点。

"知识检索实际上是约束与知识之间的映射过程。"

"知识检索是在需要的时候把知识从知识库中取出来。"

"知识检索是指根据用户需求或问题的实际情况找出可利用的知识使问题得到圆满解决的过程。"

第二类定义将知识库或知识资源作为被检索的对象，知识检索系统提供给用户的检索结果是有助于用户解决实际问题的知识，而不是不可直接利用的信息集。

与第一类知识检索系统相比，第二类知识检索系统大大降低了用户进行信息分析获取知识的智力负担。

从信息检索的一般过程来看，两类知识检索系统都不够完善，但必将走向统一。我们在这里将知识检索定义为知识检索是综合应用信息管理科学、人工智能、认知科学及语言学等多学科的先进理论与技术，基于知识和知识组织，融合知识处理和多媒体信息处理等多种方法与技术，充分表达和优化用户需求，能高效存取所有媒体类型的知识源，并能准确精选用户需要的结果，是针对信息检索中存在的语义性较差、智能性较低、知识性较弱等现状提出的一种基于语义和知识关联，运用知识处理技术和知识组织技术，实现信息查询语义化、智能化的一种高级信息检索方式。

10.4.2 知识检索的优点

知识检索通过对语义检索、基于规则的推理检索分析，能帮助用户快速定位、获取所需信息，使得用户获得充分的语义信息，较大地提高了知识检索的效率、精确性和智能性，提高了知识的共享和可用性。知识检索具有明显的优势。

（1）实现信息服务向知识服务的转化，向用户提供潜在内容知识，以及分析预测后的超前性领域成果或知识。

（2）提供主动服务方式，自动优化用户需求，主动提供个性化检索。

（3）面向用户，依据用户的需求及其变化，能灵活选择理想的检索策略和技术，并且将繁重的知识信息存取工作从用户移向了计算机。

（4）综合应用各类知识和各种高效的智能技术，全面提高检索效率。知识检索是综合应用信息管理科学、人工智能、认知科学及语言学等多学科的先进理论与技术，基于知识和知识组织，融合知识处理和多媒体信息处理等多种方法与技术，充分表达和优化用户需求，能高效存取所有媒体类型的知识源，并能准确精选用户需要的结果。

10.4.3 知识检索与信息检索的比较

信息检索是指从序化的信息集合中查找出符合需求的信息,它是信息组织的逆过程。而知识检索,就是综合运用信息管理科学、人工智能、认知科学及语言学等多学科的先进理论与技术,基于知识和知识组织,融合知识处理与多媒体信息处理等多种方法与技术,充分表达和优化用户需求,能高效存取所有媒体类型的知识源(文本、图像、视频、声音等),并能准确精选用户需要的结果。信息检索与知识检索,犹如信息与知识,两者既相互联系,又存在着本质区别,下面分别从检索语言、搜索方式、检索模型、信息资源组织方式、检索效率等方面加以比较。

1. 检索语言

检索语言是描述信息的内容与形式的工具,也是用户表达检索提问的语言。信息检索系统中一般将关键词作为描述信息和用户提问的基本单元。因为关键词是最简单的自然语言,是实现主题检索的重要途径,而且简单易用。但是关键词不能充分表达概念之间的语义关系,通常难以满足用户的信息需求。在知识检索系统中,除提供关键词实现主题检索外,还结合自然处理语言和知识表示语言,表示各种结构化、半结构化和非结构化信息,提供多途径和多功能的检索。自然语言处理技术是提高检索效率的有效途径之一,其任务是建立一种能够给出像人那样的理解、分析并回答自然语言的结果的计算机模型,能实现基本的人机会话、寓意理解或自动文摘等语言信息处理功能。其中要利用汉语分词技术、短语分词技术、同义词处理技术等。

2. 搜索方式

信息检索是基于"信息"的搜索。目前信息检索方式主要是关键词搜索和目录搜索。通过关键词搜索通常会返回大量的冗余信息,而目录搜索方式则需要用户花费大量的时间进行子目录的浏览,在该过程中仍然存在大量的、与用户意图无关的无效链接。用户在提出检索请求制定检索策略时,对表达其信息需求的关键词常常感到困惑,如何帮助用户分析、表达其信息需求是目前系统所欠缺的;用户的反馈信息不能及时地调整检索策略,改善信息检索的性能;无法体现用户个性化的信息需求等。知识检索是基于"知识"的搜索,即利用机器学习、人工智能等,模拟或扩展人的认知思维,提高信息内容的相关性。

3. 检索模型

信息检索在其发展过程中,形成了一些成熟的模型,它们依据不同的理论,对检索元素进行不同的描述。常用的检索模型一般有布尔检索模型、向量空间检索模型、概率检索模型以及模糊集合模型。布尔检索模型基于布尔逻辑,利用关键词来描述信息,用户用关键词的逻辑组配来表达信息需求,检索系统采用精确的关键词匹配,返回检索结果。这种模型容易实现,被大多数检索系统使用,但检索结果与用户的检索技能有很大的关系。向量空间检索模型基于统计理论，将检索系统中存储的信息与提问信息用空间中的向量表示，用相似统计方法计算信息向量与提问向量之间的相关性，可将相似计算结果用于检索结果的排序输出。而知识检索模型集成各类知识对象和信息对象，融合各种智能与非智能理论、方法与技术，实现知识检索。知识检索常用的检索模型有分类检索模型、多维认知检索模型、分布式检索模型等。分类检索模型利用事物之间本质的关系来组织资源对象，具有语义继承性，揭示资源对象的等级关系、参照关系等，充分表达用户的多维组合需求信息。多维认知检索模型的理论基础是人工神经网络，它模拟人脑的结构，将信息资源组织为语义网络结构，利用学习机制和动态反馈技术，不断完善检索结果。分布式检索模型综合利用多种技术，评价信息资源与用户需求的相关性，在相关性高的知识库或数据库中执行检索，然后输出与用户需求相关的、有效的检索结果。

4. 信息资源组织方式

信息组织是信息检索与利用的基础，而信息资源检索与利用则是信息组织的目的。两者是互逆的过程。用户信息检索的一般过程是用户将自己的信息需求以一定的形式表示出来，形成检索提问式，信息检索系统将用户的检索提问式与经过序化的信息集合进行匹配。并将检索结果返回给用户，用户可以根据该结果来调整检索策略，进一步获取相关信息资源。信息资源检索与利用的前提是通过标引等方式对信息资源加以描述，并按一定的规则和方法进行有序化，形成有序的信息集合。与信息资源检索相对应的组织方式是信息组织。要实现快速高效的知识检索，首先是对知识进行合理的分类与组织，其次是利用高效的检索手段与检索方法，找到与需求相匹配的知识资源。与信息资源检索相对应的组织方式还有知识组织，知识组织主要的方法有知识分类、语义网络、动态控制等。知识组织是高级的逻辑组织形式，信息组织不能充分表示信息元素的语义和语义关系，而知识组织能表示信息元素的逻辑关系、语义关系等。

5. 检索效率

信息检索机制多是采用提高检索式的专指度来提高查准率；采用降低检索词的专指度，进行族性检索、截词检索等提高查全率。而知识检索机制依然保留了传统信息检索机制提高检索性能的一些有效方法，同时也增加了更强的技术机制和知识机制，如关键词机械字符匹配、概念匹配、语义匹配，增强了语义理解和分析能力，利用智能技术提高了与用户交互和知识采集、挖掘的能力等。知识检索能综合运用多种处理方法和技术，挖掘提问的深层含义，精确地表达用户的需求，返回具有高度相关性的检索结果。因此有较高的查全率和查准率。另外，检索时间可以作为衡量信息检索效率的标准之一，但作为衡量知识检索系统检索效率的指标意义不大。因为知识检索更强调内容的相关性，这样检索相关知识的能力作为衡量其检索效率的指标更具有实际意义。

10.4.4 知识检索模型

知识检索模型集成各类知识对象和信息对象，如领域知识、用户知识、专家经验知识以及多媒体信息元素等；融合各种智能与非智能理论、方法与技术，如推理、机器学习、数据挖掘、智能搜索、智能演算以及多媒体信息处理等；实现知识检索，如基于语义内容的检索、基于知识结构的检索、基于推理与学习技术的检索、基于专家与用户知识的智能搜索，以及分布式多维检索等。目前知识检索模型主要有分类检索模型、认知检索模型和分布式检索模型、基于本体的知识检索模型等。它们采用不同的知识组织模式，应用不同的人工智能技术和知识处理方法。

1. 分类检索模型

分类检索模型的核心思想是数据抽象，利用事物之间本质的关系来组织资源对象。概念逻辑与知识分类思想是知识标引和知识检索的理论基础。知识组织结构是类层次结构。知识对象由静态和动态的知识元素构成，对象之间存在类属关系和其他语义相关关系。用户提问对象同知识库中知识对象的结构相同，可包含用户的多维异构需求信息。该模型综合应用类结构的查找方法和对象归类方法，实现对象或概念的检索。对象之间的类属关系，可提供快速的自顶向下的查找策略。利用继承原理，可实现自底向上的检索。其他语义相关关系，如参照关系，能实现横向的搜索。这种模型的最大优点是语义继承特性，便于知识资源的共享，提供多途径、多方位的多种检索方法，充分表达用户的多维组合需求信息。该模型较适于领域知识和用户知识等大规模知识源。它需要综合利用自动化分类方法和手工分类方法，关于大规模资源的存储和动态维护已由计算机实现。

2. 认知检索模型

认知检索模型的理论基础是人工神经网络。它以模拟人脑的结构和神经系统为目标，将资源组织为语义网络结构，由节点和弧组成。节点可以表示概念或知识对象，弧表示对象之间的各种语义关系和动态操作关系。该模型利用启发式知识和传递激活技术，形成一种认知式的语义推理模式，实现知识库的联想搜索。该模型利用学习规则和相关反馈技术来修改、完善提问和知识库，不断改进检索结果。它适合于专业概念知识库的检索，用于扩充和优化用户需求，还可以帮助用户区别词的多义。用户可以充分描述概念和概念之间的关系，查找精确的文献内容和执行语义链的导航搜索。它不适于大规模的知识源。

3. 分布式检索模型

对于网络异构分布式信息资源，分布式检索很重要。该模型要求建立元知识仓库，集成和存储各类元知识。它综合应用分布式人工智能、神经网络、智能演算、并行推理、机器学习等技术，评估各类资源与用户需求的相关性，选择最好的知识源和数据库集合，分别执行并行检索。最后，它利用聚类、综合分析与学习等智能处理方法，产生全局一致的、有效的检索结果。

4. 基于本体的知识检索模型

基于本体的知识检索模型主要特点如下。

（1）以知识本体作为组织领域知识的语义模型。在检索对象的组织上，知识检索模型利用领域本体作为组织资源的基础。以领域本体为基础来组织领域知识，首先要构建一个涵盖相关领域概念及概念间关联的领域本体库作为资源描述和知识表示的工具及模型。目前广泛使用于各个学科领域的主题词表、分类表可以作为领域本体库的构建基础，在此基础上确定领域知识本体的主要概念和概念间的各种关系，构筑领域本体的概念模型。

（2）以知识本体的概念集对资源进行语义标引。在检索对象的描述上，知识检索模型借助语义标引工具，按照领域本体的概念及关联，对资源对象进行概念分析、分类、标引、描述和处理，形成机器可以理解的带有语义信息的元数据。以领域本体的概念模型作为资源元数据的规范描述标准，可使目前相对独立、没有语义的领域信息形成具有语义关联的知识组织系统，也是实现基于知识、语义检索的基础。

（3）以基于本体的知识语言标示、检索领域知识。知识语言包括知识描述语言和知识检索语言。知识描述语言是描述本体的语言工具，是对本体概念形式化的标准语言。OWL（Web ontology language，万维网本体语言）是 W3C 推荐的知识描述语言的标准，RQL（resource query language，资源查询语言）是 W3C 推荐的知识查询语言的标准。这些语言不仅使检索模型具有强大的语义表达和推理能力，同时可以实现不同领域本体之间语义的兼容和互操作。本体概念的优化检索依赖于本体检索语言的功能。

（4）以自然语言实现概念查询。自然语言易用性强但自由度高，如果不加以控制，就不能准确理解语义，实现知识检索。知识检索模型提供了特定领域可控的概念语义体系，并建立与概念体系相对应的具有层次结构的自然语言术语体系，能对自然语言提问和本体概念库的术语进行语义的理解、分析和匹配，依据本体概念间的语义关系，实现知识检索。

10.4.5 知识检索系统

知识检索系统是处理知识和检索知识的系统。其结构应由知识组织、知识检索和知识显示这三个相互影响、相互作用的要素组成，知识检索系统各主要组成部分功能如图 10-1 所示。

1. 本体概念模型

获取学科领域基本概念，构建领域本体概念模型，提供描述领域知识的规范和知识表示的工具。

2. 本体加工与语义标注

收集信息源，借助本体概念模型对信息源进行语义分析与标注，形成具有语义关联的资源元数据集合，根据应用的需要，支持本体的学习与进化。

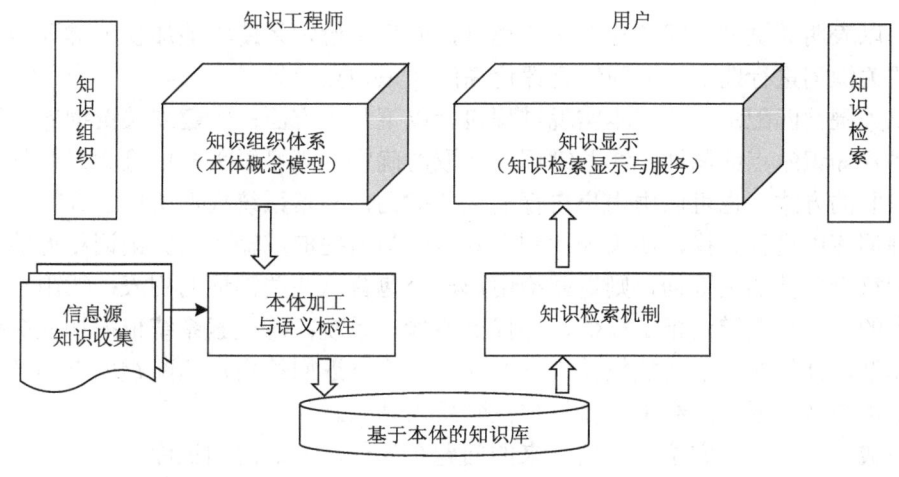

图 10-1　知识检索系统结构

3. 基于本体的知识库

存储与管理标注后的资源元数据，支持对本体知识库的并发访问与快速查询，支持对多用户协同编辑本体，以及对多版本进行有效的归纳、控制和管理。

4. 知识检索机制

分析处理检索请求对查询术语进行语义解析，确定检索请求与本体概念及关系的对应，支持概念推理，实现语义检索，生成检索结果。

5. 知识检索显示与服务

展示知识检索界面，向系统发出检索请求并接受系统的服务。包括提供查询与浏览的途径与方式，可视化显示已获取的知识以及知识之间的关系，提交检索结果；实现与用户的交互，接受并反馈用户信息，为用户和应用程序查询本体库知识提供服务。知识检索呈现是通过一定的知识表示技术，将领域知识本体按照一定的方式，清晰有序地在一个统一的界面上展示出来，以供方便地查询与获取知识。知识检索显示的应是反映知识内容和概念关联的知识网络或知识地图。

10.4.6　知识检索的实现方法

知识检索可以分成以下两步：首先利用知识站点搜索引擎找到知识站点库，其次利用知识条搜索引擎，根据用户的需求，从站点中的知识库提取相关知识条。与该两级检索策略相对应的检索方法是首先利用"加权关键词匹配定位法"定位知识站点，其次在"动态约束性概念网络"的基础上，从所定位的站点中找到所需的具体知识。

1. 加权关键词匹配定位

加权关键词匹配定位的基本思想是由用户根据检索的预期期望，给关键词赋予一定的权值，以表明关键词之间的相对重要程度，而后由检索系统将该加权关键词与站点属性描述的关键词进行匹配，返回综合评价高的知识站点信息。

加权关键词匹配定位的基本实现过程包括以下几个方面：①建立关键词库，用关键词来描述各知识站点的属性；②关键词的提取与确定，既可以采取由检索系统从语义段中自动提取的方式，也可以由用户自行输入关键词，检索系统根据所提取或输入的关键词在关键词库中进行查找，如果未找到，则返回与所提取或输入的关键词相近的词组，如果找到符合条件的关键词，则返回给用户一个包含这些关键词的列表；③用户为所返回列表中的每一个关键词指定权值，并提交给检索系统；④检索系统根据加权关键词匹配计算模型，计算各站点与加权关键词的匹配程度，返回给用户匹配程度高的若干网站信息，由用户从所返回的结果中自行定位到所需站点。

在完成知识站点的定位后，接下来的问题是如何从站点的知识库中快速、有效地提取能满足自身需求的知识模块，该问题的解决可以通过概念约束驱动检索来实现。

2. 概念约束驱动

传统的信息检索技术基于关键词匹配进行检索，往往存在查不全、查不准、检索质量不高的现象，特别是在网络信息时代，利用关键词匹配很难满足人们检索的要求。因为关键词检索的主要技术是机械匹配，依据的是字符的外部特征，并非它们所表达的内在含义（即概念）。概念约束驱动检索方法的理论基础是神经网络和语义网络，将概念看成是最基本、最重要的知识元素，以概念之间的关联作为概念网络节点的链，并在关联链上设置动态控制条件，通过在约束条件和知识库之间进行匹配，帮助用户获取最相关的检索结果。

概念指的是将所感知的事物的本质与属性抽象出来，应用一定的字、词或词组等描述元素加以概括的结果。由于同一概念元素可能存在一个或多个同义的描述元素，同一描述元素在不同的语言环境中显示不同的语义，从约束出发检索知识需对概念进行细化和明晰。概念约束驱动检索方法首先要依据概念知识的类属原则，将概念进行聚类和分层。概念聚类和分层的好坏直接影响到知识检索系统的性能以及检索结果的准确性，概念的聚类是将某些具有相同属性的概念聚集，形成各种概念类，必须保证概念类目设置的唯一性。概念的分层主要指的是将哪些概念放在同一层，哪些概念放在不同层，并明确各层次概念之间的关系。概念的分层同样要遵循一定的原则，通常可以将相互之间耦合作用强的概念放在不同层次，将相互之间耦合作用弱的概念放在同一层次，而区分概念之间耦合作用强弱的原则是概念之间的依赖关系，这样会使同层概念存在明显的差异化。

根据上述分层原则，每一概念类都会形成树型分层结构，在这个层次结构中有概念父节点和概念子节点，父节点和子节点表达的是概念之间的纵向层次关系，即从属关系，包括整体与部分、属种关系等。这种纵向层次关系可以是多重的从属关系，也就是说每个概念子节点会有一个或多个概念父节点，这些父节点既可以是同一概念类，也可以是不同概念类，这样可以在概念按类集中的基础上，清晰地表达概念之间的交替关系，有效地缓解概念分类中集中与分散的矛盾。从横向上看，分属于不同概念类但处于同一层次的概念节点，可以根据自身的属性连接成关联网络，这种横向网络能有效揭示概念之间的相互关系。

在概念聚类和分层基础上所形成的概念网络，需设置概念关联的控制条件，它相当于概念激活开关，约束概念激活的行为。当用户进入知识系统后，需确定相应的概念需要满足的约束，当用户的提问或输入内容与控制条件基本符合时，控制开关就会连通，知识检索系统就会给出与约束相匹配的结果。控制条件的引入，使概念网络呈现动态性的变化，它可以根据不同的用户、不同的要求以及不同的学科领域等实际情况，设置适应不同应用环境的控制条件，使知识检索结果的相关度更加符合用户的要求。各激活控制条件包含的是与各概念节点相关的各种知识，包括各学科领域专业知识、常识性知识、用户检索意图知识以及用户背景知识等。

第 11 章 大数据时代信息检索新进展

在大数据时代，由于信息技术的快速发展和数据规模的急剧扩大，信息检索领域获得了显著的进展。由于大数据环境下的信息需求更加复杂且多样化，信息检索和信息搜寻之间的关系变得越来越密切，这个过程促进了如全文检索与语义搜索融合、结构化和非结构化数据融合以及多模态信息的集成等多方面的发展。与此同时，信息检索领域得到了如基于深度学习（deep learning）的信息检索、多模态信息检索和基于知识图谱（knowledge graph，KG）的信息检索等技术方面的强力推动，使得检索系统能够处理更大规模的数据，提供更智能、个性化的检索体验，从而为用户提供更多价值。

11.1 大数据时代信息检索模式进展

11.1.1 协同信息检索

协同信息检索（collaborative information retrieval，CIR）属于信息行为的一种，是信息检索由个人层面发展到群体层面的现象。随着协同信息检索现象日益突出，一方面，由于信息检索任务难度不断提高和个人知识结构及工作能力的局限性，依靠个人力量很难完成信息检索的任务，而协同信息检索可以通过群体之间互惠互赢，降低信息检索任务的难度和复杂程度。另一方面，人们生活在信息时代，很多情景下人们需要检索信息以解决各种问题。信息检索能支持协同功能，人们在协同过程中也经常需要信息检索。比如，在进行科研工作时，会涉及成员分工、资料搜集、实验处理、论文撰写等多个环节，而信息检索是资料搜集中的重要一环。因此"协同""信息检索"看似不属于同一领域的两个概念，实则内在关联、相辅相成、相互促进。

1. 协同信息检索概述

1）协同信息检索相关概念

协同是指由一群有着共同目标的人一起参与、合作完成一项工作或者活动。当面临困难或者复杂任务时，人们会本能地选择协同。比如，在教育领域，小组任务需要学生协调完成；在建筑领域，为了提高施工工作的准确性、避免效率低下以及工期延误，许多团队成员和利益相关者会在建设项目的不同阶段并行工作；在学术环境中，随着健康信息学、数字人文等交叉学科的涌现和发展，越来越多的科研项目需要来自不同领域、不同机构甚至不同地区的多名学者共同完成。

协同信息检索的定义是由基于用户行为的协同信息检索的定义发展而来。Lazinger（兰辛格）等将信息行为定义为在动机支配下，用户为了达到某一特定目的的行为过程。Wilson（威尔逊）认为信息行为是人类关于信息源和信息渠道的行为的总称。华盛顿大学协同信息检索项目组将其定义为"一组或一类人确认和解决一个共同的信息需求的一系列活动"。Foster（福斯特）则认为协同信息检索行为是一个以共同寻求信息为目的的团队所进行的信息检索活动。

综上，本书将协同信息检索行为定义为多个用户通过某种方式对某一特定主体或相似主体进行检索的行为。

2）协同信息检索的特征

（1）用户协作和共享。用户之间可以协同合作，共同解决信息检索问题。这种协作可以包括共享搜索结果、讨论检索策略、评价文档的相关性等。协作的方式可以帮助用户共同构建知识库，提高信息检索的质量。多人协同信息检索鼓励用户共享知识和经验，因为它依赖于多个用户的参与。用户可以相互分享他们的见解、链接和标记，从而共同创造和维护信息资源。

（2）群体智慧。多人协同信息检索可以利用群体智慧，用户可以共同构建并更新资源，如维基百科和开放式问答社区。从大规模用户数据中学习和推荐，通过分析多个用户的行为和偏好，系统可以提供更准确的搜索结果和推荐内容，从而提供更广泛和多样化的信息。

（3）社交互动。协同信息检索系统通常会整合社交媒体数据。用户可以通过社交媒体账户登录，与朋友或同事分享搜索结果，或者获取与他们社交网络中的联系相关的信息。

（4）多样性和包容性。协同互动可以促进多样性和包容性。传统个人信息检索可能受到算法过滤和偏见的影响，导致用户只看到与他们的观点和兴趣相符的信息。协同信息检索的多样性可以降低这种风险，用户可以展示不同的观点、文化和经验，更容易接触到不同的资源，从而降低信息过滤和偏见的风险。

（5）多模态数据整合。传统个人信息检索主要侧重于文本检索，而协同信息检索通常能够整合多模态数据，包括文本、图像、音频和视频。这拓宽了信息检索的范围。

（6）更新性和迭代性。为适应用户需求和不断变化的信息环境，协同信息检索系统必须处理不断更新变化着的数据和资源，这包括新文档的添加、网站内容的更改，以及用户生成的新反馈和评论。系统需要定期获取和集成这些新数据，以保持搜索结果的准确性和实用性。同时，用户需求也可能随着时间而变化，个性化推荐算法需要不断迭代和改进，有助于提供更符合用户期望的搜索结果和推荐。

（7）隐私保护。由于协作行为的发生和网络协同检索系统的开放性，用户的协同信息检索行为必然会涉及隐私问题。协同信息检索的隐私保护是非常重要的，这一过程通常涉及个人数据、搜索历史、偏好等敏感信息。为了保护用户隐私，通常会采用匿名化、数据最小化、用户控制、数据加密、隐私政策等措施，不仅遵守法律法规，而且能够维护用户的隐私权，提高用户满意度。

3）协同信息检索的发展阶段

协同信息检索行为的研究始于 20 世纪 60 年代，按照时间顺序可将其发展历程划分为两个阶段。

A. 早期探索性研究（20 世纪 60 年代至 80 年代）

早在 1968 年，Taylor（泰勒）就观察到了用户在信息检索过程中的合作现象。在检索的初期阶段，人们通常会向同事咨询，或者前往图书馆寻求帮助。他们期望在与图书馆员互动的过程中得到启发和建议。这些互动行为被 Taylor 视为用户在检索过程中的合作行为。Wilson 于 1981 年提出的检索模型也加入了协同检索的元素。1983 年，Sheperd（谢普德）发现检索者在检索早期常常会通过与同事交流的形式来获取所需信息。Day（戴）则发现在用户群体内，信息共享和结果分享存在着不同的层次。1991 年，Kullthau（库尔索）的研究揭示了个人信息检索过程中一个关键的"选择"阶段，这个阶段主要通过与同学、老师或其他人的交流，借助他人的经验来选择信息源。

尽管在早期的研究中，一些学者已经注意到了信息检索活动中的合作现象，但由于长期以来，单用户信息检索行为主要以系统为中心，加之在计算机技术和协作系统开发技术等方面的限制，研究者并没有深入探究协同信息检索行为。因此，在信息检索活动中对协作行为的类型、特点和影响因素等方面的研究仍然相对缺乏。对于协同信息检索领域用户行为的研究，仍然仅停留在感知和描述的层面。

B. 后期扩展性研究（20 世纪 90 年代至今）

在 1997 年，Twidale（特维代尔）等深入研究了协同信息检索行为，将传统图书馆中的协作行为划分为三大类，即用户间的合作（包括合作查寻、检索和相互咨询）、馆员间的合作，以及用户与馆员间的合作（包括参考咨询和专题服务）。他们还指出协同检索可以根据共享行为分为共享检索过程和检索结果，根据时间和空间可以分为同时同地、同时异地、异时同地和异时异地的协作形式。

随后的研究在 1998 年由 Karamuftuoglu（卡拉穆夫图格鲁）揭示了协同信息检索过程中的各种关系和活动。2000 年，Fidel（菲德尔）等研究了用户在完成协同信息检索任务时的协同活动。2003 年，Talja（塔尔亚）通过实证研究明确了从信息的偶然共享到协同检索过程中的共享可以分为四种类型，包括社会共享、战略共享、定向共享和范式共享。他还探讨了用户不愿意参与合作共享的主要原因以及协同检索在数字图书馆建设中的重要作用。

2004 年，Goker（戈克尔）等指出情境是影响用户协同检索的主要因素，同时探讨了网络检索中单用户检索与多用户检索之间的差异。Fidel 和 Pejterden（佩特丹）等于同一年提出了应采用多维方法来研究协同信息检索的用户行为，同时考虑多个维度，如参与者、工作环境、任务维度和认知维度。

2008 年，Hertzum（赫特松）进一步分析了协同信息检索的基础、影响因素、目的、类型、角色活动、粒度和连接程度。

国内图书情报界对协同信息检索行为的研究最早出现在 2003 年，而在 2010 年后研究逐渐集中。一些主要的研究力量包括西南大学的韩毅、武汉大学的吴丹以及河南大学的徐树维等，主要集中在探究协同信息检索模型和机制、相关影响因素以及同步协同信息检索方面的研究。

从 20 世纪 90 年代末开始，随着计算机技术的不断发展，协同信息检索行为的研究逐渐深入。研究范围从以系统为中心转向以用户为中心，并且不再仅限于信息检索活动中的合作现象，还包括了协同检索与单用户检索的差异、用户的心理和认知、查寻动机、检索方式、结果评价等多个方面。

2. 协同信息检索的多维度划分

协同信息检索可以通过多个维度进行划分，以更好地理解其复杂性和多样性。

（1）用户维度。根据用户类型、角色和需求的不同，可以划分为个人协同信息检索和团队/群体协同信息检索。个人协同信息检索涉及个体的信息需求满足，依赖外部资源和他人的贡献来解决复杂的信息需求。而团队/群体协同信息检索则需要多个成员共同合作以满足共享的信息需求。

（2）任务维度。根据不同类型的任务和目标，可以划分为专业领域的协同信息检索、科研合作、项目管理等。每种任务类型可能需要不同的策略和工具。

（3）过程维度。可以根据信息检索的过程来划分，包括信息查找、信息筛选、信息整理和信息分享等步骤。不同的协同信息检索过程可能需要不同的技术支持。

（4）情境维度。考虑到协同信息检索的情境和背景，可以划分为商业情境、学术情境、医疗情境等。商业情境协同信息检索更多地关注商业环境中的市场研究、竞争情报等。学术情境下的协同信息检索是指在学术研究、论文撰写、科研项目等学术活动中，研究者或学者通过协同合作、共享信息、交流观点等方式，以满足其学术研究需求的过程。医疗情境协同信息检索更多地查找医学文献或病例研究等信息。不同情境下的信息检索需求和挑战各不相同。

（5）交互模式维度。可以根据协同信息检索中的交互方式来划分，包括同步协同（实时交流）、异步协同（不同时交流）、分布式协同（不同地点的协同）等。

（6）信息分享和传播维度。可以根据信息的分享和传播方式划分，包括电子邮件、社交媒体、协同工具等。不同的传播方式可能影响信息的可访问性和可用性。

3. 支持协同信息检索的技术

协同信息检索是一种复杂的信息检索方法，因此除了包括传统信息检索技术外，协同信息检索系统还依赖于同步或异步、同地或异地协作技术来实现用户协同合作、互动交流，提供更好的用户体验。现阶段运用比较成熟的技术包括 P2P（peer-to-peer，对等网络）技术、IM（instant messaging，即时信息）技术、SDG（single display groupware，单显示组件）技术和远程控制技术。

1）P2P 技术

P2P 技术是一种分布式计算和通信技术。其中每个计算机或设备（对等方）有相同的功能，都可以充当服务提供者和服务请求者，彼此之间能够实现通信和资源共享，而不依赖中央服务器。协同信息检索的环境下，利用 P2P 技术可以分配和管理动态的内容，主要是借助 DHT(distributed hash table，分布式散列表)和积极复制(optimistic replication)这两种广泛应用的技术来加强高度动态数字信息的扩展性和连贯性，建立起一个高存储空间、数据可用性好和有良好表现的内容分布结构。

2）IM 技术

IM 技术，即时信息技术，是一种在线实时交流工具，它允许用户实时进行文本、音频、视频等多种形式的消息通信。交流作为协同信息检索系统中的重要因素，良好的沟通环境将会促进团队内部信息交互和共享，从而提高协同检索效率。在即时信息技术出现之前，分隔不同地点的人们常常只能依赖电子邮件或电话来进行沟通。然而，随着即时信息技术的崭露头角，人际交流变得更为便捷和即时，这不仅极大提高了问题处理的效率，同时也消除了地域带来的障碍。现在即时信息技术已不再局限于文字和语音聊天，还可以轻松实现传递文件、远程协助等功能。现存的协同信息检索系统，如 Coagmento 和 SearchTogether 都已经融入了实时交流功能，使得用户之间的互动更为顺畅。

3）SDG 技术

SDG 技术，即单显示组件技术，旨在支持同一物理空间内的多个用户通过一台共享的计算机进行协作，其中计算机只配备一个共享显示器和同时使用的多输入设备。与其他协同检索技术相比，SDG 技术具有两个显著的特点。第一个特点，SDG 技术侧重近距离合作，而其他协同技术通常面向远距离协作。第二个特点，SDG 技术关注单一显示设备的应用，即多个用户共用一个显示屏。SDG 技术主要面向的是现实世界，尤其是教育环境中，多人共享一台计算机的情境。在这种情况下，只有一个输入设备，可能导致小组成员在设备控制方面存在不均衡的情况，进而导致部分成员无法充分参与协同过程。一些项目，如教育领域的 KidPad 和多媒体检索工具 TeamSearch 等系统和工具的使用数据表明，SDG 技术能够促进协同交流，帮助小组成员相互学习，同时增强协同过程的趣味性。

4）远程控制技术

与 SDG 技术不同，远程合作经常需要应用远程控制技术，这允许人们在不同地点之间实现监视和控制，通常结合网络和互联网。远程控制技术是一种将网络与互联网结合起来，以实现对远程设备（如计算机、生产设备和电器）的监视和操控的方法。这一技术推动了全球计算机系统的信息化、集成化和系统化，其中一些常用的关键技术包括 Web 技术、ActiveX 技术以及套接字（sockets）技术。

计算机远程控制的应用非常广泛，包括但不限于远程办公、远程教育、远程技术协助以及远程桌面。同时，有多种远程控制软件可供选择，如 TeamViewer、PCAnywhere 等。除此以外，一些即时通信软件也有内置的远程协助功能，如 QQ 远程协助。

远程控制技术的应用有助于不同地区、不同实体之间的协作，消除了地理位置的限制。以图书馆为例，远程技术可以用于读者的远程培训、提供远程技术支持和协助成员服务。这一技术使图书馆员和读者之间，甚至不同图书馆之间的协同工作成为可能，大大提高了工作效率，同时也减少了时间和人力资源的浪费。

4. 协同信息检索行为相关理论模型

协同信息检索领域的研究正在蓬勃发展，尽管与传统信息检索领域相比，协同信息检索尚未建立完备的理论框架。然而，一些学者已经采用多种研究方法来构建协同信息检索行为模型，填补了相关研究领域的空白，以不断完善和推动协同信息检索理论的发展。这些行为模型的构建主要有两种方法：一种方法是借鉴已有的信息检索模型，对其进行改进以适应协同信息检索的特点；另一种方法是直接从现实合作中总结协同信息检索行为的特征，从而形成相应的模型。此外，协同信息检索行为模型的形态构成大致可以分为两类，即基于过程和基于要素的模型。在接下来的内容中，我们将根据这些分类标准来介绍相关协同信息检索行为的理论模型。

1）基于过程的协同信息检索行为模型

韩毅等采用了 Ingwersen（英格沃森）整体认知观的思想，构建了信息查寻与检索的社会认知模型。将这一模型放置在社会组织和文化情境之中，该模型具体划分为任务情境、合作查寻检索情境和查寻检索情境，这些情境之间存在嵌套关系。同时，韩毅等还根据任务主体的不同将其分为单用户和群体用户，并相应提出了不同的执行过程，具体可参考图 11-1。

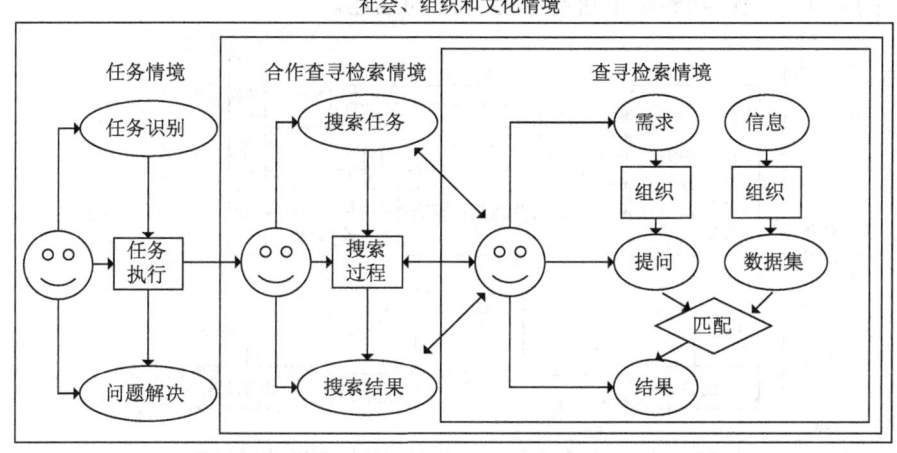

图 11-1　信息查寻与检索的社会认知模型

童迎等采用了基于案例的方法来描述合作信息查寻与检索的过程。基于扎根理论对案例行为数据进行深入分析后，他们最终确定了合作信息查询和检索过程的五个核心范畴：查寻者、实际任务、信息查寻与检索任务、信息查寻与检索过程及结果，以及合作问题解决。并且他们还进一步细化了这些核心范畴之间的相互关系，构建了合作信息查寻与检索的过程模型，具体可参考图 11-2。在这一过程模型中，合作相关性判断被赋予了核心地位。

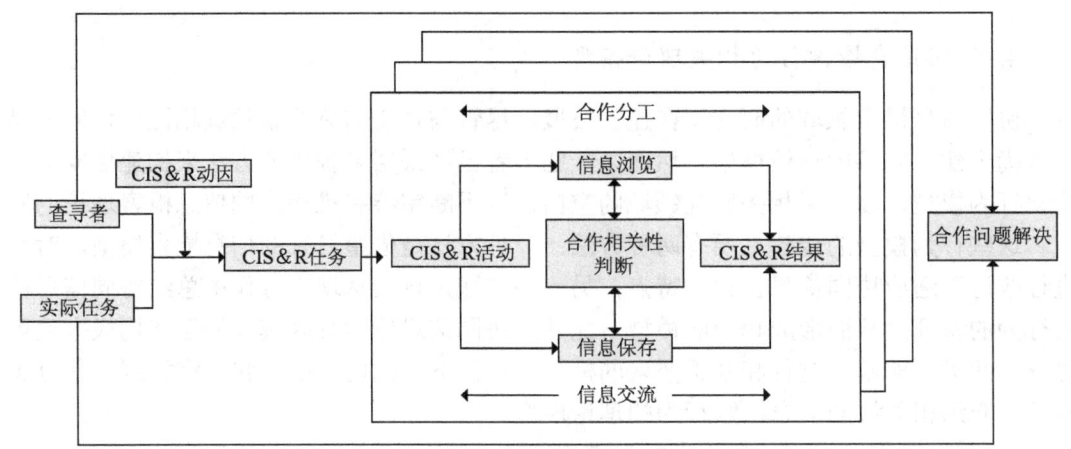

图 11-2 合作信息查寻与检索的过程模型

与之类似，李鹏和韩毅通过分析真实合作信息查寻与检索活动案例的数据，发现影响群体用户合作相关性判断的四个主要因素，包括查寻者个体与群体、合作信息查寻与检索任务、合作查寻结果以及相关性判据集合。基于这些因素，他们构建了合作信息查寻与检索相关性判断的过程模型，具体详见图 11-3。这一模型对合作信息查寻与检索过程模型中的合作相关性判断环节进行了更详细的描述。

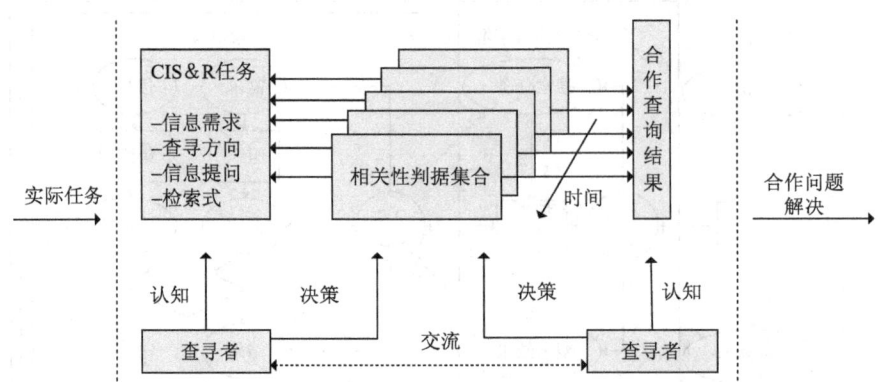

图 11-3 合作信息查寻与检索的相关性判断的过程模型

Shah（沙赫）等关注协同信息查寻中的小组情感相关性和动机等以用户为中心的概念。因此，他们提出了一个用于支持协同信息检索系统的小组情感相关性（group affective relevance，GAR）模型。他们认为，当用户开始执行模型中的活动时，就会产生信息需求并同时执行符合 Kuhlthau（库尔索）的 ISP（information search process，信息搜索过程）模型。借鉴 ISP 模型的思想，Shah 等的 GAR 模型框架如图 11-4 所示。

Jette Hyldegard（杰特·希尔德加德）同样采用 ISP 模型，旨在研究在基于小组的教育背景下是否可以描述小组成员的行为。ISP 模型将检索过程分为六个阶段，包括初始、选择、探索、形成、收集和展示，每个阶段都伴随着相应的情感、意识和行为，详见图 11-5。研究结果表明，尽管在某种程度上，小组成员和 ISP 模型中的个体具有相似的认知体验，但这并非仅受到信息检索行为的影响，它还受到工作任务活动和组内互动的影响。因此，"小组"的概念不能被视为等同于"个人"，ISP 模型不适用于研究协同信息检索行为。

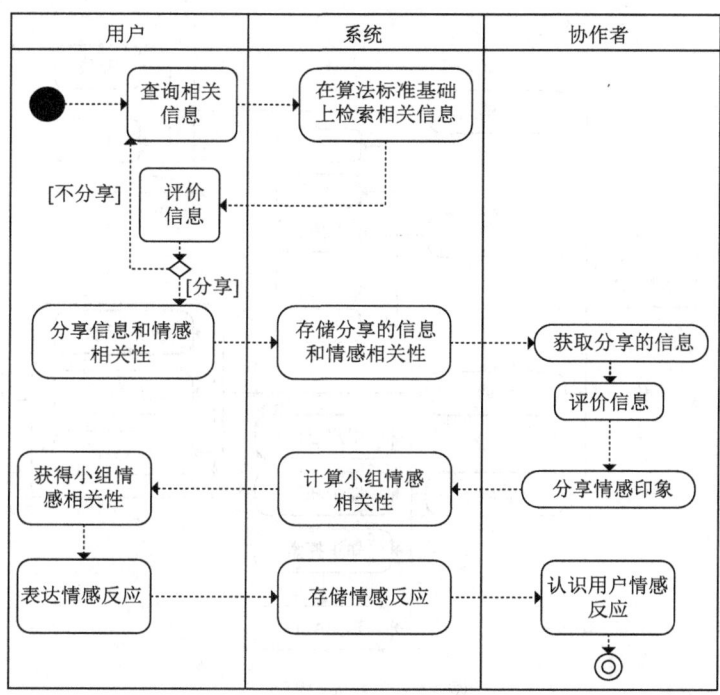

图 11-4　GAR 模型框架图

阶段	初始	选择	探索	形成	收集	展示
情绪（情感）	不确定	乐观	疑惑/失望/困惑	清晰	方向感/自信	轻松/满意或失望
想法（认知）	一般/模糊			限制/清晰	兴趣增长	清晰或聚焦
行动（物理）	查询背景信息		查询相关信息		查询相关或焦点信息	

图 11-5　ISP 模型

2）基于要素的协同信息检索行为模型

目前，协同信息检索行为模型更多地采用基于要素的方法，该方法强调列举协同信息检索中的重要组成部分，并着重考虑这些要素之间的相互关系。

Odumuyiwa（奥杜穆伊瓦）和 David（大卫）从决策制定的角度对协同信息检索行为进行了研究，他们将研究情境限定在经济智能（economic intelligence，EI）领域，并提出了协同信息检索的 3CM 模型，详见图 11-6。3CM 代表了协同检索的四个关键方面，即协同者间的交流、合作模式、协调以及各种形式知识的管理。此外，他们还在该模型的基础上总结出了协同信息检索的沟通模型（communication model for CIR，COCIR），详见图 11-7。该模型由四个主要属性组成，包括发送者、客体、接收者和情境。

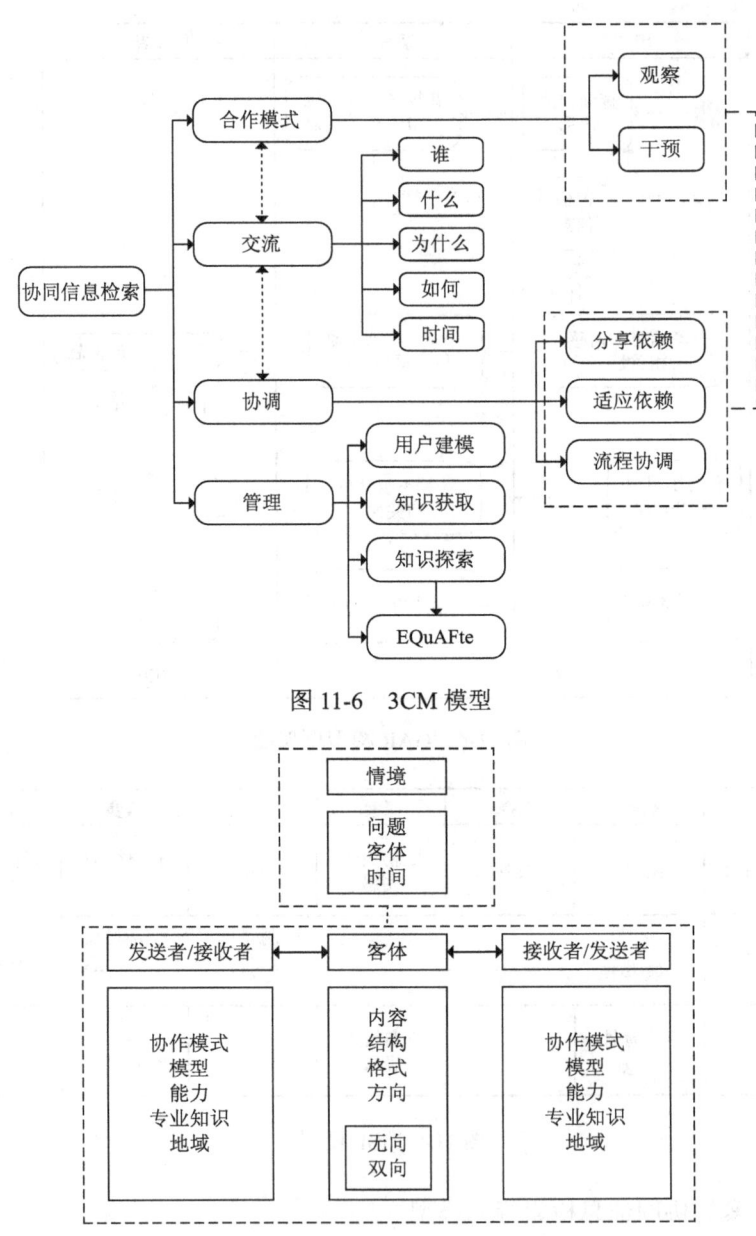

图 11-6　3CM 模型

图 11-7　COCIR 模型

Reddy（雷迪）和 Jansen（扬森）通过实证方法研究了协同信息检索的各个方面，并基于这些研究结果构建了一个综合的协同信息检索行为模型，该模型包括用户行为、环境元素和情境触发因素这三个维度，详见图 11-8。这一模型呈现了个人和协同信息检索之间的关系，同时凸显了这两种检索方式中的关键因素。行为轴和情境轴在问题、中介和互动这三个方面同时相互作用，形成了综合的协同信息检索行为框架。

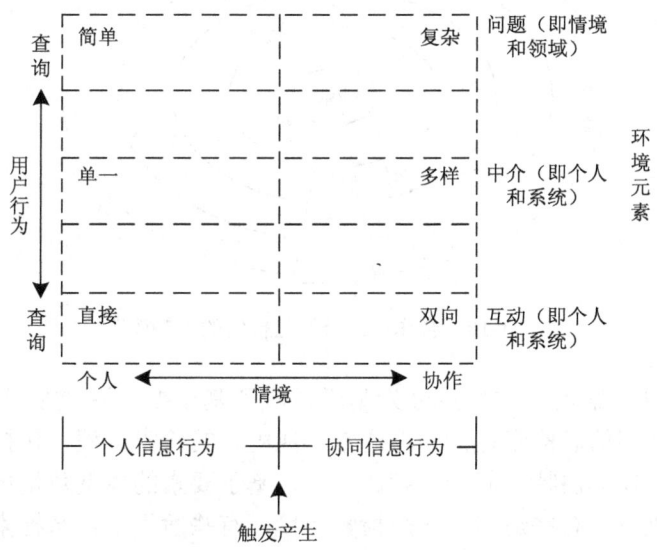

图 11-8　个人和协同信息行为关系模型

Shah 和韩毅等共同关注了协同信息检索行为中合作的核心元素，通常总结为 5C。Shah 的 5C 模型包括五个集合，即交流（communication）、贡献（contribution）、协调（coordination）、合作（cooperation）和协同（collaboration），如图 11-9 所示。该模型表明内圈的概念是外圈概念的支持或必需条件。此外，该图还强调了真正的协作需要更紧密地整合。

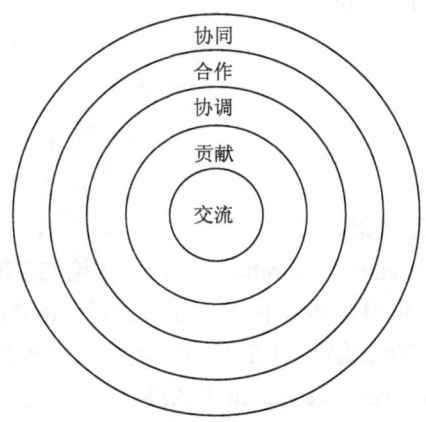

图 11-9　基于集合的 5C 协同模型

另外，韩毅在特定语境下阐述了交流、合作、贡献和共识（consensus）的概念，并提出了在合作信息查寻与检索的理想路径，详见图 11-10。他还指出，在某些决策点可能存在不同的选择，因此可以形成信息查寻与检索行为的演化谱系，合作信息查寻与检索只是这个谱系中的一个可能路径。

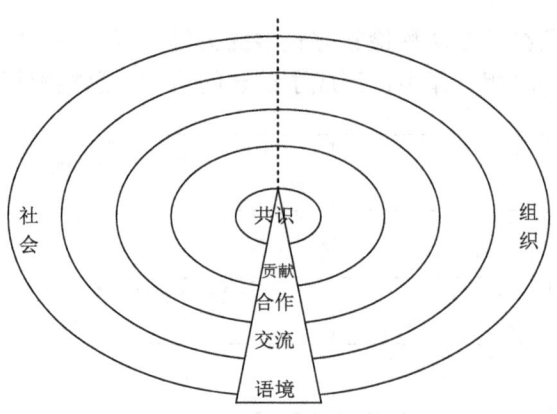

图 11-10　合作信息查寻与检索的 5C 模型

上述模型可以根据其形式特点分为基于过程和基于要素两类协同信息检索行为模型。基于过程的协同信息检索行为模型通常关注主要的检索过程，包括任务的启动、执行和结果展示，旨在解决特定问题。相比之下，基于要素的模型数量更为丰富，每个模型都有其特定侧重点，有些适用于一般检索环境，有些适用于特殊检索环境，如经济领域，或类似意义建构、知识共享等特定的检索步骤。尽管两类模型在构成要素和呈现形式上存在差异，但也有共性之处。这些模型都强调以用户为核心，用户可以是个人或群体。

值得注意的是，学者越来越重视情境对协同检索的影响。许多模型都考虑了检索系统中的情境因素，有些还探讨了情境中的触发因素。这表明信息检索嵌套在信息查寻行为的情境中，其本身则处于与工作相关或日常工作任务情境中。交互与合作是信息检索和利用过程中至关重要的组成部分。

11.1.2　移动视觉搜索

1．移动视觉搜索概述

1）移动视觉搜索的研究背景

移动视觉搜索（mobile visual search，MVS）理论与实践的发展是基于移动搜索（mobile search，MS）理论与应用逐步完善的，可以说是 MS 的拓展与实例化。相对而言，MS 研究起步略早于 MVS。2002 年 8 月在英国出现的"手机搜索乐曲名"算是 MS 的雏形。2003 年 8 月，英国 TexPerts（原 Result 82ASK）公司为英国民众提供基于短信的人权咨询和检索服务，可视为全球较早提供手机服务的案例，但这二者并非真正意义上的 MS。直到 2004 年英国的 Vodafone、Orange 与 O2 等公司联合推出被称为 AOA（any question answered）的基于短信的搜索服务，以及美国的 Ask Me Now 使用自然语言搜索为用户提供基于短信、WAP 2.0 网站或移动应用程序的移动搜索服务，才算是 MS 的开始。相比而言，国内的移动搜索引擎及工具，在体系架构、技术实现、服务推广及体验效果等方面与国外存在着较大的差距，但随着我国在 MS 研究领域技术不断地提升，资金投入、政策支持力度的逐渐加大,这些差距正逐渐缩小。

MVS 正是在这样的背景下产生的。2009 年 12 月,斯坦福大学主办的第一届移动视觉搜索研讨会,首次提出 MVS 概念。随着学者对该领域内容的持续研究,国外 MVS 应用已随着移动设备、基础理论和相关技术的逐渐成熟,迅速渗透到电子商务、旅游服务、市场营销等领域,尽管规模有限,但影响面却极大。在大数据时代,信息检索领域正经历着令人瞩目的新进展时期。这些进展可以分为两个主要方面:检索模式的进展和检索技术的进展。

2)移动视觉搜索的概念

MVS 研究属于跨学科研究领域,它涉及跨媒体检索(cross-media retrieval,CMR)、模式识别、人工智能、移动计算、语义计算等领域的研究,主要面向手机、平板电脑等移动智能终端。自从 2009 年斯坦福大学的 Chandrasekhar(钱德拉塞卡)、Griod(格里奥德)及 Chen(陈)等提出移动视觉搜索以来,不同的学者对于 MVS 内涵的认识都有所不同。如 Franchi(弗兰奇)等认为 MVS 是指"通过移动设备的摄像头来获取物理世界物体的图像,从而将其与数字信息产生联系的一种新技术";Tous(图斯)和 Delgado(德尔加多)认为 MVS 是指"通过移动手持装置所制造的图片或视频来获取信息(视觉信息或非视觉信息)的过程"。本书更倾向于 Franchi 等所提出的 MVS 描述,同时结合国内学者张兴旺、黄晓斌的定义,将 MVS 定义为通过移动智能终端获取现实世界中真实对象的视频或图像等视觉对象,将其作为检索对象,通过移动智能终端在移动互联网上检索该对象关联信息的一种信息获取方式。

3)移动视觉搜索的影响

近年来,迅速崛起并逐渐成熟的移动互联网、移动智能终端、大数据、物联网(internet of things,IoT)及云计算等技术,使得 MVS 的底层基础架构与技术支撑体系趋于完善,MVS 的研究与应用成为可能。MVS 的影响主要体现在以下几个方面。

(1)极大地改变信息检索、获取及利用方式。毫无疑问,MVS 将会成为未来支撑信息检索领域、移动互联网应用的基础技术之一。通过移动智能终端与视觉搜索技术的有机融合,用户可以迅速、方便地获取视觉对象在真实世界中的关联信息。MVS、视觉搜索与传统搜索的重要区别在于:检索由传统的手动文字输入变成文字、图像、语音、体感及位置的综合输入,再向视觉、视感及记忆等智能输入转变;信息获取来源不仅局限于网络已有的数据资源,也可能来源于物理世界已存在或未来可能存在的物理资源;信息利用的方式根据移动智能终端的特征进行自适应、智能化、协作化的展示和交互。

(2)催生新一代嵌入式协作化的知识交互体系及知识服务模式。若将 MVS 与 MAR(mobile augmented reality,移动增强现实)技术有机结合起来,以移动智能终端为平台的"所见即所知"式的增强现实应用将可能催生新一代嵌入式协作化的知识交互和知识服务模式。用户可在任意时间、地点对任何物体通过移动终端获取全方位的信息服务,并在移动环境下开展多用户交互式知识交流、管理及发现活动。

(3)搜索引擎市场份额面临重新分配。在过去几十年里,搜索引擎及信息检索市场一直被诸如 Google、Bing、百度等通用搜索引擎所垄断。随着移动互联网、MS 及 MVS 的出现和发展,市场将重新洗牌。首先,IBM、日立等原本并不从事搜索引擎业务或所占市场份额较小的国际知名企业,也乘着 MVS 的东风,开发了相应的 MVS 产品,加入这一新兴市场的争夺。其次,一些新的 MVS 厂商开始出现,并且推出了具有一定影响力的 MVS 产品,比如 Amazon(亚马逊)的 Snaptel、Nokia 的 Point and Find 等。因此,搜索引擎市场份额的重新分配难以避免。

(4)出现新型产业链及产业集群。由于移动图像共享服务的广泛实践及 AR(augmented reality,增强现实)技术应用的飞速增长,移动图像检索有望成为未来许多应用的核心功能。因此,围绕移动图像共享应用和 AR 技术应用的市场需求量会不断增长,从而出现新型移动图像检索公司及相应的产业链、产业集群。与之相对应的移动视频、MVS、移动情境感知等亦会产生相关的理论与应用,从而衍生出新的产业链和产业集群。

2. 移动视觉搜索的基本架构

事实上,根据 MVS 系统构建、运营模式及应用领域的不同,其设计思想及实现方式有较大差异。目前流行的 MVS 系统设计与实现方式各有不同,依据视觉检索方式及需求的区别,将 MVS 分为三种基本架构:标准架构、本地化架构和混合架构。图 11-11 列出的是 MVS 基于 C/S(client/server,客户端/服务器)模式的三种基本架构。

1)标准架构

通过移动智能终端获取视觉对象后,在本地进行压缩编码,将待搜索视觉对象通过无线网络传输至远程服务器端,在远程服务器上完成视觉对象分析和匹配过程,再将搜索结果返回至移动智能终端。

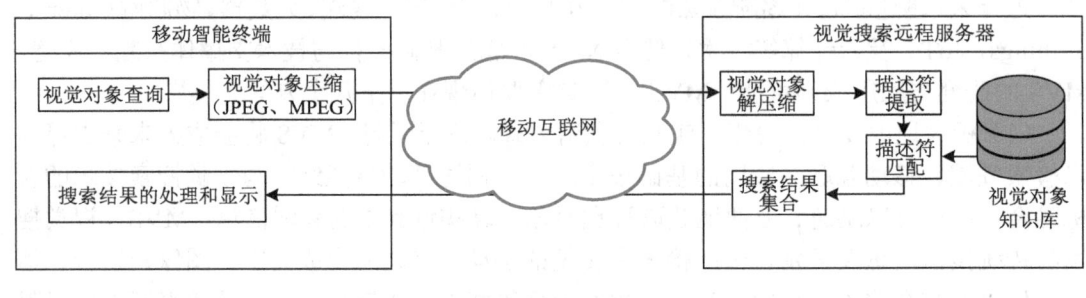

(a)标准架构

(b)本地化架构

第 11 章 大数据时代信息检索新进展

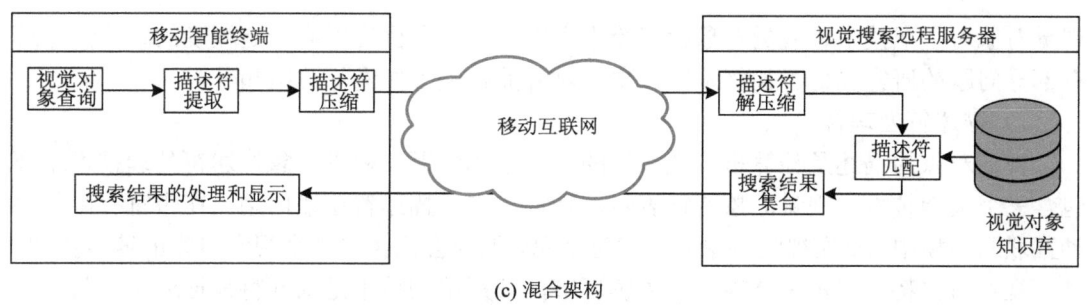

(c) 混合架构

图 11-11 MVS 的三种基本架构

2）本地化架构

根据移动用户历史行为及搜索需求，自动在移动智能终端本地缓存中建立临时视觉对象知识库。当移动智能终端获取视觉对象后，率先在本地缓存中进行搜索，当无法在本地搜索出用户感兴趣的对象时，再将搜索请求通过无线网络发送至远程服务器，由远程服务器端完成视觉对象的匹配过程，再将搜索结果返回至移动智能终端。

3）混合架构

混合架构是前两者框架的综合运用。通过移动智能获取视觉对象后，在移动智能终端提取视觉对象局部特征，将局部特征数据编码后，通过无线网络传输至服务器，由服务器根据传递过来的局部特征数据进行匹配，最后再将搜索结果返回至移动智能终端。

三者各有优缺点，针对实际情况的不同，效果各不相同。混合架构是目前研究中采用较多的方案，近期北京大学视频与视觉技术国家工程研究中心、厦门大学智能多媒体实验室等关于 MVS 的研究大部分基于此结构。总的来说，无论 MVS 的基本架构如何，其基本搜索流程的核心步骤不会有太大变化，大致都认同图 11-12 基本流程。首先通过移动智能终端获取视觉对象，提取视觉对象的特征和描述符，其次将描述符与存储在视觉对象知识库中的描述符相匹配，最后返回搜索结果。

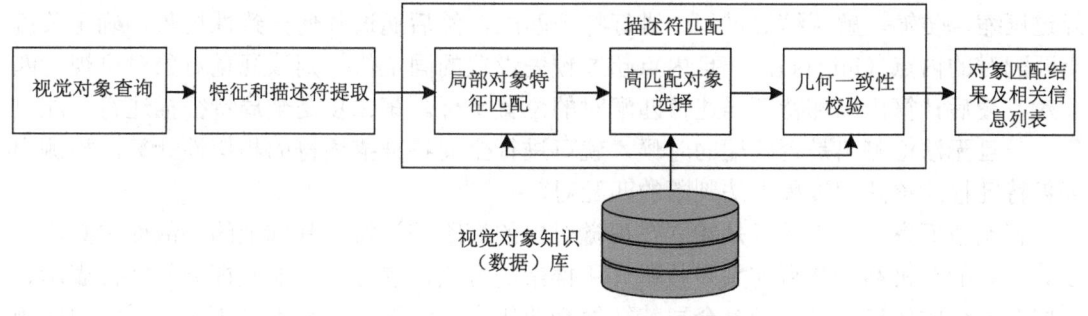

图 11-12 MVS 基本流程

3. 移动视觉搜索的关键技术

依据基本架构和流程可以看出，该领域研究涉及多方面的内容，如描述符处理技术、视觉对象对匹配技术、视觉对象检索流程等。有些问题已经得到一定程度的解决，但还有部分问题的研究尚处于初级阶段，本节对目前相关工作进行总结和分析。

1）描述符处理技术

视觉对象的描述是计算机视觉领域的一个基本问题。视觉对象描述符处理技术主要包含三个关键技术：视觉对象特征表示、特征提取、描述符压缩问题。在带宽有限的移动互联网环境中，发送视觉对象的描述符信息，无疑会比传输整个视觉对象的速度更快。

视觉对象特征表示是 MVS 的关键环节，其采用的技术是局部特征描述符，其中尺度不变特征变化（scale invariant feature transform，SIFT）是较常用的一种表示方法。利用这种方法，尽管待搜索视觉对象的尺度、角度发生了较大扭曲，但通过对待搜索视觉对象与参考视觉对象的局部特征提取，再进行最近邻比较分析以及一致性校验，最终可以判断出两个对象是否匹配。

现有国内外研究更多地关注描述符的压缩问题，研究的重心主要考虑在尽可能维持或提升描述符区分度的基础上，对描述符进行深度压缩。从已有研究来看，视觉对象局部特征描述符压缩问题的方法研究大致可以划分成三类：一是采用降维的方法；二是采用量化视觉对象的方法；三是采用二进制码方法，这种方法在大规模移动视觉对象的搜索过程中较为流行。

此外，移动视觉对象匹配与搜索，除了依赖局部特征描述符之外，还依赖局部特征的位置坐标信息。因为如若需要对匹配的视觉对象对的位置信息进行几何一致性校验，就需要对局部特征描述符位置进行位置坐标编码，因此视觉对象局部特征的位置坐标压缩是关键环节之一。

2）视觉对象对匹配技术

视觉对象对匹配首先需要对待搜索视觉对象与参考视觉对象的内容进行分析，判断两者所描述的场景、内容或外观等是否相同。通过计算后，若匹配，则输出视觉对象局部特征的位置信息。视觉对象对匹配方法主要分为两步：第一步是局部特征描述符匹配过程。在确定待搜索视觉对象与参考视觉对象的关键点匹配对（key point matches）后，经过压缩、传输、解压缩等过程，进行特征匹配，然后通过几何一致性校验，确定关键点匹配对的内点（inliers），一旦内点超过预先设置的固定值，则该视觉对象对可视为匹配对，最后计算出局部特征描述符匹配对的位置坐标。第二步是全局特征描述符匹配过程。一旦无法检测出是否匹配的时候，就可进行全局特征描述符的相似性计算，检测出局部特征描述符匹配过程无法判断的匹配对。

相比较而言，由于后者是建立在视觉对象的高阶统计特征基础上的，故而更具区分度。两者的有机结合是目前大多数研究所推崇的方式，该方法既能发挥局部特征表示、提取及压缩的优势，又能融合全局特征聚合的优点，因而也成为当前 MVS 系统中应用最多的方式。

3）视觉对象检索流程

MVS 的目标是从大规模视觉对象数据集中快速精确地搜索、发现和获取与待搜索视觉对象相同或相关的信息。如果仅仅考虑搜索结果的精确度，忽视搜索时间、便捷性等因素，则可以将待搜索视觉对象与视觉对象知识库中的所有资源逐一对比、分析，再根据相似度排序，将排序结果返回。但这种方式显然是不正确的。视觉对象搜索流程与视觉对象对匹配过程是相关联的，也分为两个步骤，但方向却是相反的。

第一步是将待搜索视觉对象的全局特征与视觉对象知识库中预先计算好的参考视觉对象全局特征进行逐一对比，返回最优的视觉对象集合及其相关信息一览表。第二步是将返回的搜索结果进行几何一致性校验，依据校验结果，对候选视觉对象及相关信息重新排序，将满足几何一致性约束的视觉对象及相关信息调至前列，从而实现性能与效率之间的有机平衡。

4. 移动视觉搜索的挑战与展望

在"互联网+"和大数据时代背景下，MVS 作为新一代互联网服务模式，具有重要的研究价值、社会效益和广阔的市场应用前景。然而，与国外相比，国内 MVS 应用还存在巨大差距。尽管已有一些应用案例，但是尚未得到广泛应用，使用率并不高，用户黏性较差。因而，快速准确地把握影响 MVS 用户行为的显著因素是推动 MVS 快速发展的重要前提，而系统严谨地对 MVS 用户行为进行学术研究是十分必要的。鉴于此，未来可考虑从用户行为视角开展 MVS 的相关研究，具体可从用户体验、初始采纳、持续使用以及情感依恋等方面进行深入探讨。

从用户行为视角开展 MVS 用户体验研究，发现影响 MVS 用户体验的显著因素，分析 MVS 用户体验影响因素的作用机理，进而提出 MVS 用户体验提升策略，以期为 MVS 的管理者、设计者及运营商提供理论借鉴与实践指导，进而采取有效措施改善用户体验，优化 MVS 应用。此外，可以开展 MVS 用户体验跨文化和跨地域的比较研究，通过跨文化和跨地域的比较研究，力求全面深入地探寻影响 MVS 用户体验的因素；还可以开展不同的 MVS 用户体验比较研究，通过开展不同的 MVS 用户行为横向比较研究，发现存在的不足，以便于为不同的 MVS 提出更有针对性的用户体验提升策略。

由于 MVS 作为新一代互联网服务模式，用户对 MVS 初始采纳是实现 MVS 成功的第一步，MVS 的长期存活和最终的成功取决于它的持续使用。因此，如何提高用户满意度和忠诚度、增强用户黏性、洞察用户真正兴趣和心理需求、培养用户习惯等，确保用户在初始采纳 MVS 后持续使用，并对 MVS 产生情感依恋，进而产生长期使用行为，这些对 MVS 运营商来说尤为重要。未来可以考虑从认知范式视角出发，整合扩展的信息系统持续使用模型（expectation confirmation model for information systems continuance，ECM-ISC）、习惯等构建概念模型，开展 MVS 用户持续使用行为研究；还可以考虑从情感范式视角出发，在扩展的 ECM-ISC 基础上整合情感依恋理论、依恋—关系承诺（attachment relationship commitment，ARC）模型等构建概念模型，进一步开展 MVS 用户持续使用行为研究。

11.1.3 跨媒体检索

近年来，随着互联网中多媒体资源内容迅猛增长、多媒体类型及结构日趋复杂化，如何有效获取不同类型及结构多媒体数据之间的潜在关联、灵活跨越异构多媒体数据的检索方式逐渐成为信息检索领域的热点话题，跨媒体检索概念由此产生。CMR 作为新一代革命性信息检索及知识服务模式，其拥有自组织性、底层内容异构特征、高层语义关联等特性，为大数据时代信息检索发展带来巨大机遇与挑战。

1. 多媒体及多媒体信息概述

1）多媒体的分类

在人类社会发展中，信息的表现形式是多种多样的，通常将这些表现形式称为媒体（medium）。使用计算机记录和传播的信息媒体都有一个共同特点，即信息的最小单元是比特（bit），任何信息在计算机中存储和传播时都可以分解为一系列"0"或"1"的排列组合。通常将通过计算机存储、处理和传播的信息媒体称为数字媒体。多媒体综合了计算机、图形学、图像处理、影视技术、音乐、美术、教育学、心理学、人工智能、信息学与电子技术学等众多学科与技术，集文字、图形、图像、声音、视频影像和动画等多种形式的信息于一体，能充分调动人的视觉和听觉处理功能。国际电信联盟（International Telecommunication Union，ITU）将媒体细分为如下五种类型。

（1）感觉媒体（perception medium）。感觉媒体是指直接作用于人的感觉器官，使人产生直接感觉的媒体。例如，引起听觉反应的声音和引起视觉反应的图像等。

（2）表示媒体（representation medium）。表示媒体是指传输感觉媒体的中介媒体，即用于数据交换的编码。例如，图像编码（JPEG、MPEG）、文本编码（ASCII、GB2312）和声音编码等。

（3）表现媒体（presentation medium）。表现媒体是指进行信息输入和输出的媒体。例如，键盘、鼠标、扫描仪、话筒和摄像机等都是输入媒体，显示器、打印机和喇叭等都是输出媒体。

（4）存储媒体（storage medium）。存储媒体是指用于存储表示媒体的物理介质。例如，硬盘、光盘等。

（5）传输媒体（transmission medium）。传输媒体是指用于传输表示媒体的物理介质。例如，双绞线、同轴电缆、光纤等。

多媒体计算机中所说的媒体，通常是指信息的表现形式（即传播形式），如文字、声音、图像和动画等。也就是说，计算机不仅能够处理文字、数值之类的信息，而且能够处理声音、图形、电视图像等多种不同形式的信息。多媒体的概念常用来兼指多媒体信息和多媒体技术。多媒体信息，是指集数据、文字、图形、图像和声音等于一体的综合媒体信息。多媒体技术是指通过计算机对文字、数据、图形、图像、动画、声音等多种媒体信息进行综合处理和管理，使用户可以通过多种感官与计算机进行实时信息交互的技术。

2）多媒体信息的跨媒体交叉

互联网信息的爆炸式增长不仅使其数据规模达到了巨大的程度，而且呈现出了极为广泛和错综复杂的交叉关联。这种交叉关联打破了传统信息的边界，使得多种媒体的信息相互交织、交叉汇聚，形成了一个庞大而多样化的网络生态系统，其中存在十分广泛、错综复杂的四种交叉关联如下。

（1）互联网网页之间的交叉关联。网页之内或者网页之间所包含的链接、人名、主题和事件等实体对象与实体对象的交叉关联。

（2）不同类型多媒体数据之间的交叉关联。图像、音频和视频等不同类型多媒体数据以及其包含的前景/背景、音乐/语音和镜头/关键帧等结构化对象之间的交叉关联。

（3）用户检索过程中交互信息之间的交叉关联。基于社会化计算 Web 2.0 的应用产生了用户提供的大量标注、评价和日志等隐性和显性交互信息，这些交互信息之间存在复杂关联。

（4）互联网网页、不同类型多媒体数据和用户交互信息之间也存在广泛与深层的交叉关联。上述这些交叉关联使得互联网数据呈现跨媒体特性，即互联网上的网页、多媒体数据和用户交互信息之间存在着或强或弱的内容跨越和语义关联。

3）多媒体信息的特点

多媒体数据的跨媒体交叉关联反映出了跨媒体检索中需要面临的两个关键特点：不同类型的多媒体数据在其底层特征表示上因特征维数和属性的不同而导致彼此之间存在异构性问题，即跨媒体异构鸿沟；不同类型的多媒体数据底层特征与其高层语义的不一致性问题，即跨媒体语义鸿沟。

A. 跨媒体异构鸿沟

媒体数据中包含来自不同媒体类型的数据，其结构通常为半结构化或非结构化的。传统的方法采用不同属性的底层特征表达不同类型的多媒体对象，因此不同模态数据之间的表示差异巨大。比如，图片使用图像的颜色、纹理、形状等特征进行表示，而文本使用 TF-IDF 特征表示，音频使用音频的质心、衰减截止频率等特征表示。虽然跨媒体数据的这些底层特征表达的信息与原始媒体数据的信息十分相似，但是由于不同媒体数据之间的底层特征存在特征维数和属性的不同，存在信息表示的异构性问题，因此很难直接在底层特征上计算数据之间的相似性。

B. 跨媒体语义鸿沟

由于语义信息是抽象的，是用户对于数据内容所表达的信息的一种概括性描述。原始的多媒体数据中包含非常丰富的语义信息，用户对不同类型媒体数据进行语义抽象以后很可能会丢失数据中一些能够补充表达内容的关键信息或者有用的信息。此外，不同类型的媒体数据在语义上的关联也是抽象的，其语义间的相似程度也不相同。其在语义上的关联属于隐含的关联，其图像和文本之间更多的是互相补充彼此所表达的语义信息。因此，这就导致跨媒体数据的底层特征表达与其所要表示的语义信息之间出现不一致，从而导致语义鸿沟的出现。

2. 跨媒体检索概念及研究方法

1）跨媒体检索的概念

随着互联网中图像、视频、文本、音频等多媒体数据的日益增多，用户的信息检索需求也日益增长。然而，目前常用的信息检索方式还是以单媒体检索为主，如图像检索、文本检索等。这些检索方式只能返回与查询数据媒体类型相同的检索结果，会限制信息检索的全面性和灵活性。因此，用户需要一种跨越不同媒体类型的新型检索方式，能够根据任意媒体类型的查询，检索得到多种媒体类型的结果，即跨媒体检索，其定义为通过一种媒体对象检索出另外一种或者几种基于相同语义的不同类型的媒体对象。

2）跨媒体检索的研究方法

近年来，跨媒体检索受到了广泛的关注和研究。由于跨媒体数据的异构性特征，不同媒体类型的数据具有不同的表征方法且处于不同的特征空间，因此不能直接衡量跨媒体数据的相似度。目前研究的主要方向是通过找到一个公共空间，使来自不同媒体类型的特征表示映射嵌入到该空间中，在公共空间中测量其相似度，可称为基于公共空间学习的跨媒体检索方法。跨媒体检索的公共空间学习法，主要包含典型相关分析（canonical correlation analysis，CCA）方法、深度神经网络（deep neural network，DNN）方法、哈希变换方法等主要研究方法。

A. 典型相关分析方法

典型相关分析方法是常用空间学习方法的基本范式和基础，主要通过对统计值的优化来对线性映射矩阵进行学习。典型相关分析是跨媒体检索中最具代表性的方法之一。跨媒体数据通常描述为具有不同媒体类型的成对数据集，CCA 方法可以通过学习一个子空间，使两种异构数据之间的两两相关性最大化，是跨媒体检索的一种可用方案。CCA 方法结构如图 11-13 所示，顶部显示了一个图像查询检索文本的示例，其中，文本和图像都被映射到一个公共语义空间；底部显示了文本查询检索图像的示例，其中，文本和图像都使用 CCA 方法映射到公共子空间。CCA 为无监督方法，该方法没有利用数据的语义类别标签信息，研究人员也在研究过程中尝试扩展 CCA 以加入语义信息。

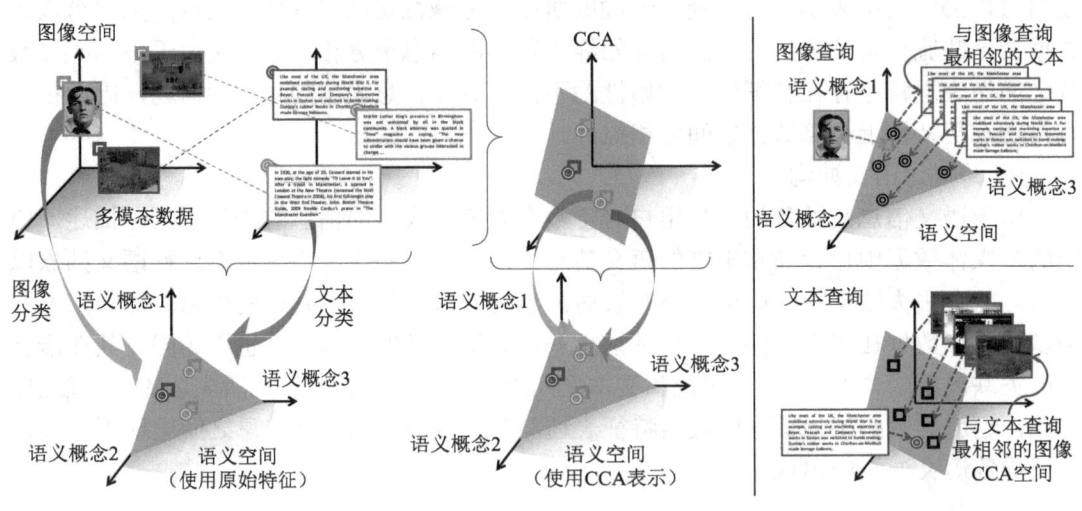

图 11-13　CCA 方法结构示意图

除了 CCA，还有其他传统统计相关分析的替代方法。例如，跨模态因素分析（cross-modal factor analysis，CFA）提出在公共空间中最小化两两数据对之间的弗罗贝尼乌斯范数。这些方法作为跨媒体公共空间学习的基本方法，训练效率较高，易于实施。然而，仅通过线性映射方法难以对现实中跨媒体信息的复杂相关性进行实验分析。

B. 深度神经网络方法

由于跨媒体数据中存在着复杂的相关关系，传统的跨媒体检索方法大多为挖掘不同类型媒体数据间的线性关系来构建跨媒体检索模型，这种线性模型不足以揭示跨媒体数据中大量存在的非线性相关现象。研究者通过引入核函数方法来计算数据中的非线性关系，但是由于跨媒体数据中的复杂关系并非简单的线性或非线性相关，并且实际数据的表示会受到固定内核的限制，从而不能通过核函数学习方法建立有效的模型实现跨媒体检索。深度学习方法通过深层网络对非线性函数进行叠加，使得能够学习跨媒体数据中复杂的相关关系。随着深度学习在计算机视觉和语音识别等领域取得突破性的进展，一些方法如深度置信网络（deep belief nets，DBN）、自编码（auto encoder）、递归神经网络（recursive neural network，RNN）和卷积神经网络（convolutional neural network, CNN）等也常用来构建跨媒体相似性检索模型。深度学习方法用来构建不同类型数据之间的度量函数，其基本思路是首先利用一种深度模型分别学习某一类型数据的特征表达，其次将各自学习得到的特征表达在深度学习模型最高层进行组合或学习，最后得到不同类型数据特征表达之间的映射函数。

深度神经网络与 CCA 结合成为的深度典型相关分析（deep canonical correlation analysis，DCCA），是可以学习两个模态数据非线性变换的方法，可以看成 CCA 方法的非线性扩展，是能够学习非线性变换且具有核函数的 KCCA（kernel canonical correlation analysis，核典型相关分析）方法的代替。但 DCCA 可以不受固定核限制，其结构如图 11-14 所示，DCCA 通过将两个模态数据经过非线性变换的多个堆叠层来计算公共嵌入表示。

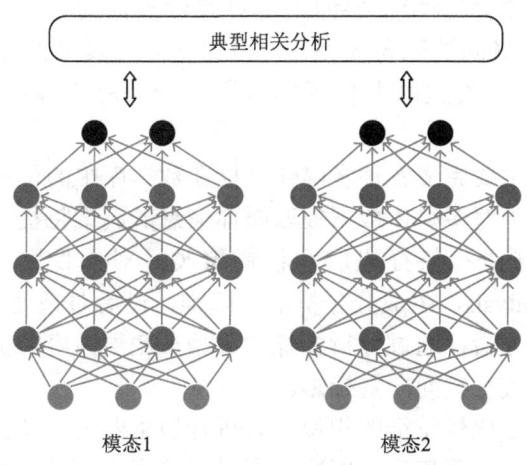

图 11-14 DCCA 结构示意图

跨媒体多层深度网络（cross-media multiple deep networks，CMDN），CMDN 具有多个深度网络的层次结构。该方法通过联合学习保留了媒体类别内部和媒体类别之间的相关信息，为每种媒体类型生成两种互补的单独表示，然后分层结合，通过层叠学习方式学习公共嵌入空间，提高检索精确率。

C. 哈希变换方法

由于来自各种检索引擎和社交软件的多媒体数据信息量急速增长，对检索系统的效率提出了更高的要求。哈希算法是为加速检索过程而设计的，为了在现实应用中降低存储成本、提高查询速度，广泛应用于各种检索应用中。跨媒体哈希的目的是为不同的媒体类型生成哈希码，并将其映射到一个公共的汉明空间中。哈希变换在跨媒体检索研究中同样受到了高度的关注，它将高维多媒体数据投影到一个公共的采用哈希码表示的汉明空间中，使得相似的跨媒体数据在汉明空间中哈希编码距离更近。跨媒体哈希能够利用其较短的二进制哈希码来提高检索效率，其高效率的检索特性有助于对大规模数据集进行检索，但由于跨媒体检索数据集的数据量的限制性，用小规模数据集来评估哈希变换算法不能体现其效率优势。

3. 跨媒体检索信息系统

随着计算机、互联网和数字媒体的日益发展，以多种媒体形式呈现的信息急剧增加，用户对多媒体信息的应用越来越普遍，针对多媒体信息的检索和提取技术越来越引起人们的关注。对于希望利用多媒体数据进行检索的用户而言，一般需要一定的背景知识才能提交尽量准确的查询内容。但在实际应用中，大部分用户并不具有完全明确叙述查询意愿的能力，因而需要一种系统能帮助用户按照某种媒体信息或多种媒体信息的形式来描述其查询意愿。基于内容的跨媒体信息系统正是能够满足这种需求的系统，可以完成从单一媒体检索到其他多种媒体查询检索的任务。

1) 跨媒体信息检索系统结构

跨媒体信息系统通过挖掘特征层面上多种媒体直接的相关性，试图找到底层视听觉特征到高层跨媒体语义间的隐含关系，使得提交一种类型的多媒体查询例子，就可以检索到语义相似但不同类型的多种媒体对象。一个跨媒体信息系统一般包括如下内容。

（1）多媒体标注：主要完成各种多媒体文档在数据库中的位置及时间的标注工作。

（2）多媒体预处理：对多媒体数据提取媒体信息的高维特征矢量，并通过特征变换进行降维处理，对音频进行特征提取和模糊聚类，对图像则进行特征提取和 PCA（principal component analysis，主成分分析法）降维，最后对预处理后的数据进行存储。

（3）特征及相关性分析：通过分析多媒体数据在底层内容特征上的典型相关性，对多媒体数据的底层特征进行空间向量投影。

（4）学习引擎：通过比较特征的相似度来进行检索匹配，特征相似度的比较通常采用相关媒体对象的特征矢量距离进行判决，通过该检索引擎使用户仅提交一种类型的多媒体对象，就可获得返回的多种其他模态媒体的查询结果。

（5）数据挖掘引擎：通过空间聚类分析等手段实现数据挖掘，为系统提供分类信息。

（6）跨媒体搜索引擎：解决检索媒体内容的相似度和相关度匹配问题。

（7）相关反馈和知识更新：用户可以与检索系统进行交互，评价检索结果的质量，即提供反馈正例和反馈负例，系统自动反馈结果进行分析，记忆和累积学习结果以进行知识更新。

2）跨媒体检索系统特定领域的应用研究

随着跨媒体检索基础理论与应用技术研究的深入，针对海量跨媒体智能处理、检索技术系统的实践研究也逐渐发展起来，出现了许多跨媒体检索原型系统及应用示范平台。基于此，国内外研究者针对不同应用领域探讨了各类型跨媒体检索系统的规划、设计与实现。面对移动 Web 环境下多媒体资源的独特呈现方式，如针对移动设备的跨媒体网络信息检索及自适应信息现实方案，麻省理工学院"基于图片的问答系统"、新加坡国立大学的"多媒体问答系统"、欧洲的 I-Search 项目等经典跨媒体检索原型系统。

而针对移动 Web 环境下用户需求的"移动交互、情境感知及自适应"等特点也出现了移动搜索、移动搜索系统及移动跨媒体检索等概念、模式及系统。在应用方面，最受关注的是 Web 环境下数字图书馆中跨媒体资源的综合检索与智能处理原型系统。国内学者张鸿设计了一种跨媒体海量信息的综合检索与智能技术系统，并以大学数字图书馆国际合作计划 CADAL（China Academic Digital Associative Library）为应用测试平台将跨媒体检索相关技术在 CADAL 平台上进行了实现，并对 CADAL 原型系统中的个性化跨媒体检索功能、框架结构及主要算法等进行了介绍。

在突发事件信息管理、食品安全管理、医学信息管理等特定领域，跨媒体检索原型系统的研究得到了足够的关注，相关研究也呈现出对应特定领域的领域特征。而在物业管理、旅游管理等领域，也有相应的研究。

这些特定领域跨媒体检索的应用研究，无疑具有重要的参考和借鉴价值。尤其是中美百万册数字图书馆项目的实施与推广，更是开创了国内数字图书馆领域跨媒体检索理论与应用研究的先河。

4. 跨媒体检索的挑战与展望

随着人工智能、互联网等技术的快速发展，图像、视频等多媒体数据在人类社会、物理空间和信息空间相互融合，具有跨模态、跨数据源、跨空间等特性。尽管跨媒体检索的研究已经有了很大进展，但仍面临着巨大的需求与挑战，主要列举如下。

1）跨媒体推理

现有多媒体内容理解方法主要是以数据驱动的深度学习为主，虽然在图像视频的识别、检索上取得了很大进展，但与人类的智能还相距甚远，无法像人一样具备学习与思考的能力。原因在于现有方法主要是针对视觉问题，即研究"看"的问题，如同人类的眼睛。然而，对于感知与认知世界来说，人类大脑的推理能力至关重要。早期的知识推理方法以文本为主，基于命题和规则在充分定义的前提下进行推理。但人脑对客观世界的感知和认知，来源于视觉、语言、听觉等多种模态信息。如何实现跨越不同媒体数据的推理机制以研究"思考"问题，成为人类智能研究的关键问题。为此，需要研究数据-知识协同驱动的跨媒体智能分析与推理方法，在跨媒体知识获取、跨媒体知识表征与迁移、跨媒体知识演化上取得突破，建立基于知识逻辑的定向推理和一般性推理机制，实现基于语义理解的跨媒体推理。

2）无监督条件下的跨媒体检索

面对海量的多媒体数据，现有研究需要在小样本学习的基础上进一步减少对标注数据的依赖，实现无监督条件下的图像视频细分类、跨媒体检索等应用，因为用户的分类需求或查询样例多种多样，无法在监督条件下提前训练好。而人类往往能够自主学习新的知识并发现新的规律与模式。因此，如何充分利用先验知识以及知识图谱等外部知识库，指导无监督条件下的多媒体内容理解，突破"异构鸿沟"实现跨媒体数据的统一感知与认知，是未来研究面临的重要挑战，也是跨媒体检索走向实际应用的重要基础。

3）跨媒体知识图谱

知识图谱能够描述客观世界中存在的各种实体和概念，以及它们之间的复杂关系，在搜索引擎、知识表示、认知推理等应用中发挥着重要作用。然而，现有的知识图谱以构建文本实体概念之间的关系为核心。在多媒体内容理解中，需要拓展传统基于文本的知识体系，通过从图像、视频、文本等多种媒体数据中抽取知识，形成跨媒体知识图谱并进行跨媒体关联知识表达，实现对多媒体数据高层语义关联的高效计算和综合推理。为实现跨媒体知识图谱的构建与有效利用，应研究的问题包括：如何扩展现有知识图谱的结构定义，支持跨媒体实体、概念和属性等信息及其关联关系的表达？在新增的跨媒体数据不断加入的过程中，如何实现跨媒体知识图谱的动态更新机制？如何基于已构建的跨媒体知识图谱进行综合推理？

4）跨媒体数据相互生成

现有研究主要包括图像视频的文本描述生成和文本到图像视频的自动生成两个方面。图像视频的视觉特征与文本特征之间存在"异构鸿沟"，使得视觉内容和文本描述之间的相互生成面临挑战。虽然图像视频的文本描述生成已经取得了较大进展，但是生成的文本描述与人类理解之间仍存在较大差距。如何生成细粒度、符合人类表达方式的文本描述仍然是一个亟待解决的问题。而文本到图像视频的自动生成方面的研究起步不久，现有方法所生成的图像视频在视觉真实性上仍有明显不足，如何自动生成"真实"的图像和视频是下一步研究需要解决的重要问题。此外，在视频、图像、文本、音频等多种媒体内容之间的跨媒体生成方面，如图像生成音频、音频生成视频等还少有涉及。考虑到人类对外界感知与认知是基于不同感官信息融合而成的整体性理解，如何达到各种媒体数据之间的相互生成是一项极具挑战的研究任务。

作为新一代革命性信息检索及知识服务模式，多模态信息检索必然会取代现有信息检索工具及模式，成为大数据时代信息检索服务最锋利的"刀刃"。

11.2 大数据时代信息检索技术进展

在大数据时代，信息检索技术迎来了革命性的进展以适应爆炸性增长的数据量和多样化的数据类型。传统的信息检索方法已不再适用于如今海量、异构、实时更新的数据环境。新兴技术和方法，如分布式计算和存储、并行计算和搜索、实时数据处理、机器学习、自然语言处理、图数据库和知识图谱，被广泛应用于信息检索领域。这些技术使得信息检索更加高效、精准和个性化，同时也为用户提供了更丰富的搜索体验。个性化搜索、多模态信息检索及检索的数据质量等成为大数据时代信息检索技术发展的热点，能为人们在海量数据中快速准确地找到所需信息提供强有力支持。

11.2.1 深度学习与信息检索

1. 深度学习概述

1）深度学习简介

深度学习通常指的是一种基于人工神经网络的强大机器学习技术。人工神经网络模仿人类大脑的工作方式,通过多层次的神经元网络进行复杂的信息处理。

深度学习具有多层次的神经网络结构,这些网络层之间的连接允许计算机通过学习海量数据中的特征来进行高级抽象和模式识别。深度学习的特色在于它能够自动从数据中学习最有用的特征,无须手动设计特征提取的规则。

深度学习网络通常包括输入层、多个隐藏层和输出层。数据通过网络前向传播,经过多层神经元处理,最终产生输出结果。为了改善网络的性能,使用了反向传播算法,该算法根据实际输出和预测输出间的差异调整网络中的权重。

两个重要的深度学习模型是 CNN 和循环神经网络(recurrent neural network, RNN)。CNN 主要用于处理图像数据,具有出色的特征提取能力,而 RNN 则适用于处理序列数据,如文本或时间序列。此外,生成对抗网络(generative adversarial networks, GAN)是一种引人注目的深度学习模型,由两个相互竞争的网络组成,用于生成高质量的数据和逼真的图像。

2）深度学习的优点

深度学习在信息检索中的优势可以归纳为以下几个方面。

(1) 自动化特征学习。深度学习能够自动地从大量数据中学习最具代表性的特征,无需人工干预。这使得系统能以高效的方式理解和表示数据,有助于提升信息检索的准确性和效率。

(2) 多模态数据处理。信息检索中常涉及多种数据类型,如文本、图像、音频等。深度学习技术能够处理、融合多模态数据,使系统更全面地理解查询和文档,提高检索结果的质量。

(3) 上下文理解和语义表达。深度学习模型有助于理解搜索查询或文档的语义和上下文信息。这种深层次的理解能力能使系统更好地匹配用户的需求与文档内容,实现更准确的信息检索。

(4) 个性化搜索与推荐。深度学习可以基于用户的历史行为、兴趣和偏好进行个性化的搜索和推荐,用户可以获得更贴近个人兴趣的搜索结果,有助于提高搜索效率和用户满意度。

(5) 实时数据处理能力。信息的海量产生和快速传播,使得实时数据处理变得至关重要。深度学习技术结合流式处理,能够实现对实时数据的即时分析和检索,保证搜索结果的新颖性。

(6) 模型集成和优化。深度学习支持模型集成和优化,可以将多个模型集成起来,取长补短,提高检索系统的综合性能,确保系统的稳健性和高效性。

3)深度学习在信息检索领域的应用

A. 搜索引擎优化

a)关键词搜索优化

利用深度学习自动提取关键特征,优化搜索引擎的关键词匹配和搜索结果排名,提升搜索质量。

b)语义搜索

运用深度学习技术实现语义搜索,能更好地理解用户查询意图,提供更准确的搜索结果。

B. 推荐系统

a)个性化推荐

利用深度学习分析用户历史行为和兴趣,向用户推荐符合其喜好的文档、新闻、商品等,实现个性化推荐。

b)多模态推荐

利用深度学习处理多模态数据,如图像和文本,综合用户行为,多模态推荐可以实现推荐系统的多样性。

C. 图像和视频检索

a)图像搜索

使用深度学习中的 CNN 进行图像特征提取,实现基于图像的检索,如相似图片搜索。

b)视频检索

运用深度学习对视频内容进行特征学习和分类,实现视频检索和内容推荐。

D. 实时数据处理

a)社交媒体实时搜索

运用深度学习处理社交媒体的实时数据,实现热门话题、事件等的实时搜索功能。

b)新闻和事件实时更新

结合深度学习和流式处理技术,实时分析新闻、舆情事件等,确保搜索结果及时更新。

E. 自然语言处理和问答系统

a)问答系统

使用深度学习模型建立问答系统,支持用户的自然语言提问,并输出准确的答案。

b)摘要生成

使用深度学习模型学习文档或新闻的主要内容和结构,生成摘要,帮助用户快速了解文本内容。

F. 跨语言信息检索

多语言搜索利用深度学习进行多语言间的特征学习和翻译,实现跨语言信息检索,支持不同语言用户的检索需求,同时输出多语种的检索结果。

4)深度学习在语义理解和特征提取中的应用

A. 深度学习在语义理解中的应用

a）语义表示学习

深度学习模型自动学习大量文本数据的抽象语义表示，这些表示可以捕获单词、短语甚至整个句子的语义信息，为后续操作奠定基础。

b）自然语言理解

深度学习模型能应用于自然语言处理，如命名实体识别、情感分析和语义角色标注，以深入理解文本的语义含义和结构。

c）语义匹配和相似度计算

基于深度学习的模型可以学习到语义空间中的表示，使文本间的相似度计算和匹配成为可能，进而支持信息检索、推荐系统等任务。

B. 深度学习在特征提取中的应用

a）自动特征提取

与传统方法手动设计特征提取规则不同，深度学习模型能够自动从数据中学习最优特征，减轻特征工程的负担。

b）多层次特征表示

深度学习模型具有多层次的结构，可以学习从低层次的边缘特征到高层次的抽象特征等多种抽象层次的特征，形成丰富的特征表示空间。

c）多模态特征融合

对于多模态数据，深度学习模型可以处理和融合不同类型的特征，如文本、图像、音频等，实现多模态信息的融合和联合特征提取。

2. 基于深度学习的信息检索模型

1）卷积神经网络

CNN 是一种深度学习模型，最初被用于计算机视觉任务，如图像识别，但其特有的结构和特性也适用于文本处理，在信息检索任务中也取得了显著效果。

CNN 由多层神经网络组成，包含卷积层、池化层和全连接层，主要特点是通过卷积操作和池化操作提取输入数据的特征。

（1）卷积层：卷积操作是通过滑动一个卷积核（filter）在输入数据上进行特征提取。卷积核会对输入数据的局部区域进行卷积运算，生成特定特征的输出。这样可以提取局部特征，如文本中的短语或句子结构。

（2）池化层：池化操作则通过对输入的局部区域进行统计（如最大值或平均值），降低数据维度。这样可以保留最显著的特征，减轻模型的计算负担，同时也有助于防止过拟合。

（3）全连接层：全连接层将卷积层和池化层的输出连接起来，进行分类或回归等任务。

在信息检索任务中，将文本表示为二维矩阵，其中一维表示单词的序列，另一维表示单词的词向量。这个二维矩阵可以输入到 CNN 模型中。步骤如下。

（1）特征提取：通过卷积层，CNN 能够捕获文本的局部特征，这些特征对于信息检索任务非常重要。卷积核可以看作一种特征探测器，通过不同的卷积核可以捕获文本不同层次的特征，如单词、短语或句子结构。

（2）层级特征抽象：随着卷积层的加深，CNN 逐步抽象出更高级别的特征，能够理解更复杂、更抽象的语义信息。这有助于实现更精准的信息匹配和检索。

（3）减少参数：与全连接层相比，卷积层的参数量较少，模型的复杂度较低，降低了过拟合的可能性。

CNN 在信息检索中的应用包括但不限于以下几个方面。

（1）文本分类。通过 CNN 进行文本分类，如情感分析、新闻分类等。CNN 可以自动学习文本的特征，并对其进行分类。

（2）相似度计算。CNN 可以将查询与文档进行特征匹配，计算相似度，用于信息检索排序。

（3）关键词提取。CNN 能够识别文本中的关键特征，有助于提取关键词，进一步优化信息检索过程。

（4）实体识别。在搜索结果中识别出命名实体，如人名、地名等。

2）循环神经网络

RNN 是一种适合处理序列数据的深度学习模型，具有记忆功能。它可以对序列数据进行建模，因此在处理与上下文有关的信息时非常有效。在信息检索任务中，RNN 被广泛应用于建模查询与文本之间的关系。

RNN 由循环单元构成，每个循环单元接收当前时刻的输入和上一时刻的隐藏状态作为输入，输出当前时刻的隐藏状态。这种结构允许网络保持对序列之前信息的记忆，因此适用于序列数据的建模。

（1）隐藏状态。隐藏状态可以被视为网络对过去信息的一种表示，包含过去时刻的信息。

（2）循环单元。循环单元内部结构使得网络能够对序列信息进行逐步处理。

（3）序列信息处理。RNN 通过逐步处理序列中的每个元素，将序列信息整合到隐藏状态中。

RNN 在信息检索中有多种应用，可以用于理解查询和文本之间的关系，从而实现更准确的信息检索。应用举例如下。

（1）查询理解。RNN 能够建模用户查询中的上下文信息，理解用户的真实意图。这种理解可以用于改进查询建模，生成更具代表性的查询向量，有助于提高检索的精确度。

（2）文本匹配。在信息检索中，RNN 可以用于文本匹配，即判断文本对之间的相似度。对查询与文本进行编码后进行匹配，可以有效地对文本进行排序。

（3）实体识别。RNN 可以用于识别命名实体，将实体从文本中提取出来，进一步优化信息检索结果。

（4）文本摘要生成。RNN 可以用于生成文本摘要，帮助用户快速了解文本内容，进而决定是否查看详细信息。

3）大语言模型

大语言模型（large language models，LLM）是近年来兴起的基于深度学习的自然语言处理模型,具有数十亿到数万亿参数。这些模型采用预训练和微调的方式进行训练,能够高效地学习文本的表示,并在多个自然语言处理任务中取得出色的表现。在信息检索领域,大语言模型也展现出强大的应用潜力。

大语言模型是基于深度学习的自然语言处理模型,通常采用压缩变换(如Transformer)作为基础结构。这些模型通过海量的文本数据进行预训练,学习文本中的特征和结构,形成丰富的文本表示。

(1) Transformer 结构。基于自注意力机制的 Transformer 结构是大语言模型的核心组件,它能够捕获文本中的长距离依赖关系,具有较强的建模能力。

(2) 预训练和微调。大语言模型采用预训练和微调的两步策略。首先,在大规模文本数据上进行预训练,生成模型的初始参数。其次,针对特定任务进行微调,以适应特定任务的要求。

大语言模型在信息检索领域有多种应用,能够改善搜索结果的质量、推荐系统的性能以及用户体验。主要包括以下几种。

(1) 搜索结果排序。大语言模型可以将查询与搜索结果进行向量化,通过计算查询向量与结果向量的相似度对搜索结果排序。这样能够更好地理解用户意图,提高用户对搜索结果的满意度。

(2) 查询扩展。利用大语言模型的文本生成能力,可以为用户输入的查询生成扩展词,从而提高查询的覆盖度,使得搜索更全面。

(3) 推荐系统。大语言模型可以为推荐系统生成更加个性化、多样化的推荐,提高用户满意度。它可以分析用户的历史行为和兴趣,为用户推荐相关的内容。

(4) 用户对话。在搜索引擎或助手中,大语言模型可以用于处理用户的自然语言输入,解释用户意图,提供准确的搜索结果或指导用户完成操作。

(5) 摘要生成。大语言模型可以生成文档的摘要,帮助用户快速了解文本内容,节省时间。

11.2.2 多模态信息检索

1. 多模态信息检索概述

1) 多模态信息检索简介

多模态信息检索是指利用多种不同类型的数据(如文本、图像、视频、音频等)以及相关的元信息,结合多种检索技术和方法,以满足用户信息需求为目标的信息检索过程。这种检索方式可以应用于多个场景,获取多角度、多维度的信息,以更全面、更丰富的方式满足用户需求。多模态信息检索具有以下特点。

(1) 数据多样性。多模态信息检索涉及多种类型的数据,包括文本、图像、音频、视频等,使得能够更全面地表达信息内容,丰富了检索的视角和维度。

(2) 综合分析。多模态信息检索将不同模态的数据进行融合分析,从多维度理解信息,得到全面的分析结果,可以提高信息检索的质量和效果。

（3）个性化检索。多模态信息检索考虑了用户的个性化需求，根据用户的特征、历史行为和偏好，进行定制化的检索和推荐。这种个性化能力提高了用户的满意度。

（4）信息丰富度。将多种模态的信息进行结合可以提高信息的丰富度，用户可以选择不同角度、不同媒体类型获取信息，提高了检索结果的多样性。

（5）跨模态关联。通过分析和建模不同模态信息之间的关系，多模态信息检索可以构建跨模态的关联，丰富对信息的理解和提取。

（6）语义关联。通过深度学习等技术学习模态间的语义关联，进一步提高检索的准确性和相关性。

2）多模态信息检索与单模态信息检索的关系

A. 区别

a）数据类型

（1）多模态信息检索涉及多种不同类型的数据，如文本、图像、视频、音频等。

（2）单模态信息检索仅涉及一种特定类型的数据，如仅文本或仅图像。

b）处理方法

（1）多模态信息检索需要综合处理多种模态的数据，融合不同模态的信息，通常使用多模态融合技术，如特征融合、模型融合等。

（2）单模态信息检索只需针对单一模态的数据进行处理，通常采用特定的单模态处理技术，如文本检索中的关键词匹配、图像检索中的特征提取等。

c）结果呈现

（1）多模态信息检索会产生多模态的融合结果，将多种模态的信息综合展示给用户。

（2）单模态信息检索只产生单一模态的结果，仅将所处理模态相同模态的结果进行展示。

B. 联系

（1）单模态信息检索是多模态信息检索的特例。当只考虑一种数据类型时，多模态信息检索就可以简化为单模态信息检索。

（2）技术交叉应用。在多模态信息检索中，单模态信息检索的技术可以作为子模块应用，例如，图像模态可以应用图像处理的技术，文本模态可以应用自然语言处理的技术。

（3）多模态融合。在多模态信息检索中，需要将不同模态的信息进行融合。这个过程可以借鉴单模态信息检索的排序、评估等技术，但在多模态场景下，需结合多模态的特点进行相应的调整和优化。

3）应用前景

多模态信息检索在大数据时代应用前景广阔，得益于其能够处理不同类型的数据，融合多模态信息，提供丰富、个性化的检索体验。应用前景列举如下。

（1）丰富信息表达。大数据时代伴随着多样、庞大的数据类型，多模态信息检索能够整合不同模态的数据，从文本、图像、音频、视频等多个角度丰富地表达信息，使得检索结果信息量更大，具有多样性和丰富度。

（2）跨模态关联和分析。在大数据时代，不同模态的数据之间存在紧密关联。多模态信息检索可以通过深度学习等技术实现模态间的自动关联和分析，提取多模态间的语义信息，从而深入地理解多模态数据间的关系。

（3）个性化和智能化推荐。大数据时代，用户产生的数据具有高速增长和海量规模的特征。多模态信息检索可以基于用户的历史行为、兴趣、偏好等个性化信息，为用户提供定制化、智能化的检索和推荐服务，从海量数据中输出最相关的信息提供给用户，满足用户的多样需求。

（4）多模态融合提高检索质量。在大数据环境下，不同模态的数据往往相互关联。多模态信息检索通过融合多种模态信息、结合各模态特点，提高检索质量，检索结果更准确、实用。

（5）跨领域应用拓展。信息时代的数据多样化，覆盖了多个领域。多模态信息检索可以应用于多个领域，如医疗、教育、广告等，为不同领域提供丰富的多模态数据，进一步推动各个领域的发展和创新。

（6）智能助手和智能搜索。结合大数据和多模态信息检索，可以打造智能助手和智能搜索系统，为用户提供更智能、更高效、更精准的信息检索服务，这些服务可以应用于智能家居、智慧城市等多个领域。

2. 多模态信息间的数据关联和匹配

1）图像与文本的关联和匹配方法
A. 视觉特征与文本特征的融合
a）方法描述

提取图像的视觉特征，如 CNN 提取的特征，同时提取文本的语义特征，如词嵌入（word embedding）或文本向量。然后将图像特征和文本特征融合到共同的特征空间中进行匹配。

b）实现步骤
（1）使用预训练的 CNN 模型提取图像特征。
（2）对文本进行预处理，将其转换为固定维度的文本向量。
（3）将图像特征和文本向量融合到一个共同的向量空间。
（4）计算图像和文本特征之间的相似度，如余弦相似度。

c）优点

通过融合视觉特征和文本特征，能够更好地捕捉图像和文本之间的关联，提高匹配的准确性。

B. 图像的文本描述生成
a）方法描述

使用自然语言处理技术，将图像自动描述为文本。可以利用生成对抗网络等模型生成与图像相关的文本描述，然后与原始文本进行匹配。

b）实现步骤
（1）训练一个图像到文本的生成模型，如图像描述生成模型。
（2）使用训练好的模型，对图像生成对应的文本描述。

（3）将生成的文本描述与原始文本进行匹配。

c）优点

通过将图像转换为文本描述，可以实现不同模态的文本数据，从而可以利用文本匹配的方法进行关联。

C. 卷积神经网络与循环神经网络的融合

a）方法描述

结合 CNN 提取图像特征和 RNN 处理文本特征，融合二者的信息实现图像与文本的关联。

b）实现步骤

（1）使用 CNN 提取图像特征。

（2）使用 RNN 对文本进行处理，如文本的序列建模。

（3）将 CNN 提取的图像特征与 RNN 处理的文本特征进行融合。

（4）进行图像与文本特征的匹配。

c）优点

通过融合不同深度学习模型提取的特征，能够更好地捕捉图像与文本的关联信息。

2）视频与文本的关联和匹配方法

A. 视频关键帧与文本描述的匹配

a）方法描述

提取视频的关键帧，然后利用图像与文本关联的方法将关键帧与相应的文本描述进行匹配。

b）实现步骤

（1）提取视频的关键帧，可以使用视频处理技术或关键帧提取算法。

（2）对每个关键帧提取视觉特征，如 CNN 提取的特征。

（3）将关键帧的视觉特征与文本描述的语义特征进行匹配，如计算相似度。

c）优点

通过关键帧提取和视觉特征匹配，实现了视频和文本之间的关联，能够有效地进行多模态信息检索。

B. 视频序列与文本描述的对齐

a）方法描述

将视频分解为一系列帧或段落，每一帧或段落对应一段文本描述。将视频内容的时序信息与文本的时序信息进行对齐匹配。

b）实现步骤

（1）将视频分割为多个时序片段，如根据固定时间间隔或视频内容。

（2）对每个片段提取视觉特征。

（3）将每个片段的视觉特征与对应时间的文本描述进行对齐。

c）优点

能够考虑视频的时序信息，使得视频和文本更具关联性，提高了匹配的准确性。

C. 多模态模型融合

a）方法描述

使用多模态模型同时处理视频帧和文本，将二者的特征融合到同一空间中进行匹配，如多模态卷积神经网络（multi-modal convolution neural networks, MM-CNN）等。

b）实现步骤

（1）设计多模态模型，结合视频帧和文本特征的输入。

（2）在模型中融合视频和文本特征，形成共同的特征空间。

（3）进行视频与文本特征的匹配和相关度计算。

c）优点

通过融合不同模态数据的特征，充分考虑视频和文本的关联信息，提高了匹配的准确性。

3）音频与文本的关联和匹配方法

A. 音频特征与文本特征的融合

a）方法描述

提取音频的声学特征，如梅尔频谱系数或声谱图，同时提取文本的语义特征，如词嵌入或文本向量。然后将音频特征和文本特征融合到共同的特征空间中进行匹配。

b）实现步骤

（1）提取音频的声学特征，如梅尔频谱系数或声谱图。

（2）对文本进行预处理，将其转换为固定维度的文本向量。

（3）将音频特征和文本向量融合到一个共同的向量空间。

（4）计算音频和文本特征之间的相似度，如余弦相似度。

c）优点

通过融合声学特征和文本特征，能够更好地捕捉音频和文本之间的关联信息，提高匹配的准确性。

B. 文本生成音频描述

a）方法描述

使用自然语言处理技术，将音频自动描述为文本。可以利用生成对抗网络等模型生成与音频相关的文本描述，然后与原始文本进行匹配。

b）实现步骤

（1）训练音频到文本的生成模型，如音频描述生成模型。

（2）使用训练好的模型，生成音频对应的文本描述。

（3）将生成的文本描述与原始文本进行匹配。

c）优点

通过将音频转换为文本描述，实现了不同模态信息的文本描述，进而可以使用文本匹配的方法进行关联。

C. 深度神经网络模型

a）方法描述

使用深度神经网络模型，如 RNN 或 CNN 等，对音频进行特征学习和抽象，然后与文本特征进行匹配。

b）实现步骤

（1）设计合适的深度神经网络模型，可以是 RNN、CNN 或其变种。

（2）将音频数据输入模型，提取高级抽象特征。

（3）对文本数据进行预处理，获得相应的文本特征。

（4）将音频特征和文本特征进行融合和匹配。

c）优点

利用深度神经网络模型学习音频和文本的高级特征，实现更准确的匹配和关联。

4）跨模态数据关联的挑战和解决方案

A. 挑战

（1）异构数据表示。不同模态的数据具有不同的特征表示方式，统一特征空间是一项挑战。

（2）数据不完整性。不同模态可能以不同的程度涉及各种信息，导致信息不完整和不平衡。

（3）数据关联。如何准确地将多模态数据关联起来实现有效匹配和检索。

B. 解决方案

（1）共享特征空间。通过设计模型使不同模态的数据可以映射到共享的特征空间。这可以通过共享部分网络结构来实现，以确保不同模态数据的特征能够在同一空间中表示。

（2）多模态模型融合。利用融合策略，将不同模态的数据融合到一个模型中，如多模态卷积神经网络。这样可以同时考虑多种模态的信息，提高模型的综合性能。

（3）模态间相似度计算。利用模态间的相似度计算方法，如余弦相似度、相关系数等，衡量不同模态数据间的关联程度。这有助于在匹配环节考虑模态间的相似度。

（4）迁移学习。利用迁移学习技术，将从一个模态学到的知识迁移到另一个模态，以提高跨模态数据的关联和匹配能力。

（5）自监督学习。利用自监督学习策略，通过将同一模态的数据进行不同的变换或重构，然后利用这些数据进行训练，从而学习到模态间的关联信息。

（6）图网络和知识图谱。使用图网络和知识图谱等方法将不同模态的数据建模成图结构，利用图结构的关联信息进行匹配和检索。

3. 多模态信息检索的方法和算法

1）多模态特征提取和表示方法

A. 图像特征提取

图像特征提取是将图像数据转换为计算机能够理解和处理的数值特征的过程。对于图像模态，常用的特征提取方法如下。

（1）CNN 特征。CNN 是一种能够自动学习图像特征的深度学习模型。通过多层卷积和池化操作，CNN 可以提取图像中的抽象特征，如边缘、纹理和形状等。

（2）局部二值模式（local binary pattern，LBP）特征。LBP 描述图像纹理信息，通过比较像素与其周围像素的灰度值来编码图像局部信息，常用于纹理识别。

(3)色彩直方图特征。描述图像中颜色分布的特征,可以用于区分不同的图像内容。

B. 文本特征提取

文本特征提取将文本数据转换为计算机能够处理的特征表示形式。对于文本模态,常用的特征提取方法如下。

(1)词嵌入。通过将单词映射到高维向量空间中的点来表示单词,常用的模型有 Word2Vec、GloVe 和 fastText。

(2)TF-IDF 特征。通过计算词语的重要性来构建特征向量,常用于文本分类和检索任务。

(3)文本 N-gram 特征。将文本划分为不同的 N-gram,然后统计其出现次数,构建特征向量。

C. 音频特征提取

音频特征提取能将音频数据转换为计算机能够处理的特征表示形式。对于音频模态,常用的特征提取方法如下。

(1)梅尔频谱系数特征。梅尔频谱系数是一种常用的音频特征提取方法,它模拟人耳的听觉特性,用于音频识别和分析。

(2)短时傅里叶变换(short time Fourier transform, STFT)特征。STFT 将信号分解为不同频率的分量,用于音频处理和分析。

(3)梅尔频率倒谱系数(Mel-frequency cepstral coefficients,MFCCs)。常用于音频信号的特征提取,用于音频分类、语音识别等。

D. 跨模态特征融合

融合不同模态的特征表示是多模态信息检索的关键步骤。常用的融合方法如下。

(1)Early Fusion(特征级融合)。将不同模态的特征直接拼接成一个更大的特征向量。

(2)Late Fusion(决策级融合)。将每个模态的特征分别输入到模型中,然后在模型的较高层次进行融合,可以通过加权求和、拼接或注意力机制进行融合。

2)融合策略和融合模型

A. 融合策略

融合策略决定了如何将不同模态的特征进行融合。常见的融合策略有以下几种。

(1)Early Fusion。从特征级别将不同模态的特征直接拼接成一个更大的特征向量。这种策略简单直观,但可能会造成特征空间过大,增加计算复杂度。

(2)Late Fusion。将每个模态的特征分别输入到各自的模型中,然后在模型的较高层次进行融合,如通过加权求和、拼接或注意力机制等方式。这种策略能够保留每个模态的独特信息。

(3)Mid-Level Fusion(中层级融合)。在模型的中间层将不同模态的特征进行融合,以得到中间层的特征表示。这种策略可以通过融合模型共享的中间层来实现特征的融合。

(4)Multi-Level Fusion(多层级融合)。从不同层级融合模态信息,可以同时利用模型的低层和高层特征。例如,可以在低层级进行特征融合,然后在高层级对融合后的特征再次融合。

B. 融合模型

融合模型是指通过一定的网络结构或算法将不同模态的特征进行融合。常见的融合模型有以下几种。

（1）加权求和模型。为每个模态分配权重，并将各模态特征乘以相应的权重进行加权求和。权重可以通过学习得到。

（2）拼接模型。将不同模态的特征拼接成一个长特征向量，然后通过全连接层等进行融合。

（3）注意力模型。利用注意力机制，对不同模态的特征赋予不同的权重，以实现自适应融合。

（4）多模态自编码器。使用自编码器网络结构，同时对多个模态进行特征提取和融合。通过自编码器的编码层获得融合后的特征表示。

（5）RNN 模型。使用 RNN，对序列型的多模态数据进行融合。RNN 能够处理序列数据的时序信息。

3）跨模态检索和推荐算法

A. 跨模态检索

跨模态检索是指在不同模态的数据之间进行检索，典型的应用包括图像检索中使用文本描述或文本检索中使用图像。常见的跨模态检索算法有以下几种。

a）多模态特征融合检索

将不同模态的特征进行融合，得到一个统一的特征表示，然后利用融合后的特征进行检索。可以采用特征级融合、模型融合等方法。

b）共享空间模型

将不同模态的数据映射到一个共享的低维空间中，以便实现不同模态数据的融合。可以采用自编码器、主成分分析等方法。

c）跨模态相似度匹配

计算不同模态数据之间的相似度，通过相似度匹配实现跨模态检索。常用的相似度计算方法有余弦相似度、马氏距离等。

d）深度学习方法

使用深度学习模型，如 Siamese（孪生）网络或 Triplet（三胞胎）网络，将不同模态的数据映射到共享的特征空间中，实现跨模态检索。

B. 跨模态推荐算法

a）模态关联推荐

基于模态间的相关性，将一个模态的推荐结果作为另一个模态推荐的依据。例如，在图像检索中，根据图像推荐相关的文本。

b）多视图学习

利用多模态数据的多个视图，学习一个共享的特征空间，以便在这个特征空间中进行推荐。可以采用多视图学习模型进行训练。

c）特征融合模型

将不同模态的特征融合成一个特征向量，然后利用融合后的特征进行推荐。可以采用加权求和、拼接等方法进行融合。

d）注意力模型

使用注意力机制为不同模态的特征赋予不同的权重，以实现自适应的特征融合和推荐。

11.2.3 基于知识图谱的信息检索

1. 知识图谱概述

知识图谱，一种用图模型来描述知识和建模世界万物之间的关联的技术方法，是由节点和边组成的一种多边关系图。其本质是由真实世界中具有属性的各种概念通过关系链接形成的一张巨型语义网，节点可以是实体或是抽象的概念，边代表关系或属性。知识图谱的最初理想是把基于文本链接的万维网转化成基于实体链接的语义网。

1989 年，Tim Berners-Lee（蒂姆·伯纳斯-李）提出构建一个全球化的以"链接"为中心的信息系统。在这个系统中，任何人都能够通过添加链接，将自己的文档融入其中。他认为，与传统基于树状结构的层次化组织方式相比，以链接为中心、基于图的组织方式更适合互联网这一开放式系统。这一理念逐渐得到实际应用，并演化成了今天的"万维网"。

1994 年，Tim Berners-Lee 再次提出了一个关键思想，即 Web 不应该仅仅局限于网页之间的互相链接。实际上，网页所描述的内容都与现实世界中的实体以及人类思维中的概念有关。网页之间的链接实际上包含了语义信息，用以描述这些实体或概念之间的关系。然而，机器通常难以有效地理解网页中蕴含的语义信息。为解决这一问题，他在1998 年提出了"语义网"的概念。语义网仍然采用了基于图和链接的组织方式，但不同之处在于，这些图中的节点不再仅代表网页，而是代表着现实世界中的实体，如人、机构、地点等。此外，超链接也得到了扩展，不仅是连接网页，还包括了语义描述，明确标示实体之间的关系，如"出生地是""创办人是"等。相对于传统的网页互联网，语义网的本质在于数据的互联网（Web of data）或事物的互联网（Web of things）。

自语义网提出后，涌现出了许多新兴的语义知识库，如 Google 知识图谱的后端 Freebase，苹果 Siri 的后端 Wolfram Alpha。值得一提的是，2010 年，Google 收购了早期的语义网公司 MetaWeb，将其开发的 Freebase 作为数据基础之一，于 2012 年正式推出了称为"知识图谱"的搜索引擎服务。随后，知识图谱在多个领域发挥着越来越重要的作用，包括语义搜索、智能问答、辅助语言理解、辅助大数据分析、增强机器学习的可解释性以及结合图卷积辅助图像分类等。

2. 知识图谱构建流程

知识图谱是一种用于描述高质量、规范数据的方法。它利用规范化的概念模型、本体术语及语法格式来构建和描述数据，并通过语义链接来加强数据间的联系。这样的数据能够在搜索优化、提高问答体验、辅助决策及支持推理等方面展现出价值。知识图谱的构建涉及知识的表示、获取、处理和应用。其流程包括：首先定义知识的表示模型，随后根据数据来源导入知识，其次利用推理、融合和挖掘技术来优化知识图谱的质量，最后根据应用场景设计如何访问和展现知识，如通过语义搜索、交互式问答或图谱的可视化分析。

1）知识来源

知识图谱数据可以来自多种渠道，包括文本、结构化数据库、多媒体、传感器数据和人工众包等。每个数据源的知识化都需要整合多种技术。举例来说，对于文本数据，必须综合运用自然语言处理技术，如实体识别、实体链接、关系抽取和事件提取，以从文本中抽取知识。

结构化数据库，如各种关系数据库，是一种常见的数据来源。但通常，现有的结构化数据库不能直接用于构建知识图谱，因此需要在结构化数据和本体模型之间建立语义映射。这一映射需要借助语义翻译工具来实现，以将结构化数据转化为适用于知识图谱的形式。此外，还需要采用实体消歧、数据融合和知识链接等技术，提高数据的规范性，增强数据之间的联系。

2）知识表示

知识表示是将人类思维中的知识以计算机符号的形式描述和表达的方法，用以支持计算机进行推理，模拟人类的认知过程。知识表示的选择决定了知识图谱的构建目标，也就是知识图谱的语义描述框架，通常称为"Description Framework"。

知识图谱的知识表示根据不同的知识类型包括各种元素，如词汇表（vocabulary）、实体（entity）、关系（relation）、事件（event）、术语体系（taxonomy）、规则（rule）等。这些元素共同构成了知识图谱的语义结构，使其能够在计算机系统中被有效地理解和利用。

3）知识抽取

知识抽取是一个多任务过程，包括概念抽取、实体识别、关系抽取、事件抽取和规则抽取等不同任务。在传统专家系统时代，知识主要依赖专家手工录入，这在扩大规模方面存在挑战。然而，在现代知识图谱的构建中，通常利用已有的结构化数据资源进行转化，形成基础数据集。随后，自动化知识抽取和知识图谱补全技术被用于从多种数据来源进一步扩展知识图谱，并通过人工众包来提升知识图谱的质量。

4）知识融合

在构建知识图谱时，可以从已有结构化数据或第三方知识库产品中获取知识输入。当融合多个知识图谱或者将外部关系数据库合并到本体知识库时，需要处理两个关键问题：首先是模式层的融合，这涉及将新获得的本体与现有本体库进行整合，包括新旧本体之间的融合；其次是数据层的融合，其中包括处理实体的指称、属性、关系以及所属类别等内容。主要问题在于如何避免实例和关系之间的冲突问题，以防止不必要的数据重复和冗余。

在数据层的融合过程中，主要涉及实体和关系（包括属性）元组的合并。这涵盖了实体匹配或对齐的任务，因为在知识库中可能存在具有相同含义但不同标识符的实体，需要将这些相似的实体进行合并处理。此外，对于新添加的实体和关系，验证和评估是必要的，以确保知识图谱的内容一致性和准确性。通常的做法是在评估过程中为新知识赋予可信度值，然后基于这些可信度值进行知识的过滤和融合。实体对齐的任务包括实体消歧和共指消解，即确定知识库中的同名实体是否表示不同的含义，以及是否存在其他命名实体表示相同的概念。实体消歧专门解决了同名实体可能引发的歧义问题，通常采用聚类方法。关键问题在于如何定义实体对象和指称项之间的相似度，为此使用了多种方法，包括向量空间模型（如词袋模型）、语义模型、社交网络模型、百科知识模型和增量证据模型等。最新的研究还引入了人机协作方法，以提高实体对齐的质量。

5）知识图谱补全与处理

常用的知识图谱补全方法有基于本体推理的方法和基于表示学习和知识图谱嵌入的链接预测。第一种补全方法是基于本体推理的方法，包括基于描述逻辑的推理，如 RDFox、Pellet、RACER 等。这些方法主要用于概念层的推理，但也可以用于实体级别的关系补全。此外还有侧重于基于图结构和关系路径特征的算法，如基于随机游走获取路径特征的 PRA（path ranking algorithm，路径排序算法）、基于子图结构的 SFE（subgraph feature extraction，子图特征抽取）算法，以及基于层次化随机游走模型的 PRA。这些算法的共同特点是通过分析两个实体节点之间的路径以及节点周围的图结构来提取特征。它们使用随机游走等方法来减少特征提取的复杂性，并通过叠加线性学习模型来进行关系预测。这些算法在很大程度上依赖于图结构和路径的丰富度。

另一种常见的补全方法是基于表示学习和知识图谱嵌入的链接预测，包括基本的模型，如翻译模型、组合模型和神经元模型等。这些简单的嵌入模型通常只能实现单步的推理。

6）知识检索与知识分析

基于知识图谱的知识检索实现形式主要包括语义检索和智能问答。与传统搜索引擎依赖网页超链接来实现网页搜索不同，语义搜索直接对各种信息资源中的事物进行搜索，如人物、机构、地点等，这些信息资源包括文本、图片、视频、音频、物联网设备等。知识图谱和语义技术提供了有关这些事物的分类、属性和关系的描述，使搜索引擎能够直接索引和搜索这些事物。

此外，知识图谱和语义技术还被用于辅助数据分析与决策。例如，大数据公司 Plantir 使用本体融合和整合多来源数据的方法，通过知识图谱和语义技术增强数据之间的关联，使用户能够以更直观的图谱方式进行数据关联挖掘与分析。近年来，描述性数据分析（declarative data analysis）变得越来越重要。描述性数据分析是依赖数据本身的语义描述来进行数据分析的方法。与计算性数据分析不同，描述性数据分析强调预先抽取数据的语义信息，建立数据之间的逻辑，并依赖逻辑推理方法（如 DataLog）实现数据分析。这种方法有助于更好地理解和分析复杂数据。

3. 知识图谱构建的基本方法

不同领域的数据情况各异。一些领域已经相当成熟，拥有完备的知识体系，覆盖面广泛。在这些领域，仅采用自顶向下的方法构建知识图谱通常能够满足领域内的应用需求。然而，对于一些新兴领域，知识体系尚未完备，部分知识可能已被体系化，但还存在大量未被整合的数据。在这种情况下,通常需要采用自底向上的方法,基于数据驱动的方式来构建这些知识。

因此,通常在领域内,尤其是新兴领域,建模时会综合运用自顶向下和自底向上的构建方法。这种综合方法允许充分利用已有的知识和数据,同时填补知识体系的不完备性,确保知识图谱的全面性和适用性。这种灵活的方法可以更好地适应不同领域的特点和需求。

1)自顶向下的构建方法

针对特定行业内已有固定知识体系或由专家定义的模式数据,常采用自顶向下的构建方法。为确保可靠性,数据模式通常经过人工校验,因此知识融合的关键在于数据层的融合。在工业界进行知识融合时,通常在知识抽取阶段就对数据进行控制,以降低融合难度并确保数据质量。此外,在进行跨语言融合时,可以利用双语主题模型处理中英文下的知识体系。

随后,根据不同数据源,知识获取方法主要分为三种。第一种,对于结构化数据,可以使用D2R(database to RDF,数据库到RDF的映射)工具,将关系数据映射为RDF(resource description framework,资源描述框架)数据。第二种,对于半结构化数据,可以使用站点特定的包装器,解析特定网页和标记语言文本。第三种,对于非结构化文本,可以借助信息抽取方法。这些策略能够根据数据的不同特点,灵活应对知识获取的挑战。

2)自底向上的构建方法

对于领域中存在的不完整知识体系的数据,通常需要采用自底向上的方法构建知识图谱。这一方法与通用知识图谱构建类似,主要依赖于开放链接数据集和百科等结构化知识源,以自动学习为主要过程,包括实体与概念的学习、上下位关系的学习、数据模式的学习三个方面。

开放链接数据集和百科资源提供了丰富的实体和概念信息,这些数据通常以特定结构组织而成,因此相对容易从中提取概念和实体。百科的分类系统经过百科管理员或高级编辑人员的校验,因此其分类数据非常可靠。在从百科中提取概念和实体时,通常将标题作为概念的备选项,而直接使用百科的分类系统作为概念的备选项。此外,在概念的学习方面已经提出一种多策略概念抽取方法,结合了语言学和统计学的技巧,这一方法可以提高领域内概念抽取的效率。

4. 领域知识图谱的应用

知识图谱通常用于协助多样的复杂分析应用和决策支持,广泛应用于各个领域。不同领域的构建和应用方式各不相同。本节将以电子商务(以下简称"电商")和图书情报(以下简称"图情")两个领域为例,从知识图谱的构建和知识应用两个方面,介绍各领域的知识图谱技术、应用及研究现状。

1)电商知识图谱

电商如今已成为交易规模庞大、深刻影响人们生活的重要领域。随着O2O(online to offline,线上线下商务)和零售行业的发展,电商交易场景逐渐演变为新零售、多语言、线上线下融合的复杂购物场景。电商企业对数据互联的需求日益增强,覆盖实物和虚拟商品，结合跨领域搜索、导购、多功能交互等新型特性。在这一背景下，电商知识图谱显得尤为重要。

与通用知识图谱相比，电商知识图谱有独特之处。首先，电商平台以商品为核心，涉及品牌商、平台运营、消费者、物流商等多种角色，数据的产生、加工、使用、反馈等环节更加严格和约束。通过知识图谱的方法组织电商数据，可以从数据的生产端开始进行顶层设计。其次，电商数据相对通用领域更好地实现了结构化。由于面向不同消费者和细分市场，不同角色、市场和平台对商品描述的侧重不同，因此知识融合变得至关重要。最后，电商知识图谱受到大量国家标准、行业规则、法律法规的约束，需要考虑人的经验以匹配消费者需求，因此知识推理显得更为关键。

电商知识图谱在电子商务行业得到了重要应用。其一，电商知识图谱可以应用于智能导购。导购的目标是让消费者更轻松地找到他们所需的商品。举例来说，当买家输入"我想购买一件修身的牛仔裤"时，电商知识图谱将通过语法和词法分析提取关键语义要点，如"一""修身"和"牛仔裤"，以帮助买家搜索到合适的商品。在导购过程中，为了提供更简单的商品发现，电商知识图谱还学习了大量的行业规范和国家标准，如纯棉、低脂、无糖等。其二，电商知识图谱还能从公共媒体和专业社区信息中识别近期热门词汇，跟踪热点词汇的变化，通过运营确认它们是否成为热点词汇。这就是为什么当买家输入"冥府之路""多巴胺穿搭""美拉德色系"等热门词汇时，他们能够找到他们所需的商品。其三，电商知识图谱还可以通过实时学习构建出不同场景的推荐。例如，当输入"在健身房需要什么辅助用品"时，电商知识图谱会显示腰带、护腕、弹力带、瑜伽裤等相关商品，以满足特定场景下的购物需求。

2）图情知识图谱

图情知识图谱是一种专注于特定细分领域的知识图谱，旨在整合该领域内的信息资源，以提供知识搜索、知识标引、决策支持等多种知识应用形式，以服务于该领域的从业人员、科研机构和行业决策者。

在图情领域，知识图谱技术已经得到广泛应用。例如，英国的大英博物馆采用语义技术，对其馆藏数据进行语义组织，通过语义细化和多媒体资源标注等方式，提供多样化、多种形式的知识服务。另外，英国广播公司 BBC 在音乐、体育、野生动物等领域定义了知识本体，将新闻内容转化为机器可读的信息源（如 RDF/XML、JSON[①]和 XML），以进行内容管理和自动生成报道。

在国内，图情领域也越来越重视知识图谱技术的应用。上海图书馆借鉴了美国国会书目框架 BibFrame 的经验，构建了知识体系，涵盖了家谱、名人、手稿等资源，从而创建了家谱服务平台，为研究者提供古籍循证服务。同时，中国农业科学院专注于水稻细分领域，整合了论文、专利、新闻等行业资源，构建了水稻知识图谱，为科研工作者提供了专业知识服务平台。

图情知识图谱的典型应用包括知识搜索、知识标引和决策支持等方面。这些受益于知识图谱技术的支持，在图情领域扮演着重要的角色。知识搜索是图情领域的核心服务

---

① JSON，即 JavaScript object notation，JavaScript 对象表示法。

之一，知识图谱技术为其提供了准确性和形态上的增强。图谱中的实体识别技术有助于提高搜索结果的准确性，同时允许用户以自然语言的方式进行语义搜索。此外，通过知识卡片和知识推荐等方式返回搜索结果，可以提升用户的互动体验。知识标引是根据已构建的图情知识图谱，对新闻、文献等文本内容进行知识标注的过程。这不仅是图谱构建的重要步骤，还是图谱应用的一种形式。它可以依托标引技术来创建在线阅读工具，或者集成Office、PDF Reader等文档应用，以提供知识卡片和知识推荐等服务，协助终端用户更好地理解内容。决策支持是基于图算法如路径分析、关联分析和节点聚类等，辅助分析知识图谱中的关联信息的过程。通过图谱可视化直观展示知识之间的关系。用户可以根据需要自定义关联参数，如步长、过滤条件等，以及可视化形态，如节点的颜色、大小和距离等，从而为可视化决策支持赋予不同的业务含义，帮助决策者更好地理解和应对复杂情况。

随着大数据时代的到来，信息检索模式和技术都得到了进一步的发展。协同信息检索、移动视觉搜索和跨媒体检索等新型的信息检索模式已经成为研究热点，它们能够更好地满足用户的需求，提高信息检索的效率和准确性。而深度学习、多模态和知识图谱等新兴的信息检索技术则为信息检索的发展提供了强有力的支持，它们能够更好地处理大数据、提取特征、建立模型和实现智能化搜索。

信息技术的迅速发展为信息检索领域带来了崭新的活力，预示着未来的信息检索将进入一个更加创新和智能的时代。首先，随着人工智能、机器学习和深度学习等领域的不断突破，信息检索系统将更加精准地理解用户的查询意图。智能算法的应用将使得系统能够更好地进行个性化推荐，并根据用户的习惯和偏好进行更智能的搜索。这种智能化的信息检索将大大提高用户体验，使搜索结果更符合个体需求。其次，多模态技术的发展也将为信息检索注入新的活力。整合文本、图像、音频等多种模态的信息，使得用户可以更全面、多维度地获取所需信息。这不仅拓展了信息检索的广度，还增加了用户与信息的互动性，为用户提供更富有表现力的检索体验。最后，知识图谱的广泛应用将进一步提升信息检索的水平。通过构建丰富的实体关系网络，系统可以更准确地理解信息之间的关联性，从而更好地满足用户的复杂查询需求。知识图谱的引入将使得信息检索系统更具智能化和语境感知能力。

未来，随着技术的不断发展，大数据时代的信息检索将会呈现出更加多样化、智能化和个性化的趋势，为用户在海量信息中准确、快速地获取所需信息打开更为广阔的可能性。例如，基于用户画像的个性化搜索将会成为信息检索的重要方向，同时，语音搜索、虚拟现实搜索等新型的搜索方式也将会得到广泛应用。此外，信息检索技术的集成和优化也将会成为研究的重点，以提高信息检索的效率和准确性，为用户提供更加优质的搜索体验。

总体而言，信息技术的飞速发展将使信息检索领域焕发新的活力，为用户提供更智能、更个性化、更全面的搜索体验。